명리학 특강

성리로 본 범주론적 명리체계

국립중앙도서관 출판시도서목록(CIP)

명리학특강 : 성리로 본 범주론적 명리체계 /
김영호 지음. -- 서울 : 논형, 2008
  p. ;   cm

참고문헌 수록
ISBN 978-89-90618-67-2 03150 : ₩25000

188.5-KDC4
133.3-DDC21   CIP2008000051

명리학 특강
성리로 본 범주론적 명리체계

김영호 지음

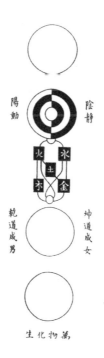

논형

명리학 특강 성리로 본 범주론적 명리체계

지은이 | 김영호

초판1쇄 인쇄 | 2008년 1월 10일
초판1쇄 발행 | 2008년 1월 20일

펴낸곳 | 논형
펴낸이 | 소재두
편집 | 이순옥
표지디자인 | 홍원태

등록번호 | 제2003-000019호
등록일자 | 2003년 3월 5일
주소 | 서울시 관악구 봉천2동 7-78, 한림토이프라자 5층
전화 | 02-887-3561 팩스 | 02-887-6690

ISBN 978-89-90618-67-2 03150
가격 25,000원

머리말

　과연 인간은 개인의 운명에 대해 얼마만큼 정확하게 예측해 낼 수 있을까? 시대에 따라 사상思想이나 가치관價値觀, 인식認識, 제도制度 등이 급변하는 국가나 사회 속에서의 개개운명은 과연 정확히 예측될 수 있는 것인가? 또한 운명의 그 무엇을 예측한다는 것인가? 과연 개인의 운명은 바꿀 수 있는 것인가? 바꾼다면 무엇을 바꿀 수 있다는 것인가? 운명에 대한 이 모든 답을 과연 명리학으로 시원스럽게 답을 내릴 수는 있는 것인가?

　나는 이러한 물음에 답을 내리기 이전에 먼저 그에 대한 적절한 답을 내려줄 지도 모를 명리학에 대해 내 지난 세월로부터 얻은 결론을 먼저 말하고자 한다. 예컨대 나는 운명예측을 주主로 하는 명리학을 크게 두 가지측면으로 나누어 접근하고자 한다. 하나는 기능적 측면으로서의 예측술로서 운명에 대한 범주적 분석을 기초로 초절정 예측으로의 승화를 꾀하고자 하는 것이며, 다른 하나는 내면적 자기수양으로서 예측이라는 기능적 측면이 결국 무엇을 위한 수단(술법)인가에 초점을 맞추고자 했다. 궁극적으로는 인간이 머물고 싶어 하는 것은 "행복"이라는 느낌의 지속적 시간들이 아닌가?

비록 명리학이라는 학술을 개인의 운명과 그 미래를 예측하는 것에서 본연의 목적이나 역할로 단정할 수도 있겠지만, 사실 그것은 궁극적인 목적에서 보면 하나의 수단에 불과한 것이다. 어쩌면 성현聖賢—공맹孔孟일수도 있고, 노장老莊이 될 수도 있고, 부처님이나 예수가 될 수도 있다—들의 말씀을 따르고 지키려는 마음으로 자신을 끊임없이 성찰하며 날로 자신을 일구어 나간다면 팔자를 통해 굳이 운명이나 미래를 확인할 필요는 없게 된다.

사주팔자에 담긴 것을 한 마디로 말한다면 그것은 개인의 「부귀빈천 길흉요수富貴貧賤 吉凶夭壽」이다. 통상 명리학적 관점에서 개인의 부귀빈천은 바뀌거나 바꿀 수 없는 것이 정설이다. 하지만 국가나 시대에 따라 부귀의 차등은 현저하게 나타날 수도 있을 것이다. 그렇지만 개개인의 팔자들은 언제나 그 시대의 수준(상황)에서 나타나는 차등(부귀빈천)을 의미하기도 한 것이다. 인류역사를 통틀어 권력과 경제력(생산력)의 상관관계를 떠난 적은 없었다. 물론 앞으로도 마찬가지일 것이다. 그 근본에는 언제나 그 시대를 이끄는 사상思想이 지배해 왔음은 당연한 것이다. 사상이 지배하는 가치관에 따라 명리학적 운명예측에 오류나 문제점이 있을 수도 있겠지만, 이 역시 시대적인 통변(음양오행의 관계에 따른 해석방법)을 적용하면 크게 문제시 될 것은 없을 것이다. 하지만 그런 변화나 환경 속에서도 언제나 변하지 않는 것은 우리 인간들의 마음에서 일어나는 부귀빈천 길흉화복에 대한 궁금증과 번민煩悶이다. 이러한 번민에서의 돌파구를 찾거나 또는 도래하지 않은 미래의 위치를 통해 어떤 희망을 꿈꾸고자, 인간은 동서고금을 막론하고 자신의 운명을 알고 싶어 했던 것일 것이다. 하지만 우주변화의 법칙이 두 모순된 관계(음과 양)에서 변화와 생성을 이끌 듯이 알아서 약藥이 되는 경우도 있고 병病이 되는 경우도 있으며, 모르는 것이 약藥일 수도 있고 몰라서 병病이 되는 경우도 있게 된다. 사람은 부귀한 자 보다는 빈천한 자가 많은 법이니 어쩌면 팔자를 잘 모르는 가운데 긍정적이고 희망적인 생각으로 살아가는 것이 더 즐거운 인생이 될지도 모를 일이다. 왜냐하면 어차피 부귀빈천은 바꿀 수 없는 것이기 때문이다. 물론 부귀빈천의 기준은 시대적, 사회적, 지역적으로 저마다 느껴지거나 평가하는 차이가 다르게 나타날 수도 있기 때문에 일률적으로 말 할 수 없을 지도 모른다. 그러나 명리학에서 말하는 기준은 적어도 그 국가적 차원에서의 객관적 부귀빈천을 의미하는 것이다.

이렇게 우리 모두는 자신의 인생에서 바꿀 수 없는 부귀빈천을 타고나는 것이다. 그렇다면 굳이 바꿀 수 없는 운명에 대해 알 필요가 없을 것인가? 그것은 저마다의 생각에 따라 다르겠지만, 타고난 운명에서 살아가는 우리의 인생에는 또다시 많은 길흉의 관계가 얽혀있게 된다. 권력을 가진 자나 부자이거나 가난한 자이거나 모두 저마다의 인생에서 겪게 되는 길흉관계가 존재하게 되는데 우리가 바꿀 수 있다고 하는 것은 바로 이 길흉의 관계에 주목되는 것이다.

나는 명리학의 기능적 측면만으로는 명리학의 기능적 목적인"길을 쫓고 흉을 피한다"는 것을 온전히 실현하기는 불가능하다는 생각이다. 즉 내면적 자기수양이 병행되지 않은 미래예측은 결코 개인의 삶에 도움이 되질 않기 때문이다. 통상 흉한 운을 맞으면 마음이 움직이게 마련이다. 동하는 마음은 오로지 자기수양을 통하지 않고서는 통제할 수가 없는 것이기 때문이다.

　그리고 내가 이런 말을 전개하는 것은, 명리학은 스스로를 위한 학문임을 앞서 밝혀둔다. 예컨대 명리학은 자기 자신을 먼저 수신修身하는 데 1차적 목적이 있는 학술이라는 것이며, 누군가를 상담해 주는 것을 1차적 목적으로 하는 학술이 아니라는 것이다. 세상에 역술을 펼치되 가볍게 배워서 혹세무민惑世誣民하는 술법으로 펼치는 것을 경계하라는 의미이다.

　이 책에서 나는 기존의 명리서가 일색으로 다룬 기능적 측면의 명리학만을 설명하려는 것에 의미를 둔 것은 아니다. 명리학의 궁극적 목적을 찾고 싶었고 성현들께서 말씀하신 역易의 목적을 실현하며 명리학에 참다운 인의仁義가 담겨 있음을 말없는 메시지로 함께 하고 픈 것에 있는 것이다.

　명리학의 운명예측이라는 기능적 측면을 토대로 자신의 운명에서 펼쳐지는 길흉吉凶을 손바닥 들여다보듯 꿰뚫으며 수신修身을 겸한다면 어찌 타인의 명命과 길흉吉凶을 말하지 못하겠는가!

　나 리산理山 역시 배우고자 하는 이들과 마찬가지로 언제나 초심을 잃지 않으며 명리命理의 오의奧義 속에 수신修身을 게을리 하지 않을 것을 약속한다. 우주를 담은 거대한 영역의 학술에 입문한 것을 가슴으로 반기는 바이다. 모쪼록 명리학술의 새 지평을 열어나갔으면 하는 바램이 가득하다. 끝으로 지면을 통해서나마 이 책을 내기까지 물심양면으로 도움을 아끼지 않았던 많은 분들께 감사의 마음을 전하고자 한다. 선배이시며 한결같은 벗이 되어 주신 김수영, 한희석, 김태완, 신완희, 임순철, 황형택 선배님, 언제나 지켜봐주고 한 잔 술에라도 인의仁義를 듬뿍 담아주는 친구 조경인, 박유찬, 전상기 등 늘 곁에서 함께 해주신 모든 분들께 감사하며 사랑하는 나의 동생 영환, 영훈과 가족 모두에게 이 책을 통해 머리 숙여 인사드린다. 아울러 어려운 상황에서도 학술의 올곧은 길과 그 미래를 위해 참다운 가치를 지향하시며 선뜻 출판을 맡아주신 도서출판 논형의 소재두 사장님과 이하 직원 여러분들께 감사의 마음 드린다.

청원군 우거寓居『여일거如一居』에서 리산理山

차 례

제4장 범주체계 속의 운명추론법

제 5 장 실전추론

서론

　개인의 운명을 예측하거나 미래를 예언하는 방법 중에 잘 알려진 하나가 태어날 때부터 자기의 운명을 스스로 싸가지고 나온다는 「사주팔자」이다. 요즘 일부 사람들이 자신들의 조부모 이름조차 모르는 가운데에서도 조부모님이 태어나기 훨씬 이전부터 내려온 사주팔자라는 운명예측술에 대한 용어를 모르는 경우는 거의 없다. 그만큼 예나 지금이나 자신의 인생과 그 운명에 대한 궁금증은 살아가는 현실세계에 있어서 적어도 한번쯤은 겪게 되는 자연스러운 관심사이며, 누구나 자신의 인생을 통한 고뇌나 고민에 있어서는 스스로 철학자일 수 있는 이유의 제공이 되기도 한다. 그것은 현재의 어떤 상황에서 아직 경험하지 못한 "미래"라는 또 다른 현실에서 찾고 싶은 희망 또는 힘과 의지의 원천을 얻고 싶은 자연스런 욕구의 일종일 수도 있다.

　우리는 종종 옛 동네어른들끼리 하시는 말씀 중에 "사는 게 다 팔자소관이야!"라는 말씀을 듣곤 하였다. 지금도 예외는 아니다. "여자팔자는 뒤웅박팔자야!" "내 팔자는 언제 펴보나"라든가, "자기 먹을 복은 자기가 갖고 타고 나는 거야" "그 사람 팔자 고쳤어!" 등 팔자에 관한 많은 말들을 어렵지 않게 듣거나 하곤 한다. 도대체 팔자가 뭐 길래 옛 어른들부터 계층과 남녀노소를 불문하고 팔자타령을 입에 오르내리는 것일까? 아마도 우리는 때때로 자신의 의지와는 무관한 그 어떤 결과를 마주치게 될 때 자연스럽게 운명의 존재를 묻는 고뇌의 시간 속에 갇히게 되는 듯 하다.

앞으로 본론을 통해 제각이 타고난 팔자를 이해해가며 속 시원히 해부해 보겠지만 명리학 본론에 입문하기 전에 먼저 몇 가지 이해하거나 정의해야할 부분이 있다. 사실 누구나 명리를 공부하다보면 음양오행 그 자체뿐만 아니라 여타 용어의 개념 및 그것들이 의미하는 바에 대한 구체적 정의와 때로는 오행의 유비類比(비교, 어떤 사물 상호 간에 대응적으로 존재하는 동등성 및 동형성) 관계적 범위를 명확히 규정하기가 다소 어려운 한계점에 부딪히게 된다. 따라서 이들 기본 개념들에 대한 이해가 선행될 필요성이 있다.

또다른 이해부분은 점술占術에 대한 부분으로서 명리와 점술이 복합되어 운명과 미래의 길흉을 예측하는 것이 일반화되어 있는 지금에 명리와 다른 예언의 방법들인 점술 개념에 대한 이해가 필요하다는 생각이다.

통상 예측과 예언의 방법으로 행해지고 있는 술법들은 명리(운명 예측기능이라는 협의로서의 사주팔자)에 자미두수, 기문둔갑, 육임, 매화역수, 육효 뿐만 아니라, 심지어 월령도니 태을신수와 철판신수, 관상, 수상, 풍수지리 등에 이르기까지 각종 점술 및 상相을 접목한 믹스Mix된 술법들을 전개하며, 운명을 예측함에 있어서 "각종 술수術數의 종합의 장場"

으로 성장해 왔다. 그 결과 일반사람들은 물론, 심지어 역술에 종사하는 몇몇 사람들조차도 이러한 각종 술術과 상相 자체가 사주팔자(명리)의 영역에 포함되는 것처럼 잘못된 인식을 하는 경우가 있다. 나아가 무속인(무당)의 점 행위까지도 일부 사람들은 사주팔자(명리)의 영역에 포함되는 미래예측술로 오인하여 혼란한 결과를 초래하기도 한다. 매우 유감스러운 일이 아닐 수 없다. 명리의 개념에 대한 올바른 이해를 통해 미래예측 기능으로서의 명리뿐만 아니라 나아가 명리의 그 철학적 사상 원류를 찾아보는 기회가 되길 바라면서 이 책의 서론을 시작해 본다.

역의 기원

일찍이 중국역사의 시원으로 보는 삼황(복희씨, 신농씨, 헌원씨) 때의 복희씨(약 BC 3,572)가 하수(지금의 황하 상류)에서 머리는 용이고 몸은 말의 형상을 한 용마(龍馬)의 등과 옆구리에 그려진 점들로 구성된 그림(용마하도)을 보고서 우주변화의 원리를 깨달아 8괘를 만들면서 역의 기원이 시작했다. 이후, 염제신농씨(약 BC 3,070)에 의해 산을 의미하는 간(艮)을 시작으로 64괘를 배열하는 연산역(夏代에 주로 사용)이 만들어진 후, 다시 황제헌원씨(약 BC 2,676)가 복희역을 계승하여 땅을 의미하는 곤(坤)에서 시작하여 64괘를 배열하는 귀장역(殷代에 사용)을 집대성하였다. 이후 주(周)나라(BC 1,030~221)를 세운 문왕과 그의 아들 단공이 괘사와 효사를 지음으로서 주역이라 하였으며, 다시 춘추시대 때 공자(BC 522~479)께서 주역에 주석을 달아 알기 쉽게 해석하고 정리한 십익(十翼)을 지음으로서 오늘날까지 주역이 전해지고 있다.

1. 동양에서의 점과 복

동양에서 행해지고 있는 '점占'을 이해하기 위해서 먼저 '점'에 대한 국어사전의 정의를 살펴보면 다음과 같다. 즉 점(占)이란 '팔괘, 오행, 육효 기타의 방법으로 길흉화복을 미리 판단하는 일'이라고 밝히고 있다.(『엣센스 국어사전』 제5판, 민중서림)

사전적 정의로 볼 때 '팔괘八卦'라고 하는 것은 이미 중국 상고上古 때인 복희씨의 저작으로서 점의 행위가 시기적으로 상당히 오래 되었던 것으로 추정할 수 있다. 또한 중국의 문자는 표의문자(그림에 의해서나, 사물의 형상을 그대로 베껴서 시각에 의해 사상이나 뜻을 전달하는 문자)형태에 충실한 만큼 점치는 행위를 나타내는 단어인 '점占'이라고 하는 상형문자(물체의 형상을 본떠서 만든 글자)를 이해함으로서 그 기원을 살펴볼 수 있을 것이다. 예컨대 '점占'이라는 문자는 균열이 생긴 짐승의 어깨뼈나 거북 등껍질을 나타내는 상형문자에서 파생된 것으로 추정하고 있는 만큼 점의 기원은 수數에 의한 점보다는 상象에 의한 점술로서 귀복龜卜으로 이해해야 할 듯하다. 이 장에서는 먼저 귀복과 점서에 대한 이해를 돕고, 귀복 이후 행해졌던 대략의 점술과 현재 무속인들이 행하고 있는 신점神占의 개략을 살펴보도록 하겠다.

귀복(龜卜)과 점서(占筮)

'복卜과 점占'에 대한 기원을 살펴보면 최소 기원전 천년보다 훨씬 이전으로 추정되는데 주대(BC 1,030~722)에 이미 제비뽑기의 점치는 방법이 채택되었고, 그 이전에 가장 오래된 방식으로는 거북의 껍질과 짐승의 뼈 또는 소와 사슴의 어깨뼈를 뜨거운 금속 막대들로 가열하여 그 결과 생기는 균열을 해석하는 귀복(象象에 의한 점)이 있었다고 한다. 처음에는 소와 사슴의 어깨뼈가 사용되었던 듯하며, 거북(지금은 멸종된 육지거북으로 추정)의 껍질은 더 나중에 사용된 것으로 보고 있다. 또 다른 점치는 방법인 제비뽑기는 시蓍(시초, 서죽, 점대)라고 부르는 시초풀의 마른 줄기가 사용되었고, 서筮(數數에 의한 점)라는 또 다른 글자도 사용되었는데 "서"라는 글자의 아랫부분은 제사를 주관하는 사람을 의미하는(또는 무당을 의미하는) 무巫의 글자이다. 니덤*의 견해로는 주역에서 발견되는 8괘와 64괘의 ▬(양) , ▬ ▬(음) 선들의 기원을 이 시초풀의 막대였을 것이라고 추정하기도 한

* 조셉 니덤, 『중국의 과학과 문명 : 사상적 배경』 김영식 역, 까치

다. 청대말의 『서경도설書俓圖說』에 수록된 그림으로 판단하면, 전설적 황제인 순舜임금이 국가의 운명을 예언하는데 이미 시초풀을 이용한 점괘를 사용했던 것으로 보인다. 이러한 귀복과 시초풀의 점은 군주와 국가의 운명에 관한 예언의 믿음으로서 행해진 것이며, 개인의 길흉에 대한 점의 형태나 발전은 그 이후에 나타난 것으로 생각된다.

고대의 점占은 일의 중요도에 따라 그 사용을 달리 하는데 거북 껍질로 미래의 길흉을 점치는 귀복은 '시초풀 점' 보다 중요한 일들에 채택되어 사용되었다고 한다. 그러나 때로는 한 가지 목적에 대해 두 가지의 점(귀복과 점서)이 한꺼번에 사용되기도 하였었다고 한다. 그러다 보니 때로는 두 가지 방식이 일치하지 않고, 그때마다 점치는 사람은 서로 모순된 두 가지 대답과 마주쳐야만 하는 복잡한 문제가 발생하게 되었다. 때문에 이런 모순된 결과에 대해서 점괘에 의한 결정을 내리지 못하는 경우를 극복하는 대안들로 왕과 대신, 그리고 백성들의 의견까지를 수렴하는 요즘의 민주주의 방식이 결부되기도 하였으니 다소 신뢰성이 떨어지

는 점의 형태가 아니었다 할 수 없겠다.

한대漢代로 들어오면서 귀복의 점은 점차 줄어들었지만 시초풀의 점은 아직도 중국에서 사용되고 있다고 한다. 전국시대(BC 4세기~3세기)에 또 다른 점법이 생겼는데 이것이 주역괘의 조합과 재조합의 방법이었으니 아마도 요즘에도 성행하는 육효六爻점의 기원을 이때로 추정할 수 있다고 하겠다.

과거나 서양에서도 마찬가지로 예언의 방법으로 사용했던 점에 있어서 그 행위에는 보이지 않는 그 어떤 절대자神에게 기원을 드리듯, 점을 치기에 앞서 항상 향을 피우고 기도(또는 주문)를 드리는 일들이 행해졌고 지금도 이러한 행위는 그대로 받아들여지고 있다. 그러나 이러한 행위들에 대해 미신이라고 말하는 이들도 있고, 그렇지 않다고 말하는 사람도 있는데 이 부분에 대해서는 각자의 견해가 있으리라 생각된다.

이 책에서 말하고자 하는 것은 '점과 복'은 예언의 한 방법으로서 명리나 여타 술법과는 또 다른 성질의 학술學術이라는 것이며, 명리를 논하거나 명리학을 통하여 운명을 예측하는 경우에 있어서 점복占卜과는 상호 구분되어져야 한다는 것이다. 비록 점술이 명리학을 통해 운명을 예측하는 기능적인 측면에서의 방법과 이론은 다르다 하겠지만, 궁극적으로는 송대의 주희가 중요시한 '도덕적 자기수양'이라는 내적인 측면에서는 모두 동일한 것이다. 원래 주역周易은 점복占卜을 위해 성인들이 저술한 책인데, 점복은 이미 복희, 요, 순 이래로 사용하며 사물의 리理에 대한 궁구를 통해 괘를 해석함으로서 앞날의 길흉을 미리 알 수 있게 한 것이며, 이러한 점술은 궁극적으로 자신을 수양하며 이를 토대로 나라를 다스리게 하였기 때문이다.

명리학 역시 천지의 기氣인 음양오행의 이치를 통해 운명을 예언하고 미래를 예측하는 학술로서 주역과는 다른 이론체계와 방식(괘상과 사주팔자)을 갖지만 그 근원은 같은 것이다. 따라서 주역의 괘상을 읽어 내거나 사주 팔자의 이치를 밝혀내는 것은 결국 물物의 리理에 도달한 후에 가능한 것이며, 궁극적으로 이것에 도달하기 위해서는 공경하는 마음으로 공부를 하는 자기수양에서 비롯되는 것이다. 따라서 사람의 도리道理 및 인성적 측면을 포함하는 큰 범주로서의 명리학은 주역과 같은 여타 점술의 목적과 서로 다르지 않기 때문에 역易이라는 하나의 범주로서 말할 수 있겠지만, 일반적으로 우리가 말하는 명리학은 사주팔자라고 하는 운명예측의 기능적 측면만을 의미하며, 사주팔자라고 하는 여덟 글자는 주역 8괘(64괘)의 상象과 같은 리理를 담은 상象이라 하겠다. 어쨌든 동양 철학에서 다루는 인의仁義의 실현에 대한 목적은 모든 점복과 술법들이 같은 것이라고 하겠지만, 운명예측에 대한 기능적 측면으로서 사주팔자라는 "명리학"은 개인의 운명을 추론하는 기본요소와 그것을 해석하는 기법 등에 있어서 주역이나 여타 점술(각 술법 또한 서로에 대해 마찬가지만)과는 확연히 다른 이론체계를 가진다.

예컨대 각종 점술들은 개개인들마다의 불변적인 운명富貴貧賤에서 나타날 길흉을 예측하여 추길피흉趨吉避凶함을 목적으로 하는 "가변적 논리(吉凶을 바꿀 수 있다는)"가 성립되거나 그런 논리가 지배적이라고 한다면, 명리학은 운명의 가변적 논리보다는 "불변적 측면(부귀빈천길흉요수)"에 대한 예지 및 분석을 우선하며, 불변적인 거시적 운명 속에 움직여질 수 있는 가변적 성향의 길흉에 대해 추길피흉을 도모하는 학술이라 하겠다.

무속인의 점

무속인들이 행하는 예언의 근거는 학술學術적 체계위에서 예언하는 명리나 주역과는 아주 다르기 때문에 예측과 예언에 대한 논리적 또는 객관적 동의를 얻어낼 수 있는 학술적 접근이나 과학적 사고의 틀에서의 이해는 거의 불가능하다. 그들은 주로 조상신 또는 천신天神과의 접신을 통하여 미래의 길흉화복을 예언한다고 하는데, 이 책의 실전추론 편에서 일부 무속인의 팔자를 소개하겠지만, 그들은 그들이 말하고 모시는 조상신(神)에 대해 구체적으로는 잘 모르고 있는 듯 했다. 예컨대『어느 대의 조상인지는 모르지만 조상신께서 말씀하길 "너의 조상이니라 또는 당신의 조상입니다"라고 하니 그냥 자신들의 조상이라고 하니까 그런 줄 알고 있다』고 한다는 것이다. 모두가 단군의 자손이니 어느 대의 누군지는 몰라도 모두가 자신들의 조상이라는 것이다.

　물론 정확히 알려주는 경우도 있다고 하는데 그것을 확인 또는 신뢰하기에는 검증이 부족한 경우에 속한다. 왜냐하면 그들 자신도 확신을 하지 못하고 있기 때문이다. 또한 신神이라고 인간의 길흉사를 모두 아는 것은 아니며, 또한 길흉사에 대해 모두 진실하게 말해주는 것도 아니라고 한다. 그 이유는 무속인 자신이 거짓말을 잘하거나 또는 돈에 대한 욕심을 너무 많이 부리면 신께서 거짓으로 앞날의 길흉사를 말해준다는 것이다. 그리고 신이 내렸다고 하여 영험한 기운이 지속되는 것이 아니어서 무속인들에 따라 다소간의 차이는 있지만 10년 전후로서 예언능력이 소멸되거나 약화되는 경우가 많다고 한다. 어쨌든 그들 무속인들 사이에서 성행하는 점은 다양한 방법으로 운명이나 미래를 예측하게 된다. 예컨대 손님에게 령(신)을 내리게 하여 신神이 내리면 손님이 알고자 하는 내용을 미리 알아 두었다가 길흉사를 묻는 점도 있고, "꼬마영신五方童子神"이라 하여 어린동자 신神이 손님의 집까지 다녀와 길흉사를 말해주는 점과 종이 인형점, 신장점 등이 있다고 한다.

점을 치는 방법으로는 3개(삼신을 뜻함)또는 33개의 엽전(삼십삼천의 옥황을 뜻한다 함)에 의한 엽전점, 점상에 쌀을 펼쳐 3개(삼신을 의미) 또는 2개(음양을 의미)씩 나누어 점을 치는 쌀점(척미점), 솔잎을 이용한 절초점(청송점), 오색의 깃발을 이용한 오방기점, 문자의 상형을 분석하여 길흉을 판단하는 파자점(道에 통달한 무학대사가 잘 쳤다고 구전됨), 대추나무로 작은 윷을 만들어 오행의 글자를 새겨서 투척하는 방법으로 점을 치는 오행점(엽전을 이용하기도 함), 윷을 3번 던져 괘를 만들어 점을 치는 윷점 등이 전해진다. 이들 점의 방법은 무속인들이 주로 사용하는 점법인데 역술인들 사이에서도 주역괘를 이용한 육효점을 치는 경우에 있어서는(무속인의 행위와 점괘를 읽어내는 방법과 학술적 근원의 차이는 있지만) 점을 치기 위해 사용하는 점의 도구들에 있어서 같은 경우도 더러 있다.

어쨌거나 무속신앙이나 도교 및 토속신앙에 의한 운명과 그 미래예측은 명리의 학술적 접근과는 또다른 예언의 방법임에는 틀림없다. 신神이 몸에 강림한 상태에서 운명을 예언하는 사람을 보통 무당이라고 하는데, 신에 의해 조정되는 무당과는 달리 자신의 의지로서 경문(주문)을 통해 필요한 조상신과 천신을 불러들여 길흉을 예언하거나 악신惡神을 제거해 줄 수 있는 능력을 가진 사람들을 도사道士하고 한다(이것은 그들의 표현 또는 생각이지만 일반적으로 이들 부류에 대해 도사라는 표현을 사용한다). 수동적으로 신神의 부림을 당하는지, 아니면 능동적으로 필요한 때에 언제든지 신神을 부릴 수 있는지에 따라 무당과 도인의 차이를

* 육갑천서(하늘의 신선과 신장들, 즉 십이계녀와 나연천녀 및 삼원대장과 천병들을 마음대로 부릴 수 있는 방법이 기록되어 있는 도학의 술법 비서)에서 일부 언급

둔다*고 하지만, 표면상 그들을 구별하기는 어렵다.

　　비록 과학적으로 설명이 불가하고 눈으로 보거나 확인할 수 없는 일이지만, 그들의 신神적 세계를 체험, 습득해 보지 않는 자가 자신의 좁은 식견이나 편협한 생각으로 불가사의한 정신세계를 함부로 말하거나 평가하는 것은 바람직하지 않은 듯하다. 세상의 다양성처럼 인간의 다양성을 이해하고 존중할 수 있는 마음이 있어야 하겠다. 그러나 운명을 예언하고 예측하는 역술인이든 도학(여기서는 도교, 도가적 학술을 의미)을 펼치는 도사나 무속인이든 그리고 이 사회를 구성하는 그 누구든 간에 가정과 사회의 지탄을 받는 그 어떤 부도덕한 행위에 대해서는 그들 스스로의 양심으로부터 자유로울 수는 없는 것이다. 자신의 양심과 사회에 부끄럽지 않은 맑은 마음에서 자신들이 지닌 능력을 펼쳐 보인다면, 그 역시 사회구성원으로서 각자의 위치에서 자신의 역할을 충실히 하는 것은 아닐까하는 생각을 해 본다. 이들 역시 타고난 팔자의 범주적 특성 안에서 움직여지는 삶의 한 방식일 뿐이다. 추구하는 가치나 목적이 모두 다르듯이 이 또한 기품의 차이에서 나타나는 것으로서 서로가 도덕적 기반위에 존재하는 다양성을 존중하고 그런 마음으로 세상을 대한다면 모두 똑같은 것이니 너와 내가 하나일 뿐 둘이 아니라는 것이다. 대동소이大同小異…

재미있는 설담, "파자점" 이야기

태조 이성계는 점괘 같은 것은 미신으로 생각하고 잘 보지 않았다. 그런데 하루는 길을 가다가 스님 한분이 여러 사람을 상대로 점치는 것을 어깨 너머로 구경하게 되었다. 대부분 사람들이 고개를 끄떡이며 잘 맞는다고 웅성거렸다. 그런데 손님 중에 젊은 사람이 "문(問)"자를 짚고 점을 보는데 당신은 門(대문)에 口(입)이 붙었으니 문전마다 다니면서 얻어먹을 팔자라고 했다. 그러자 그 젊은이는 얼굴이 붉어지며 사실은 가진 것이 아무것도 없다고 하면서 주머니에 있던 동전 몇 푼을 던져주고 무안한 표정으로 달아나 버렸다. 다음날 태조 이성계가 헌 누더기 차림으로 스님에게 찾아가서 어제 그 젊은 청년이 짚었던 똑같은 "문(問)"자를 짚고 점을 쳤다. 그러자 스님이 말하기를 "앞에서 보아도 군(君)자요 뒤에서 보아도 군(君) 자(字)이니 당신은 앞으로 군왕이 될 사람이요. 하면서 두 손 합장하여 인사를 하였다고 한다.

고려말 무학대사와 태조 이성계에 얽힌 재미있는 설담으로 전해지는 파자점 이야기다. 믿거나 말거나지만 요즘도 한자를 풀어 길흉을 예언하는 파자풀이(점)가 전해진다.

동양의 오술(五術)

동양의 오술五術 : 명命, 복ㅏ, 의醫, 상相, 산山

예로부터 동양에 있어서는 운명에 대해 예언하는 다양한 방법들과 심신을 수련하여 인간의 한계를 극복하거나 질병에 대한 치료술 등에 대해서 '동양오술'이라는 다섯 가지의 술법체계로 분류하고 있다. 예컨대 명命,

복卜, 의醫, 상相, 산山이 그것인데 일반적으로 잘 알려진 술법 중에 몇 가지를 언급하면 다음과 같다. 먼저 사람의 태어난 생년월일시를 육십갑자로 표기하여 음양오행의 이치로서 타고난 운명의 부귀빈천과 길흉요수를 판단하는 명리학(사주팔자)과 자미두수가 '명'에 해당하며, 주역 8괘(소성괘)의 조합으로 얻은 64괘(대성괘)의 효爻를 중심으로 길흉을 예측하는 육효六爻, 그리고 육임六壬과 기문둔갑, 태을신수 등이 "복卜", 즉 점占으로 구분되고, 질병을 치료하는 침구(침경), 의술(의경)이 "의"에 해당하며, 풍수지리와 관상, 수상 등이 "상相"이며, 명산에 입산하여 심신을 수련하고 육체의 한계를 극복하고자 하는 양생養生, 수밀修密 등이 산山에 해당한다 하겠다.

대체로 운명과 미래예측, 예언에 대한 관심을 갖고 공부하는 사람들은 소위 자신의 전공이라고 하는 학술(오술 중의 하나)을 하나씩 갖고

있으면서 명리나 여타의 술법*에 관심을 가져보거나 조금씩 맛을 보는 과정을 겪게 된다. 그러나 자칫 기이함을 쫓아 마음을 흩트리면 결국 어느 하나에도 정통하기는 어렵게 된다. 세상의 이치 또한 그렇지 않은가.

이들 동양의 오술五術 중에서 우리가 앞으로 학습해 나갈 부분인 "명리학命理學"이 "명命"에 해당하지만, 과거로부터 인식해 온 운명에 대한 예언 및 예측기능으로서의 "술術" 개념만이 아닌, 이제는 그러한 예측기능을 토대로 우리가 궁극적으로 운명을 통해 무엇을 찾고자 하는 것인지에 대한 성찰이 요구된다. 즉 내면적, 정신적 성찰과 그것을 위해 우리들 스스로 자기 자신을 세워나갈 수신修身의 과정으로서 인의예지신仁義禮智信에 대한 사람의 본성을 돌아보는 계기가 되어야 할 것으로 생각한다. 이것이 본래 역易의 목적이었으나 우리는 그 본질을 잠시 잊고 있는 듯하다.

2. 음양오행의 기원과 성질

  사주명리학은 음양오행론을 기초로 성립되었기 때문에 명리의 과학적 사유체계로의 발전을 이루게 한 그 이론과 논리를 알기 위해서는 대략적이나마 음양오행에 대한 기본개념을 이해하는 것이 선행되어야 하겠다.

  먼저 음양에 대한 관념의 변화와 발전은, 고대에 있어서는 천문의 관찰과 기록을 맡았던 사관史官들을 통해 이루어졌으며, 연나라와 제나라의 방사方士들에게서 시작된 음양론의 조직화는 자연의 규칙적인 질서에 관심을 기울였던 도가道家들이 맡았다고 한다. 특히 『사기史記』에 남아 있는 근거로 그 활동을 엿볼 수 있는 음양가陰陽家로서 "추연(鄒衍, 350 BC~270 BC)"을 따라 거슬러 올라갈 필요가 있다고 하겠다. 물론 근원적으로 본다면 주역을 의미하는 역易의 기원에서 음양오행을 설명해야 하겠지만(본서 하도낙서편 참조), 고대 하도낙서의 출현이후 비록 추연이 오행설을 창시한 사람은 아니었을지는 몰라도, 본격적으로 오행에 대한 관념들을 체계화하고 확립하여 음양오행에 대한 과학적 사고로서 실질적 역할을 시작하게 된 것은 음양가인 추연이 등장하기 시작하면서라고 보는 것이 타당하다는 견해이다.

  하지만 사주명리의 사상이나 사유체계의 근본이 되는 음양오행은 근원적으로 역易의 기원을 떠나서는 존립할 수 없기 때문에 하도낙서의 출현은 총체적인 역易의 기원을 의미하는 시원이 된다 할 것이다. 초학자는 물론이거니와 역학을 전공하는 사람들에게도 하도낙서의 이치는 그리 쉽지 않은 것이다. 그것은 우주변화의 원리를 담고 있으며 복희팔괘와 문왕팔괘로 발전하면서 주역 8괘와 64괘를 담아내는 동양 사상의 근원이기 때문이다. 음양오행의 기원과 더불어 명리학 역시 이러한 역易의 기원에 근본하며 또다른 이론체계로 진화, 발전된 영역이기 때문에 하도 낙서에 대한 탐구는 반드시 다루어져야 할 부분이라 하겠다.

하도와 낙서

하도河圖는 상고시대 때의 전설적인 내용에서 시작된다. 복희씨 시대에 지금의 중국 황하에서 머리는 용이고 몸은 말의 형상을 한 용마龍馬가 나타났는데, 복희씨가 그 용마의 등과 옆구리에 그려진 점들로 구성된 그림(이것을 용마하도라 한다)을 보고서 우주변화의 원리를 깨달아 8괘(복희팔괘)를 만들어 역의 기원을 시작한 것으로 보고 있다. 이러한 기원은 주역의 계사전에 이르러 하도에 낙서가 부가되어 시귀蓍龜(귀복과 점서), 사시四時, 일월日月 등과 함께 성인이 만든 역의 근거로 제시되는데 동중서의 영향을 받은 유흠(劉歆 BC53?~23, 전한 말의 학자로 궁중의 장서를 정리, 교정하였고 도서해제목록인 칠략七略을 저술)이 하도와 낙서를 팔괘

와 홍범의 제작원리로 확정시킨 뒤 정설로 굳어지게 되었다고 한다*. 그 이후 정현鄭玄, 유목劉牧, 원일阮逸 등을 거쳐 주자朱子의 「역학계몽」에서 〈도십서구적 하도상수론圖十書九的 河圖象數論〉으로 정착되면서 다음과 같은 하락의 도상圖象이 완성되었다.*

* 「漢書」에 나오는 말로서 "劉歆 以爲伏羲氏繼天而王 受河圖 則而劃之 八卦是也 禹治洪水 賜洛書 法而陳之 洪範是也"

* 류남상 하락상수론에 관한 연구(1)《충남대학교 인문과학 논문집》Ⅴ권1號 p.149~153

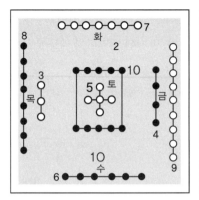
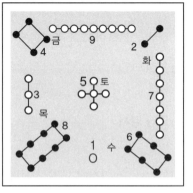

하도와 낙서 정방형

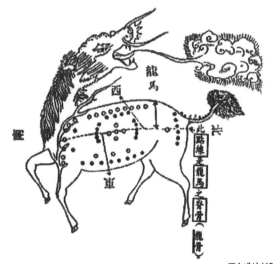

河水에서 보았다는 龍馬

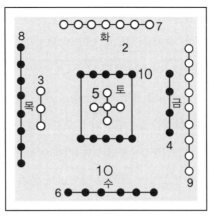

정방형 하도

　　하도의 의미를 살펴보면, 먼저 하도는 "도圖"자字가 뜻하는 것처럼 그림을 의미한다(숫자나 문자가 없기에 "도"라 한다). 방위별 점들의 수數로서 우주변화의 원리를 상징하는데 1에서 10까지의 점點들로 이루어진 열십자 모양의 방진方陣형태로 되어 있다.

　　5와 10(숫자는 점의 수를 의미함)의 사각형을 중심으로 하여 1과 2, 3과 4가 안쪽에서 상대하여 있고, 6과 7, 8과 9가 바깥쪽에서 상대하여 있는데, 이것은 음양대대관계(음과 양의 상반되는 성질의 관계)를 형상화시켜 순환적으로 변화해 나가는 것을 나타내는 것이다. 즉 음과 양은 서로 상반되는 성질들을 갖는데 그 "상반"이라는 관계성 자체가 상호교감과 조화의 근거가 됨으로써 생성변화의 원동력이 마련되는 것을 말한다. 그렇다면, 하도가 의미하는 점들의 수는 무엇인지를 살펴봐야겠다. 그것들은 천지만물을 이루는 기본요소인 오행의 생성生成수를 의미한다. 즉 오행의 생성은 천수(天數 1, 3, 5, 7, 9)와 지수(地數 2, 4, 6, 8, 10), 즉 기수(奇數 =홀수)와 우수(偶數 =짝수)로 표현되는 음과 양의 합덕合德에 의하여 이루어지는 것이다. 또한 오행의 생성수에서 생성生成이라는 합성단어를 다시

생과 성으로 분리해 보면, "생"은 수數의 기본으로서 생명의 뿌리, 근본이 되는 것이고 "성"은 수의 완성으로 생명의 형상을 이룬 것을 의미한다. 즉 하도 내부의 점이 나타내는 생수(1, 2, 3, 4. 5)는 외부의 점이 나타내는 수(6, 7, 8, 9, 10)를 완성하고 생명의 형상을 이루기 위한 근본이 되는 수이다. 하도의 중앙에 위치한 5는 생수의 끝수로서 천수(1, 3)와 지수(2, 4)의 확장된(음의 원수 2가 신장된 4에 태극수 1이 더해져서 5가 됨) 완성된 수이며, 열개의 수 가운데 중앙에 위치해 있으면서 음과 양의 정배합으로 이루어진 수이다. 어느 한쪽으로 치우치지 않은 조화調和의 리(理 : 이치)를 가진 수로서 만물의 생성변화를 주관하는 기본수가 된다.

체용體用의 관계*로 볼 때, 중앙의 5는 생수의 완성된 수로서는 "용"이 되지만 성수의 근원의 되는 기본의 측면에서는 "체"가 된다. 또한 태극수인 1(양)에 5를 합하면 성수 6(음)으로 나타나게 되는데 이렇듯 양의 생수가 성수를 이루면 음이 되고, 음의 생수가 성수를 이루면 양이 되는데 이를 음양의 호변互變법칙이라 한다. 1을 태극수라고 하는 것은 1은 변화적 작용이 없고 다만 수數의 근원이 되기 때문에 태극과 같은 수라 하여 태극을 1이라 하는 것이다. 나머지 생수와 성수의 작용도 이와 같

* 사물에는 형체의 청탁(淸濁)이나 경중(輕重)을 주(主)로 하여 움직이지 않는 정적인 측면이 있고, 그 사물의 운동적인 면인 작용성을 주로 하는 측면이 있게 된다. 이때 "체(體)"라는 것은 사물의 움직이지 않는 정적인 또는 활동의 기준이 되는 측면을 말하는 것이고, "용(用)"이란 사물의 운동적인 면으로서 그 작용적, 활동적 측면을 말한다.

다. 중앙의 외부의 수 10은 내부의 수 5와 음양적으로 서로 상대가 되어 변화되어 화化하는 작용을 하는 수이다. 10은 천지의 수(天一, 地二, 天三, 地四, 天五, 地六, 天七, 地八, 天九, 地十)에서 제일 큰 완성수로서 공간이라는 뜻이 있어서 나머지 9개수의 어디에도 관계되는 우주의 공허와 같은 공간적 역할을 하는 의미가 있는 수이다. 10은 공간이 되고 5는 공간의 중심에서 변화생성의 역할을 하는 것이니 10은 외형은 없고 뜻만 있

어 삼라만상에 다 그 뜻이 있는 무극無極의 이치와 같다 하겠다. 이상과 같이 하도가 의미하는 오행의 생성수는 음양 대립의 관계와 그 상합에 따라서 水(1, 6), 火(2, 7), 木(3, 8), 金(4, 9), 土(5, 10)의 생성을 나타내고 있는 것이다. 동시에 하도는 水生木, 木生火, 火生土, 土生金, 金生水의 상생과정을 나타내는 순환적 변화원리를 보여주고 있는 것이다. 이러한 오행의 생성을 기우奇偶의 배합으로 설명하는 것은 한대漢代에 유행했던 이

* 유교사상연구 제1집 p.263 참고

론이다.*

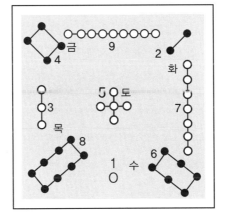

정방형 낙서

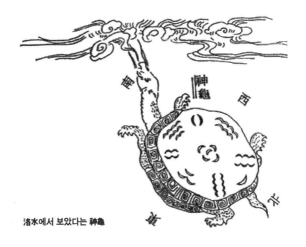

洛水에서 보았다는 神龜

낙서는 중국 하우씨夏禹氏가 치수治水를 할 때, 낙수洛水라는 물에서 신령한 거북이神龜가 나타났는데 거북이 등에 45개의 점으로 된 무늬가 있는 형상을 연구함으로서 낙서의 시초가 되었다고 한다. 낙서를 살펴보면, 각 생수(1, 2, 3, 4)가 중앙의 생성변화의 수 5와 합하여 성수 6, 7, 8, 9를 만들고 있는 것은 하도와 같다. 그러나 하도는 왼쪽으로 돌며 상생의 관계를 나타내는 반면, 낙서는 오른쪽으로 돌며 水(1, 6), 火(7, 2), 金(9, 4), 木(3, 8), 중앙土(5)에 이르기까지 상극의 관계를 나타내고 있다. 또한 하도는 북방수와 남방의 화, 동방의 목과 서방의 금이 서로 마주하며 상극관계를 나타낸다. 반면에 낙서는 운행運行의 관계에 있어서는 상극의 관계를 나타내지만, 대칭의 관계에 있어서는 상생의 관계를 나타내고 있는 특징이 있다.

낙서는 하도와는 달리 중앙의 5土를 중심으로 사정방의 천수(1, 3, 7, 9)가 생수가 되어 네 모퉁이의 지수(2, 4, 6, 8)를 성수로 하는 구조를 나타내고 있다. 이것은 하도의 봄, 여름, 가을, 겨울, 한서寒暑의 기후가 펼쳐지고 움츠러드는 시간적 상생순환의 흐름 속에서 낙서의 음양의 방위적 변화와 기후의 제어장치를 나타내는 듯하다. 이를테면 입동과 입하를 기준으로 하도의 표면적(외부적)인 기후體에 대한 낙서의 음양 굴신작용으로서 우주내부의 작용을 나타내는 천지변화의 도를 의미하는 것이다. 왜냐하면 변화는 상생과 상극의 상호작용에서 이루어지기 때문이다. 예컨대 조화造化의 운행은 생과 극이 동시에 일어날 때 가능한 것이기 때문이다.

이상의 하도낙서에 대한 연구는 역의 원리와 명리에 대한 사유체계를 넓힐 수 있는 중요한 근본 요소라 생각한다. 더 자세하고 깊은 연구를 필요로 한다면 『역경易經』에 관한 서적 및 유학儒學서적을 두루 참고하였으면 한다.

중국신화 한토막... "하우씨(夏禹氏)의 치수(治水)"

중국 신화에 따르면 중국 고대 순 임금은 곤(鯀)에게 홍수를 다스리는 일을 맡겼다. 물을 다스리라는 명령을 받은 곤은 하늘에서 "식양(息壤)"을 훔쳐 와 범람하는 물을 막았다고 한다. "식양"이란 식물처럼 자라는 "흙"으로, 물이 범람하는 곳에 이 식양을 던져 놓으면 흙이 쑥쑥 자라나 물이 아무리 불어도 넘치는 것을 막을 수 있었다고 한다. 그러나 천제(天帝)가 하늘의 흙을 훔쳐 간 사실을 알고는 노하여 곤을 죽였다. 죽은 곤은 누런 황룡으로 변했는데, 칼로 배를 가르자 그 속에서 우(禹)가 태어났다. 죽은 곤의 몸에서 태어난 우는 다시 순 임금으로부터 치수(治水)의 일을 맡게 된다. 이때 우는 그의 아버지와 달리 넘치는 물길을 터 바다로 흘려보냄으로써 홍수 문제를 해결할 수 있었다고 한다. 이 일을 하는 동안 우(禹)는 9년 동안 밖에서 지냈는데, 그 사이 세 번이나 자기 집 앞을 지났지만 한 번도 들르지 않았다고 한다.

음양(陰陽)

대개가 그렇지만 동양철학에 있어서 특히 자연철학에 관련한 각종 용어가 의미하는 것에 대한 개념의 이해와 그 유비적 관계(어떤 사물 상호 간에 대응적으로 존재하는 동등성, 동형성)의 범위를 규정하거나 그러한 사유체계에 자유롭지만 논리적 타당성을 지니게 하는 것은 그리 쉽고 간단하지만은 않다.

    음양의 경우에 있어서도 마찬가지로 음양을 이해하기 위한 많은 철학적 용어의 이해가 선행되거나 뒷받침되어야 하는 또다른 보조적 학습이 요구된다 하겠다. 서론과 본론에서 그에 대한 설명들을 접하겠지만, 예를 들어 태극, 오행, 리理와 기氣, 명命, 성性 등으로서 이러한 관념*적 개념들에 대한 이해를 통해 사주명리학의 핵심에 도달할 수 있는 것이니 절대 소홀히 할 수 없다는 것을 강조한다.

먼저 음양을 이해하는 과정으로서 음과 양이라는 한자漢字의 의미에 대한 접근부터 시작하는 것이 좋겠다. 지금 사용하고 있는 음양陰陽의 옛 형태는 언덕을 나타내는 "언덕 부阜"의 변(부수)이 없었다고 한다. 나중에 변이 첨가됨으로서 그 의미는 자연스럽게 언덕을 기준으로, 해가 비치지 않는 곳과 비치는 곳을 나타내게 된 것이었다. 해가 비치지 않는 곳과 비치는 곳의 차이는 기후와 아주 밀접한 연관을 가지게 된다. 본론에서 설명하겠지만 "기후"는 사주명리학에서 다루는 가장 중요한 이론요소 중의 하나일 만큼 매우 중요한 위치를 차지하게 된다. 춘추전국시대 이전에는 이런 음양에 대한 생각이 단순히 태양이 비치는 곳과 비치지 않는 곳을 의미할 뿐 철학적 의미를 띠고 있지는 않았다고 한다. 비로소 춘추전국시대에 이르러 음양을 일 년의 추위와 더위의 소장消長, 굴신屈伸에 적용시킴으로서 음양은 우주론적 철학개념으로 발전하기 시작한다. 이렇게 음양은 태양에서부터 사계절의 한서寒暑까지 자연 현상을 통한 자연철학의 사유思惟를 보이기 시작한다. 자연自然은 앞서 하도낙서에서 설명되었듯이, 대대(대극)적 작용으로 상생과 상극이라는 역동적인 균형관계를 이루고 있는데, 송대의 주희朱熹는 이러한 역동적인 음양의 관계를 그의 『근사록近思錄』에서 다음과 같이 "기쁨"으로 표현한 예가 있다.

천지만물의 이치에 혼자인 것은 없다. 반드시 짝을 가지고 있다. 이는 모두 자연스럽게 그리된 것이지 누가 인위적으로 조정해서 그리된 것이 아니다. 한밤중에 이를 곰곰이 생각해 볼 때마다 나도 모르게 손이 춤추고 다리가 뛰논다.

[天地萬物之理, 無獨必有對, 皆自然而然, 非有安排也. 每中夜以思, 不知手之舞之足之蹈之也. 천지만물지리, 무독필유대, 개자연이연, 비유안배야, 매중야이사, 부지수지무지족지도지야]

이러한 대대적 존재로서의 음양(陰陽)에 대해 주희는 그의 『주자어류朱子語類』를 통해 또 다음과 같이 말한다.

음양은 동일한 기이다. 양의 물러남이 곧 음의 생겨남이다. 양이 물러가고 난 다음에 음이라는 것이 따로 생겨나는 것은 아니다.

[陰陽只是一氣, 陽之退, 便是陰之生, 不是陽之退了, 又別有箇陰生. 음양지시일기, 양지퇴, 변시음지생, 불시양지퇴료, 우별유개음생]

주희의 이 표현은 음양이 서로 끊이지 않고 생생불식生生不息으로 이어지는 관계를 나타내는데, 계절의 변화순환과 마찬가지로 음양의 관계를 춥고 더운 한서寒暑의 교차 등으로 이해하여도 되겠다. 즉 한서寒暑의 기후관계로 보면 11월子月 동지冬至를 기점으로 하여 음陰의 성질은 극에 이르러 물러설 준비를 하는 때이지만 극에 다다른 추운 한기 속에서 이미 양(陽)이 일어나기 시작하여 따스한 봄을 향하는 것과 같은 이치이다.

음양은 태극(우주생명의 주主이며 그 생명의 원리)으로부터 그 분별이 생기는데 이 태극의 움직임에서 처음의 준비모습—동動하기 전의 모습—이 음이고 그것의 움직임, 즉 동動함이 양이 된다. 따라서 음은 정적이고 양은 동적이 된다. 하지만 음의 극에서 양이 시생始生하고, 양의 극에서 음이 시생始生하는 것이니, 이는 태극의 양면적 작용성을 분리하여 말한 것으로서 음양이 곧 태극이고 태극이 곧 음양이 되는 것이다. 모든 사물에는 "선후先後의 법칙"이 존재하는데 이것은 현상으로 나타나는 자연적 순서에 기인한다. 예컨대 고요함에서 움직임이 생기고, 어둠에서 밝아지고, 낮은 데서 높은 데로 향하고, 작은 것이 크게 자라는 등의 자연적 순서에 따라 발동의 이전이 음이 되는 것이다.

음양의 성질을 보다 체계화시켜 이해할 수 있을 것으로 생각되어 다음과 같이 인체 내의 역동적 균형을 모델로 작성한 맨프레드 포커트 Manfred Porkert의 한의학적 음양론을 소개한다.

● 양(陽)

1. 생(生) : 초기의, 막 시작하려는 그 무엇.
   어떤 효과나 변화의 시작이 활동(action)과 같음은 이해하기 어렵지 않다.

2. 감(感) : 풀어내고, 유도하고, 자극하는 그 무엇.
   감은 시간상으로 정의될 수 있는 자극을 의미한다.

3. 동(動), 조(躁), 생(生) : 운동을 일으키는, 움직이는, 운동을 전달하는, 살아있는 그 무엇.
   이 일련의 어의상의 연관들은 명백하다.

4. 화(化),변(變) : 변화하는, 변화를 일으키는 그 무엇.
   한자로는 化, 變을 나타낸다. 감지할 수 있는 변화가 활동이 일어난다는 혹은 일어났다는 것을 추론하도록 하는 인식론적 기준이다. 즉 활동적인 것과 변화하는 것과는 공리적 동등관계에 있다.

5. 장(長), 서(舒) : 자라나는, 퍼지는 그 무엇.

한자로는 장(長), 서(舒)를 나타낸다. 활동이라는 단어의 정의에 함축된 의미 한 가지는, 활동이 그것의 기원이라고 생각되는 곳으로부터 모든 방향으로 퍼지는 경향이 있다는 것이다.

6. 산(散) : 분해시키는, 흩어뜨리는, 희박하게 하는 그 무엇.

이것은 5에서의 뉘앙스와 관련된 모호한 굴절이지만 의미에서는 더욱 포괄적이다. 활동은 뚜렷이 존재하는 상태들, 즉 활동 이전부터 존재하던 상태들을 변화시킬 뿐 아니라 사실상 그러한 상태들을 분해시키고 상쇄시키고 소멸시킨다. 어떤 적극적인 영향이나 활동도 희박화되고 〈타서 없어져버리기〉 때문에 활동은 시간이 지나면서 그 자체를 소모해 버리는 〈희박하게 하는〉 그 무엇으로 생각하게 되는 것이다.

7. 담(淡), 청(淸), 신(神) : 그 자체는 불확정적이면서 다른 것을 결정해 주는 그 무엇.

어떤 활동의 속성도 직접적이고 뚜렷한 경험을 넘어서 있다. 그것은 역설적으로 어떤 감지하고 평가하는 주체의 구성화를 통해서 간접적으로 감지된다. 어떤 생장에 있어 그 증거를 알기 위해서는 그 구성적 요소인 대상의 변화에 입각해야만 하는 것이다.

● 음(陰)

1. 성(成) : 완성하는, 완전하게 하는 그 무엇.

구성화(struction), 즉 효과들의 실체화는 활동으로 시작된 어떤 조작의 완성, 성취 또는 결말로서 감지된다.

2. 응(應) : 확인하고, 상응하며, 반응하는 그 무엇

陽의 7에서 활동은 그것의 어떤 속성들에 상응하고 그것들을 구성하는

객체에 닿는 한에서만 뚜렷이 감지될 수 있다는 것을 설명했다. 따라서 활동에 의해 자극된 감(感)효과는 구성적으로 확인된다(應). 응(應)이라는 한자는 일상적으로는 대답하다. 반응하다. 상응하다 등을 의미하고, 전문적인 맥락에서는 자극하다의 반대극성을 나타낸다. 복합어 감응(感應)은 활동적인 자극과 구성적인 반응 사이의 귀납적 관계를 가리킨다.

3. 정(靜), 성(成), 사/법(死/法) : 〈쉬고 있는, 정지한, 정적인 그 무엇〉, 〈실체화하는, 공고히 하는 그 무엇〉〈굳어지는, 없어져가는, 사라져가는 그 어떤 것〉

   동적인 활동에 대응하는 짝으로서의 陰은, 거기서 동적으로 퍼져가는 효과들이 침전되고 실체화되어서 감지 될 수 있게 되는 것으로 보이는 〈정지한〉유효 상태에 상응한다. 효과의 구성적 실체화는 그 한도가 공간상으로 정의될 수 없는 하나의 활동의 실체화와 같아 보인다. 이것이 구성화가 활동적 효과의 안정화(成)로 감지 될 수 있는 이유이다.

4. 양(養), 수/장(收/藏) : (그 구성화를) 〈유지해주는〉, 그리고 〈보존하는 그 무엇〉

   모든 구성화는 순간적인 효과를 지속적인 것으로 변화시키고 빨리 변화하는 속성들을 지탱해나가도록 하고 변하지 않도록 유지시킨다. 養이라는 글자는 그 어원이나 일상용법에 따르면 〈길러내다, 살지게 하다. 항상시키다, 조장하다〉 등으로 번역되는데 전문적인 맥락에서는 때로는 좀더 추상적으로 사용되어서 〈유지하다〉를 의미한다. 수(收)는 가을과 연관된 관념들, 〈열매맺다, 모으다. 추수하다. 챙겨두다〉를 암시하고, 장(藏)은 겨울과 연관된 관념들, 〈저장하다, 잠그다, 숨다, 감추어두다〉를 가리킨다.

5. 수(收), 적(積), 렴(斂) : 응축하는, 집중하는, 좁혀드는 그 무엇.
이들은 4항의 의미에 내포되어 있다.

6. 정(精), 탁(濁), 성(成) : 구성화의 개념은 가정된 그러나 미리 규정할 수
없는 효과가 뚜렷이 감지할 수 있는 효과로 실체화하는 것을 암시하는
데 이들이 바로 그런 종류이다.

(한형조, 『주희에서 정약용으로』 p.43에서 재인용)

여기까지는 음양에 대한 한자의 의미와 전국시대에 비로소 자연철
학에 대한 사유로서 우주론적 철학개념의 음양이 발전하기 시작함과 송
대 주자학(성리학)을 이룬 주희의 음양관계의 표현 등을 간략히 살펴보
았다.

앞으로 오행개념에 대한 학습을 통해 좀 더 구체적으로 음양오행
이 철학개념으로 발전하기 시작하는, 즉 동양자연철학의 지적혁명의 태
동을 보인 춘추전국시대에서부터 그 집대성을 이룬 송대 주자의 음양연
관분류 및 그의 음양오행에 대한 사유를 경험하며 명리 사유체계의 사상
적 원류를 더듬어 보도록 하겠다.

오행의 개념과 사상적 기원

오행은 하늘과 땅 사이 만물의 근본이 되며 우주생성변화의 이치를 나타
내는 유무형有無形의 기氣를 말한다. 예컨대 '오행'이라 하는 것은 형체가
있는 것뿐만 아니라 형체가 없는 범위까지도 포함되는 목木, 화火, 토土,
금金, 수水의 다섯 가지 요소(물질+에너지)를 말한다. 다시 말해서 오행은
유, 무형의 모든 자연의 이치를 의미하는 것이다.

오행설에 대한 문헌적 기록은 춘추전국시대 음양가들의 오행에 대한 생각을 담고 있는 『서경書經』 「홍범洪範」에서 볼 수 있다. 홍범에 기록된 오행은 비록 인간의 삶과 생활에 필요한 물질적 유형을 나타내는 오행으로서 철학적 의미를 띠고 있지 않은 듯하지만(또 그렇게 말하는 학자도 있지만), 각 오행들이 변화를 겪고 있을 때에만 나타나는 성질들을 분류, 기록한 측면에서 볼 때는 실질적으로 자연철학적, 과학적 사유의 태동을 나타내는 것이라고 보아야 할 것이다.

오행은 一수, 二화, 三목, 四금, 五토를 말한다. 수는 윤하, 화는 염상, 목은 곡직, 금은 종혁이라 말하고, 이에 토는 가색을 말한다. 윤하는 짠맛을 내고, 염상은 쓴맛을 내고, 곡직은 신맛을 내고, 종혁은 매운맛을 내며, 가색은 단맛을 낸다.

[一, 五行. 一曰水, 二曰火, 三曰木, 四曰金, 五曰土, 水曰潤下, 火曰炎上, 木曰曲直, 金曰從革, 土爰稼穡. 潤下作鹹, 炎上作苦, 曲直作酸, 從革作辛, 稼穡作甘. 일, 오행. 일왈수, 이왈화, 삼왈목, 사왈금, 오왈토, 수왈윤하, 화왈염상, 목왈곡직, 금왈종혁, 토원가색. 윤하작함, 염상작고, 곡직작산, 종혁작신, 가색작감.]

위 『서경書經』 「홍범洪範」에 나와 있는 오행에 대한 해석의 오류를 다음과 같이 찾아볼 수 있다.

오행에 관해서는, 그 첫째는 수, 둘째는 화, 셋째는 나무, 넷째는 금, 다섯째는 토 흙(토)이다...... [...五行. 一曰水, 二曰火, 三曰木, 四曰金, 五曰土...]

수(水)	젖게 하다, 방울져 떨어지다, 낙하하다.	액체성, 유동성, 용액	짠맛
화(火)	가열하다, 타다, 상승하다.	열, 연소	쓴맛
목(木)	베거나 깎는 도구에 순응함으로써 형태를 받아들인다.	세공이 가능한 고체성	신맛
금(金)	액체상태로 주조하여 형(形)을 뜨고, 재융해, 재주조에 의하여 이 형을 변경시킬 수 있다.	응고와 재응고를 포함한 고체성(주조성)	매운맛
토(土)	먹을 수 있는 식물을 키우다.	자양성	단맛

위 홍범의 기록에 대한 일부 동서양의 역사학자나 철학자들의 견해나 관련서적의 번역에서 一, 二, 三, 四, 五의 수數를 단순히 순차를 의미하는 순서로서의 숫자로 해석 또는 번역하는 과정에서 오류를 범하고 있다. 따라서 음양가들의 오행에 대한 생각과 그에 따른 분류를 단순히 인간 삶의 생활 물질만으로 국한시키는 해석과 번역상의 착오에서 자연 철학적 사유를 도출해 내지 못하고 있는 것으로 생각된다. 왜냐하면 위의 수數는 앞서 하도낙서 편에서 살펴보았듯이, 생수(1, 2, 3, 4, 5)로서 땅(중앙)을 의미하는 5토(체)를 중심으로 木火金水(용)의 생성변화를 나타내는 근원적 의미의 수이기 때문이다. 따라서 홍범의 기록은 이미 전국시대 음양가들의 우주론적 자연철학에 대한 관심이 실질적으로 전개하기 시기한 때라고 할 수 있으며, 명리학의 변증법적 사유체계의 근간을 이루는 시원始原이라 할 만하다.

음양가들에 의한 오행설은 시간이 흐르면서 보다 정치적으로 이용되는 예언과 점술의 형태로 발전하는 양상을 보였지만, 과학적으로는 도리어 덜 과학적인 유사과학의 형태로 전락하는 시기를 겪게 되었다. 이른바 기원후 1세기에 "고문학파(후한시대에 지배적이었음)와 금문학파(전한시대에 지배적이었음)"라는 사상의 두 학파로 양극화됨에 따라 자연과학의 "과학적"이 유사과학으로 변화하게 되는 중심에 놓이게 된 것이다. 이때의 추연과 그의 추종자들에 의한 오행이론終始說에 의한 예언과 점술은 이후 12세기경에 출현하게 될 명리학(사주팔자)과는 예언의 대상과 그 추론방법에 있어서 전혀 다른 것임을 알아야 하겠다. 이러한 초기 원시과학적 사유로서의 태동을 일으켰던 오행설이 한당漢唐시대를 거쳐, 송대 리기론理氣論을 주창한 주희에 이르러 비로소 자연과학으로서의 범주적 사유체계를 집대성하게 된다. 물론 주희에 의한 자연철학의 사유체계가 다소 불완전한 부분도 있을 수 있고, 비록 주희가 주역괘에 의한 점은 쳤지만, 현대 명리학(사주팔자)의 추론체계(팔자이론)를 언급하거나 점술에 관심을 가지지는 않았다. 하지만 명리학이 그의 성리性理 이론체계에서 발전하여 예언기능을 수반한 현대 명리학의 학술적 사상과 그 이론체계의 근저를 이룬 것임은 분명하다고 할 것이다. 물론 현대 술가術家들이 펼치는 명리에는 그 어떤 사상이나 체계화된 이론을 수반하지 못하고 있는 것이 사실이다. 그것은 과거 음양가의 오행설이 사이비과학似而非科學으로 전락하게 된 것과 마찬가지로 본연의 철학적 학문 영역을 연구, 발전시키지 못하고 경제적인 부의 축적수단 ―과거에는 정치수단― 으로서 사상을 타협하고 정통을 벗어나 학문을 사칭해왔기 때문일 것이다.

본론에서 본격적으로 다룰 운명예측 기능을 가진 명리학으로 발전하게 되는 것을 설명하겠지만, 처음에 '사주팔자'를 만들어 운명의 길흉화복을 예언했던 '서거이徐居易'의 출현은 정확한 기록을 찾아 볼 수 없지만, 중국의 3차 분열시기였던 오대五代 말의 인물이거나 송대의 인물로 알려져 있다. 물론 당대唐代에 이미 사주가 만들어져 출생 년을 중시(기준)하여 개인의 운명을 예측하던 '당사주'가 있었지만 현대의 사주팔자(명리학)로 발전하게 된 음양오행에 대한 범주적 사유체계의 등장은 송대 주희의 사유체계와 같은 시대적 흐름에서 나온 자연스런 태동이며 그 진화와 발전이라 여겨진다. 그러나 비록 주희에 이르러 음양오행의 범주 체계와 유불도儒佛道가 통합된 성리학이 출현하고, 그런 사상에서 명리의 학술적 사상의 기원을 찾는 것은 마땅하다 할 것이지만, 사주팔자를 만 들어 인간의 운명을 예언했던 서거이의 자평명리학은 당대唐代의 승려 이허중李虛中과 북송 초기의 도사 진단(陳搏 : 606~989년)을 비롯해 도가 道家와 불교의 영향을 상당히 받았을 수 있는 시대적 상황과 함께 북송 초 태극과 음양오행의 이치를 담은 주렴계의 태극도설 등이 나타나기 전후 의 다양한 시대적 학술의 공존과 변화 속에 출현한 운명예측술로 추정을 해 볼 수 있겠다. 따라서 자평명리학의 시원인 서거이에 대한 정확한 근 거 제시는 할 수 없지만, 대략 주희가 사상적 체계를 집대성하기 전인 대 략 10세기 중, 말에서 11세기 초까지의 인물이 아닐까 추정을 해 본다. 그 렇지만 이후 음양오행의 체계화된 연관범주들과 리기理氣론적 체계화된 자연철학의 접근은 주희의 학문에 의해 보다 완성되었다 할 것이며, 당 말송초唐末宋初 사상의 혼재를 통합한 것이 성리학인 만큼 그러한 혼재된 사상 속에 싹을 띄운 사주명리학은 결국 성리학에 그 사상적 기원을 두 는 것이 타당하다 하겠다.

주희의 음양오행

『서경』「홍범」에 기록된 위의 음양가들에 의한 오행의 분류 외에 송대 주희에 이르러 그의 주자어류 및 문집 등에서 발견되는 「음양오행 의 연관들」을 다음 표를 통해 살펴보자.

양(陽)	음(陰)	양(陽)	음(陰)	양(陽)	음(陰)
움직임(動)	고요함(靜)	발산(散:산)	수렴(聚:취)	발산(發散)	수렴(收斂)
열림(闢:벽)	닫힘(翕:흡)	폄(伸:신)	굽힘(屈:굴)	나아감(進:진)	물러남(退:퇴)
남자	여자	밝음(明:명)	어두움(暗:암)	강함(强:강)	약함(弱:약)
남편(夫:부)	아내(婦:부)	가벼움(輕:경)	무거움(重:중)	큰 것(大)	작은 것(小)
사람(人)	귀신(鬼:귀)	봄, 여름	가을, 겨울	해(日)	달(月)
용(用) …	체(體) …	사랑과욕망(愛慾:애옥)	두려움과증오(懼惡:구오)	손님(客) …	주인(主) …

목(木)	화(火)	토(土)	금(金)	수(水)
굽고 곧음(曲直)	타 오름(炎上)	심고 거둠(稼穡)	변화(從革)	아래로흐름(潤下)
봄(春:춘)	여름(夏:하)	[중앙(四季:사계)]	가을(秋:추)	겨울(冬:동)
동쪽(東:동)	남쪽(南:남)	중앙	서쪽(西:서)	북쪽(北:북)
청색(靑:청)	적색(赤:적)	황색(黃:황)	백색(白:백)	흑색(黑:흑)
신맛(酸:산)	[쓴맛(苦):고]	[단맛(甘):감]	매운맛(辛)	[짠맛(鹹):함]
따뜻함(暖:난)	화창함(暢:창)	바람(風:풍)	한(寒)	비(雨)
〈오음(五音)〉				
각(角)	치(徵: 부를 징)	(宮)	상(商)	우(羽)
〈오장(五臟)〉				
간(肝)	심(心)	비(脾)	폐(肺)	신(腎)
〈십간(十干)〉				
갑을(甲乙)	병정(丙丁)	무기(戊己)	경신(庚辛)	임계(壬癸)
〈오상(五常)〉				
인(仁)	예(禮)	신(信)	의(義)	지(知)

[ ]내용은 역자 삽입

　　도가(道家)가 주를 이루었던 음양가들에 의해 조직화된 음양과 오행은 유가와 도가, 불교의 사상을 통합한 송대의 신유학자 주희에 의해 보다 체계를 확립하고 더 세분될 수 있게 된다. 예컨대 앞의 표 「음양오행 연관들」과 더불어 음 속에도 음과 양이 있고, 양 속에도 음과 양이 있다고 한 것 들이다.

예를 들면, 계절의 기후로 볼 때, 따뜻하고 화창한 봄과 여름이 양이 되고 서늘하고 추운 가을과 겨울이 음이 되는데, 봄의 절기를 나타내는 입춘이 되어도 음기인 겨울의 한기가 남아 있게 되며, 여름이 시작되는 4월巳月에 이미 가을의 음 기운이 움트기 시작하는 것이 그것이다.* 본론에서 구체적인 설명을 다루기로 하고 음양오행에 대한 주회의 생각을 좀 더 살펴보자.

* 이것은 명리학 텍스트 중 난강망 이론의 근원적 핵심이 되며, 조후의 중요성과 우주변화의 법칙을 의미하는 것이다.

하늘과 땅 사이에 (만물을)채우고 있는 것이 모두 이것(오행의 기)이다. 어떤 사물을 들어 보아도 이 다섯 가지 (기)가 갖추어 있지 않은 것은 없다. 다만 그 안에 들어 있는 (기의)비율이 다소 차이 날 뿐이다.

[盈天地之間者皆是. 舉一物, 無不具此五者. 但其間有多少分數耳. 영천지지간자개시. 거일물, 무불구차오자. 단기간유다소분수이.]

주회의 이 말은, 사주명리학의 관점에서 운명을 나타내는 '사주팔자'의 다양성으로 해석될 수 있다. 사주 여덟 글자는 바로 이러한 기氣의 분포 비율에 따라 '성품'은 물론 '빈부귀천'이라는 불변적 측면으로서의 운명적 차이가 발생한다는 것을 암시하고 있다. 물론 운명예측기능으로서의 또다른 차원의 명리이론 체계가 있지만, 궁극적으로 명리학은 주회가 말한 기氣에 의한 작용을 체계적으로 운명의 현상화에 적용시킨 것이라 하겠다.

오행은 앞서 하도낙서에서 보았듯이 상생과 상극의 순환적 특징을 보이는데 이것에 대해 주회는 다음과 같이 말한다.

상생相生은 "수는 목을 생하고 목은 화를 생하고 화는 토를 생하고 토는 금을 생하고 금은 또 수를 생하며 수는 또 목을 생한다. (이렇게 오행은)순환하면서 서로를 생한다."

오행상생도

반대로 상극은, 수는 화를 극하고 화는 금을 극하고 금은 목을 극하고 목은 토를 극하며 토는 수를 극하는 순환적 상극(또는 상승:相勝)관계로서 "제거"하거나 "소멸"시키는 작용을 말한다.

오행상극도

주희는 또 오행의 기질氣質에 따른 물질적 특성의 차이점에 대해 토土를 중심하여 이렇게 말하고 있다.

음은 양과 결합하여 변형될 때, 처음에는 수와 화을 낳는다. 수와 화는 기

(氣)이며 (이것들은) 유동적이며 반짝인다. 이들의 형체는 오히려 미정형이며, 그 형체는 고정되어 있지 않은 듯하다.....반면에 목과 금은 확연히 고정된 형을 지닌다.

[陰變陽合, 初生水火, 水火氣也. 流動閃鑠, 其體尙虛, 其成形猶未定.....木金則確然有定形矣. 수화기야. 유동섬삭, 기체상허, 기성형유미정.....목금즉확연유정형의.] (鑠 : 쇠 녹일 '삭'이나 '번쩍이다'의 뜻도 있음)

여기서 주희는 음과 양이 반응하고 결합하여 변형을 이루는 오행의 속성에서 土를 중심으로 나머지 네 개의 행四行에 대한 질체성의 청탁淸濁, 즉 기질氣質을 설명하는 것이다. 기질에 대한 설명은 "제 2장 명리론命理論"에서 설명하기로 하고 여기서는 음양오행의 반응으로 변화를 낳는 것을 기억만 하면 되겠다.

이러한 설명이 운명을 예측하는 사주명리학과 무관한 듯하지만 결코 그렇지 않다. 명리학은 사유思惟의 학문이다. 사유의 발전은 하나의 체계, 즉 개념의 이해와 정의에서 또다른 체계로 이어지며, 궁극적으로 천지만물이 하나가 되는 이치에 도달하게 되는 것이기 때문이다.

앞으로 보다 다양한 범주를 활용하며 오행과 그 연관들을 설명해 나가겠지만, 오행을 유형有形의 기氣에서만 살펴서는 안 될 것이다. 리기理氣편에서 보다 구체적인 설명을 하겠지만 기氣는 유무형을 모두 포함하기 때문이다.

기의 청탁에 대해 우주생성론을 통하여 이해하는 것이 여러 가지 측면으로 도움이 될 듯 하다. 그 예로 도가道家의 영향을 받은 것으로 추정되는 한대漢代 유안劉安의 『회남자淮南子』를 통해 살펴보기로 한다.

천지가 아직 형성되지 않았을 때는 질박, 투박하고 아무런 형체도 없었다. 그러므로 태소太素라고 한다. 도는 허확(虛霩 : 공허하고 아득히 멀며 광활한 상태)에서 시작되었고, 허확은 우주에서 생겨났으며, 우주는 기를 낳았다. 기에는 한계가 있으니, 맑고 가벼운 것은 얇게 흩어져 하늘이 되고, 무겁고 탁한 것은 응결되어 땅이 되었다. 그러므로 하늘이 먼저 형성되고 땅이 나중에 안정되었다. 천지의 기운이 합해져 음양이 되고, 음양의 온전한 기운이 사계절이 되며, 사계절의 정기가 흩어져 만물이 되었다.

〈『회남자』「천문」편〉

위 문장 중 「맑고 가벼운 것은 얇게 흩어져 하늘이 되고…」에서 우리는 "무형無形의 기氣"를 읽어낼 수 있을 것이다. 예컨대, 열기에 의해 증발하는 아지랑이와 같은 것으로서 대기 중의 냉기와 부딪히며 습濕의 기운을 만들어 내게 된다. 바로 수증기라는 물방이 맺히며 이것들은 응결의 속성理이 있어 결국 비雨를 만들게 된다. 앞서 주희가 말한 水火에 대한 기운의 다양한 속성에 대한 사유의 한 방법이다.

지금까지는 음양오행에 근본을 둔 명리학이 성리학(주희)에 그 뿌리를 두고 있다는 단서를 제공하는 차원에서 주희의 음양오행에 대한 생각을 아주 조금 언급했다. 성현들의 사상과 운명예측이라는 기능적 측면의 조화를 이루어 사람의 본성을 일깨워주는 참 학문의 길을 열어보고자 하는 마음에서 이제 본격적으로 오행의 성질을 알아가며 운명예측의 기능적 명리로 한걸음 나가보도록 하자.

오행(五行)의 성질

● 木

『서경』「홍범」에 木을 일컬어 곡직曲直이라 했는데 곡직이란 생명력이 일어나는 모습을 말한다. 봄이 되면 겨울 내내 뿌리에 축장했던 물을 끌어올리며 대지를 뚫고 뻗어 오르는 모습象을 그린 것이다. 뻗는 기운이 직直이며, 뻗어 오를 때 힘을 효율적으로 활용하기 위해 몸을 뒤틀게 되는 모습, 이것이 곡曲이다. 따라서 木의 성질은 부드럽고 곡선을 그리는 음의 성질인 을목乙과 곧게 하늘로 솟아오르려는 강한 천향성天向性을 지닌 양의 성질(甲: 갑목)을 갖게 된다. 봄을 맞아 木의 솟아오르려는, 분출력을 가진 생명력이 곡직의 형태를 드러내게 되니 목을 봄의 상징(생명의 움틈)으로 보는 것이다. 그러나 아이러니하게 木은 봄에 생명을 얻어 가을에 죽지만 잎이 조락凋落하여 생명을 다하는(시드는) 가을에 그 열매를 맺음으로서 새로운 생명을 얻게 되는 것이니 이를 절처봉생絶處逢生이라 하는 것이다.

● 火

火를 일컬어 염상(炎上)이라 한다. 염상이란 불길이 위로 타오르는 모습을 의미한다. 하지만 불은 타오르는 겉의 화려한 위상과는 달리 속은 비어있게 된다. 불이 타오른다는 의미는 흩어진다散는 의미가 된다. 예컨대, 촛불을 보면, 심지에서 불꽃의 끝에 이르기까지는 木이 봄을 만나 분출하는 것과 같고, 불꽃의 끝에서는 그 생명을 잃고 허공으로 흩어져 사라지게 된다. 火의 특성은 겉은 화려하고 산란하지만 그 내면은 고요하기 그지없게 되는데 그것은 내면의 에너지를 겉으로 모두 분출하여 공허하게 되기 때문이다. 또한 불은 밝게 비추는明 특성이 있는데, 사람은 지식을 통해 문명, 문화를 이룩함으로서 세상을 널리 이롭게 밝히기 때문에 불火은 문화, 문명, 기예의 특성이 있게 되며 이러한 뜻에서 사람의 정신을 의미하게 된다. 참고로 火에 대한 인식은 '불', '열熱', '빛光' 등으로 세분된 개념차이의 이해가 필요하다.

● 金

金을 일컬어 종혁從革이라고 하는데 종혁은 따르고 변화한다는 의미이다. 이것은 금의 체성이 비록 차고 견고하지만 변화의 속성을 지니고 있음을 의미하는 것이다. 金은 계절로는 가을을 뜻하는데 봄木, 여름火을 통해 흩어졌던 기운이 새로운 열매로 바뀌고 잎은 떨어지게 된다. 가을은 여름까지 외부로 발산된 양기陽氣를 억제시키며 수렴하는 첫 단계로서, 겉은 金의 견고함(寒氣 : 庚)이 있지만 내면은 아직 완전히 수렴되지 않은 양기의 반발火氣이 남아 있게 된다(辛 : 무른 금). 스스로 통제하지 못하고 무한대로 발산하려는 양기陽氣를 잘 다스려 새로운 열매로 거듭나게 하는 금의 특성은 사람의 교육, 다스림과도 같다 하겠다. 반면에 가을의 힘을 심평審平이라 하는데 공평하게 살펴서 죽일 것은 죽여야 한다는 살벌殺伐의 의미가 있기에 숙살지기肅殺之氣라고도 한다. 서리와 비유된다.

● 水

水를 일컬어 윤하潤下라 하는데 윤하는 만물을 촉촉이 적시며 아래로 흘러들어가는 것을 의미한다. 그렇기에 水는 만물을 포용하고 감싸 안는 특성이 있게 된다. 水는 만물의 시(始, 生)와 종(終, 死)이 공존하는 기운인데 봄에 싹을 틔울 씨앗을 압박하여(땅 속의 수분) 생명의 탄생을 준비시키는 작용을 한다. 또한 봄과 여름을 통해 양기가 발산되고 다시 가을의 수렴작용을 통해 겨울에는 뿌리로 그 수분을 장藏하게 하니, 비록 외면은 활동하지 않는 듯 하여 죽은 것(死, 終) 같지만 땅속에서는 생명을 포용하고 감싸 안은 채 봄의 생명을 준비하는 근원이 된다. 사람의 경우, 태아도 양수羊水를 통해 생명력을 기르게 되는데, 마치 씨앗이 겨울의 땅속에서 수분의 압박을 통해 봄의 생명을 기다리는 것과 같기에 수水는 만물의 근원이 되는 것이다. 수水가 축장을 통해 새로운 생명을 출산시키기에, 사람은 밝은 재생의 봄을 맞이하고자 한다면 반드시 水와 같은 어둠과 축장의 시간을 겪지 않으면 안 되는 것이다. 즉, 水는 사람의 오덕五德중에 지혜를 의미하니 지혜로움을 얻으려면 학문에 힘쓰고 내면을 성찰하는 압박을 통해 거듭 태어날 수 있는 것이라 하겠다.

● 土

土를 일컬어 가색稼穡이라고 한다. 가색이란 심고 거두는 농사라는 의미가 있다. 즉 사계절을 통해 만물을 일구는 농사꾼과 같은 것이 土이다. 木은 땅에 의지하여 그 뿌리를 내리고 물을 축장할 수 있어 양기를 분출시킬 수 있게 되고, 火는 흩어지는 열을 화로(火爐 : 戊土)에 의지하여 보존시킬 수 있으며, 태양의 빛 또한 우주의 어둠을 뚫고 비추지만 땅에, 즉 지구에 비춤으로 해서 그 가치가 크게 발휘하게 되는 것이니 木과 火가 모두 땅에 의지하게 된다. 金 역시 땅 속에서 생성되니 土를 의지함이며, 水도 또한 지세地勢의 흐름에 따라 흐르고 모양을 갖추니 모두가 土에 의지하게 되는 것이다. 이렇듯 木火金水가 모두 土에 의지하기에 土는 중앙에 위치하여 각각의 기운에 대해 중재하며 중화의 조절장치로서 존재한다. 그러므로 土는 사계의 목, 화, 금, 수의 성분(기운)을 모두 내포함으로서 잡기雜氣(여러 개의 기운을 포함하고 있다는 의미)라는 별칭을 갖는다.

　　이상 대략적으로 오행의 성질을 알아보았다. 사실 지식적 한계에 의한 것도 있겠지만, 때로는 오행을 말로 설명하기가 어려운 경우가 있다. 위의 설명 역시 물리적 또는 물질적 관계에서 오행의 속성을 설명한 것에 불과한 것인데, 유무형의 음양오행에 대한 깊은 이해는 하도낙서에 대한 연구를 통해 우주변화의 법칙을 이해해야 할 것이다. 눈에 보이지 않는 우주의 리기작용理氣作用을 때때로 유형有形의 물질에만 비유하여 설명하고자 하거나 또는 억지로 물질적 비유를 통하여 설명하려다 보니 도리어 인식의 왜곡歪曲이나 부적절한 전달을 불러일으키기는 원인이 되기도 한다. 마땅히 다양한 서적을 통해 폭넓은 지식체계를 갖추고 깊은 사유를 통해 스스로 깨닫는 바가 있어야 할 줄로 생각한다.

제 1 장

명리학 입문

이 장에서는 명리학의 기원을 살펴보고 운명예측기능을 설명하는데 필요한 기초용어 및 「실전 사주세우기」 등의 방법을 살펴보고자 한다. 어느 분야의 학문이든 또한 어느 분야의 직무나 직업을 선택하든 간에 그 입문과정이 중요함은 두말할 필요가 없을 것이다.

이 장은 실전 사주를 분석하기 위해 필요한 기초용어를 다루면서 본격적으로 재미있고 흥미로운 범주론적 명리를 이해할 수 있는 첫 나들이가 될 것이다.

명리학에 대한 성리학적 개념정의는 제2장 명리론에서 다루기로 하고, 여기서는 먼저 명리학의 기원을 통해 현재의 명리학까지 발전되는 기본 흐름을 이해하는 순서로 살펴보고자 한다.

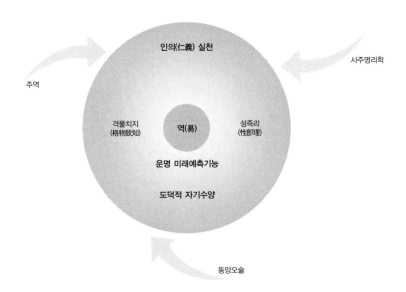

1. 명리학 기원

일반적으로 명리학에 대한 기원을 역易의 기원으로 설명하거나 이해하는 경우가 많다. 그러나 명리학은 일반적으로 주역을 뜻하는 넓은 의미에 있어서의 역易과는 달리, 사주팔자라고 하는 불변적 개인운명에 대한 "부귀빈천 길흉요수"를 살피고 그 길흉을 예측해내는 학술로 발전된 별개의 이론체계로서 그 기원을 분리하여 이해할 필요가 있다. 즉 음양오행의 기원은 역의 기원에서 설명되어짐이 마땅하다 하겠지만, 음양오행을 토대로 운명을 예측하는 명리학을 설명하는 경우에 있어서는 명리학(사주팔자)의 태동시기를 그 기원으로 삼아야 할 것이다.

따라서 넓은 의미의 역易이라는 차원에서 명리학을 이해하기 위해서는 서론에서 대략을 살폈던 하도낙서와 노자老子*의 우주생성론 및 자연론과 현실세계를 중시했던 유가 등에 눈을 돌리지 않을 수가 없게 된다.

* 공자시대의 인물로 추정되며 도가(道家)의 창시자

예컨대, 하도의 출현으로 복희팔괘(선천도)가 만들어지고 염제신농씨 저작으로 알려진 연산역, 황제헌원씨의 저작으로 알려진 귀장역이 만들어지고, 이후 주나라를 세운 문왕이 문왕팔괘(후천도)와 점괘의 길흉을 판단하는 단사彖辭를 만들고 그의 아들 단공에 의해 괘의 각 효爻의 변화를 설명한 효사를 만들어 오늘날 말하는 주역점의 모태가 되었다. 이후 공자에 이르러 주역의 뜻이 매우 오묘하고 알기 어려워 그것에 다시 주석을 달아 알기 쉽게 정리를 해 놓은 십익十翼을 지음으로서 오늘날까지 이어오고 있다.

음양오행에 대한 시원은 주역(상수역과 의리역으로 구분)이나 명리의 근원이 한 뿌리이지만, 주역을 특히 운명예측이나 예언과 같은 점사占

辭측면에서(상수역) "역易의 정통"으로 본다면, 명리는 비록 사상적으로는 성리性理에 그 뿌리를 두고 있지만, 점占을 목적으로 한 주역의 성격과는 전혀 다른 기능적 방법으로 진화, 발전함으로서 불변적 운명에 대한 예측기능을 지니고 있다 하겠다.

한편으로 생각하면 인류역사의 발전 또한 음양의 대립쌍들이 그러하듯이 크게는 양대 산맥(사상이나 신분, 체제 등)의 형태로 분리되고, 다시 조화의 통합을 이루며 반복과 순환적 고리의 형태로 발전하는 듯 하다. 이런 생각에서 동양철학사상의 밑바탕에는 주역, 즉 의리역과 상수역이 암암리에 대립쌍을 이루면서 하나의 형태로 그 가치를 더해왔다고 볼 수 있겠다. 이렇게 태극의 움직임에서 생긴 음양을 뿌리로 하는 주역의 기원과 그 성장 속에 오행설이 일어나며 자연스레 만물은 모두 대립쌍들로 존재한다는 이론체계를 가진 음양가와 오행가가 하나로 합해지며 2(음양)와 5(오행)의 조직화를 이루게 된다.

이후 사주四柱라는 용어의 등장은 당대唐代로 내려와 생년월일시로 사주를 세우고 그 출생년을 기준으로 운명의 길흉화복을 예측했다고 하는 이허중李虛中에 의해서라고 해야겠다. 이허중의 영향을 받아 사주명리학이 태동한 것은 인정되는 사실이겠지만, 그러나 당대唐代의 사주四柱와 지금 우리가 말하는 명리학은 이론체계가 아주 다른 별개의 영역으로 분류해야 할 것이다.

국내 번역서인 『연해자평정해』(심재열 역) 자서自序에 다음과 같은 문구가 있다.

"……이허중 사후에 창려한(昌黎韓)이 묘지에 기록했고, 후에 여(呂)대부(大夫)가 다시 손질을 한 일이 있을 뿐 전수한 자가 없었는데 송대에 와서 서공(徐公 : 서자평)이 생일의 일간(日干)을 위주로 하여 연해서(淵海書)를 정미하게 해술하여 사주학의 종주가 되었고, 다시 제학자들이 묘지(妙旨)를 모아서 집대성한 것이 연해자평서이다."

여기서 서공徐公이라 함은 서거이徐居易를 말하며 그의 호를 칭하여 "서자평 또는 자평子平"이라고 더 잘 알려져 왔다. 서론에서 언급한 오행의 사상적 기원에서 살폈듯이 자평의 출현이 중국오대五代의 인물이라고 하는 설도 있지만 대략 당말송초唐末宋初의 인물로 추정되는데, 어째든 자연철학에 대한 관심과 방대한 지식체계 면에서는 당시 주희의 존재가 가히 독보적이라 하지 않을 수 없기에 그러한 당말송초의 시대적 학술사상과 우주자연에 대한 관심체계 속에서 명리의 실질적 기원을 찾는 것이 매우 타당하다는 생각이다.

제 2장 명리론에서 설명하겠지만 철학사상적 측면에서 "명리命理"의 개념은 "성리性理"와 다르지 않기 때문인 이유도 여기에 있다 하겠다.

서자평의 출현 이후 명대明代에 이르러 「유백온의 적천수滴天髓」, 「만육오의 삼명통회三命通會」, 「장남의 명리정종命理正宗」 등이 명리서로서 풍미風靡하였고, 청대淸代에 들어와 「진소암의 명리약언命理約言」, 「심효첨의 자평진전子平眞詮」, 그리고 적천수의 주석서인 「임철초의 적천수보주」 등으로 다듬어져 내려온 이후 근대명리학의 거두인 서락오가 등장하면서 적천수 및 자평진전, 난강망 등 많은 선학들의 명리서에 주석을 단 평주서評註書들을 출간하게 되었다. 이외에 현대로 접어들며 대만에서 활동한 원수산의 적천수 천미闡微, 명보命譜, 명리탐원命理探原 등과 홍콩에서 활동한 위천리의 명학강의, 팔자제요가 있고 대만의 포여명과 투파로도 잘 알려진 명징파 13대 당주인 장요문, 고인이 된 일본의 아베 타이잔阿部泰山이나 사토 리쿠류佐藤六龍 등이 명리학의 발자취를 남겼다. 이외에도 근현대 국내의 경우에 있어서는, 사주첩경의 이석영, 적천수보주의 이무학, 명리요강의 박재완, 제산 박재현(일명 박도사) 등의 선학자가 국내 명리학계에 거두巨頭(?)로서 현대 명리학의 명맥을 유지하여 왔다고 하겠다. 명리학계 선학들이 남긴 모든 저서들은 지금도 운명예측 기능으로서 필독해야할 지침서들이지만, 특히 적천수(적척수천미, 적천수징의 등), 자평진전평주(서락오), 난강망(궁통보감, 조화원약—서락오평주), 연해자평과 명리정종, 명리약언 등은 반드시 읽어 보아야 할 기본 텍스트라 할만하다.

2. 명리학 기초용어

운명예측 기능으로서 발전되어 온 명리학에 접근하기 위해서는 몇 가지 선행되어 요구되는 기초용어의 암기와 이해요소들이 있다. 본론에서 반복적으로 나오게 될 용어이며, 초기 학습단계에서 암기가 충분하지 않으면 운명을 추론하는데 막힘이 많게 된다. 승용차도 한번 업그레이드 된 고급을 끌다보면 낮은 등급의 차를 타기 어려운 법이다. 초기 단계에서 확실하게 암기하지 않으면 단계가 높아질수록 일정 수준까지는 암기해야할 양量도 많아지게 되기 때문에 반드시 첫 단계의 암기가 충분히 이루어진 후에 한 단계씩 업그레이드를 시키는 것이 좋겠다.

십간(10)과 십이(12)지지

사주는 눈에 보이지 않는 리기理氣의 작용을 형상形象으로 표식해 놓은 것으로서 천지인天地人의 도道가 담겨 있는 것이다. 이에 하늘의 이치를 10간으로 하고 땅의 이치를 12지지로 하며, 사람의 이치를 지장간에 배속한 것이다. 아래의 표들을 이용하여 학습해 보도록 하자.

10천간과 12지지 관계

오행	木		火		土		金		水	
10천간	甲(갑)	乙(을)	丙(병)	丁(정)	戊(무)	己(기)	庚(경)	辛(신)	壬(임)	癸(계)
음양	양	음	양	음	양	음	양	음	양	음
12지지	寅	卯	巳(음)	午(양)	辰戌	丑未	申	酉	亥(양)	子(음)

오행	水	土	木	木	土	火	火	土	金	金	土	水
음양	양(음)	음	양	음	양	음(양)	양(음)	음	양	음	양	음(양)
지지	子(자)	丑(축)	寅(인)	卯(묘)	辰(진)	巳(사)	午(오)	未(미)	申(신)	酉(유)	戌(술)	亥(해)
동물	쥐	소	호랑이	토끼	용	뱀	말	양	원숭이	닭	개	돼지
방위	북쪽		동쪽			남쪽			서쪽			북쪽
계절	겨울		봄			여름			가을			겨울
시간	p11-a1	1-3시	3-5시	5-7시	7-9시	9-11	11-p1	1-3시	3-5시	5-7시	7-9시	9-11

지지의 음양에서 ( )의 음양은 체용의 관점을 말하는 것인데, 예컨대 자수(子水)의 경우는 본시 모습은 양(陽)의 형태이나 그 쓰임은 음(陰)으로 사용한다는 것이다. 체양용음(體陽用陰), 체음용양(體陰用陽)이라 한다.

십간과 십이지지는 고대 삼황시대에 대요씨가 만들었다고 하는 설이 있다.

甲子년 甲子월 甲子일 甲子시

고내 천지가 개벽한 후로 삼황시내부터 간시(干支)의 이름이 성립되었고 복희씨가 8괘를 이루었으며, 황제씨가 대요씨에게 명하여 오행의 정(情)을 탐구하고, 북두칠성의 자루가 가리키는 바를 살펴, 비로소 갑자(甲子)를 지어 천간과 지지로써 음양을 나누고, 오운과 육기로써 경위(經緯)를 삼아 하루하루 시간을 추산하여 세시(歲時)를 정하되, 수 천년을 거슬러 올라가 월과 일의 도수가 여분 없이 11월 초하루 정자시(正子時)에 동지(冬至)절이 교입되는 날을 얻게 되어 이로부터 甲子년 甲子월 甲子일 甲子시가 기원되어 지금까지 전한다고 한다.

〈계의신결(최국봉) 참조〉

위의 10간과 12지지에 있어서 한 개의 천간과 한 개의 지지를 천간과 지지의 순서대로 각각 배합하면, 예컨대 천간 甲과 지지의 子가 조합되어 甲子를 이루고 乙과 丑 등의 조합으로 반복하면, 천간 열개의 간(干)과 열개의 지지가 각각 조합을 이루어 지지에는 12개 중 뒤의 戌과 亥 두 개의 지지 여분이 남게 된다. 이때 다시 천간의 우두머리인 甲을 戌에 조합하고 乙을 亥에 조합해 나가면 결국 60번째 조합에 이르러 천간의 끝인 癸와 지지의 끝인 亥가 만나게 된다. 이렇게 해서 60갑자의 조합을 이루게 되는 것이니 다음 표와 같다.

甲寅	甲辰	甲午	甲申	甲戌	甲子
乙卯	乙巳	乙未	乙酉	乙亥	乙丑
丙辰	丙午	丙申	丙戌	丙子	丙寅
丁巳	丁未	丁酉	丁亥	丁丑	丁卯
戊午	戊申	戊戌	戊子	戊寅	戊辰
己未	己酉	己亥	己丑	己卯	己巳
庚申	庚戌	庚子	庚寅	庚辰	庚午
辛酉	辛亥	辛丑	辛卯	辛巳	辛未
壬戌	壬子	壬寅	壬辰	壬午	壬申
癸亥	癸丑	癸卯	癸巳	癸未	癸酉

상생과 상극의 원리

오행의 상생과 상극은 음양이 서로 결합하여 반응하는 동시적 현상을 말한다. 서론에서 언급한 하도의 이치와 낙서의 이치는 우주자연의 동시적 법칙으로서 모순된 두 힘들이 서로 역동적 작용으로 균형을 이루며 변화를 낳게 되는 이치를 담은 것이라 하겠다.

예컨대, 상생의 작용은 일반적으로 木生火, 火生土, 土生金, 金生水, 水生木, 木生火로 순환상생의 고리를 말하는데, 이러한 작용의 이면에는 상극의 작용이 동시적으로 발생하여 木이 土를 극하면 土가 낳은 金이 木을 제극하는 중화中和의 작용이 발생한다. 金이 木을 극하면 木이 낳은 불이 金을 제어하며, 불이 金을 극하면 金이 낳은 水가 불을 제극하고 水가 불을 극하면 불이 낳은 土가 水를 제극하는 순환상극의 고리를 형성한다.

土가 水를 극하면 土는 水를 소멸시키는 과정에서 소멸시키는 힘보다 더 빠른 속도와 힘으로 金을 생하여 金生水로서 水를 생성시킴과 동시에 水가 낳은 木이 土를 제극하는 법칙이 존재하게 된다.

결국 오행사이의 작용들은 상생과 상극이 공존하는 가운데 순환적으로 평형을 유지하며 변화를 일으키게 되는 끊임없는 음양의 교호작용이라 하겠다.

표를 통해 상생과 상극의 관계를 단순화시켜보면 다음과 같다.

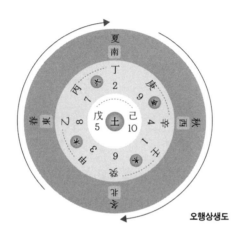

오행상생도

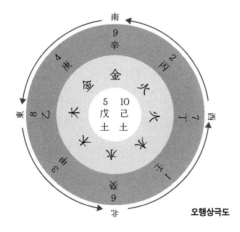

오행상극도

사주팔자 내에서도 이러한 우주자연의 상생, 상극의 이치를 쫓아 균형을 이루어야만 천지의 중화지도中和之道를 갖춘 좋은 팔자가 되는 것이다. 「논어」에 "中庸之爲德也, 其至矣乎, 民鮮久矣. 중용지위덕야, 기지의호, 민선구의"라는 구절이 있다(중용의 덕은 지극하구나. 이를 제대로 체득하여 실천하는 자가 없는지도 오래 되었도다). 치우침도 없고 모자람도 없는 것을 말하는데 잠시도 떠나지 말아야 할 생활규범이요 통치를 하는데 있어서도 늘 지켜야 할 기준이라고 했다. 명리에 있어서 상생과 상극의 공존으로 균형을 이루는 중화의 도를 으뜸으로 하는 것이니, 오행의 기氣가 어느 한쪽으로 치우치지 않고 두루 생하여 편안함을 얻으면 그 삶에서도 마땅함을 얻게 되는 이치라 하겠다.

　　중용의 도를 제대로 체득하기 어려운 만큼 중화된 명命을 얻기란 지극히 어렵다(사주 여덟 글자에서 중화를 이루기 위해 반드시 필요한 핵심 오행을 용신用神이라고 하며 이 용신을 생하여주는 상생관계의 오행을 희신喜神이라고 한다).

　　대체로 하늘로부터 품부稟賦받은 기氣는 흔히 한쪽으로 치우지기 마련이다. 이에 대한 주희의 언급을 접해보도록 하자(참고 : 주희의 자연철학, 김영식, p.350)

木氣를 지나치게 많이 얻은 자는 측은한 마음은 항상 많지만, 수오(羞惡 : 金오행), 사손(辭遜 : 火오행), 시비(是非 : 水오행)의 마음들은 막혀서 발현되지 않는다. 金氣를 지나치게 많이 얻은 자는 수오(羞惡)의 마음은 항상 많지만 측은(惻隱), 사손(辭遜), 시비(是非)의 마음들은 막혀서 발현되지 않는다. 水와 火에 관련해서도 또한 이와 같다.

즉 성인聖人은 이 같은 모든 것들이 고르게 갖춰졌지만 모든 사람들은 원래 선善한 성性이 품부된 기에 의해 해害를 입었기 때문에 한쪽으로 치우쳐 때로는 강폭하고 포악하며, 부드럽거나 약하기도 한 것이다. 따라서 사주팔자에서는 이러한 품부된 기의 기세氣勢를 살펴 치우친 오행을 상극相剋하거나 또는 치우쳐 모자란 오행의 기를 도와주어 균형, 중화를 이루도록 상생相生을 도모하는 기세를 살펴 운명과 미래의 길흉을 추론하게 되는 것이다.

"생극제화"와 그 희기(喜忌)

사주 여덟 글자는 위와 같은 상생상극의 작용을 하며 변화를 생성하게 되는데, 이때 이들 오행의 상생상극작용을 표현하는 용어로서 사주명리학에서는 "생극제화生剋制化"라는 용어를 사용한다. 그 의미는 다음과 같다.

생(生)은 오행이 水生木, 木生火 등 오행이 서로 생(生)하는 작용이나 관계를 말한다. 부모와 자식의 관계와 같다.

극(剋)은 생(生)의 반대로서 水剋火, 火剋金 등 오행이 서로 극(剋)을 하는 작용이나 관계를 말한다. 통상 일간이나 희신(喜神), 용신(用神)을 극하는 경우를 의미하게 된다.

제(制)는 일간이나 희신, 용신을 극하는 오행(忌神:기신)을 극함으로서 기신을 제거하는 의미로 사용하며 구신(救神 : 희, 용신을 돕는 오행)에 해당하는 작용의 오행을 뜻한다. 예컨대, 용신(用神)이 甲木이면 木을 극하는 金(金剋木)은 기신(忌神)이 된다. 이때 丙丁火로 기신(忌神)인 金을 극제하는 경우 등을 제(制)한다고 한다.

화(化)는 일간이나 희, 용신을 극하는 오행에 대해 제(制)하는 오행이 없을 경우, 일간이나 희, 용신과 극하는 오행의 관계를 통관시키는 작용을 말한다. 예컨대, 일간이 丙火인데 기신(忌神)인 임수(壬水) 칠살(七殺)이 극을 하는 경우, 戊土가 없어 칠살을 제하지 못할 때에 인수인 甲乙木으로 칠살과 일간사이를 통관시켜주는 작용을 화(化)라고 한다.

화(化) 용어에 대한 일러두기

사주 명리학에서 등장하는 화(化) 자(字)는 위에서 언급한 통관(通關)의 의미로서 사용되는 경우 이외에 변화(變化)를 의미하는 용어로서 사용되기도 한다.

고금(古今)의 명리서(命理書)에서 사용되는 화(化) 자(字)는 "변화의 완료적 의미"가 강한 표현으로서 이후 리산의 나비이론에서 설명될 변(變)과 화(化)의 개념을 이해하는데 혼돈을 초래할 수 있기에 앞서 밝혀둔다.

예컨대 명리서에 등장하는 화(化)의 용어는 고유명사로서 진화(眞化), 가화(假化), 합화(合化)격 등의 표현과 설명에서 다루게 된다. 즉 화(化)의 의미가 완전한 변화의 단계를 의미하는 과정이라기 보다는 변화의 완료적 의미(변환)가 강한 것으로서 변(變)과 화(化)에 대한 개념을 나누어 사용하지 않은 변화의 일원적 해석임을 기억하기 바란다. 이후 리산의 나비이론에서 밝힐 변화의 개념은 이분법적인 해석으로서 변과 화의 개념이 모두 변화를 의미하지만 다른 의미가 있는 것이니 제3장 리산의 나비이론을 참고하기 바란다.

10천간의 칠충(七冲)

천간의 극은 10간干인 甲 乙 丙 丁 戊 己 庚 辛 壬 癸 사이의 상극관계를 말하는 것으로서 칠충七冲이라 하는데, 극을 하는 오행이 일곱 번째 자리에서 충을 하여 붙여진 용어다. 甲-庚, 乙-己, 丙-壬, 丁-辛, 戊-壬 등의 관계다.

甲庚 충冲(양과 양의 金剋木 상극관계)이나 乙己 충冲(음과 음의 木剋土 상극관계)의 관계처럼 양간과 양간의 충이나 음간과 음간의 충을 말함인데, 사람으로 말하면 "남자 대 남자", "여자 대 여자"의 다툼이니 극과 극의 마주침으로 서로의 부딪히는 힘이 강렬한 것과 같아 무정無情한 관계가 되어 버리지만, 반대로 남자와 여자의 관계에 있어서는 서로 정에 이끌리는 유정有情한 관계가 되어 상합相合하려는 마음이 있는 것이니 음과 양의 관계에서는 충冲, 극剋이라 하지 않는다. 천간은 가벼운 성질로서 지지의 상충相冲에 비해 빠르게 나타나지만 그 길흉의 작용력은 비교적 가볍게 나타나는 것으로 판단하는 것이 상례이다.

일간(日干)

태어난 출생년, 월, 일, 시를 통해 사주를 세우게 되는데 사주세우는 방식은 잠시 뒤로 미루고 사주팔자에 대한 이해를 돕기 위해 먼저 사주의 기본용어를 계속해서 설명하도록 하겠다.

시 일 월 년
甲 辛 丁 癸　　천간(天干)
午 亥 巳 卯　　지지(地支)

구분	時柱	日柱	月柱	年柱
천간	甲	辛	丁	癸
	시상, 시간	일간, 일주, 일원	월상, 월간	년상, 태세, 년간
지지	午	亥	巳	卯
	시지	일지, 일좌	월지, 월령, 제강	년지

　　사주(팔자)를 세우게 되면 우측에서 좌측으로 표기하는 것을 일반적인 기본원칙으로 사용하고 있다(중국한자표기방식). 우측에서부터 좌측으로 태어난 생년, 월, 일, 시에 대한 육십갑자의 표기를 기록하게 되는데, 이때 태어난 출생일에 해당하는 천간오행(신금辛金)을 "일간日干, 또는 일주日主"라고 하며 사주의 주인인 나我 자신을 의미한다. 일간 바로 밑의 지지는 일지日支 또는 일좌日坐, 좌하坐下 등의 표현을 사용하며 남녀 모두 배우자를 의미하게 된다. 다음에 설명될 "근묘화실"을 통해 각 주(기둥)마다 담긴 뜻을 구체적으로 알아보도록 하겠다.

근묘화실(根妙花實)

　　근묘화실론은 초목의 생장生長에 비유하여 사주의 시간적 선후先後 관계를 표시한 것인데, 일간인 내(吾]를 "꽃花"으로 하여 사주의 중심으로 삼게 된다. 나의 존재에 대한 근원으로서 조상祖上을 년주로 삼아 뿌리根가 되며, 싹이 나서 어린 잎이 성장하는 시기를 묘妙로 하여 월주로 삼게 되는데 "꽃"을 피워내는 근원으로서 부모父母를 의미하게 된다. 시주는 꽃잎이 지며 결실의 열매를 맺고 씨앗을 생성하는 귀숙歸宿의 시기로서 실實이라 하는 것이다. 다음의 표를 통해 사주 네 개의 기둥이 의미하는 바를 이해해 보도록 하자.

시주(時柱)	일주(日柱)	월주(月柱)	년주(年柱)
실(實)	화(花)	묘(妙)	근(根)
辛	壬	丙	乙
亥	戌	戌	未
자손궁에 해당하여 자손의 왕쇠를 판단하는 자리이다. 또한 나의 말년을 의미하는 자리로서 귀숙지라 한다.	본인과 배우자궁 특히 일간을 나로 하고, 일지를 배우자의 자리로 판단하나 간지를 함께 살펴서 나의 길흉을 살피는 궁으로 삼는다. 나의 중년(31~45세)에 해당하는 자리를 의미하기도 한다.	부모형제의 궁 육신(六神)의 희기(喜忌) 관계와 함께 묘(妙)궁을 살핌으로서 부모형제의 덕(德)을 살피게 된다. 나의 청년기(16~30세)를 의미하기도 한다.	조상궁 따라서 년주의 오행희기를 살펴 가문(家門)의 부귀빈천여부를 판단하게 된다. 나의 초년(15세까지)을 의미하기도 하나 여타 희기를 참고해야 한다.
자손, 사업, 나이가 어린 사람의 관계, 부하직원	본인, 배우자 및 그 관계	부모, 형제, 가정, 친구, 은사 등의 관계	국가, 가문, 조상, 나이 차이가 많은 관계
②	③	최강의 지지 ①	④

천간을 남자로 하고 지지를 여자로 하여 할아버지와 할머니, 아버지와 어머니, 아들과 딸 등으로 구분하여 육친의 길흉관계를 설명하는 경우가 있는데 한 가지에 얽매여 추론함은 마땅하지 않은 듯 하다. 항상 사주전체를 살펴 육친과 오행의 희기 및 위치 등을 함께 고려하여 추론해야 할 것이다. 하단의 숫자는 지지의 세력관계를 순서적으로 표현한 것이다. 통산 "몇 %" 등으로 지지에 대한 힘의 비율을 설명하고자 하는데 서로 견해가 다른 경우도 있지만, 이 책에서는 위와 같은 힘의 순차를 따르기로 한다. 예컨대, 사주는 때, 시기, 계절, 기후 등 일련의 절후를 중요시 하는 학술인 만큼, 태어난 일 년의 기후를 대변할 수 있는 것이 월月이니 월지로서 가장 중요한 지지의 세력을 나타내는 것이며, 역시 하루의 때, 기후를 살피는 것은 시時라 할 것이니 시지時支로서 월지에 다음가는 지지의 세력으로 정함이 마땅한 것이다. 일지는 나의 근간으로서 시지와 더불어 대등한 세력의 관계내지는 그와 견줄 수 있는 힘의 세력을

가지고 있는 것으로 판단한다. 년지의 세력은 상당히 약한 것으로 판단하는데 여타의 지지에 비해 그 세력이 훨씬 약한 것으로 판단한다.

육신(六神)과 육친(六親)

    사주 여덟 글자(팔자)에서 일간을 중심으로, 즉 나를 기준으로 나머지 일곱 글자와 생극관계를 살피게 된다. 이때 일간인 나를 생하거나 내가 생하는 관계, 내가 극을 하거나 나를 극을 하는 관계, 그리고 나와 생극의 관계에 놓이지 않은 같은 기운(오행)의 관계 등에 대하여 각각 고유의 명칭을 붙이게 되는데 이러한 명칭에 대해 과거에는 음양을 구별하지 않은 여섯 관계로 정한 이유에서 육신六神 또는 육친六親이라고 한다. 예컨대, 인수(인성), 관성, 재성, 식신, 상관, 비겁(겁재) 등을 말한다. 이 여섯 가지의 육신은 다시 음양의 관계를 고려하여 정正과 편偏을 나눔으로서 10가지의 용어로 구분된다. 이를테면 인수는 정인正印과 편인偏印, 관성은 정관正官과 편관偏官, 재성은 정재正財와 편재偏財, 비겁은 비견比肩과 비겁比劫으로 구별된다. 육친은 이러한 육신의 관계에 따라 구별되는 가족의 관계(부보, 형제, 처자)를 의미하며, 해당 오행의 희기喜忌관계에 따라 일간인 나에게 있어서 덕德의 유무와 길흉을 추론하게 된다. 아래의 설명과 사주를 이용하여 육신과 육친에 대한 개념을 살펴보자.

甲木의 예	일간과의 생극관계	음양관계	천간	지지	육신	
일간(나) 甲(양간)	일간과 기운이 동일한 관계 (比和의 관계라고도 함)	동일(양)	甲	寅	비견	겁재
		다름(음)	乙	卯	비겁	
	일간이 생하는 관계	동일(양)	丙	巳	식신	식신
		다름(음)	丁	午	상관	상관
	일간이 극하는 관계	동일(양)	戊	辰戌	편재	재성
		다름(음)	己	丑未	정재	
	일간을 극하는 관계	동일(양)	庚	申	편관	관성
		다름(음)	辛	酉	정관	
	일간을 생하는 관계	동일(양)	壬	亥	편인	인성 (인수)
		다름(음)	癸	子	정인	

요점은 일간이 양간이든 음간이든 사주팔자의 나머지 일곱 개의 천간 및 지지의 음양오행과 대비하여 생과 극의 관계를 살펴서 위의 표와 같이 육신을 구분하면 된다. 아래의 사주를 통해 육신의 관계를 살펴보자.

甲　辛　丁　癸

午　亥　巳　卯

구분	간지(干支)	일간과의 관계	생극관계	육신
일간(나) 辛 金	년상 癸	내가 생함(음대음)	金生水	식신
	년지 卯	내가 극함(음대음)	金剋木	편재
	월상 丁	나를 극함(음대음)	火剋金	편관(칠살, 귀살)
	월지 巳	나를 극함(음대양)	火剋金	정관
	일지 亥	내가 생함(음대양)	金生水	상관
	시상 甲	내가 극함(음대양)	金剋木	정재
	시지 午	나를 극함(음대음)	火剋金	편관(칠살, 귀살)

좀 복잡한 듯하지만 십간과 십이지지의 음양오행과 생극生剋의 관계를 암기한다면 아주 간단하다. 몇 개의 사주를 놓고 반복, 숙달하면 오행의 생극관계가 한 눈에 들어오게 될 것이다. 이러한 육신을 이용하여 유기적 가족관계를 살피는 것이 육친인데, 역시 일간인 나를 기준으로 하며 육신과 마찬가지로 생극의 관계로서 육친관계를 이끌어 낼 수 있다. 육신과 육친에 대한 이해를 위해 다음의 기본 개념을 살펴보도록 하자.

● 인수(印綬)

인수는 나(일간)를 생하는 관계에 있는 오행으로서 "모친母親"을 의미한다. 예컨대, 나를 낳아준生분은 어머니이기 때문에 일간을 기준으로 나를 생하는 오행의 관계를 인수라 칭한다. 인수는 또한 음양의 배합에 따라 정인과 편인으로 나뉘게 되는데 음양의 배합을 이룬 관계의 정인正印은 나의 친어머니를 뜻하고, 음양의 배합을 이루지 못하고 음과음, 양과양의 관계에서 나를 생하는 것을 편인偏印이라 하여 계모, 서모, 유모 등의 범주에서의 또다른 어머니를 뜻하게 된다. 본시 인수라는 글자에서 "인印"은 일반적인 도장을 의미하는 것과 옛날 관료官僚들의 허리춤에 차고 다니던 공무집행의 관인官印으로서 신분을 상징하는 의미로서의 뜻이 있다.

도장은 모든 공식적인 일에 있어서 문서의 효력을 발생시키는 인증, 인정의 표시이며 일의 시작, 근원, 기반 등의 의미를 갖게 한다. 또한 사람이 태어나 관복을 입고 출세하여 자신의 존재를 세상에 알리는 것은 배움을 통해 이루어지는 것이기에 학문, 공부, 육영 등의 범주적 의미를 포함하기도 한다. 이런 의미에서 인수는 도장 인印자를 사용한 것이라 하겠다. 예컨대 양간陽干인 甲일간이 양간인 壬水를 만나면 양과 양의 관계로서 壬水는 甲일간에 대해 육신六神의 명칭으로는 편인이며, 육친의 관계로는 계모 또는 친어머니 외의 어머니와 같은 관계를 포함하는 의미가 있다. 음간인 계수癸水와의 관계는 양과 음의 관계로서 음양이 정배합을 이루어 나를 생하는 관계이니 육신의 이름으로는 정인正印이라 하여 나의 어머니가 된다. 즉 중정中正을 잃지 않은 바른 관계의 인수이니 나의 친어머니가 되며 정당한 문서, 학위, 인증, 기간산업, 1차 제조업 등 근본적 관계에 놓인 것들을 모두 포함하는 범주를 갖게 된다.

동양철학에 있어서 음양오행은 유비관계의 사유체계 속에 진화, 발전되어온 학술이다. 이와 같은 범주체계를 이해해 나가며 다시 깊이 생각하고 응용하며 원리를 쫓아간다면 체용體用적 관계에서의 오행의 성질 및 육신에 대한 분류를 쉽게 정리할 수 있을 것이다.

● 식상(食傷)*   * 식신과 상관을 함께 뜻함

식상은 내가 생하는 관계에 있는 오행으로서 여자에게 있어서는 내가 낳은 자녀子女에 해당한다. 남자에게 있어서는 정재正財에 해당하는 내 아내를 낳아주신食傷生財 분이니 장모에 해당하고, 또한 편재偏財에 해당하는 나의 아버지를 낳아주신 어머니이니 나에게는 할머니가 된다.

식상(식신과 상관)은 일간의 기운을 누설시키는 기운이라는 점에서는 동일하지만 그 성질에는 강유剛柔의 차이와 다양한 속성의 차이가 존재한다. 예컨대 식신은 의식과 복록을 주관하게 되는데 그것은 나의 생활을 풍요롭게 해주는 돈(재성)과 밀접한 관계(재성을 생해주는 원천적 관계)에 놓임으로서 돈財星을 벌어들이는 근본적 관계에 해당하는 오행이기 때문이다. 돈을 벌기 위해서는 어떤 진로를 택하여 나의 능력과 의지

및 노력을 힘껏 쏟아 부어야만 하는 것이며, 그런 과정들을 통해 돈을 벌어들일 수 있기 때문이다. 따라서 식신은 이러한 면에서 일간인 내가 생하는 기운이니 진로, 욕구, 욕망, 능력, 의지, 노력, 투자, 경제적 후원자 등등의 범주적 관계에 놓이게 된다. 또한 식신食神은 "하늘의 부엌"이라는 천주天廚의 의미를 갖고 있는 만큼 "食(먹을)복福을 타고났다"는 육신六神의 대명사이기도 하다. 예나 지금이나 사람이 살아가면서 먹을 것이 풍요하고 돈에 구애를 받지 않고 살게 되면 여유롭고 안락하여 성품 또한 인자하게 되며 밝고 명랑하니 사고가 긍정적일 수밖에 없다. 사람이 물질적으로 풍요로워지면 정신적인 면에 더 큰 관심을 갖게 되고 이를 추구하며 고차원 욕구인 자아실현에 대한 욕구가 자연스럽게 생기게 된다. 때문에 의義와 예禮를 중시하게 되어 대인의 풍모를 갖추게 된다 하겠다. "창고가 풍족해져야 비로소 백성이 예절을 알게 되고, 의식이 넉넉해져야 명예와 부끄러움을 아는 법이다"「관자」에 나오는 동주시에 제나라 관중의 유명한 말이다. 즉 의식의 풍요로움이 곧 사람을 넉넉하게 하고 도리를 갖추게 한다는 것이니 사주에 식신食神이 유기有氣하고 희 용신이 되면 재관財官을 취하는 팔자보다 낫다는 것이다.

반면에 상관傷官은 관청, 국가, 공권력, 법, 규범 등을 뜻하는 관성官星이라고 하는 오행을 극하는 오행을 말한다. 즉 사회적으로는 지켜야할 법과 질서 및 도덕과 윤리라는 규범이 있는데 이것을 제극(파괴)하는 성질의 오행이니 국가나 관청의 처벌을 받는 것은 당연할 것이다. 따라서 상관의 작용은 법과 질서 및 규범이 자기 발아래에 놓인 듯, 유아독존, 독불장군 등의 교만한 성품을 지니게 되는 특성이 있다. 관청, 국가, 법규 등에 반대되는 성질과 규범 등에 얽매이기 싫은 성질이 있는 것이니 자기 고집으로 부딪히고 쟁투, 투쟁을 좋아하게 된다. 따라서 자기만의 세계를 구축할 수 있는 예술이나 문학, 연구, 학술, 사업, 종교계, 기술직 등의 분야에 소질을 나타내게 되는 것은 당연하다 할 것이다. 그러나 팔자의 격국과 용신에 있어서 그 청탁고저淸濁高低를 살펴서 판단해야 할 것이니 편협하게 판단함은 금물이라 하겠다. 그러나 식신과 상관은 일간의 기운을 빼내어 재성을 생하는 역할을 함으로서 기운의 흐름을 원활하게 하는 특성이 있기 때문에 여타의 육신에 비해 두뇌의 회전이 빠른 특징이 있기도 하다.

● 관성(官星)

관성은 나를 극하는 관계에 있는 오행으로서 여자에게 있어서는 육친의 관계가 남편 또는 이성異性에 해당한다. 남자에게 있어서는 자녀에 해당하며 남녀 모두 직업을 의미하는 육신을 뜻한다.

관성은 다시 음과 양, 양과 음 등의 정배합을 이루어 나를 극해오면 정관正官이라 하는 것이며, 음과 음, 양과 양 등의 치우친 편偏의 배합을 이루어 일간인 나를 극해오면 편관偏官이라 한다. 편관은 다른 용어로 칠살 또는 귀살鬼殺이라고도 하는데 각각의 용어에 부여된 의미가 별도로 있는 것이다. 이 장에서는 육신과 육친의 기본개념만을 설명하는 정도에서 그치고, 사주를 분석하는 실전과정에서 설명하는 것이 더 이해가 쉬울 것이기 때문에 제4장에서 다루도록 하겠다.

여자에게 관성이 남편에 해당하는 이유는 관성이라는 의미 자체가 구속과 통제력 등의 뜻을 내포하기 때문이다. 예컨대, 관성은 관청과 같은 의미로서 국가 공권력 및 법, 규범, 질서, 공정성, 객관성 등의 범주를 지니게 된다. 따라서 아내에게 있어서의 남편은 일정부분 구속과 통제력을 행사하는 대상이 되어 마치 공권력을 가진 듯한 간섭과 구속력을 행사하게 된다. 한 가정에서는 아버지의 말씀이 곧 법과 같은 것이다. 법과 공권력, 가정의 가장, 기업의 CEO, 조직의 리더 등은 법이요, 통제의 수장이요, 공정과 객관성이며 또한 질서 등을 의미하게 되는 것이다. 하지만 이 모두는 반대로 혼란과 직결되는 위험을 내포하고 있기도 한 것이니 국가나 가정, 기업이나 조직 등에서의 위태로움과 파멸은 공정성이나 객관성 및 질서와 규범 등의 다스림에 있어서 과잉 또는 결핍이라는 태과불급太過不及에서 발생하는 것이다. 따라서 정관에 해당하는 오행의 태과불급은 반대로 중정의 도를 잃은 것이니 부정과 혼란을 초래하게 되는 이유가 된다.

편관偏官은 같은 구속과 통제력을 지닌 오행의 특성이지만 한쪽으로 너무 치우쳐 중화, 중용의 도를 잃어버려 과격하고 폭력적인 힘과 같은 공격적인 의미를 지니고 있다. 그러한 것은 부적절하고 옳지 못한 힘이니 국가나 가정, 기업과 조직 등에서 법과 규범, 객관성이나 공정성을 유지하지 못한 부적절한 힘을 발휘할 때 나타나는 부작용과 같은 것이다. 구속력과 통제력이 지나치거나 부당하면 민란民亂이 일어나 국가나 관청에 항거하게 되는 것처럼, 편관의 작용은 일간을 지나치게 극제함으로서 나타나는 부작용인 것이다. 마치 총, 칼, 도적 등에 비유되어 나를 공격하는 육신을 의미하기도 하는데 이러한 편관을 적절히 다루거나 제압하지 못하면 귀살鬼殺의 공격을 받아 흉신으로서 그 화禍를 면하기 어렵다. 예컨대 식상食傷으로 제살制殺하거나 인수로 화살化殺하는 등의 관의 부작용을 제압하지 못하면 곧바로 법의 심판을 받는 송사, 감옥살이, 질병 및 신병神病 등에 휘말리거나 심하면 세상에 영원히 하직인사를 올리는 상황으로 나타나게 된다. 정관正官 역시 태과太過하면 편관의 작용으로 변하는 것이니 정권이 바뀔 때마다 각계각층에서 나타나는 아우성과 비난 등의 목소리는 바로 이와 같은 편관偏官이라는 부작용을 의미하는 것이다. 하지만 편관의 힘 역시 상황에 따라 적절히 사용한다면 정관에 못지않은 강력한 통제력을 얻게 되는 것이니, 비유하건데 정관을 태평한 시대의 행정行政통치라 한다면, 편관은 혼란한 시대에 등장하게 되는 강력한 군부軍部의 무력통치수단과 같은 것이다. 또한 편관은 여자에게 있어서는 내 남편이 아닌 정부情夫에 해당하는 육신의 관계로서 부적절한 관계의 정情을 의미하게 된다. 따라서 운의 흐름에서 정관과 편관이 혼잡되거나 기신忌神으로서 편관의 작용이 나타나면 불륜에 의한 법의 제재를 받거나 가정이 혼란스러워지는 상황(이혼, 이별, 다툼)으로 귀결된다. 역시 세사의 이치는 하도낙서의 상생상극으로 나타나는 자연법칙이라는 중화지도中和之道를 벗어나지 못하는 것이라 하겠다.

● 재성(財星)

재성은 일간인 내가 극을 하는 관계에 놓인 오행을 말하니 예컨대 일간이 병정丙丁화火라면, 경신庚辛신유申酉 등의 금 오행을 만나는 것이다. 육신으로 말하면 재성이라 하고 육친으로는 여자에게 있어서는 아버지에 해당하고 남자에게 있어서는 아내(처)와 아버지에 해당하는 관계이다.

재성金은 나火를 낳아준 어머니, 즉 인수木를 구속, 통제하는 금金오행을 말하는 것으로서 어머니를 구속하는 관계金剋木이니 나에게는 아버지가 되는 것이다. 남자에게 있어서 재성이 아내가 되는 것은, 옛날에 여자는 시집을 가면 남편을 위해 봉사하고 자식을 낳아 후일에 쓰일 노동력(농사일)을 만들어 내고 살림을 일으키는 역할로서 재물증식의 주역主役이었던 이유 때문이다. 재성과 관성은 남녀에게 있어 매우 중요한 육친, 육신의 오행이 아닐 수 없다. 남자에게는 아내요, 여자에게 있어서는 나의 남편이니 재관財官은 한세상 살아가는데 있어서 없어서는 안 될 돈과 직업(권력)이며, 인간의 가장 원초적 욕구인 식색食色의 욕구를 자연스럽게 해소할 수 있는 관계의 오행이기 때문이다. 이러한 이유로 사주팔자에서 재관(재성과 관성)의 중요성을 강조하는 것은 그만한 이유가 있는 것이라 하겠다. 본론의 깊이를 더해가며 보다 세부적인 범주체계 속에 움직여지는 연관관계를 설명하도록 하고, 다음은 겁재(비견, 비겁)에 대한 육신과 육친에 대해 알아보도록 하겠다.

● 겁재(劫財)

겁재는 일간인 나와 동일한 기운에 해당하는 오행의 관계를 말한다. 일간이 토土일 경우, 戊土와 戊土의 양과 양이나 己土와 己土의 음과 음 등, 동일한 오행의 기운으로 배합되면 비견比肩이라 하고, 戊土와 己土의 양과 음이나 己土와 戊土의 음과 양의 정배합을 이루는 동일한 기운이면 비겁比劫이라고 하는데 통상 이 둘을 "겁재劫財"라는 통칭으로 사용하기도 한다.

육신으로는 겁재(비견, 비겁)의 용어를 사용하고 육친으로는 형제를 뜻한다. 겁재는 나와 동일한 기운이니 나의 편, 나의 세력, 아군, 동조자 또는 경쟁자 등의 범주체계를 갖게 된다. 예컨대, 외부의 세력과 맞설 때에는 동료, 우리 편 등의 세력을 필요로 하게 된다. 조직이나 단체, 국가에 있어서도 마찬가지로서 "가재는 게 편"이라는 속언처럼 동류의 성질을 가리키는 말이다. 그러나 겁재가 항시 좋은 의미로 사용되는 것은 아니다. 서로 치고 박고 싸우는 것이 또 친구요 동료이기 때문이다. 통상은 자신들의 밥그릇싸움이나 더 나은 자리를 차지하기 위해서 비롯되는 것이 상례이다. 아이가 태어나 엄마의 젖꼭지를 모두 차지한 채 평온함

속에 태평세월을 보내다가 동생이 태어나게 되면 그때부터는 상황은 달라진다. 먹을거리에 있어서만큼은 강력한 경쟁자의 출현이기 때문이다. 평소에는 나의 무료함도 달래줄 수 있는 친구요, 벗이지만, 일단 먹을거리에 봉착하면 다툼으로 이어지게 마련인지라 모두 차지했던 엄마의 젖꼭지를 적어도 한쪽부분에 있어서만큼은 양보를 해야하기 때문이다.

이러한 비유의 의미에서 겁재는 나의 돈(재물)에 해당하는 재성이라는 육신을 쟁탈하는 관계의 오행으로서 탈재지신奪財之神(재물을 빼앗아가는 오행)이라 하겠다. 예로부터 어른들의 말씀에 "친구 간에는 동업을 하지 말라" 는 이치가 여기에 있다하겠다.

이 정도에서 육신과 육친의 기본개념을 조금은 이해했으리라 생각한다. 육신과 육친은 사주 여덟 글자를 분석하는 과정에서 가장 기본적이지만 매우 중요한 것인 만큼, 일단은 숙련됐다고 생각이 들 때까지 암기할 것은 암기하고, 이해할 것은 반드시 이해하고 넘어가는 것이 좋겠다. 각 육신의 특성은 제3장과 4장을 통해서 보다 상세하게 설명할 것이며, 실전 운명추론에 있어서 적용하는 방법 등을 살펴보며 운명예측 기능으로서의 중요한 요소임을 알게 될 것이다.

왕상휴수사(旺相休囚死)와 포태법

왕상휴수법과 12운성은 천간 오행의 기氣가 월령과 지지의 오행에 대하여 그 기운을 얻고 있는지 또는 잃었는지를 판단하는 "기氣의 강약"을 살피는 기준요소가 된다. 이것은 일간의 왕쇠(강약)를 구별 짓는 요소의 하나이면서 여타 천간오행에 있어서도 지지에 대한 강약판별에 동일하게 적용되는 "기의 강약측정 방법"이라 하겠다.

왕상휴수법과 12운성법 모두가 천간 오행의 강약을 판별하는 기준 요소로 작용하지만, 적용법과 그 내용면에 있어서는 다소의 차이가 있는 것이니 다음의 설명으로 개념에 대한 이해를 돕겠다.

● 왕상휴수사(旺相休囚死)

왕, 상, 휴, 수, 사는 오행(음양을 구분하지 않은 木, 火, 土, 金, 水 오행의 기를 말함)이 월령에 대해 나아가는 기운인지 쇠퇴하는 기운인지, 즉 오행의 진퇴지기를 살피는데 있다. 출생한 계절의 기운에 대해 생을 받는지 부조扶助를 받는지 또는 극을 받는지 오행의 기운을 누설시키는지 등의 생극관계로도 설명되지만, 12운성의 포태법과 연관하여 살펴야만 올바른 왕상휴수사를 가능할 수 있게 된다.

예를 들어, 木 오행의 경우 사계四季 辰戌丑未월의 土에 대하여 생극의 관계로만 볼 경우, 辰戌丑未의 土 모두는 木인 내가 극을 하는 관계로서 왕상휴수법상 "수囚"에 해당하여 기운이 쇠퇴한 것으로 판단할 수 있는데, 여타 오행과는 달리 土는 사계절을 조절하고 통제하는 중간자 역할로서 사계절을 모두 관장하고 있는 기운인 만큼, 각 계절별로 그 진퇴進退지기를 살펴 판별을 해야만 한다. 만약 辰月과 戌月에 태어난 木일간이 있다고 하면, 모두 木剋土관계인 재성에 해당하여 나의 기운이 소진되는 "수囚"의 시기로 판단하겠지만, 뒤편에서 설명할 포태법의 관계로 보면 辰月월과 戌月에 있어서 木일간의 기氣의 왕쇠는 크게 다른 차이를 나타낸다. 즉 辰月은 12운성 상 "쇠지衰地"로서 목기木氣가 물러나는 퇴기退氣에 해당하지만 戌月은 "양지養地"로서 진기進氣에 해당하기 때문이다.

丙丁巳午 火 오행을 예로 들어 왕, 상, 휴, 수, 사를 설명하면 다음과

같다. 火는 寅卯월의 춘절에는 木氣가 강왕한 때로서 火 오행이 봄의 왕성한 木氣를 제공받고 있는 것이니 火가 봄의 기운에 서 있으면 旺한 여름의 계절로 행하는 것이다. 즉 앞으로 나아가는 진기進氣를 얻은 것이니 이것을 왕상휴수법에서의 상相이라 한다. 火의 생장을 돕는 근원으로서 木은 어머니요 火는 木에 근원한 자식이니 어머니가 그 자식을 돕는 이치에서 상相이라 하는 것이다. 육친의 관계로 설명하면 자식을 낳고 돌보는 어머니와 같은 기운이니 인수에 해당한다 하겠다.

巳午의 火 오행은 火氣가 가장 왕성한 때이니 火 오행이 때를 만나 그 왕성함이 지극함에 이르게 된 때를 "왕旺"이라 한다. 마치 천하가 제 손 안의 세상인 듯 고기가 물을 만난 상이라 하겠다. 육친의 관계로 설명하면 조력자로서 형제나 친구, 동업자 등을 얻은 것과 같으니 비견에 해당한다 하겠다.

申酉월의 火 오행은 치열했던 火氣가 물러나는 때로서 하루 중으로 비유하면 석양으로 기우는 태양과 같다 하겠다. 봄, 여름을 통해 발산하던 양기陽氣를 억제시키며 수렴하는 金氣의 특성으로 火氣를 가둔다는 의미이니 수囚라 한다.

육친의 관계로 설명하면 남편인 내가火 아내金를 통제하고 집 안 울타리에 가두어 두려는 이치와 같은 것이니 육친의 관계로는 재성에 해당한다. 혹, 수囚에 대한 설명으로서 木 오행을 예로 들며 "金이 木을 극하면 목의 자식인 火가 부모木를 극한 金을 원수로 여기고 능히 극하여 감금監禁하는 고로 수囚라 한다"고 설명하기도 하는데 참고하여 이해하기 바란다(그러나 이러한 설명은 오행의 기본법칙인 상생상극의 작용으로서 제어의 원칙을 설명하는 것에 해당한다 하겠다).

亥子월은 겨울철로서 水氣가 강한 시기이다. 이때의 火 오행은 水

에 의해 손상을 당하는 수극受剋의 관계로서 마치 물에 의해 불이 꺼지는 것과 같은 이치이니 불인 나의 생명력이 다하여 사死라 한다. 육친의 관계로 보면 水가 나火를 압박하고 제압하는 것이니 마치 적군이나 도적의 침공으로 생명의 위협을 받는 것과 같은 이치로서 관살의 기운이라 하겠다.

오행이 각각 왕한 때가 있으나 土만은 일정한 바가 없이 사계四季 辰戌丑未월에 각각 18일씩 왕한 이유에서 년중 72일(18일×4계) 동안 왕기를 얻게 된다(지장간 참조). 따라서 辰戌丑未월의 土는 火의 생을 받아 기운이 강해지는 것이니 土는 여름철에 상相이 되는 것이나, 火는 반대로 사계를 만나면 마치 부모가 노쇠하여 집안일을 자식에게 맡기고 물러나서 쉬는 이치로서 휴(休:쉴 휴)가 된다. 육친의 관계로 설명하면 나의 기운火을 빼내어 자식을 낳고 보살피는 어머니의 공功과 같은 것이니 식상에 해당한다고 하겠다.

여타의 오행도 이와 같은 이치이니 아래의 조견표를 참고하기 바란다.

월령＼천간	木은	火는	土는	金은	水는
봄(寅卯月)에	왕	상	사	수	휴
여름(巳午月)에	휴	왕	상	사	수
가을(申酉月)에	사	수	휴	왕	상
겨울(亥子月)에	상	사	수	휴	왕
사계(辰戌丑未월)에	수	휴	왕	상	사

이상의 오행 왕상휴수사 법은 木, 火, 土, 金, 水 오행의 기氣가 태어난 월(계절)의 기운에 따라 나타나게 되는 "기세氣勢의 왕쇠"를 측정하는 것이다. 이것은 팔자를 분석하여 길흉을 추론하는데 반드시 고려해야 할 왕쇠 판정 및 앞으로 학습하게 될 용신과 희신, 기신과 구신 등의 진퇴지기에 따라 달라지는 운명의 길흉을 판별하는 중요한 요소의 하나가 된다. 제4장 적천수 요결 "리기理氣론"에 소개한 사주를 참고하기 바란다.

● 포태법(胞胎法)...12운성

이론대립 『음양 동생동사』와 『음생양사, 양생음사』

1. 『명리약언(命理約言)』의 저자 진소암(陳素菴)은 십천간(十天干)음양의 순역을 인정하지 않는 『음양 동생동사』 이론을 주장했다. 그러나 "인(刃 : 양인)이란 녹전일위(祿前一位)"라고 하는 옛 설명에 대해 진소암은 "양은 전(前)을 전(前)으로 하고, 음은 후(後)로 전(前)을 삼는 것을 알지 못해서 그러하다"라고 말했다.

2. 이에 대해 위천리(韋千里 : 웨이첸리)는 진소암의 위와 같은 "양은 전(前)을 전(前)으로 하고, 음은 후(後)로 전(前)을 삼는 것을 알지 못해서 그러하다"라고 한 말에 대해 이와 같은 말은 음양 동생동사 이론과 모순된 음양의 순역을 인정한 것이 아니냐는 자기모순이라고 지적하며, 심효첨(자평진전 저자)의 주장인 음양의 생사가 다르다는 『음생양사, 양생음사』의 이론을 수용하는 입장을 보였다.

3. 그러나 서락오는 자신의 자평진전평주에서 『음생양사, 양생음사』의 이론을 반박하며 『음양 동생동사』에 대한 이치를 지장간을 통해 설명하고자 했다. 그의 설명의 일부를 살피면 다음과 같다.

"십천간의 명칭은 오행의 음양을 대표하는 것으로, 오행이 비록 음과 양으로 나누어져 있지만 사실은 하나인 것이다. 甲과 乙은 하나의 木일 뿐, 결코 둘이 아니다. 寅申巳亥는 오행이 장생, 임관하는 지지이고, 子午卯酉는 오행이 왕하는 지지이며, 辰戌丑未는 오행의 묘지가 된다. 음간이 양간과 별도로 장생, 녹, 왕, 묘가 따로 있는 것은 아니다. 왜냐하면 장생, 임관, 제왕, 묘는 지지(地支) 속의 인원(人元)에 의거하는 이론이기 때문이다..." 등의 설명으로 『음양 동생동사』이론을 수용했다.

4. 저자의 견해는 『음양 동생동사』 이론을 수용한다.

심효첨은 음양 순역의 관계를 잘못 이해한 듯 하다. 음양의 생사(生死)는 木火 (양)와 金水(음)의 관계로 이해해야 하는 것인데, 이것을 각 오행의 음양으로 해석하여 순역한다는 오류를 범한 듯 하다. 또한 그의 자평진전에서 甲과 乙로 시 비유한 생사(生死)이론은 횡당하기까지 하다. 하도와 낙서의 순역(順逆) 이치는 오행의 이치로서 순역을 나타낸 것이지 10천간의 순역을 나타내는 것은 아니다. 무릇 양기인 木火之氣와 음기인 金水之氣의 순역이치가 있는 것이라 하겠다.

음포태를 인정한다면 이것은 다시 사주를 간명하는데 있어서 통근(通根)의 개념과도 직결되는 문제인데, 음양의 생사가 다르다면 양이 사(死)하는 곳에서 음은 장생처를 얻게 되는 것이니 통근개념에 큰 차이를 발생시키게 된다. 예컨대, 甲이 사(死)하는 午에서 乙은 장생이 되니 이것은 마치 甲이 亥에서 장생하는 것과 같은 것이 된다. 육친의 관계로는 甲은 亥의 지장(地藏))에 비견인 甲木 천간을 얻고 인수에 해당하여 그 기운을 보좌 받고 있지만, 乙木은 午의 지장에 己土재성과 丁火식신을 얻어 기운 이 누설되고 있는 것이니 같은 장생처라 할 수 없는 것이다. 따라서 통근을 말할 때 木火의 양기와 金水의 음기로서 오행의 기운을 논하였지 음포태의 순역을 따라 통근을 논하지는 않는다. 음포태법은 음양 순역의 관계를 잘못 이해하여 생겨난 이론이라 할 것이다.

포태법은 오행의 순환과정에서 그 기운이 나아가고 물러나는 생성소장生成消長의 과정을 사람이 어머니의 배속에 잉태되어 출생하고 성장하여 다시 노쇠하여 병들고 죽음으로서 무덤에 묻히는 일련의 인생의 과정에 적용하여 12단계(12개월)별 그 힘의 진퇴를 나타내는 것으로 이해하면 되겠다. 포태법에는 『양생음사와 음생양사』이론과 『음양 동생동사』의 이론理論이 있다. 예컨대『양생음사와 음생양사』이론은 "양이 생하는 때에 이르러 음은 죽고 음이 생하는 때에 이르러 양은 죽게 된다"는 이론이다. 그러나『음양 동생동사』이론은 "오행은 음이나 양이 모두 동일한 한 가지 오행이기 때문에 음양을 막론하고 모두 동일한 때에 생사生死를 같이 한다"는 것이다. 서로 상반된 이론으로서 이를테면 양간인 甲木은 亥월(10월)에서 생을 하고 午월(5월)에 죽지만, 음간인 乙木은 亥(10월)에서 죽고 午(5월)에 생을 한다는 것이니, 어느 장단에 춤을 춰야 할지 난감하고 민감한 부분이다. 음양오행 10천간을 말할 때는 음양의 구별이 있는 것이지만, 오행(木火土金水)의 순역은 木火 또는 金水 등 그 음양의 이치를 가지고 말하는 것이다. 하도낙서의 이치를 보아도 음양오행(木火金水)의 순행과 역행을 말할 뿐, 10천간 음양이 순역하는 이치는 없다할 것이다. 따라서 음포태는 불가하다할 것이며 왕상휴수사법과도 그 이치가 어긋난다고 하겠다. 왕상휴수사법 역시 木火, 金水의 음양으로 그 이치를 설명하는 것이지 10천간의 순역으로 왕상휴수사를 논하지는 않는다. 이 책에서는『음양 동생동사』이론을 기초로 포태법(12운성)과 왕상휴수사 및 통근개념 등을 설명하는 것임을 앞서 밝혀둔다.

포태법은 12개월을 통해 음양오행의 진퇴지기를 적용함으로서 "12운성"이라 말하기도 한다. 그 일련의 과정을 대략 말하면 다음과 같다.

① 포(胞) : "절絶"이라는 용어를 사용하기도 하는데, "포"는 단일어로 사용되지 않고 "포태"라는 "아이를 뱀, 잉태"의 뜻을 가진 단어를 이루어 사용된다. 즉 "포"의 시기는 아직 임신이 되기 직전의 상태를 의미하는 것이니 생명력이 있다고 말하기도 그렇고, 그렇다고 없다고 말할수도 없는 그런 상태로서 오행의 힘이 생기려고 하는 아주 미약한 시기를 의미한다. 예컨대 甲乙木이 申月에 生하거나 지지에 申金을 보는 것을 뜻한다.

② 태(胎) : "태"는 드디어 어머니가 임신을 한 상태로서 확연한 형체를 갖추진 못했지만 하나의 상象을 이룬 시기이다. 그러나 아직 전적으로 어머니의 배속에서 탯줄에 의한 영양공급에만 의지를 하는 미숙한 때를 뜻한다. 역시 오행의 힘이 미력한 시기를 의미한다. 예컨대 甲乙木이 酉月에 生하거나 酉金을 보는 것을 뜻한다.

③ 양(養) : "양"의 시기는 어머니의 배속에서 각종 영양을 공급받으며 출생을 위해 성장하는 단계이다. 새로운 생명이 탄생하기 직전의 상태이니 기운이 뻗어나는 시기로서 나아가는 기운을 의미하는 "진기進氣"에 해당하는 때이다. 예컨대 甲乙木이 戌月에 生하거나 戌土를 보는 것을 뜻한다.

사주팔자를 분석하는 과정에서 반드시 참고해야 할 것 중에 하나가 바로 진퇴지기進退之氣이다. 표면적으로 나타난 오행의 생극작용 속에는 기운의 진퇴지기가 공존하는 것이니 실전사주의 분석을 통해 다시 설명하도록 하겠다.

④ 장생(長生) : 장생은 "生"이라고 하며, 역시 사람으로 말하자면 소위 사주팔자를 싸갖고 나온다는 때이니 출생한 때를 의미한다. 아직 형체가 발달하지 않았지만 봄의 파릇한 새싹과 같은 것이니 힘찬 생기가

있는 것이며, 말은 아직 못해도 아마도 한 세상 잘 살아보자는 강한 의지의 표현으로서 두 주먹을 불끈 쥐고 태어남이 아닌가 생각해 본다. 어쨌거나 이 시기에 이르면 오행의 힘은 파릇한 기운처럼 힘을 얻게 되는 시기로서 진정한 기운을 얻게 되는 처음의 시기가 된다. 예컨대 甲乙木이 亥月에 生하거나 亥水를 보면 장생을 얻었다고 하는 것이다.

⑤ 목욕(沐浴) : 일반적으로 출산한 후 아기를 목욕시키는 이유에서 이 시기의 때를 비유하여 "목욕"이라고 설명하는 시기이다. 팔자를 분석하는 경우에 있어서 이런 비유가 중요한 것은 아니지만, 대부분의 고금서에서 이 목욕을 설명함에 있어서 이제 막 태어난 아이의 발가벗은 알몸뚱이를 보고 음란, 주색, 풍류 등을 의미하는 "도화살桃花殺"과 "함지살咸池殺"로서 목욕에 해당하는 시기를 설명하는데 다소 부적절하다는 생각이다. 개인적인 생각으로는 목욕에 해당하는 시기는 성장하여 사춘기를 맞은 시기라고 생각한다. 사춘기가 되면 서서히 음모가 나면서 부끄러워 남들과 목욕을 하지 못하고 혼자 몰래 목욕을 하게 되는 시기로서 이성에 대해 자연스런 관심이 표출되는 시기이다. 이 시기는 육체적으로는 성인成人이지만, 정신적인 면은 아직 미숙하여 시시비비是是非非에 대한 판단이 흐리고 가치관이 정립되지 못한 시기이기 때문에 일순간 향락에 빠질 수 있는 시기라 하겠다. 따라서 이러한 사춘기 시기를 "목욕"이라 하며, 이성이나 향락에 쉽게 빠질 수 있는 시기이므로 음란주색의 풍류를 의미하는 도화와 자연스럽게 연결되는 것이다. 청년시기로 접어들기 전의 상태로서 아직 왕성한 힘을 갖추지는 못한 시기이지만 왕성한 시기로 다가서는 진기進氣의 시기이다. 예컨대 甲乙木이 子水를 보게 되면 목욕지에 해당한다 하겠다.

사주추론에 약방의 감초같이 적용되는 위의 도화살과 같은 두드러진 신살神殺이 몇 가지 있는데 설명은 역시 뒤로 미루고 실전추론에 적용하여 설명하고자 한다.

⑥ 관대(冠帶) : 사춘기의 시기를 무사히 넘기고 옛날로 말하면 사모관대紗帽冠帶를 하고 출사出仕를 하여 사회에 첫 발을 내딛는 청년기의 시기라 하겠다. 의욕과 투지가 불타오르기 시작하는 때로서 오행이 기운이 아직 왕성함에 이르지는 않았지만 진기進氣의 끝에 다다른 시기에 해당한다. 예컨대 甲乙木이 丑土를 보면 관대지에 해당한다.

⑦ 임관(臨官) : 건록建祿 또는 그냥 "녹祿"이라고도 한다. "관"은 시기적으로 관직에 임하여 중책을 맡아 그 소임을 다하는 시기라 하겠다. 오행의 기운이 힘을 가장 왕성하게 받는 시기이다. 사주에서 일간이 녹을 얻으면 일간의 세력은 가장 왕성해진다. 예컨대 甲乙木이 寅木을 보면 녹祿을 얻었다고 하는 것이다.

구분	甲	乙	丙	丁	戊	己	庚	辛	壬	癸
녹(祿)	寅	卯	巳	午	辰戌丑未		申	酉	亥	子
양인(陽刃)	卯		午		午		酉		子	

⑧ 제왕(帝旺) : 양인羊刃, 陽刃에 해당됨. "왕(旺 : 왕성함)"은 황제의 권위처럼 그 힘이 최고의 극점에 달한 시기를 뜻한다. 극점은 외부적으로는 최고의 위치나 모습이지만 내부로는 그러한 위치나 모습을 연출하기 위해 극도로 힘을 소진하는 때이기도 하다. 이때가 바로 양생음사, 음생양사의 이치를 담고 있는 시기라 하겠다. 즉 양이 극도로 성하면 음이 생하고 양은 그 힘을 모두 소진하여 소멸하는 시기로 접어들기 때문이다.

10천간 중에서 양간甲丙戊庚壬에 해당하는 경우에 있어서 지지를 보아 "포태법으로 제왕"에 해당하는 월령이나 지지를 얻게 되면 "양인陽刃,

羊刃"이라는 용어를 사용한다. 즉 양간陽干에만 적용되는 표현이다. 양인陽刃은 강한 성질을 나타내는 대명사와 같아서 기상이 강하고 앞으로 나아가려는 성질을 가지며 양간에만 적용된다하여 陽刃(양인)이라 하고, 羊刃(양인)에 대한 의미는 칼날과 같이 날카로운 뿔을 가진 羊(양)의 강한 성질을 빗대어 정한 용어라 하겠다.

"제왕"의 기운은 쇠퇴로 접어들기 직전의 최후의 극점이니 최후의 발악이라고나 할까...그 성질이 좀 강하고 강폭한 특성으로 작용하게 된다. 사주에도 이 양인에 해당하는 제왕이 많을 경우, 운運에서 또 양인 운을 만나면, 소위 잘나갈 때 흉사凶死를 겪게 된다. 역시 뒤편 실전추론에서 접하게 될 것이다. 예컨대 양간인 甲木이 卯月에 생生하거나 卯를 얻으면 양인이라고 한다.

⑨ 쇠(衰) : 최고의 전성기가 쇠퇴한 시기이니 오행의 기운이 이곳에 들게 되면 그 기운이 사람의 노년처럼 쇠약한 것으로 판단한다. 진기와는 대조되는 시기로서 쇠락의 길로 접어든 퇴기의 시작이 된다.

노년에 접어들면 수입이 없어지니 벌어놓은 재물을 쪼개서 아끼며 살든지, 자식의 부양을 받는지 또는 자식과 마누라의 눈치를 보면서 살든지 어쨌거나 일반적으로 자신의 힘이 상당히 무력화되는 시기이다. 예컨대 甲乙木이 辰土를 보면 쇠지衰地에 해당하는 것이다.

⑩ 병(病) : 이제 몸과 마음이 완전히 별개인 듯 자력自力이라고는 실감하는 어려운 시기이다. 실제 사주분석에서 병지病地 위에 서있는 육신(육친)의 오행은 병 때문에 골골하거나 사회적 무능함으로 타나나기도 한다. 교육에 있어서 "지덕체智德體" 3대 교육을 강조하지만 무엇보다 건강의 중요성이 으뜸이니 체육이 지육과 덕육에 선행되는 교육이라 하겠다. 일단 내 몸이 건강해야 톱니바퀴 같은 세상살이 시스템에서 제 몫을

다하는 하나의 톱니 역할을 해 나갈 수 있기 때문이다. 甲乙木이 巳月에 生하거나 巳火를 보면 병지에 해당한다.

⑪ 사(死) : 세상에 모든 정情을 띠고 떠난다는 죽음이다. 정情이란 예기禮記에서 말한 칠정(喜怒哀懼愛惡欲 희노애구애오욕)을 말한다. 사람이 가지고 있는 모든 정이 이 일곱 가지 정情 안에 포함되기에 리기理氣에서 말하는 기氣, 즉 마음이 움직여 현상으로 나타나는 정情으로서 그 기氣가 떠나는(散:흩어질 산) 때를 의미한다. 기氣가 응집하여 사물을 이루는 것인데 그 오행의 기가 모두 흩어진 것이니 이 때를 죽음이라 하는 것이다.

사주에서도 이 사死에 해당하는 지지地支, 즉 사지死地를 건드리는 것(지지오행의 형충)은 큰 흉을 동반하게 된다. 물론 죽음까지를 포함한다는 의미이기도 하다. 예컨대 甲乙木이 午火를 보면 사지死地에 해당하는데 만약 甲午일주라면 일간이 그 자체로서 사지死地에 앉게 되어 운에서 형刑충沖을 만나면 매우 흉한 일이 발생하게 된다.

⑫ 묘(墓)...고(庫) : 땅 속에 묻히는 시기를 말한다. 한자가 나타내듯이 무덤을 의미하여 "묘지墓地"라고도 하며, 창고를 의미하는 이유에서 "고지庫地"라는 용어도 사용한다. 통칭으로 "묘고지墓庫地"라고도 한다.

이 "묘고지"는 이미 죽음으로 땅 속에 묻힌 시기에 해당하기 때문에 가장 무력한 기운으로 보기 쉽지만, 사주분석에 있어서는 10천간에 대해 또다른 작용력을 행사한다. 예컨대 풍수지리의 이론을 접목하면, 사람이 죽으면 뼈에서 기氣가 발생하여 동일한 유전자인 자손들에게 그 영향을 미친다는 것이다. 그와 같은 이치에서 묘고지는 기의 연장선상이라 하겠다. 따라서 묘고지를 얻은 천간들은 비록 퇴기退氣라 하지만 기가 끊이지 않고 다소나마의 힘을 얻게 되는 것이다.

이상 일련의 기의 순환과정을 표현한 것이 "포태법"인데 암기의

편의상 각 운성의 한 글자씩을 취해 숙지하면 좋겠다. 이를테면 「절(포)-
태-양-생-욕-대-관-왕-쇠-병-사-묘」를 말한다.

　위의 명칭에 있어서 『포』는 절絶, 『관官』은 임관 또는 관록이나 녹祿
으로 표현하기도 하니 그 용어를 모두 알고 있어야 한다.

　다음은 포태법을 이용하여 천간 오행이 12지지와 관계되는 순환적
힘의 관계를 알아보도록 하겠다. 포태법으로 기의 순환을 알기 위해 사
용하는 간편한 방법으로 손바닥(手掌:수장)을 이용한 "구궁법"이 있으
니 참고하기 바란다.

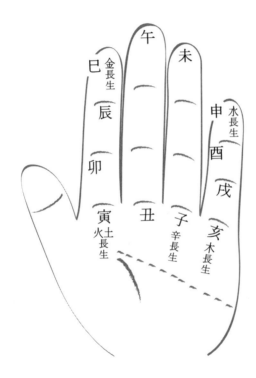

구궁도

	巳	午	未	
辰				申
卯				酉
寅				戌
	丑	子	亥	

천간 오행이 모두 "포(절)"를 일으키는 시작의 지지가 다르다. 오행 모두는 그 힘이 생기기 시작하는 시점이 "포"이니 먼저 그 "포"가 일어나기 시작하는 지지의 오행을 찾아야 하겠다.

예를 들어 일간(또는 천간)이 木일 경우, 나무에 비유하여 설명하면, 봄철에 싹이 돋아 여름철 무성하게 성장한 후 잎이 시들고 떨어지는 조락凋落의 계절을 맞아 이때부터는 나무의 기운을 뿌리로 거두어들여 겨울 내내 축장하게 된다. 그리고 다시 봄철에 싹을 돋아내는 순환과정을 반복하게 된다. 음金水이 사死하는 곳에서 양木火이 생하는 것으로서, 소음少陰인 금기金氣가 왕성한 때에 소양小陽인 목기木氣가 일어나는 것이니 木 오행은 申에서 "포"를 일으켜 시계방향으로 순환하여 생장소멸의 과정을 거치게 된다. 예컨대, 신월申月, 즉 신금申金에서 "포"를 시작하여 시계방향으로 순환하면 다음과 같다. 申(포)-酉(태)-戌(양)-亥(생)-子(욕)-丑(대)-寅(관)-卯(왕)-辰(쇠)-巳(병)-午(사)-未(묘) 이런 순서로 木 오행의 기운이 지지별로 결정된다.

壬 甲 乙 癸

申 戌 卯 卯

甲일간 : 포(절)—양—왕(양인)—왕(양인)

월상의 乙목 :   태—묘고—(임)관—(임)관

위의 사주에서와 같이 지지의 오행들은 각기 甲木일간에 있어서는 왕—왕—양—절(포)에 해당하는 기운을 갖게 되는 것이다. 따라서 甲木일간은 나무의 기운이 왕성한 봄철(卯月)에 출생하여 왕지旺地를 년과 월에서 각각 얻고 천간에 다시 乙木 비겁이 투간(천간에 나온 오행)하였으며, 壬癸水 인수의 생(水生木)을 받고 있으니 이렇게 되면 甲木일간은 신왕身旺하다고 하여 기운이 강함을 의미하게 된다.

아래의 표를 통해 각 오행의 "포(절)"를 일으키는 지지오행을 암기하도록 하자.

오행	木		火土 同宮		金		水	
10천간	甲	乙	丙丁	戊己	庚	辛	壬	癸
"포"를 일으키는 곳	申		亥		寅		巳	

다음의 포태법 조견표를 참고하여 오행의 순환하는 기세를 살펴보자.

구분	지지별 포태법(12운성)											
	子	丑	寅	卯	辰	巳	午	未	申	酉	戌	亥
지지 장간	壬 여餘 中 癸 본本	癸 辛 己	戊 丙 甲	甲 乙	乙 癸 戊	戊 庚 丙	丙 己 丁	丁 乙 己	戊 壬 庚	庚 辛	辛 丁 戊	戊 甲 壬
木	욕	대	관	왕	쇠	병	사	묘	포	태	양	생
火	태	양	생	욕	대	관	왕	쇠	병	사	묘	포
土	태	양	생	욕	대	관	왕	쇠	병	사	묘	포
金	사	묘	포	태	양	생	욕	대	관	왕	쇠	병
水	왕	쇠	병	사	묘	포	태	양	생	욕	대	관

[여 : 여기, 중 : 중기, 본 : 본기]

위의 조견표를 보면 음양의 생장소멸관계에 있어서 천간오행이 지지地支에 대해 오행별로 짜여진 질서를 갖고 있음을 알 수 있다. 예컨대 장생처와 욕지 및 묘고지 등에 해당하는 오행이 동일한 속성을 갖고 움직이고 있음을 발견하게 된다. 아래에 좀 더 쉽게 암기할 수 있는 일반적 방법의 표를 참고하자.

4장생/절지/병지	寅	申	巳	亥
4욕지/사지	子	午	卯	酉
4묘고지	辰	戌	丑	未

위의 12운성 조견표를 참고하여 살펴보면 일정한 패턴을 갖게 되는데 각 오행이 장생하는 자리는 수장법에서 네 모서리四隅에 해당하는 寅申巳亥에서 이루어지게 된다. 즉, 화토火土는 인寅에서 장생하며, 수는 신申에서, 금은 사巳에서, 목은 해亥에서 각각 장생을 만나게 된다. 반면 화토는 해亥에서 절지가 되며, 수는 사巳에서, 금은 인寅에서, 목은 신申에서 절

지(포)가 되어 장생지와 절지, 병지 등은 동궁同宮에서 함께한다.

차차 사주를 접하다보면 익숙해 질 것이지만 포태법은 사주를 분석하고 운명을 추론하는데 매우 중요한 것이니, 나중에는 눈과 오행이 마주치면 그 순간 바로 머릿속에 12운성이 동시통역이 되듯 산출되어야 한다. 반드시 암기해야 할 부분이며 아래에서 설명할 지장간과 함께 병행하여 학습하여야 할 것이다.

지장간(地藏干)

"지장간"은 "12지지(땅)에 보이지 않게 저장된 천간(하늘)의 기氣"를 의미한다. 하늘과 땅 그리고 사람을 가리켜 천지인天地人 삼재三才(하늘과 땅과 사람은 모두 위대한 재능을 지니고 있음을 의미함)라 하는데, 천간은 하늘이요 지지는 땅이며, 지장간은 사람으로서 본시 하늘의 맑고 청한 기운을 받아 무겁고 탁한 땅의 기운 속에 발을 딛고 살아가는 것이다.

주희는 하늘과 인간의 관계에 대해 평행관계로 설명하기도 하는데 이것은 일종의 동일관계로서 우주만물이 인간 안에 있다는 의미이며, 하늘과 인간은 한 몸임을 의미하는 것이기도 하다. 이런 의미로 볼 때, 지장간은 지지에 감춰진 천간으로서 땅에 발을 딛고 살아가는 인간을 의미하는 하늘(천간, 藏干)의 기운을 의미하는 것이니 이 또한 천인동일의 소우주 개념에 부합하는 논리라 하겠다.

음양의 기운으로 말하자면 지장간이 나타내는 의미는 12지지의 봄, 여름, 가을, 겨울, 그리고 봄으로 순환하는 계절의 운행 속에 나아가고 물러나는 천지간 기후변화의 진퇴지기를 월과 절기에 따라 밝혀 놓은 것이다. 우주자연의 변화원리를 나타내는 하도낙서에 언급한 상생과 상극의 역동적인 두 힘들에 의해서 변화를 거듭하는 자연의 이치가 담겨있다 하겠다.

실전추론에서는 이 지장간의 관계나 작용을 통하여 은밀한 행위나 육신과 육친의 성패成敗 등을 추론하게 된다. 지장간이 곧 인사人事를 의미하기 때문이다. 아래 지장간 조견표를 참고하여 연구가 있길 바란다.

계절		봄			여름			가을			겨울		
지지		寅	卯	辰	巳	午	未	申	酉	戌	亥	子	丑
장간	여기	戊7	甲10	乙9	戊7	丙10	丁9	戊7	庚10	辛9	戊7	壬10	癸9
	중기	丙7		癸3	庚7	己9	乙3	壬7		丁3	甲7		辛3
	본기	甲16	乙20	戊18	丙16	丁10	己18	庚16	辛20	戊18	壬16	癸20	己18

장간 옆에 표시된 숫자는 절입일을 기준으로 해당기운이 관장하는 날짜 수(數)임

십이지지는 위의 표에서 보듯이 3개씩 무리를 이루며 각각의 계절을 반영한다. 계절은 항시 천도의 운행에 따라 생기는 "기후의 변화"라는 사실을 염두에 두어야 한다. 같은 계절 내에서도 월별로 기후의 변화가 일어나서 다소간의 한서寒暑의 차이와 그 질서를 갖게 되며, 또한 각 월별로도 역시 절기(24절기)의 절입을 기준으로 기후질서의 변화에 대한 리理를 담고 있음을 의미한다. 이것을 분석해 놓은 것이 지장간이다. 각 월별(각 절기에 접어든 일을 기준으로 다음 절입일 전까지)로 1개월(30일)내에서 작용하는 여기, 중기, 본기라는 세 개의 기운을 나타내고 있다.

★ 각 절기에 접어든 일을 기준
으로 다음 절일 전까지

월별★ 날짜에 따라 기운의 변화가 다르면서 또한 공통된 점을 갖고 있는 천지의 운행법칙(상생상극의 모순된 힘의 작용)에 따라 나타나는 우주의 자연법칙으로서 당연지칙當然之則인 기후의 질서를 의미한다고 하겠다.

● 여기(餘氣)

"여기"는 남아있는 기운을 뜻하는 것이니 항상 전월의 기운이 당월의 초까지 남아있게 되는 것을 말한다.

● 중기(中氣)

4장생처(寅申巳亥)의 "중기"에 있어서는 다음 계절의 기운이 마중 나오듯이 선행하게 된다. 계절의 끝을 의미하기도 하는 묘고지인 辰戌丑未월의 중기中氣에는 해당 전前계절의 4정방 본기가 자리하게 된다. 음의 기운으로서 당월의 기운을 다 소진하고 잔여의 기운으로 남아 있게 된다.

● 본기(本氣)

본기는 해당 월을 대표하는 뚜렷한 세력의 기운을 말한다.

● 卯酉子월의 중기

4정방은 각 계절의 중앙으로서 午火를 제외한 나머지 卯(2월)酉(8월)子(11월) 월의 경우는 중기가 없다. 이것은 해당 계절의 기운이 극점에 이른 시기이면서도 다음 계절에 들어 올 기운과의 상생 흐름을 방해하지 않기 때문이다. 단, 午월의 경우는 지구의 축이 경사진 이유에서 생겨 난 午火의 치열熾熱작용火剋金을 막기 위해 未土의 보좌역을 필요로 하게 되는 이치이다. 따라서 午중의 己土는 너무 치열하여 작금灼金을 피하기 위한 노력으로서 子水의 대대작용(음양이라는 모순된 대립의 힘에 의한 변화작용)을 받으며, 스스로 필요한 보조자인 己土(未中己土)를 생하게 되는 자연스런 내부법칙현상의 결과라 하겠다.

● 寅申월에 있어서 "여기(餘氣)"에 "戊"가 되는 이유

다른 월들은 모두 전월前月의 본기가 자연스럽게 넘어오며 당월의 여기로서 기후를 관장하는데 寅월과 申월에 있어서만큼은 丑과 未월의 본기인 음간 己를 이어받지 않고 양간인 戊土로 전환되어 있다. 이것은 木火의 기운으로 발산하는 양의 기운과 金水의 기운으로 수렴, 통일(발산된 양의 기운을 억제하는 작용)하려는 음의 기운이 교차되는 시기로서 음양대대작용으로 나타나는 자연스런 음양변화법칙의 현상이다.

앞서 포태법에서도 언급했듯이 지장간은 통근의 체계 및 음양 동생동사의 이론과도 밀접한 관계가 있으니 모두가 하나의 음양이치라 하겠다. 이상 대략적인 기초용어 정리를 마치고, 다음은 사주四柱를 산출하는 방법에 대해 언급하고자 한다.

◑ 알아두기

24절기(節氣) 표

月	區分	節氣名	비 고
正(寅)月	節	立春	매년 양력 2월 4일경에 드는 절기로서 입춘에 절입해야만 비로소 새해가 된다.
	氣	雨水	비가 촉촉이 내려 얼었던 땅을 녹이고 얼음이 풀리고 싹을 틔우기 시작한다. 2/19경
卯月	節	驚蟄	잠자던 동물이 일어나는 절기이다. 개구리는 놀라 잠을 깨고, 물이 고인 곳을 찾아 알을 난다. 3/6일경
	氣	春分	낮의 길이와 밤의 길이가 같아지고 꽃샘추위가 기승을 부리며 중부지방에 꽃소식이 시작된다. 3/21일경
辰月	節	淸明	식목일을 전후하며 나무를 심고 농사일을 시작하는데 논둑에 가래질을 하고 밭을 가는 시기다. 4/6일경
	氣	穀雨	봄비가 많이 내리고 곡식이 잘 자라며 못자리를 시작하며 가뭄이 극성을 부리기도 한다. 4/20일경
巳月	節	立夏	여름의 시작이며 못자리가 자리를 잡고 곡식이 풍성해지며 잡초도 무성하여 해충이 많아진다. 5/5일경
	氣	小滿	모내기와 보리베기로 농사일을 준비하는 계절이다. 5/21일경

月	區分	節氣名	비 고
午月	節	芒種	수염이 달린 곡식을 심고 거두는 때로 연중 가장 바쁜 계절이다. 6/6일경
	氣	夏至	일년 중 낮이 가장 긴 절기로서 모내기를 끝내고 가뭄이 심하여 농부의 마음을 애태운다. 6/21일경
未月	節	小暑	작은 더위라는 뜻으로 본격적으로 더워지고 밀이나 보리로 끼니를 걱정하지 않는다. 7/7일경
	氣	大暑	큰 더위와 이 때부터 장마가 시작하고 과일이 풍성하며 농토에 잡초가 무성하다. 7/23일경
申月	節	立秋	여름철이 지나고 가을로 접어드는 절기로 무와 배추를 심고 연중 가장 한가한 때다. 8/8일경
	氣	處暑	더위가 가신다는 뜻으로 이 때부터는 풀이 자라지 않아 벌초를 하기 시작한다. 8/23일경
酉月	節	白露	밤 기운이 내려가고 풀에 이슬이 맺히는 때로, 옛날에는 이 때에 며느리를 친정에 보냈다. 9/8일경
	氣	秋分	밤과 낮의 길이가 같고 완전한 가을이며 고추를 따서 태양에 말리기 시작한다. 9/23일경
戌月	節	寒露	찬 이슬이 맺히는 때로 농촌에서는 타작이 한창이고 겨우살이 준비를 하기 시작한다. 10/8일경
	氣	霜降	서리가 내리고 밤에는 쌀쌀하며 날씨가 쾌청하므로 국제적 행사가 가장 많은 때다. 10/23일경
亥月	節	立冬	겨울이 접어드는 절기로서 땅이 얼기 시작하여 겨울 김장을 이 날 전후로 담근다. 11/7일경
	氣	小雪	살얼음이 얼고 겨울의 기분을 느끼고 연중 바람이 심하게 분다. 11/22일경
子月	節	大雪	눈이 많이 온다는 절기이나 우리나라에는 좀 다르고 혹 이날 눈이 내리면 다음 해 풍년이 든다. 12/7일경
	氣	冬至	일년 중 밤이 가장 길고 작은 설날이라 부르기도 하며 팥죽을 쑤어 먹는다. 12/22경
丑月	節	小寒	작은 추위라 하지만 연중 가장 추운 때다. "대한이 소한 집에 갔다가 얼어 죽었다" 라는 속담이 있다. 1/6일경
	氣	大寒	큰 추위라 하지만 이 때가 되면 심한 추위는 사라지기 시작하여 봄의 운기를 느끼기 시작한다. 1/21일경

3. 사주(四柱) 세우기

사주를 세워 분석, 추론하기 위해서는 먼저 태어난 "출생 년, 월, 일, 시"를 기준으로 일정한 법칙에 의해 사주를 세워야 한다.

사주는 한자의 의미로는 기둥 주柱자를 써서 "네 개의 기둥"이라는 뜻이 된다. "태어난 년, 월, 일, 시"를 각각의 기둥으로 표현하고 있는 것이다.

사주를 세우는 것은 눈에 보이지 않는 음양오행이라는 리기理氣작용에 대하여 10천간과 12지지의 상象으로 정한 것이니, 이 또한 성현들께서 역易의 괘상을 일러 말씀하신 "언부진의 립상이진의言不盡意 立象以盡 意*라 한 것과 마찬가지로서 깊은 자연의 이치를 담은 것이라 하겠다.

* 말로는 뜻을 다할 수 없어 상을 정함으로서 그 뜻을 다한다.

사주를 세우는 방법은 의외로 간단하다. 물론 보다 근원적인 역법曆法의 체계까지 이해하려면 복잡하고 어렵겠지만 서점에서 쉽게 구할 수 있는 "만세력"을 통하여 해당하는 생년월일을 찾아 상象을 세우면 될 것이고, 태어난 시를 통해 세우게 되는 "시주時柱"에 대해서는 간단한 방법을 통해 정할 수 있게 된다. 아래의 예를 통해 사주를 세워가며 유의해야 할 부분들도 함께 설명하겠다.

예를 들어, (남자)2006년 8월 1일 오후 3시 15분에 출생한 사람이라고 하자.

① 먼저 음력인지 양력인지를 확인하는 것이 첫 번째 순서이다.

중년 전후 정도의 나이인 사람들은 대개가 생일을 음력을 사용하고 있지만, 요즘 젊은 사람들은 음력을 잘 모르거나 혹, 음력생일을 양력으로 알고 있거나 양력생일을 음력으로 알고 있는 경우도 있으며, 심지어는 음력과 양력에 대한 이해가 완전히 뒤바뀌어서 알고 있거나, 실제로 이러한 경우도 더러 있다. 따라서 사주를 세우기 전에 반드시 음력인지 양력인지를 정확히 확인해야 한다. 음양력에 따라 사주를 구성하는 음양오행에 큰 차이가 발생하는 것은 당연한 것이기 때문이다.

② 음양력을 구별한 후, 만세력을 통해 출생 년인 2006년을 찾고 다시 해당 출생 월과 일을 찾게 된다. 위 사람은 양력陽曆이라고 가정하자.

③ 2006년이면 병술丙戌년 개띠해가 된다. 양력으로 8월 1일이면 음력으로는 7월 8일이 된다. 이때 반드시 절기를 확인하여야 한다. 사주를 세울 때 명심해야 할 것은 항시 절기의 절입節入 일시日時를 기준으로 몇 월인가를 정하게 된다. 예컨대 양력으로는 이미 8월이지만 절기로 볼 때 양력 8월 1일은 가을에 들어서는 입추 전前이며 아직도 음력 6월을 벗어나지 못한 대서大暑의 기간에 해당한다. 이럴 경우 음력으로도 이미 7월을 훌쩍 넘은 음력 7월 초8일이 되지만 아직 완전한 음력 7월을 의미하는 입추에 절입을 하지 못하였으므로 양력 8월 1일은 음력의 절기를 사용하게 되어 음력 6월에 해당하는 乙未월이 된다. 입추가 양력으로는 8월 8일, 음력으로는 7월 15일 새벽 00시 40분에 절입을 하게 되니 이 이후에 때어나야만 비로소 음력 7월로 인정이 되어 丙申월을 사용하게 된다.

※ 현재 우리나라는 동경표준시를 사용하고 있고, 또 지역마다 경도 1도마다 4분 정도의 시차가 발생하니 이것 역시 참고해야 한다.

④ 년(丙戌)과 월주乙未가 정해졌으니 생일에 해당하는 날짜는 절기와 무관하게 만세력에 나와 있는 그대로 적용하면 된다. 만세력을 보면 壬戌일에 해당한다.

⑤ 태어난 시를 기준으로 하는 시주時柱는 만세력에 나오지 않기 때문에 사주를 세우는 당사자가 세워야 한다. 여기에는 정해진 방법이 있는데 "시두법"이라고 해서 시주를 세우는 공식이다. 몇 번 하다보면 저절로 알게 된다. 둔월법이라고 해서 월건(월주)을 세우는 방법도 있지만 만세력을 통해 알 수 있으니 여기서는 생략하겠다.

태어난 일	시주 산출 방법
甲일과 己일	甲子시~에서 시작하여 을축시, 병인시....
乙일과 庚일	丙子시~에서 시작하여 정축시, 무인시....
丙일과 辛일	戊子시~에서 시작하여 기축시, 경인시....
丁일과 壬일	庚子시~에서 시작하여 신축시, 임인시....
戊일과 癸일	壬子시~에서 시작하여 계축시, 갑인시....

위의 사람이 오후 3시 15분에 태어났으니 미시未時에 해당한다. 우리나라 표준시로는 오후 1시부터 오후 3시까지가 未時에 해당하지만, 현재 우리나라는 동경표준시를 적용하고 있으니 약 32분 정도 시차가 발생하여 3시 30여 분까지 未時로 적용해야 한다. 위의 시두법 조견표를 이용해보자. 일주가 壬戌일이니까 "丁일과 壬일은 庚子시에서 시작"한다고 하니 출생한 未시까지 60갑자의 순서대로 순행하면, 庚子, 辛丑, 壬寅, 癸卯, 甲辰, 乙巳, 丙午, 丁未시가 된다. 따라서 위 사람의 사주를 세워보면 다음과 같다.

丁 壬 乙 丙　　　　乾

未 戌 未 戌　　　　運

　　　　壬辛庚己戊丁丙　　二

　　　　寅丑子亥戌酉申　　二

　　사주는 앞서 말했듯이 오른쪽에서 왼쪽으로 년, 월, 일, 시를 차례로 기재하면 된다. 이렇게 사주를 세우면 년주, 월주, 일주, 시주의 네 개의 기둥으로 사주를 구성하게 된다. 사주팔자 밑에 나열된 육십갑자의 흐름은 대운을 표시한 것이다.*

　　따라서 (남자)2006년 8월 1일 오후 3시 15분에 출생한 사람은 건명乾命 丙戌年 乙未月 壬戌日 丁未時生으로서 사주를 구성하게 된다.

　　제3장에서 다룰 "합合"을 공부하면 월주와 시주를 보다 쉽게 세울 수 있다. 일단은 뒤로 넘기고 합을 설명하면서 다루도록 하겠다.

* 출생 후 대운에 절입되기 전까지는 소운(小運)이라 하여 출생시간을 기준으로 소운법을 적용하고 있으나 여기서는 약하겠다. 소운법을 적용하기도 하지만 대운 절입 나이까지 매 당해 년의 운인 년 운만으로 운을 보기도 한다.

대운(大運) 세우기

　　대운을 세우는데 있어서도 매우 간단하다. 남자와 여자의 구별과 함께 출생년의 천간이 양간인지 음간인지에 따라 월주를 기준하여 그 다음 육십갑자 순으로 순행을 하거나 역행을 하여 기록하면 된다. 예컨대,

　　양남음녀는 월지를 기준으로 순행을 한다.
　　음남양녀는 월지를 기준으로 역행을 한다.

"양남음녀"란 출생년의 천간이 양간인 남자, 음간인 여자를 뜻한다. 반대로 "음남양녀"는 출생년의 천간이 음간인 남자와 양간인 여자를 뜻한다.

위 사주의 경우는 丙戌년에 태어났으니 년 천간丙이 양간이며 남자에 해당하니 월주乙未를 기준으로 그 다음 육십갑자 순으로 순행을 하게 된다. 따라서 乙未(月) 다음은 丙申이 되어 태어나 처음으로 맞게 되는 대운의 영향은 丙申으로 시작해서 丁酉, 戊戌, 己亥... 순으로 순행으로 나아가게 되는 것이다. 반대로 위 사주가 여자라면 "음남양녀"에 해당하여 대운이 역행을 하게 되니 월주乙未를 기준으로 역행하는 甲午에서부터 첫 대운을 맞아 육십갑자를 역순으로 진행하여 기록하면 된다. 예컨대 甲午, 癸巳, 壬辰, 辛卯, 庚寅, 己丑, 戊子 등 역순으로 기록하면 된다. 이렇게 대운의 흐름을 정하고 나면 대운의 수數를 정해야 한다. 먼저 대운은 무엇이고 대운 수는 무엇인지 그 개념부터 알아보도록 하자.

대운(大運)

흔히 운수대통이니 운발이 좋아야 하느니, 역시 운발이야하는 등 운에 관련한 여러 말들은 우리들 생활속에 오랫동안 자리 잡아 온 아주 흔한 말이다. 그만큼 살아가면서 자신의 의지와는 무관하게 나타나는 각종 길흉에 관련된 현상들에서 우리는 "운運"에 대한 말을 하지 않을 수 없게 된다.

사주관련 책을 보다보면 "명호불여운호命好不如運好 : 명 좋은 것이 운 좋은 것만 못하다"라는 말을 흔히 접하게 된다. 이 말은 타고난 팔자보다는 그 팔자를 보필하는 대운이 좋아야 한다는 뜻인데 과연 그럴까?

아니면 그렇지 않을까? 사실은 둘 다 중요하다. 제2장에서 다룰 명리론을 학습하고나면 세상에 대한 주관적인 가치관이나 생각 및 세사의 일들이 일어나는 그러한 까닭 등에 대해 조금은 바뀌거나 그럴 계기를 갖게 되기도 할 것이다.

흔히들 명命, 즉 팔자를 작물의 씨앗이나 자동차 등으로 비유를 하곤 한다. 품종이 좋아야 한다는 것이다. 명품, 브랜드, KS나 품 자字 마크 등 일단 품종이나 품질이 좋아야 떡잎만 보아도 잘 될 놈인지를 알 수 있다는 논리다. 맞는 말이다. 하지만 반드시 품종과 품질만으로 잘 나가는 것은 아니다. 비유하자면, 경기가 불황일 때는 어지간한 브랜드는 찬밥 신세를 면키어려우나, 중고품이나 양적으로 승부를 거는 저가류의 물품이나 음식업 등은 활개를 치게 된다. 즉 환경의 지배를 받는다는 말인데 이 또한 맞는 말이다.

그렇다면 사주에서는 어떨까? 모두 해당되는 말들이다. 이것은 제3, 4장의 명리론과 운명예측 부분에서 설명하겠다. 여기서는 대운에 대한 개념만을 언급하겠다.

대운은 사주의 월주月柱가 기준이 되어 순행이나 역행을 하게 되는데 이것이 의미하는 바는 궁극적으로 사주는 "계절의 기후"를 중요시 한다는 것이다. 내가 출생한 당해의 시점을 가장 잘 대변할 수 있는 것은 계절이며 그에 따른 주된 영향요소는 한난조습寒暖燥濕의 기후이다. 즉 대운은 이런 계절의 연상선상으로서 각자가 머물게 되는 기후(계절)의 환경으로 대변된다.

따라서 대운은 머무르는 환경의 의미가 내포되어 특정 장소나 마을, 지점 등을 뜻하여 향鄕 또는 향방鄕方이라는 표현도 하며, 동방(목방), 남방(화방), 서방(금방), 북방(수방) 등에 대한 표현으로 흘러가는 계절(기후)의 방향을 나타내기도 한다. 이런 측면에서 보면 대운은 사주四柱와 별개의 성질의 것이 아닌 연장된 사주의 개념일 수 있는 것이다.

풍수지리 측면으로는 죽어서도 환경을 떠날 수 없는 것인데 하물며 살아있는 사람은 말해 무엇 하겠는가. 이렇듯 대운은 타고난 사주팔자에 지속적인 환경을 제공하게 된다. 우리가 살아가면서 환경의 중요성을 언급함도 똑같은 맥락이다.

결국 사주에서 말하는 대운은 10년을 주기로 교체되며 타고난 팔자에 지속적으로 영향을 미치는 환경으로서 팔자와는 서로 떼어낼 수 없는 그림자 같은 관계이다. 사주는 계절의 기후, 즉 한난조습을 중시하기 때문에 봄, 여름, 가을, 겨울 등 한난조습의 변화환경을 나타내는 대운의 향방은 팔자 못지않게 매우 중요한 것이다. 예컨대 사주의 기운이 한냉한습하여 따스한 기운이 필요하다면 봄, 여름을 나타내는 寅卯辰巳午未 등의 木火之氣인 동남방으로 대운이 향함을 요구하고, 반대로 사주에 木火의 기운이 많아 너무 조열하면 한습한 기운이 필요한 것이니 申酉戌亥子丑 등의 金水之氣인 서북방으로 대운이 향함을 기뻐하는 것이다.

타고난 팔자에 한난조습이 맞지 않더라도 대운의 흐름에서 팔자의 부족한 부분이 보충되면 발전을 기대할 수 있는 것이지만, 대운에서조차 팔자의 부족한 부분을 보충하지 못하면 부귀富貴의 명命과는 거리가 있게 되는 것이다. 실전추론에서 운의 중요성을 살피기로 하고 다음은 대운 수數 정하는 방법을 알아보자.

대운 수(數) 정하기

펼쳐진 대운이 어느 향방으로 흘러가든지 대운이라는 환경 역시 변화하는 시점이 있게 마련이다. 그 변화하는 시점을 자신의 나이로 볼 때, 몇 살에 교체가 되는지를 정하는 것이 대운 수이다. 사주를 세울 때처럼 절기의 절입일과 양남음녀, 음남양녀를 구분하여 대운수를 정하게 된다.

예를 들어, (음력)1963년 12월 2일 축시생을 보자.

$$乙\ 甲\ 乙\ 癸$$
$$丑\ 子\ 丑\ 卯$$

남자일 경우   己 庚 辛 壬 癸 甲   運
          未 申 酉 戌 亥 子

여자일 경우   辛 庚 己 戊 丁 丙   運
          未 午 巳 辰 卯 寅

① 예를 든 사주는 癸卯년이니 癸水 천간이 음간에 해당하여 음남 또는 음녀에 해당하는 경우이다. 대운수를 정할 때는 태어난 출생일을 기준으로 양남음녀는 앞으로 다가올 미래의 절節까지 날짜를 세어나가고, 음남양녀는 반대로 지난 과거의 절節까지 날짜를 세어나가는 방법으로 시작한다.

② (남자의 경우) 먼저 위 사주가 남자일 경우에는 음남에 속하여 생일을 기준하여 이미 지난 과거의 절까지 날짜를 세어나가게 된다. 이 남자의 경우는 생일이 음력 12월 2일(소한절 중 출생)이니까 생일을 포함해서 계산하면 절입일 전까지를, 생일을 포함하지 않고 세어나가면 절입

일까지 세어서 계산을 하게 된다.

위의 경우는 과거 절(小寒)이 음력 11월 22일에 절입하였으니 12월 2일부터 역으로 이때까지 역순으로 세어 나가면 된다. 그러면 10일이 된다. 3일을 1운으로 하여 10일÷3을 하면 몫은 3이 되고 1일이 남는다. 나머지가 1이 되면 그냥 떨어버림으로서 쓰지를 않게 된다. 따라서 위 사람의 대운교체 시기는 매 3세마다 10년주기로 바뀌게 되는 것이다. 만약 3으로 나누어서 몫이 6고 나머지가 2가 되면 몫인 6에 다시 1을 가산하여 반올림의 계산을 적용하여 7이 된다. 이때는 대운수가 7일되어 7세마다 10년 주기로 대운교체 시기가 이루어진다.

③ (여자일 경우) 위의 사주가 여자일 경우는 양남음녀는 다가올 미래의 절節까지를 계산하게 된다. 미래절인 입춘이 음력 12월 22일에 절입을 하게 되니, 총일수가 21일이 되어 21일÷3을 하면 몫이 정확히 7로 떨어진다. 따라서 7이 대운수가 되며 매 7세마다 대운이 교체되는 것이니 7세, 17세, 27세...로 교체시기가 정해지게 된다.

④ 남녀의 구분과 출생년 천간을 기준으로 미래의 절기를 취할 것인지, 과거의 절기를 취할 것인지를 결정하는 것이니 위의 경우를 참고하여 여타의 경우도 정하면 될 것이다.

이상으로 명리입문 과정을 통해 기초용어를 대략적으로 살펴보았다. 앞으로 설명될 용어와 제반 개념역시 사주추론과 직접적으로 관계가 있는 것이니, 전개할 제2장은 명리命理에 대한 올바른 시각을 일깨워주며, 운명추론의 근본원리를 풀어주는 깊은 단서 및 그러한 사유방식을 제공하게 될 것이다.

표준시 자오(子午)선[한국 표준시와 동경 표준시]

지구는 1일 24시간에 360도 회전을 하므로 경도가 15도 차이가 날 때마다 시간은 1시간씩 다르게 된다. 이에 따라 대부분의 세계 각국은 15도 단위로 끊어지는 경도선을 자기나라의 표준시 자오선으로 채택하여 세계 표준시와 정수의 시간 차이가 나게 정하여 사용하고 있다. 우리나라도 1908년 4월 1일부터 표준시 자오선을 정하여 표준시를 사용하기 시작했다. 현재는 동경 135도를 표준자오선으로 채택하여 세계 표준시보다 9시간 빠른 한국 표준시를 사용하고 있다. 우리나라 표준시의 변천 과정은 아래와 같다.

표준 자오선	사 용 기 간	관 련 법 령
동경 127도 30분	1908. 4. 1 ~ 1911. 12. 31	관보 제 3994호(칙령 제5호)
동경 135도(일본)	1912. 1. 1 ~ 1954. 3. 20	조선총독부 관보 제367호(고시 제338호)
동경 127도 30분 (한국 표준시)	1954. 3. 21 ~ 1961. 8 9	대통령령 제876호(1954년 3월 17일)
동경 135도	1961. 8. 10 – 현재	법률 제676호(1961년 8월 7일)

※ 사주의 출생시를 기록할 때, 반드시 일본표준시를 사용했던 기간과 한국표준시를 사용했던 기간을 구별해야 함을 명심해야 한다. 예컨대, 오후 1시 10분에 출생한 자를 예로 들면,

① 1954년 3월 21일 ~ 1961년 8월 9일 사이에 국내에서 출생한 사람은 한국표준시를 적용하니 그대로 미시(未時)로 기록하면 된다.

② 1961년 8월 10일부터 현재까지 국내에서 출생한 사람은 동경표준시(135도)를 사용하고 있는 중이기에 한국표준시로 볼 때에는 30분을 빨리 맞이한 것이니, 현재 우리가 사용하고 있는 시간에서 30분을 늦추어 계산한다. 즉 오시생(午時生)이 되는 것이다.

명리론

이 장은 명리론을 통해서는 사주팔자, 즉 명리에 대한 개념은 물론 운명예측 기능으로서의 명리에 대한 일반적인 범주와 그 이상의 무엇 등에 대해 언급하고자 한다. 사주를 공부하다 보면, 그 엄청난 학술(學術)범위와 깊고 다양한 사유의 요구 및 때로는 학술적으로는 설명이 거의 불가한 감(感)이라 할까, 정신적인 그 무엇이 존재하기에 그 이치나 불가사의한 신비에 저절로 머리가 숙여지거나 혀를 내두르게 된다. 하지만 학술이라는 것이 본시 음양오행의 이치와 같이 생생불식(生生不息)으로 그 끝이 없는 것이다. 다 자기의 그릇과 몫이 있는 것이니 그것을 알고 최선을 다하되 술이부작(述而不作)을 지켜나간다면 그것만으로도 갈채까지는 아니어도 자기 몫의 가치는 다하는 것이라 인정될 수 있다고 생각한다. 비록 그 누가 자신을 알아주지 않더라도 말이다. 명리(命理)를 공부하다보면 어느 시기인가 조금은 그 무엇들에 대해 저절로 알게 된다. 명리를 접한 자나 접하고자 하는 자는 언제나 자신을 낮추고 사물에 대해 공경하는 마음부터 배워나가야 할 것이다.

사실 명리에 대한 개념접근부터가 쉬운 것이 아니다. 어쩌면 개념을 정의하는 것조차 "각자 생각하기 나름 아니냐?"는 식의 한 마디로 일축해 버릴 수도 있다. 여기서 나는 명리에 대한 모두를 말하려는 것은 아니다. 아니 명리에 대해 모두 말할 수 있는 사람은 아무도 없다. 난 다만 명리를 배우고자 하거나 또는 알고자 하고 관심을 가진 사람들과 앞서 공부를 시작한 사람들이 겪어야만 했고 또 겪고 있는 그들의 미로 같은 명리세계에서 한발 물러서서 이 시대의 명리와 앞으로 나아가야 할 명리의 길에 대해 말없는 대화를 나누고, 옛 성현들의 말씀에 귀를 기울여 보고 싶음이다. 그 속에 운명예측의 원리와 우리들 각자가 찾는 삶에 대한 그 어떤 정신적 지침의 단서를 찾을 수 있을테니 말이다.

1. 사주의 범주적 접근과 이해

"명리命理"라는 용어를 사용해 온지는 아주 오래 되었으나 근래에 들어 더욱 "사주팔자"라는 용어와는 별도로 "명리" 또는 "명리학"이라는 학문적 개념으로의 전환을 꾀하거나 그러한 노력이 저변화되고 있음이 엿보인다. 아주 바람직한 현상이 아니라 할 수 없겠다. 하지만 학문적 접근만으로는 이해가 되지 않는 것도 또한 운명을 다루는 이 학술의 특징이다.

철학哲學이라는 학문 영역의 한쪽에서 독도처럼 떨어져 고독하게 음지에 자리한 채 가까스로 명맥을 유지해 온 학술로서, "명리학"이라고 말은 하지만 관련서의 내용이나 명리를 말하는 술사들 모두가 전부 술術에 관련한 언급만이 일색一色이니, 아직까지는 학술을 논할 학문적 성과를 이루었다 할 수가 없다 하겠다. 또한 명리학이 체계적인 학술수준으로서 객관화된 지식체계를 이루었다고는 말할 수 없는 술법術法에 불과하며 아직도 그러한 단계에 머물러 있는 것이 오늘날 21세기 초 명리학의 현실인 것도 부인할 수 없을 것이다.

대부분 많은 술사들이 "사주쟁이"나 "점쟁이" 등의 소리는 듣기 싫은 모양이다. 실질적으로 명리학의 학문적 성과를 이루어 왔는가에 대한 우리 스스로의 발자국을 뒤돌아 살펴볼 필요가 있다 하겠다. 하지만 이제 더 이상 음지陰地의 술법으로 악어와 같이 물속에 몸을 숨기고 두 눈만 내놓고 살아가는 삶을 살아서는 안 될 것이기 때문에 요즘 많은 역술인들의 명리학 인식에 대한 재고노력과 학술적 집필활동은 매우 바람직한 지적智的혁명이 아닐 수 없다. 그러나 현대의 많은 사람들이 온라인과 오프라인을 넘나들며 명리에 대한 인식이 바뀌고 있다 할지라도, 아직도 사회적으로 부정적 의미의 "쟁이" 수준을 완전히 벗어나지 못하고 있는 것이 현실이다. 왜일까? 그것은 어쩌면 너무도 간단한 이유에서 찾을 수 있을지 모른다. 그것은 앞선 선학들에게도 일정부분의 책임이 있을 것이며, 그 뒤를 이은 우리 후학들의 책임도 있다 할 것이다. 이 시대, 이 사회가 어떤 시대 어떤 사회인가? 그 어느 지난 시대보다 합리적인 사고를 바탕으로 인류와 국가사회에 유익하면, 아니 적어도 유해하지 않으면 다양한 학문과 예술 등을 수용하고 인정하며 그것을 추구하는 시대가 아닌가?

모두 지금의 우리에게 스스로의 책임이 있다할 것이다. 사실 선학들의 책임은 논할 바가 못 될지도 모른다. 왜냐하면 이 시대를 함께 걸어가고 있는 사람들은 바로 우리들 자신이기 때문이다. 요즘 명리학계의 현실이 어떠한지 눈을 돌려 살펴볼 필요가 있다. 운명과 미래예측의 정확도를 떠나서 수개월에서 1년 미만의 입문과정만 거쳐도 철학원 간판을 내는 것이 요즘의 현실이다. 어떤 경우에는 "뭐, 할 것 없으면 나중에 사주라도 보면 되지!"라고 말을 할 정도로 명리학을 무색無色하게 한다. 또한 몇 몇 대학원의 사회교육원 과정이나 문화센터 등에서 초고속 과정을 마치고 "○○ 대학원 사회교육원 명리학 수료"라는 수료증과 학사모를 쓴 수료사진 등을 걸어놓고 철학원을 운영한다는 등 비난의 소리도 들리는 것이 현실의 일부이다. 그들이 무엇을 얼마만큼 배워서 무슨 배짱으로 철학원 간판을 걸겠는가? 가르친 사람이 그렇게 힘을 실어주었겠지... 이것이 또 명리학계 현실의 일부이다.

학學과 술術은 리기理氣론적 관계이며 음양의 관계와 같다. 무엇이 우선인 것이 아니라 이 둘의 관계는 서로 붙어 있어서 하나가 없으면 설 곳이 없는 것이다. 균형적인 상호의 받침이 전제되어야만 명리학술에 대한 신뢰를 쌓고, 더불어 넓은 의미의 역학易學으로서 궁극적으로는 성현께서 만든 역의 목적에 다가설 수 있는 것이며, 도덕적 자기수양을 쌓고

인의仁義라는 인간본성을 회복하고 실현할 수 있게 되는 것이다.

　이 장에서는 명리에 대한 올곧은 인식과 균형적인 학술발전을 위
해 몇 가지 현실적 문제점 및 범주적 명리의 접근과 방향, 그리고 옛 성현
들의 명리命理에 대한 기본적인 생각을 알아보도록 할 것이다. 명리를 하
는 스스로의 목적을 다시금 마음 깊이 생각하는 계기의 시간이 되었으면
한다.

사주의 범주적 접근

　흔히 운명상담을 경험한 사람이라면 "족집게시네요" 라든가 "용하
십니다", "사주에 그런 것도 나오나요?" 등의 말은 모두 심심치 않게 듣는
말일 것이다. 그렇다. 역술을 펼치다보면 기이한 경험을 겪기도 하는 것
이 이 학술의 특징이며 재미이기도 하다. 그러나 나는 여기서 이런 기이
한 경험술을 쏟아 내려는 것은 아니다. 왜냐하면 그것은 말로 설명할 수
없는 때때로의 느낌 같은 것이 포함되기 때문이다. 그러나 그 느낌이라
는 것이 결코 우연에 기인한 것이라기보다는 그 역시 범주체계 속에 움
직여지는 묘리妙理일 것이다. 차차 설명하기로 하고, 여기 이 책에서는 상
식적인 사고와 일반적인 학습능력을 소유한 사람이라면 누구라도 이해
하고 스스로가 자신의 운명을 예측할 수 있는 범주적 체계 위에서 움직
여지는 다양한 현상들과 그것들을 추론해 내는 방법들에 대해 언급하려
고 하는 것이다.

　인생의 다양한 일들이 어느 한 개인에게 언제나 모두 일어나는 것
은 아니다. 여러 사람들에게서 일어나는 다양한 사건들이 한데 모여 매
스컴으로 접하다보니 매일 아니면 매달 특이한 일들이 벌어지는 듯하지

만, 사실 그렇지는 않다. 한 개인에게 그렇게 자주 좋지 않은 일들이 터진다면 누가 이 세상을 행복하다 할 수 있으며 또 살아가고 싶겠는가. 한 해 동안 한 개인에게 발생하는 기억될 만한 특정한 일, 사건이나 마음을 울리는 특별한 일들은 그리 일어나지 않거나 또 일어난다 하여도 대체로 한두 가지 정도에 불과하다. 보통 늘 일상생활속에 누구나 안고 있는 평범한 일들이며, 대부분은 본인들 마음과 이 시대가 만들어내는 스트레스 등에서 느껴지는 "힘들다" 또는 습관적으로 나오는 "아~죽겠어" 하는 정도에 그치거나, 오래 전에 발생한 일에 짓눌려 헤어나지 못하고 그 일이 지속적으로 생활에 좋지 못한 영향으로 남으며 마음을 무겁게 하는 것들이 대부분이기 때문이다.

대체로 사람들은 인생과 운명이라는 거대한 타이타닉 호에서 벌어지는 일들에 대해 좀더 강도 있고 드라마틱한 흥분과 스릴 등을 통하여 새로운 변화의 결과에 주목하고 싶어 한다. 예컨대 돈(동산과 부동산 투자)과 명예, 권력 등에 관련한 성패 및 치명적인 건강의 변화(장애, 사고, 죽음 등), 이성관련(결혼, 이혼, 불륜 등), 자녀진학과 미래 등의 카테고리를 형성하며 압축될 수 있다. 이러한 일들이 개개의 일생을 통하여 모두 일어나는 것은 아니며, 동일한 패턴이나 동시적인 현상으로 일제히 나타나는 것은 더욱 아니다. 한 개인으로 보면 아주 질서정연한 일과의 반복으로 삶을 살아가는 것이 우리 보통 사람들의 하루살이다. 마치 무리를 지어 복잡하고 무질서한 듯 부산하게 움직이는 개미들이나 철새들처럼 말이다. 순간순간은 바쁘지만 한 토막의 기간을 두고 뒤돌아 볼 경우, 사실 큰 범주로서의 일들 외에는 별다른 일들이 발생하지 않는 것이 일반적이다. 그렇다면 사주팔자로서 추론 가능한 것은 어디까지일까? 과연 태어나서 죽을 때까지 육십갑자의 쉴 틈 없는 변화 운세 속에서 언제나 특이한 사건이나 일들이 발생하는 것일까? 또한 일상적으로 나날이 반복되어 나타나는 일상적 생활까지의 일들을 일일이 예언, 예측해 낼 수 있는 것일까? 사실 그렇지는 않다.

　사주팔자는 아주 세밀한 부분에 있어서는 동일한 운세에서조차 저마다 다양한 현실로 나타난다. 그것은 저마다의 지니고 있는 자율성에 기인한 일정 정도의 "의지"가 존재하며, 또한 태어나기 전부터 맺어진 기氣의 청탁이 있고, 태어난 환경(부모, 기후, 조상 등)이 모두 다르기 때문에 그들 요소의 영향을 계속해서 받는 이유가 존재하기 때문이기도 하다. 이러한 환경은 사주를 분석함에 있어서 "if"의 조건적 범위요소로서 다양하고 상이한 조건요소에 의해 현실계의 현상으로 나타나는 차이에 대한 분석은 현재 지식체계로는 접근이 거의 불가한 상태이다. 하지만 이러한 if의 조건적 다양한 범위요소에도 불구하고 개인의 거시적 부귀빈천과 미래의 길흉관계에 대한 범주적 측면에서의 성패는 분명 정해진 명과 운의 연속선상 위에서 움직여지고 있음을 인정하지 않을 수 없게 된다. 이것은 학술적으로나 경험적으로 충분히 입증하고 인정될 수 있는 수준임을 오랫동안 암묵적으로나마 인정되어 왔다고 할 수 있다. 하지만 개개인마다 상이한 차이점을 수반하고 있는 if의 수동적 조건요소들의 존재에서 현상적으로 같은 범주의 명과 운의 움직임 속에 어떻게 달라질 수 있는가에 대한 유비적 관계나 상관관계의 연관성에 대해서는 향후 끊임없이 연구되어야 할 과제로 여겨진다. 불가능한 과제일지도 모르겠지만 말이다.

　사주팔자는 비유하자면 "팔자"라는 고유한 원료나 재료와 같은 것이다. 어떤 제품이나 물건을 만들어 내는 근본 원료나 재료로서 그 재료나 원료가 만들어 낼 수 있는 제품의 재질과 속성에 따른 범주성을 갖기에 그러한 범주 내에서 여러 가지 제품의 현상을 만들어 낼 수 있는 것이다.

사주팔자는 자체가 안고 있는 한계성으로서 "한정된 경우의 수"와 앞서 언급한 다양한 수동적 전제조건들을 가지고는 있지만, 범주적인 측면에서 볼 때는 거의 타고난 팔자의 틀에 따른 범주를 벗어나지 못하게 된다. 그것은 각 개인의 운명으로 나타나는「부귀빈천길흉요수富貴貧賤吉凶夭壽」를 말하는 것인데, 이 역시 선학들로부터 전해오는 운명의 핵심적인 예언범주로서 정해진 것이라 하겠다.

대운과 매년의 운세영향으로 나타나는 현상 역시, 타고난 팔자의 격과 용신(제4장에서 설명)에 따라 영향을 받게 되며, 그에 따른 나름대로의 범주성을 띠고 있다고 하겠다. 실제로 사주를 분석하는 모든 과정이 범주체계로 이루어진다 할 수 있다. 사주를 세워놓고 제일 먼저 가장 큰 카테고리로 분류하는 것이 格이라는 범주체계이다. 제 4장에서 본격적으로 다루겠지만 이런 범주체계로서 일차적으로 분류하여 계속적으로 세분해 나가는 것이 명리학술의 논리체계이다. 마치「장자」양생주편에 나오는 "도道로서 소를 다루는 백정"처럼 말이다. 물론 이것은 신神의 명리命理에 도달해야만 가능한 일이다. 하지만 이것은 학술學術이라는 리기理氣와 성리性理관점에서 논하는 상식적 명리체계의 범주를 벗어나는 것이니 여기서는 논외論外로 해야겠다. 잠시『장자』에 나오는 깨달음을 마음으로 함께 음미해 보자.

한 백정이 문혜왕을 위하여 소를 잡은 일이 있었다. 그의 손이 닿는 곳이나, 어깨를 기대는 곳이나, 발로 밟는 곳이나, 무릎으로 누르는 곳은 슥삭 슥삭 하는 소리와 함께 칼이 움직이는 대로 살이 떨어져 나가는 소리가 나는데 모두가 음률에 맞지 않는 것이 없었다. 이에 감탄한 문혜왕이 물었다.

"오오, 훌륭하도다. 그 재주가 어떻게 그와 같은 경지에 이르렀는가?" 백정은 칼을 놓고 다음과 같이 대답하였다.

"제가 좋아하는 것은 도(道)로서 재주보다 앞서는 것입니다. 제가 처음 소를 잡았을 때는 눈에 보이는 것이 모두 소였습니다. 3년이 지난 뒤에는 완전한 소가 보이는 일이 없었습니다. 지금에 이르러서 저는 정신으로 소를 대하지 눈으로는 보지 않습니다. 뿐만 아니라 일체의 감각과 지각이 온전히 정지되어 저도 모르는 영묘한 정신의 자연스러운 작용만 있게 되었습니다. 천연의 조리를 따라 큰 틈새를 쪼개고, 큰 구멍을 따라 칼을 놀리고 움직여 손 본래의 구조 그대로를 따라 갈 뿐입니다.

이런 까닭으로 그 기술이 미묘하여서 아직 한 번도 힘줄이나 질긴 근육에 부딪친 일이 없었습니다. 하물며 큰 뼈에야 부딪치겠습니까? 솜씨 좋은 백정은 1년마다 한 번씩 칼을 바꾸는데 그것은 살을 베기 때문입니다. 보통 백정들은 달마다 칼을 바꾸는데 그것은 뼈를 자르기 때문입니다. 지금 제가 쓰는 칼은 19년이 되었으며, 수 천 마리의 소를 잡았으나, 칼날은 방금 숫돌에서 새로 갈아 놓은 것 같습니다. 소의 뼈마디에는 틈이 있는데 칼날에는 두께가 없습니다. 두께가 없는 것을 틈이 있는 곳에 넣기 때문에 칼을 휘저어도 항상 여유가 있습니다. 그래서 19년이 지났어도 칼날은 새로 숫돌에 갈아 놓은 것 같은 것입니다. 뼈와 힘줄이 한 데 얽혀 있는 곳을 만나면 저는 그것이 다루기 힘들다는 것을 알고 두려워하며 조심합니다. 눈길을 그곳에 멈추고 경계하면서 동작을 늦추며, 칼을 매우 미묘하게 움직입니다. 그러면 살이 뼈에서 발려져 후두둑 땅위에 떨어져 쌓입니다. 그렇게 하고 나면 칼을 들고 서서 사방을 둘러보며 만족스러운 기분으로 느긋하게, 흐뭇한 마음으로 칼을 닦아 챙겨 넣습니다."

문혜왕이 듣고 다시 말하였다. "훌륭하구나, 나는 백정의 말을 듣고 삶을 기르는 도(道)를 깨닫게 되었도다."

백정의 "그의 손이 닿는 곳이나, 어깨를 기대는 곳이나, 발로 밟는 곳이나, 무릎으로 누르는 곳은 슥삭슥삭하는 소리와 함께 칼이 움직이는 대로 살이 떨어져…" 칼날처럼 운명추론이 펼쳐지는 일련의 순간들은 오행법칙이라는 연속선상 위에서 전개되는 것이며, 이런 과정의 마지막 카테고리 범주체계로 걸러진 운명요소를 현상화 하는 과정에서 예측은 이치를 담아내게 된다. 이것이 명리학술이 신비로움으로 나타나게 되는 것이다. 사실은 일반적인 학문도 마찬가지다. 수학이나 물리, 화학, 전자 등의 학문들 역시 현상으로 나타나게 되는 이치를 분석하여 밝혀놓는 것이나 모르는 사람들이 보면 신비할 뿐인 것이다. 알고 나면 자연스러운 현상의 결과라는 것을 알게 되듯이 말이다.

백정의 칼은 자연의 이법을 따른 것이니 이것이 명命과 리理를 말한 성현들의 말씀이며, 특히 음양오행의 자연철학을 집대성한 주희가 강조한 격물치지格物致知라 하겠다. 제4장에서 사주를 분석하여 운명의 「부귀빈천길흉요수」를 예측해 내는 팔자의 범주체계를 구성해 보고, 예제와 실전추론을 통하여 검증해 나가는 방식을 전개할 것이다.

운명예측 기능으로서의 사주명리와 점술의 연관

서론에서 동양의 오술五術에 대해 간략히 언급한 바 있었지만 운명예측 기능으로서의 사주명리는 결국 세사의 복잡한 미래 길흉화복에 대한 명쾌한 적중률이 관건이요 생명이다. 사주명리학술學術의 묘한 대립관계가 이 부분에서 갈리게 되는데 문제는 그 누구도 일정하게 어느 부분에서나 정확한 미래예측을 하지 못하는 한계점이 있다는 것이다. 그렇지만 사회 어느 분야를 막론하고 전문가들이 존재하고 그들 전문가들이 쏟아내는 사회에 대한 다양한 미래예측이 현실적으로 나타나는 적중률은 개개인의 운명을 전문적으로 예측해 내는 명리술사의 예측력에는 비교할 수 없을 만큼 훨씬 못 미치는 수준에 그칠 것이다. 그것도 미래예측에 대해 딸랑 사주 여덟 글자만으로 예측한 적중률은 타의 추종을 불허할 정도로 가히 명리학술만의 놀라운 특징이라 할 것이다.

그러나 앞서 말했듯이 점과 복술이 명리학 또는 사주팔자의 용어와는 구별이 되어야 할 필요성이 존재한다. 명리 또는 사주는 그 용어가 나타내는 자체로서만 논해야 할 것이지 운명예측의 기능으로서 여타 점술이 첨가되는 순수성을 잃어버려서는 안 될 것이란 말이다. 처음 사주 공부를 접하는 사람들은 명리에 대한 이해도 하지 못한 상황에서 온갖 점술들에 대한 귀동냥으로 결국은 어느 하나에도 뚜렷한 학술적 진가를 맛보지 못하게 된다. 여담으로 나의 얘기를 잠시 하도록 하겠다. 처음 명리를 접하게 된 사연이 참으로 우연이었지만, 모 지방에서 철학원을 운영하시던 나이가 지긋하신 노인을 만나면서부터 이었다. 그 노인께서 대뜸 팔자를 봐주겠다고 하시는데(그런 계기가 있었음), 뒤늦게 역易을 공부하면서 알았지만 그것이 육효점이었다. 무슨 비기秘記처럼 아주 작은 책자를 펴서 점괘를 풀이하시고는 세 가지의 예언을 해 주었다. 그 중 하나는 "3년 안에"라는 기간을 두고 예언한 것이 그대로 적중을 하였고, 나머지는 아직 예언한 시기에 다다르지 않아 그 적중 여부를 가리지 못하고 있는데 내 스스로 볼 때는 그 노인의 예언이 현실적으로 나타날 것이라고 판단하고 있다. 물론 사주팔자도 풀이해 주었는데 아주 간략하고 별 내용은 없었다. 한 마디로 사주와 육효점을 오가며 내 운명을 예언했던 것이다. 격국과 용신을 운운하기도 하였는데 그때는 잘 못 알아들었고 귀만 쫑긋 세워 들었던 것을 나중에야 어렴풋한 기억으로 더듬어보니 격과 용신만으로는 사주를 다 볼 수 없다는 얘기였다. 지금 생각해도 수많은 역술인들이 저마다 사주를 보는 관법이 틀리고, 주장과 이론이 엇갈려 일정부분에서는 동일하다가도 또 어느 부분의 추론에서는 완전히 다른 이론이나 예측을 내세우기도 하고, 다시 어느 부분에 있어서는 농일한 견해를 보이는 것이 지금의 명리학술임에는 틀림없다. 이런 모순된 현상들을 음양의 모순된 자연현상에 기인한 탓으로 이해해야 할까? 그렇지는 않을 텐데 말이다. 음양의 모순된 두 힘에 의해 균형을 유지하는 하늘의 이치는 현상적으로 더할 수 없는 질서를 만들어 내고 있기 때문이다. 개개인의 서로 다른 관념이 빚어낸 결과이거나 잘못된 이해에서 비롯되는 것이 더 큰 이유가 될 것이다. 많은 경우에 있어서 모순과 혼란한 술사들의 난립으로 때로는 책을 덮고 책상을 닦으며 조용히 귀와 눈과 입을 틀어막고 싶어지는 때가 있고 또 그런 때가 있었음을 이미 경험하지 않았던가?

이렇게 사주팔자를 본다고 하면서 실상은 비밀무기처럼 사용하는 것이 각자가 기본적으로 한 두세 개쯤 지니고 있는 점술이다. 나 역시 한 때는 무슨 무림의 협객처럼 육효와 육임, 기문, 하락이수 등 현란한 권법이나 무기와 암기처럼 그들을 몽당 허리춤과 품속에 지니며 상황에 따라 변화무쌍하게 초식을 전개하기도 했었다. 사주팔자가 무슨 소용이랴, 육임이면 육임, 육효면 육효, 기문이면 기문, 그냥 어느 것이든 순간 기분 내키는 대로 하나의 술법을 뽑아 쏜살같이 "단시점" 일 초식을 날리면, 대개가 "어머!" 하며 깜짝 놀라다 코맹맹이 소리를 내기 마련이다. "선생니~임, 제 사주도 안 물어 보시구 그게 나와요?" 하는 것이 일반적이다.

이런 것들이 술사術士들의 마음이나 세인世人들을 혹惑하게 하는 점술占術의 매력이다. 하지만 명리의 이치를 모르고 거의 프로그램 된 듯이 머릿속 암기를 통하여 펼쳐진 술법들은 아무 소용도 없는 혹세무민의 도구에 불과한 것이다. 어찌됐든 명리를 처음 접하는 분들에게는 단순히 운명추론에 대한 다양한 기법들에 현혹되거나 현실의 버거움을 벗어나고자하는 차원에서 명리나 각종 점술에 빠져서는 안 된다는 것을 말하고싶다. 명리와 각종 점술의 목적이 인간의 길흉화복을 예측해 내는 것에있는 것은 사실이지만, 그보다 사실 더 궁극적인 목적은 인간의 내면적인 본성과 자기수양을 통해 인의仁義를 실천하는 것에 있는 것을 잊어서는 안 될 것이다.

이 책에서는 점술이 아닌 명리의 이 같은 운명예측의 기능으로서의 범주적 명리와 인의를 실천하는 궁극적인 목적의 명리를 말하고자 하는 것에 가장 깊은 의의가 있다. 앞으로 설명할 이론은 이러한 두 가지 목적을 모두 포함하고 있는 성리이론의 개략적 개념, 그것도 극히 작은 일부에 불과하겠지만 명리의 목적이 바로 이 성리性理에 있는 것이니 다소나마 명리를 이해하는데 도움이 되고자 언급하고자 한다. 사실 그 정도만으로도 명리命理의 의미를 이해하고 자신을 올곧게 하는데 도움이 되거나 사유思惟의 방식에 있어서 작은 변화의 계기를 마련할 수 있으리라생각된다.

2. 성리(性理)로 보는 명리(命理)

이 장을 마련한 것은 사주를 이해하고 분석하는데 필요한 철학적 사유思惟의 중요성으로서 성리사상이 그 근본이 되고 있음을 다소나마 언급하고자 하는 것이지, 방대하면서도 심묘한 성리학 이론의 전반을 다루려는 것은 아니다. 아직까지 내가 성리학에 대한 지식축적이 미흡함은 말할 필요도 없겠으나, 다만 일찍이 성현들께서 말씀하신 명리命理의 참 뜻을 조금이나마 함께 나누고자 하는 의미와 더불어 성리性理를 뒤로한 명리命理는 언제까지나 "쟁이"로서 음지의 굴레를 벗어날 수 없는 반쪽학술에 지나지 않는다는 것을 느끼기 때문이다. 나는 앞서서 공자께서 말씀하신 술이부작述而不作에 대해 언급했었다. 내가 명命과 리理를 말함은 이미 성현들의 말씀에 담겨 있는 것으로서 선학들이 밝힌 이치를 담고 있는 고전의 올바른 이해와 응용을 위한 것이지 새로운 것을 지어내고자 하는 것은 아니다. 성리이론은 그 어느 것 하나도 사주팔자에 담겨 있는 우리들 인생사의 이치에서 벗어나는 것이 없으며, 사주를 분석하는 원리나 그 사유체계 및 방식까지 일깨워주는 근본적 지식체계를 갖추게 할 것이다. 이런 의미에서 역시 성리와 명리는 둘이 아닌 하나의 이치라 할 것이다. 성리性理를 모르고 명리를 말할 수는 없는 것이다. 옛 것을 모르면서 오늘의 것만으로 모두를 안다고 말 할 수 없는 것과 마찬가지이다. 술術이라고 하는 것이 비록 학學에서 비롯된 것이라고 단정적으로 말 할 수는 없다할지라도 학學의 이치에서 세상에 펼쳐지는 것이니 학술의 관계 역시 리기理氣적 관계라 할 것이다. 술術 또한 학學의 바탕으로 서로가 기반이 되는 것이니 모두가 하나로서 이루어져야 하는 것이다. 명리의 사상적 기반이 되는 철학사상으로서 먼저 옛날 성인이 역易를 저작한데 있어서의 뜻을 알기 위해 유儒, 불佛, 도道가 통합된 성리학이 출현하기 훨씬 이전인 춘추말 공자께서 체계화하여 주석한 주역의 십익 가운데 하나인 설괘전(소성 8괘를 설명한 주석서) 처음의 문장 일부를 소개하고자 한다.

昔者, 聖人之作易也 將以順性命之理. 是以 立天之道曰陰與陽, 立地之道曰柔與剛, 立人之道曰仁與義, 兼三才而兩之.

(석자, 성인지작역야 장이순성명지리. 시이 입천지도왈음여양, 입지지도
왈유여강, 입인지도왈인여의, 겸삼재이양지)

[『주역본의』 해석]
옛날에 성인이 "역"을 지을 때 성명(性命)의 이(理)를 따랐다. 그러므로 천
도를 세운 것을 "음양"이라 하고, 지도를 세운 것을 "강유"라 하고, 인도
를 세운 것을 "인의"라 했다. 삼재(三才)를 겸해서 둘로 했다. 그러므로
"역"은 육획으로 괘를 이루었다. 음으로 나뉘고 양으로 나뉘어 강유를 번
갈아 썼다. 그러므로 "역"은 육위(六位)로 문장을 이루었다.*

★ 역자주 - 삼재를 겸해서 둘
로 하였다는 것은 천지인 세
개의 효(爻)를 둘로 조합하여
육획(소성괘에 다시 소성괘를
배합한 대성괘을 의미)의 괘를
만든 것을 의미한다.

(백은기 역, 여강출판사, p.656)

[『주역해의』 해석]
옛저 성인이 역(易)을 지음에 장자 성명(性命)의 노리(埋)에
순종하고자 함이다. 이로써 天의 道를 세움을 가로되 陰과 陽
이요, 地의 道를 세움을 가로되 유(柔)와 강(剛)이요, 人이 道를 세움을 가
로되 仁과 義니, 삼재를 아울러 둘로 한다.

(남동원 저, 나남, p.336)

이미 서론에서 언급했지만 우리는 중국 삼황 때 복희씨가 용마하
도를 통해 8괘를 지었다는 것을 알게 되었다. 하도수를 통해 우주변화의
자연의 이치를 깨달아 괘를 지어 역易을 이루었다 하는데, 그것은 태극의
태동에서 양의兩儀가 되고 양의兩儀는 사상四象을 만들고 사상은 팔괘를
이룬 것이니 모두가 하도수에서 나온 것이요, 음양오행과 사주명리 역시
그 기원이 한가지인 것이다.

성인聖人이 역易을 지은 것은 단순한 운명예측을 위한 수단으로서
가 아닌 것에 주목할 필요가 있다. 흔히 운명을 상담하는 우리 역술인들

은 예로부터 활인지업活人之業이라는 말을 사용해 왔다. 글쎄, 요즘시대에는 활인活人이라는 말이 좀 무색하진 않을까하는 생각이 들기도 하다.

활인은 단순히 미래예측 기능만을 가지고 이루어지는 것이 아니다. 개개인의 「부귀빈천 길흉요수」에 대한 운명을 분석해 내는 일들에서 무슨 활인이 이루어질까? 그것도 바꿀 수 없다는, 세상에 나올 때부터 스스로 싸가지고 나온다는 이 팔자들을 말이다. 때로는 자기모순에 빠지는 순간이기도 하다.

하지만 활인活人은 가능한 것이다. 중요한 것은 비록 한계성이 있기도 하지만 자율적인 의지가 반영되는 우리 인간들의 삶에서 명리학술적인 활인은 분명히 가능하다 할 것이다. 하지만 여기서 활인의 의미는 사람들의 「부귀빈천 길흉요수」에 대한 역전 드라마로서 가문의 영광일 거액의 로또복권을 안겨주는 것도 아니요, 하루아침에 권력이나 명예를 안겨 줄 수 있다는 쌩 사이비 중국호떡같은 차원도 아니다.

그 답은 이미 앞서 천명闡明된 성인의 뜻에 담겨 있는 것이다. 즉 궁극적으로 인간의 지극한 본성에 도달하게 하는 것이 아니겠는가! 부귀명예를 싫다할 사람이 어디 있겠는가? 하지만 인간이 하늘로부터 가장 온전한 기운을 받았기에 만물의 영장이라고 하는데서 분명 인간과 차등되는 동물들과 그 구별을 지음은 사람이 사람다워야 하기 때문인 것이다. 사람이 사람다워야 한다는 것은 또 무엇인가? 이 또한 성철聖哲들의 깨달음을 통해 전해진 바로 성리性理이며 명리命理의 이치를 따르는 것이 아니겠는가!

활인은 이러한 이치를 깨닫게 함으로서 동정動靜의 때를 보아 나아가고 물러설 줄 아는 지혜와 그것을 다스릴 수 있는 자율의지를 최대 마력으로 업그레이드 시킬 수 있음으로 해서 자신의 명命을 깨닫게 하고 도리를 지키는 가운데 물질적, 정신적 부귀를 이룰 수 있도록 하는 것이다.

초학자야 아직 상담의 경험이 없기에 피부로 느껴지지 않을 수 있겠지만, 수많은 사람들이 운명의 미래에 대한 상담을 통해 앞날의 길흉과 그 동정動靜의 때를 알았음에도 불구하고 솟아오르는 욕구와 욕심으로 인해 파산을 하거나 파가破家를 면치 못하는 처지에 이르게 됨을 많은 경험으로 알 수 있다. 물론 타고난 명命에 따른 대운과 년운이라는 빅 쓰리Big 3(命歲運) 연합관계에서 비롯한 결과이겠지만 말이다.

운명에 대한 미래예측은 범주적 차원에서 움직여지는 일들이나 성패가 거의 정확하게 현상화되는 것이다. 결국 명리의 궁극적인 목표는 개인 운명에 대한 미래예측의 정확성이라는 기본적 기능에서 그칠 것이 아닌, 인간 모두가 스스로 자신을 돌아보고 지극한 본성의 따뜻함으로 회귀하여 자신의 마음을 기대어 볼 수 있게 하는 성현들의 말씀이라는 것에서 해답을 찾을 수밖에 없다는 것이다. 시대의 변화에 따라 바뀌는 것도 역의 이치이지만 불역不易의 이치도 있는 것이다. 바뀌지 않고 바뀌어서도 안 되는 것이 바로 성인聖人들이 밝힌 天地人의 道인 것이다.

이 장에서는 앞으로 실전사주를 통해 적용되거나 언급 될 운명예측 기능으로서의 명리에 대한 사유를 넓혀 줄 중국 북송 때 철인哲人들이 남긴 성性, 명命, 리理, 기氣 등에 대한 개념과 그 시대적 사상배경에 대해서도 대략을 언급하고자 한다. 아울러 "명리학의 개념"을 세우고, 이러한 개념들에 대한 이해가 또다시 사주명리에 대한 사유체계를 세워줄 것임을 믿어 의심치 않는다. 먼저 명리학술의 사상기조를 이루고 있는 성리학性理學이 태동하게 된 그 시대적 배경부터 살펴보도록 하자.

중국유학사상의 기본흐름

먼저 중국 유학사상사의 시대적 흐름을 구분하면 진秦나라가 중국을 통일하기 이전의 시대인 선진先秦시대, 한당漢唐시대, 송명宋明시대, 청대清代의 네 시기로 분류할 수 있다.

① 선진시대에는 중국철학의 기본골격이 이루어지는 시기로서 공자 유가儒家학파를 시작으로 맹자와 순자 등이 중심이 된 초기유학의 시기에 해당한다. 초기 유학이 태동한 시대는 이른바 춘추전국시대로서 주대周代의 봉건제도 붕괴와 더불어 정치적 질서의 혼란과 경제생활의 변동을 초래한 시기이기도 하다. 춘추시대 말기에는 농업혁명을 이루어낸 철기가 등장하여 전국시대에 이르러서 보편화되기에 이르는 등 사회변화와 함께 사상적으로는 제자백가諸子百家의 출현을 보게 되는 시기이다.

공자를 중심으로 한 유가학파는 당시 부국강병만을 목표로 하였던 사회풍조에서 도덕적 질서와 예법을 통해 사회의 안정을 마련하려는 인도주의人道主義사상으로 인의仁義의 기치旗幟를 내세웠다. 인도人道는 천도天道가 선천적으로 인간에게 부여된 것으로 보았기 때문에 공자는 항상 이 人道를 강조하였고 이 시대의 철학적 문제는 인성人性이 주제가 되었다. 맹자와 순자에게 있어서도 인성의 선악善惡문제가 그 논의의 초점이 되어 맹자의 성선설과 순자의 성악설이 철학사상에서 큰 자리를 차지하게 된 시기였으며 이러한 철학사상은 조선시대 퇴계 이황과 율곡 이이의 사단칠정변에서 리기론理氣論의 쟁점으로 이어진다.

② 한당시대(한대로부터 위진남북조시대를 지나 수당오대까지 약 천

여 년에 해당하는 시기)에서 한대漢代에는 경학經學과 황로술黃老術, 위진남북조시대에는 노장老莊의 현학玄學, 수당시대에는 불교佛敎가 융성하였던 시대였다.

대체로 유학의 침체기로서 선진시대와 같은 자유사상이나 제자백가와 같은 독창적인 사조가 나타나지 않은 때였으나 유학자들에게는 진시황의 분서갱유焚書坑儒로 사라진 자료를 수집하고 정리하는 것이 중요한 작업이 됨에 따라 자연스럽게 훈고학訓詁學이 발달하게 되었다. 한 무제 때에는 오경박사五經博士를 두어 유학을 장려하였고 동중서董仲舒는 현량대책 등을 지어 유학사상을 기초로 국자정책을 제시함으로써 유학이 관학으로 확립되는 데에 결정적 역할을 하게 된다. 한대漢代에는 음양오행설과 참위재이설讖緯災異說이 유행하여 천도天道와 인사人事가 서로 영향을 주는 것이라고 생각하였다.

한대의 대표적인 사상가로는 노장의 청정무욕淸淨無慾을 말한 회남자淮南子를 지은 유안劉安과 금문학의 입장에서 천인관계와 음양설, 재이지변을 말한 동중서, 유가와 도가의 학을 혼합한 양웅揚雄을 들 수 있다. 위진남북조시대에는 노장의 현학이 풍미하였는데 현학에서 삼현이라함은 주역, 노자, 장자를 말하는 것이다. 이 시대에는 순수한 유학적 관점에서 일관된 학설을 전개한 학자가 드물었다. 예컨대『논어』나『주역』에 대한 주석을 모두 자연주의 입장에서 한나라 유학자들의 설을 교정한 것이었다. 특히 죽림칠현(竹林七賢：완적, 혜강, 산도, 상수, 유영, 완함, 왕융의 선비)이 나타나서 현언玄言을 숭상하고 예법의 구애를 받지 않으며 세속을 떠나 자유롭게 처신하고자 하는 청담淸談이 성행하게 된다.

당대 초기에는 국자학, 태학, 사문학 등 학교를 설치하여 학생을 양성하였고, 공영달에게 오경정의를 편찬하게 함으로써 경서의 해석을 통일케 하였으나 당시의 학자들은 시문詩文에만 열중하고 유학에는 소홀하여 사상적인 깊이는 볼만한 한 것이 없었다. 후기에 이르러 한유韓愈의 배불론排佛論이 중국 고유사상의 전통으로서 유교원리를 회복하려는 노력을 보여주게 되며, 이것은 송대 성리학으로의 전환을 이루는 계기가 된다. 또한 이고李翱의 복성서復性書는 불교정신으로써 유교경전, 특히 『중용』과 『주역』을 해석하여 송대 이학理學 형성의 단서를 제공하게 된다.

③ 송명시대에는 유학이 부흥하는 획기적인 시대로서 주자학과 양명학이 흥성하여 유학의 발전을 이루게 되는 시대이다. 노장사상과 불교가 성행하여 침체되었던 유학이 송 태종의 성학권장으로부터 힘을 얻기 시작하여 도학道學의 기치를 세우게 되었다. 주자학은 주희朱熹에 의해 집대성된 체계로서 송대의 새로운 유학 형성에 참여한 사상가들(주렴계, 소강절, 정명도, 정이천, 장횡거 등)의 사상이 종합되어 있다 하겠다. 주자학은 신유학, 성리학, 송학, 또는 정주학이라는 명칭으로 불려지기도 한다. 송학은 이론적인 면에서 노장사상이나 불교의 영향을 받았으나 기본적으로는 이들 사상의 중심내용을 비판하면서 방법적인 면에서는 이들 이론을 흡수하고 있다 하겠다. 이 시대 철학의 근본문제는 천리天理와 인성人性의 문제, 즉 어떻게 천인합일天人合一을 할 수 있는가가 문제의 골자骨子가 되었다.

요컨대 선진시대에는 인간이 문제였으며 인도人道로서 인仁을 사회 속에서 실현하는 것이 그 중심과제였고, 한당이래로 송대 이전까지는 인간문제 보다도 우주와 자연의 도道를 문제로 삼고 인간의 문제를 초월한 보편적 법칙을 탐구하는 데에 관심을 기울였다. 송대에 이르러서는 천도天道와 인간이 그 본질에 있어서 어떻게 합일할 수 있느냐 하는 것이 주요한 과제가 된 시기였다고 하겠다.

중국 성리학이 일어나는 동기와 원인

어느 시대를 막론하고 그 시대의 사상이나 학문을 이해하기 위해서는 당시의 사회적 정치적 사상적 다양한 배경 등을 이해하는 것이 중요하다. 따라서 송대에 이르러 성리학이 일어나게 된 동기와 원인을 여러 측면에서 대략적이나마 살펴 볼 필요가 있다 하겠다. 먼저 송宋 당시의 사회적 배경으로는 북방의 이민족인 요遼와 금金 등의 강력한 세력과 대결을 하여야 할 긴박한 정세에 있었으며 국내적으로는 재정경제의 궁핍을 극복해야 할 국가 내외적 간난艱難한 처지에 있었을 뿐 아니라 북송北宋 이전 당唐이 멸망한 후 50여 년간 군웅群雄이 난립하여 사회가 문란하고 도덕적 관념이 퇴폐하게 된 오대五代를 이어받음으로 해서 건전한 사상이 요구되었다. 아울러 한당漢唐대 의 유학儒學은 유교의 경전을 중심으로 하여 경전의 해석과 훈고訓詁(字句의 해석)를 주로 하며, 학문과 사상의 자유로운 연구가 이루어지지 못하였다. 따라서 한대漢代이래 수당隋唐을 지나 북송北宋에 이르기까지 유학계는 사상적으로 상당히 침체하였으며 노불老佛의 심오한 학설과 비교하여 볼 때 인습적, 관학적 훈고학에 대해 불만을 품게 되었다. 이런 연유로 유학자들은 노장老莊과 불교의 문하門下에 출입하며 노불老佛에 대한 연구를 시작하게 되는 계기가 되었다. 당말, 송초의 학자들은 한당漢唐이래 절대적으로 신봉해 왔던 유교 경전에 대하여 비판적 안목을 가지고 전통적 해석에 대한 이의를 제시하기에 이른다.

수당隋唐시대에는 불교가 성행하였고 노장老莊은 위진魏晉, 남북조南北朝 이래로 현학玄學이 성행하여 당대唐代에는 불교에 다음가는 위치를 점하는 반면, 유교는 학술상으로는 깊이가 없고 윤리도덕의 일상적 규범으로 오륜五倫의 덕목을 강조하는 속학俗學으로 여기게 되었다. 따라서 당대唐代의 유학자들은 한유韓愈 : 號-退之와 같이 불교를 배척하거나, 그렇지 않으면 이고李翶와 같이 유학인으로서 불교를 연구하여 불교의 논리를 가지고 유교를 해석하는 풍風이 생기게 되었다. 이고李翶는 불교의 멸정복성滅情復性의 논리를 이용하여 유교의 경전인 주역과 중용을 해석하여 유교의 유사성을 논술하였는데 이것이 송학宋學의 선구적 역할을 한 것이라고 하겠다. 하지만 한퇴지의 불교에 대한 배척은 불교인들의 반박을 감당하기 어려웠을 뿐 아니라 불교의 섬세한 논리가 이해되지도 않을 뿐더러 유교의 이론 자체에 있어서도 논리적으로 엄밀한 학적체계가 부족하였다. 또한 이고李翶와 같이 유교의 지위를 높이기 위하여 진보된 불가의 방법론을 가지고 유교를 해석하는 것도 유교의 본질을 적극적으로 천명한 것이라고는 볼 수 없다. 이렇게 노불老佛을 무조건적으로 반대하는 입장이나 노불老佛을 적극적으로 긍정하여 지나치게 불교의 논리를 가지고 유교의 경전을 해석하는 양 극단론을 지양하고 송대의 성리학자들은 유교의 입장에서 선진先秦 공맹의 근본정신을 계승하여 철학적으로 심화하는 한편, 노불이 유교와 다른 점을 분석하고 유교의 특성을 들어내어 유교 본연의 자세를 확립하고자 노력한 것이 송대 성리학자들의 학문적 업적이라 하겠다.

성리학의 논리구조

송학은 재래의 당위적인 덕목으로부터 소이연所以然의 까닭을 이론적으로 규명하여 소당연所當然과 소이연所以然의 관계를 밝혀 당시 지성인들에게 논리적 보편성과 타당성을 제시하려고 노력하였다. 그 논리구조는 소당연所當然의 당위성當爲性과 소이연所以然의 원리原理 및 소능연所能然의 가능성 등으로 정리할 수 있다.

또한 송학을 리학理學이라고도 표현하는데 그것은 노불老佛의 형이상학적 이론에 대항하기 위한 자기 방어가 절실한 과제였기 때문이다.

리理라는 것에 대해 청대淸代의 진례陳澧라는 사람은 "논어論語에 리理자字는 나오지 않지만, 공자의 의義나 예禮나 도道에는 시중時中의 합리성과 이법理法이 포함되어 있는 만큼 송대의 리학理學은 선진 공맹을 계승하는 것으로 해석한다."라고 하였다. 리理에 있어서도 물리나 사리를 넘어서 의리, 성리를 말하는 리理이며, 거슬러 올라가 정명도가 말하는 바와 같이 천리天理로서의 리理인 것이다. 따라서 천리로서의 이 리理는 궁극적 제일一 원리요, 그 이상 더 높고 포괄적인 리理는 없다고 본다. 그러므로 송대에 있어서는 더할 수 없는 궁극적 이치를 다른 말로 표현하여 극極이라고 표현한다. 그리하여 태극이라는 용어가 부각되어 진리를 태극으로 표현하였다.

명리(命理)의 개념

명리의 개념에 대한 접근은 먼저 위와 같은 선유先儒들의 철학사상을 통해 이해하고 규명할 수 있을 것으로 본다. 특히 신유학의 종합을 이룬 북송시대 주희(1130~1200년)의 새로운 유가 철학의 체계 속에서 命과 理에 대한 개념정의는 반드시 요구되는 고찰이 아닌가 여겨진다. 이러한 고찰의 중심에 주희朱子를 넣는 것은 태극太極과 리기理氣의 우주론적 사유체계를 통하여 오행의 유비적 관계에 대한 체계를 형성하고, 인간의 도덕과 자기수양에 대한 관심을 집중하였기 때문인데 이것이 사주팔자의 이치와 목적을 담고 있는 명리이기 때문이다. 이런 이유에서 여기서는 주희를 비롯해 선유先儒들이 말한 명命과 리理에 대한 개념을 이해하고 미래예측 기능으로서의 명리命理에 대한 폭넓은 정의를 실현하고자 한다.

『성리전서』를 비롯해 북계北溪 진순陳淳의 『성리자의性理字義』 등에서 말하는 명命과 리理에 대해 그 대략을 살펴보면 다음과 같다.

『命』이란

① 상관이 내리는 차자(箚子 : 상관이 하급관리에게 내리는 공문서)와 같은 것이니 명령이라는 말과 같다. 말이 없는 하늘이 어떻게 명할 수 있는가? 이는 대화(大化 : 大氣)가 유행하다가 그 기운이 이 물건에 이르면 곧 이 물건이 발생하고 저 물건에 이르면 곧 저 물건이 발생하여, 마치 분부하고 명령하는 것처럼 보이기 때문이다.

② 命에는 이치(理)와 기수(氣數)가 있다. 즉 命이라는 글자에는 두 가지 뜻이 담겨 있어 이치 또는 기운으로 말하는데 실제로 이치란 기운에서 벗어나지 않는다. 음양 이기(二氣)의 유행으로 만고에 생생(生生)의 작용이 그치지 않으나 여기에는 반드시 그것을 주재하는 그 어떤 것이 있는데 이것이 바로 이치(理)이다. 이치(理)는 기운을 떠나 홀로 존재하지 않으며, 다만 기운 속에 있으면서도 기운과 뒤섞이지 않는 그것을 의미한다. 氣에도 두 가지가 있는데 하나는 빈부, 귀천, 요수, 화복 따위로서, 이른바 "죽고 사는 것은 命에 있다", "命이 아닌 것이 없다"에서 쓰인 命자와 같은 뜻으로서 이는 기운을 받음에 있어 장단(長短)과 후박(厚薄)의 제각기 다른 점으로 말한 것이다. 즉 하늘로부터 받아온 기품의 청탁을 말하는 것이다.

③ 하늘이 命한 바란 천지조화의 유행에 의해서 만물에게 부여한 것으로 말한다. 예를 들어, 맹자에서 "그 같은 일을 범하지 않았는데도 그처럼 되는 것은 하늘이며, 그러한 일을 불러들이지 않았는데도 스스로 이르러 오는 것은 命이다" 또 다른 예로서 "주 무왕이 주(紂)를 정벌하기 전에 제후들과 맹진의 위에서 모이기를 기약하지 않았지만, 이에 스스로 모여든 나라가 8백여 국가였던 것 또한 자연스럽게 모인 것이지, 사람의 힘에 의해서 그처럼 된 것은 아니다" 이것이 바로 지극한 천명(天命)이다.

사람의 한 평생의 운수運數를 의미하기도 하는 팔자는, 불안하거나 불확실한 미래현실 속에 자신이 위치할 그 어떤 모습과 사회적 위치와 관계 등에 대한 궁금증 및 현재의 답답하거나 한탄스런 신세로부터의 탈출욕구 등에서 더욱 관심을 갖게 된다. 하기야 한 세상 살아가면서 그 얼마나 다양하고 복잡한 관계의 연속성에서 예기치 못한 일들이 벌어지는가! 현실에서 겪게 되는 일과 아직 도래하지 않은 미래의 일(물론 오늘에서의 미래 역시 장차 현실로 겪게 되는 현상과정이겠지만)들은 어떠한 이유에서든지 비롯된 발단으로부터 얻어지게 되는 그 어떤 결과간의 인과관계로 이어짐은 부정할 수 없는 현실화이다. 이런 일련의 인과관계는 그러한 까닭과 그렇게 되는 어떤 법칙성의 존재 속에서 "무질서chaos 속의 질서로 나타나는 결과"라고 할 수 있겠다.

사람이 살아가는 인생 곡절 역시 그러한 까닭과 그렇게 되는 저마다의 법칙성이 있기에 자신의 의지나 노력, 희망과는 무관하거나 상반되게 현실로 나타나기도 하며, 이것은 또다시 또 다른 미래의 결과를 이끌어 내는 까닭과 법칙성의 근간으로 존재하게 된다.

따라서 『命』이란 바로 우리 자신들이 현실로 겪게 되고 일련의 현상들을 낳게 하는 "하늘이 인간에게 부여한 그러한 까닭과 그렇게 되는 법칙성理"이라 하겠다.

이런 소이연(所以然 : 그러한 까닭)과 소당연(所當然 : 그렇게 되는 법칙)이라는 불변의 법칙성들을 『理』라고 하는 것이니, 命과 理는 하나의 의미로서 하늘이 인간에게 부여한 이치를 천명天命이라 하는 것이며, 인간이 하늘로부터 부여 받은 것을 성性이라 하니, 성性은 즉 리理(性卽理)로서 하늘이 내린 이치를 명命이라 하고 인간이 받은 하늘의 이치를 리理라 하는 것이다.

따라서 성性과 명命과 리理는 하나로서 사람은 하늘이 내린 명命에 의해 저마다 그러한 까닭과 그렇게 되는 법칙성으로 살아가게 되는 것으로서 소위 이것을 팔자라고 하는 것이며, 운명이라고도 하는 것이다.

결국 "사주팔자"라는 것은 세상을 살아가면서 나타나게 될 현상들, 즉 일련의 경험과 그 성패의 연속성을 이끌어 내는 "그러한 까닭"과 "그렇게 되는 법칙성의 理"로서 현실적으로 나타나는 "氣의 발현(현실)에 대한 원인이나 동기motive"이며, 이러한 일련의 현상적 작용들을 분석하고 예측해 내는 분야가 "명리학"으로서, 궁극적으로는 천지인의 도를 실현하기 위한 도덕적 자기수양에 그 목적이 있다 하겠다.

성명(性命)

앞서 "명리"에 대한 개념을 통해 "명리학"에 대한 정의를 살펴보면서 命과 理에 대한 언급을 하였다. 사실 命과 理를 사람과 사물, 동물 등으로 확대하여 설명하면 그 분량이 너무도 방대해지기 때문에 여기서는 단지 선현들의 말씀을 그대로 인용하여 命理에 대한 선현들의 생각

일부를 이해하고자 한다. 먼저 북송 때 인물로 정주학程朱學의 창시자이

* 호는 이천伊川, 1033~1107년 며 이후 주회가 영향을 많이 받았다고 하는 정이程頤*가

말한 명리命理의 개념을 알아보도록 하자. 정자程子는 "모
든 근원의 존재는 리理에 있다"고 주장하면서도 물物의 생성에 관해서는
기氣의 철학(主氣 철학)을 주장한 염계나 장재와 마찬가지로 氣를 주체로
설명하였던 "리기이원론理氣二元論"을 주장한 대학자이다.

> 程子曰 在天曰命 在人曰性 循性曰道. 性也 命也 道也 各有所當 天所賦爲
> 命 物所受爲性 天之付與之爲命 稟之在我之爲性 見於事物之爲理 理也 性
> 也 命也 三者未嘗有異 窮理則盡性 盡性則知天命矣 天命猶天道也 以其用
> 而言之則爲之命 命者造化之爲也.

> 성자왈 재전왈명 재인왈성 순성왈도. 성야 명야 도야 각유소당 천소부위
> 명 물소수위성 천지부여지위명 품지재아지위성 견어사물지위리 리야 성
> 야 명야 삼자미상유이 궁리즉진성 진성즉지천명의 천명유천도야 이기용
> 이언지즉위지명 명자조화지위야.

> 정자(程子:정이)는 말하길, 하늘에 있는 것은 命이요 사람에게 있는 것은
> 본성이니 본성대로 따르는 것이 道라 하였다. 性과 命과 道는 각각 맡은 바
> 가 있으니, 하늘이 부여한 것은 命이 되고, 만물이 받은 것은 본성이 된다.
> 하늘이 부여한 것은 命이라 하고, 타고난 성품은 나의 본성이라 하며, 사물
> 을 관찰하는 것을 理라 한다. 理와 性과 命의 세 가지는 일찍이 다른 뜻이
> 있는 것이 아니고 이치를 연구하면 본성을 알게 되나니, 본성을 알게 되면
> 하늘의 命을 알 수 있다. 하늘의 命은 하늘의 道와 같은 것이니, 그 用을 가
> 지고 말한다면 命이라 하고, 命이라 함은 자연의 이치를 말하는 것이다.

> (심종철, 『성리학전서』 대지, p.41)

이 장 명리론에서 자주 등장하게 되는 용어 중에 "성性"이 있다. 성현들이 말한 性이란 "삶에 따르고 마음에 따라 사람이 마음에 의한 이치를 갖추고 오는 것"을 말한다. 즉 마음에 의한 이치라 하는 것은 "인의예지仁義禮智"에 대한 지극한 본성을 말하는 것이니 사람은 이러한 사덕四德*의 이치를 갖추어야 한다는 것을 말하는 것이다.

계속해서 동양의 자연철학과 사주추론에서 가장 많이 생각해야 할 리理와 기氣의 용어에 대한 개념을 이해하여 음양오행의 속성과 기질基質을 연구하는데 중요한 사유思惟의 근본으로 삼았으면 한다.

> * 믿음(信)은 사덕(四德)에 모두 있으니 믿음은 중앙 5토로서 사계의 중앙에서 조절, 통제하는 역할과 같다. 따라서 인간이 모든 관계에 있어서 신(信)이라는 믿음은 사람이 당연히 갖추어져야 하는 근본이라 할 것이다.

리(理)와 기(氣)

주자학의 특징은 리기理氣에 있다하여도 과언이 아니다. 그만큼 중요한 위치 또는 비중을 차지하는 리와 기에 대해 동서양의 학자들조차 그 개념정의를 한마디로 내릴 수 없는 것에 대해 머리를 감싸게 된다. 그렇다면 이토록 난해하고 뭉툭하게 포장된 관념적 용어인 리기理氣를 이해하기위해 어디에서부터 접근해야 할까. 아마도 그것은 태극太極에서부터 출발해야 할 것 같다.

여기서는 사주명리학과 리기의 관계를 이해하고자 하는 것에 목적이 있기 때문에 노자老子의 태극 이전의 무극無極의 존재에 대한(힘을 소진하며 쟁론의 소지가 될 수 있는 부분의) 언급은 피하고자 한다. 물론 지금의 사주명리학이 당대唐代 유행했던 노자의 도가道家영향을 받음으로서 비롯됐을 것이라고 당연히 생각되지만, 궁극으로는 명리命理가 도가와 불가, 유가가 통합된 신유학의 사상체계를 이룬 주회의 철학범주 속에서 발전된 것이기 때문에 주희가 말한 태극太極과 리기理氣 및 음양오행의 체계와 관계 속에서 사주명리학을 설명하는 것이 타당할 것으로 생각한다.

예컨대 주희는 우주의 중심에 대해 무극이태극無極而太極(주돈이의 태극도설에 나온 것임)이라고 하여 "극이 없으면서 동시에 가장 크고 위대한 극이다"라고 하였다. 주희가 말하는 무극은 태극과 별개의 극이 아니라 역동적 동일성을 나타내는 것으로서 형태로 지각될 수 없는 극을 말하는 것이며, 또한 태극은 생성과 변화의 원리를 담고 있는 것을 의미한다. 즉 형체도 색도 소리도 냄새도 맛도 없는 우주의 생성과 변화의 축이며 사물의 뿌리며 바탕이라 하겠다. 이런 의미에서 주희는 태극이란 개념에 리理를 사용하여 "태극이란 단지 리理일 뿐이다"라고 하기도 했다. 그가 말하는 "리理"에 대한 다양한 비유적 표현들을 어느 한 마디로 정의해 내기는 어렵지만 이 책에서는 가장 단순하게 "소이연所以然과 소당연所當然"이라는 개념으로 이해하려고 한다. 예컨대 천하의 사물에는 각각 개별적인 리理, 즉 그러한 연유와 그러게 되는 법칙성들이 있다는 것이다. 이것은 현상적으로 나타나게 되는 개별적인 이치를 말하는 것이다. 그러므로 물체나 현상이 존재하거나 일어나기 위해서는 반드시 그것의 리理가 있어야 한다는 것을 의미한다. 주희가 말한 또다른 설명의 리理를 정리하면 다음과 같다.

> 이 리(理)가 있으면 이 사물이 있다.[有是理, 則有是物]
> 이 리(理)가 없음에도 이 사물이 있는 일은 없다.[未有無此理而有此物也]
> 이 리(理)가 없으면 비록 이 사물이 있어도 이 사물이 없음과 같다.
> [無是理, 則雖有是物, 若無是物矣]
> 이 리(理)가 없으면 이 사물이 없다[無是理, 則無是物]

이 말은 모든 것이 존재하기 위해서는 그것들의 리理가 있어야 한다는 것이다. 그는 또 이러한 리理가 있으면 기氣가 있어 유행流行하고 만물을 발육한다고 했다.

이러한 리理의 개념들은 사주명리를 분석하고 그 이치를 이해하는데 큰 도움이 되는 것이니 팔자를 기氣로 말한다면 또한 리理가 되는 것이다.

조선의 대학자였던 퇴계의 사단칠정서에서 말한 리기론理氣論 역시 주희를 따른 것이다. 사단仁義禮智은 리理가 발함에 기氣가 따르는 것이고, 칠정(희노애구애오욕)은 기氣가 발함에 리理가 타는 것이라는 "리발이기수지, 기발이리승지理發而氣隨之, 氣發而理乘之"의 논리는 퇴계의 리기이원론理氣二元論을 말함이다. 리기理氣가 발한다고 하는 것은 한편으로는 그들의 자율성, 운동성이 존재한다는 것을 말하는 것과 같다.

예컨대 사주팔자를 리기이원론 차원에서 볼 경우, 그 팔자의 주인인 우리 인간은 스스로 자율성이 존재하는 것을 증명해 주는 이론이 되기 때문이다. 그러나 리理는 기氣를 의지하고 기氣는 리理에 의지하여 존재하는 것이니, 이 또한 자율성이 존재하나 제한된 한계성을 지닌 것이라 하겠다. 실제적으로 인간에게는 자율성이 존재하며 우주변화의 원리와 법칙에서도 음양이라는 모순된 두 힘의 역동적 관계에서 자율성을 지닌 오운五運(甲己化土, 乙庚化金, 丙辛化水, 丁壬化木, 戊癸化火의 다섯 가지 오행 기본법칙의 변화법칙)의 변화라는 것이 존재한다. 따라서 리기理氣의 관계는 사주와 그 운세예측에 있어서도 중요한 이론이며 사유의 폭을 넓혀주는 이치가 아닐 수 없다 하겠다.

이러한 리기理氣의 관계를 이 책에서는 주희의 리기관(理氣觀)을 수용한 퇴계의 리기이원론理氣二元論을 수용했다. 예컨대, 사물 상에서 볼 때 모든 현상계의 사물은 리理와 기氣의 결합으로 이루어졌기 때문에 서로 분리되지 않는다는 "理氣不相雜리기불상잡"의 견해와 논리적으로 볼 때는 리理가 없는 사물이 있을 수 없기 때문에 리理가 기氣보다 선재하는 것이며, 리理가 기氣보다 우위에 서게 된다는 이유에서 리理와 기氣는 서로 섞이지 않는다는 "리기불상리理氣不相離"의 견해가 동시에 존재한다는 것이다.

따라서 사주팔자 역시 우주론의 사유에서 발생한 자연철학인 만큼 리기理氣적 관계의 해석이나 그러한 사유방식으로 접근하는 것은 매우 중요한 것이라 하겠다. 팔자와 운의 관계 속에서 나타나는 우리들의 현실은 모두 리기理氣와 그 체용體用의 법칙 위에서 규명을 할 수 있으리라 생각한다. 사람의 성품性品 역시 하늘로 부여받은 기품의 차이로서 나타나는 것인 만큼 성性이 곧 리理이니 팔자나 격국이 모두 리理의 범주 속에서 다루어 질 수 있는 것이다. 또한 현실이나 현상으로 발현되는 것들은 기氣의 범주에서 다루어지는 것이니 매년의 운을 나타내는 세운(년운)을 의미하게 된다.

이런 관계로서 사람이 저마다 겪게 되는 매년의 길흉화복은 기氣가 발함에 리理가 타는 현상이며, 또한 리理가 발함에 기氣가 따름으로 해서 현상화되는 것이다. 이러한 연유로 해마다 모든 사람들에게 공유되는 유년流年의 운세는 저마다 길흉화복에 대한 다양한 성패成敗의 차이로서 현실계에 나타나게 되는 것이다. 이를테면, 2006년 丙戌年이라고 하는 火 土로 구성된 기氣의 조합은 현재 모든 사람에게 현상적으로 동일한 영향을 미치거나 작용하는 기氣의 발현이지만, 물질적, 비물질적 여러 관계에 있어서 저마다의 현실로 나타나는 길흉화복에 대해서는 크고 작은 다양한 차이를 나타내게 되는데, 이것은 바로 저마다 "그러한 까닭"과 "그러게 되는 법칙성"을 가진 고유한 "리理"로서 각자의 사주팔자四柱八字에 기인하기 때문인 것이다. 그러나 기氣가 흩어지면 리理는 발붙일 곳이 없는 것이니 사람이 죽으면 기氣가 리理를 따를 수가 없게 되고 또한 기氣가 발현될 수 없는 것이니 역시 리理도 기氣를 탈 수가 없는 것이다.

즉 리기理氣는 불상잡不相雜 불상리不相離의 관계로서 사주팔자의 원리나 논리의 근본이론이 된다 할 것이며, 사주 이론에 있어서 통근처通根處에 따른 간지의 유력무력과 운세의 발현을 예측함에도 적용되는 이론이라 하겠다.

대략 이정도로 리理와 리기理氣의 관계에 대한 설명을 정리하고, 반복적으로 다루어질 수밖에 없는 용어인 기氣에 대한 일반적인 개념을 학습해 보도록 하겠다.

기(氣)

사실 리理에 대한 개념정의와 마찬가지로 기氣에 대한 정의 역시 쉽지 않다. 우스개 소리지만 개인적으로 기氣에 대한 정의를 한다면 유무형의 "거시기!" 정도로 표현하면 어떨까 싶다. 물론 농담이다. 하지만 그만큼 기氣에 대한 엄밀한 정의를 내리기가 용이하지 않다는 것을 밝혀두는 것이며, 우리나라 호남지역의 "거시기" 사투리 용어만큼이나 적용범위가 다양하고 명료한 정의나 설명이 어렵지만 암묵적으로 대략 이해가 되는 듯 사용되는 용어이기도 하다.

사주명리학에 있어서는 두말할 나위도 없고, 우리의 일상생활에도 기氣라는 단어만큼 합성되어 사용되는 용어도 그리 많지 않을 듯싶다. 도대체 기氣가 무엇일까? 주희는 기氣에 대한 표현으로 "죽이 끓는 솥과 같다"는 표현을 사용하기도 했다. 즉 운동성과 변화성을 함축하기도 하며 에너지energy와 물질matter 등의 합성적 의미로도 여겨진다. 어쨌든 여기 이 책에서는 그 정의나 설명이 완전하거나 아주 명료한 것은 아니겠지만 조금이라도 기氣에 대한 이해를 돕고자 그 대략정도를 정리해 보고자 한다.

먼저 기氣의 의미는 협의의 의미와 광의의 의미로서 구분하여 생각해 볼 필요가 있다.

氣 의 분 류	협의	무형(無形)의 氣로서 예컨대 하늘(天)을 구성하는 氣 등 이다. 즉 형(形)을 가지지 않는 것으로서 단지 "기(氣)"일 뿐이다.	기 (氣) 의 속 류	① 투과성이 강하다(금속, 돌(石)까지도 투과). ② 기체적 속성이 있다. 따라서 압축되면 폭발할 수 있다(비, 눈, 서리, 안개, 천둥). ③ 빛, 소리, 색과 같은 물리적 성질뿐만 아니라 사물과 현상을 구성하고 나타내준다. ④ 굴신(屈伸), 취산(聚散), 승강(昇降) 등의 운동성이 있다. ⑤ 노녁성, 성신석 속성노 지닌다. 사고, 지식, 이해 등의 심적(心的)작용 ⑥ 생명을 형성하고 영양분을 준다(하늘의 기로 만물이 발육한다 등). ⑦ 자율성 및 화학작용의 변화성을 가진다.
	광의	이러한 무형의 기가 응집(聚:취)의 과정을 통해 형(形)을 가지게 된 것을 형기(形氣)라하고, 이것을 다시 "질(質)"이라고도 표현한다. 따라서 광의의 기(氣)를 말할 때는 무형(無形)의 기와 유형(有形)의 기, 즉 기질(氣質)을 의미하게 된다.		

대략 이정도로 기氣에 대한 "거시기"를 정리할 수 있겠다. 이런 기氣의 특성을 들어 주희는 사람들 사이의 차이를 그들이 부여받은 기氣의 차이로 말했다. 저마다 타고난 팔자의 기품이 다르기 때문에 사람들 사이에 차이가 발생한다는 의미이겠다. 또한 주희는 사람의 기와 외부세계의 기가 상호작용하고 그러한 상호작용 때문에 사람들이 외부세계에서 일어나는 일들을 이해하고, 그것들에 대해 영향을 미칠 수 있다는 견해를 보였는데, 이 역시 팔자와 주변환경 및 세운의 상호연관성을 의미하는 것이라 하겠다.

앞서 설명한 리理에 더불어 또다른 리기理氣관계를 살펴 볼 주희의 말들이 있다. 음양오행의 리기관계를 이해하고 그 연관 범주에 대한 체계를 정리하는데 깊은 사유思惟를 제공하게 될 것이다.

이 기(氣)가 있은 연후에 이 리(理)가 안돈할 곳이 있다.
[有此氣, 然後此理有安頓處 유차기, 연후차리유안돈처]

리(理)는 기(氣)에 타서 작용한다.
[理搭於氣而行. 리탑어기이행]

이 기(氣)가 없으면 이 리(理)또한 타고 걸려 있을 곳이 없다.
[無是氣, 則是理亦無掛搭處. 무시기, 즉시리역무괘탑처]

만약 기(氣)가 모여 응결하지 않을 때면 리(理) 또한 붙을 곳이 없다.
[若氣不結聚時, 理亦無所附著. 약기불결취시, 리역무소부저]

리(理)가 있으나 기(氣)가 없으면 리(理)가 설 곳이 없다. 기(氣)가 있은 후에야 리(理)가 설 곳이 있다.
[有理而無氣, 則理無所立, 有氣而後理方有所立. 유리이무기, 즉리무소립, 유기이후리방유소립]

이상 성리학설에서 살펴본 명리命理와 리기理氣의 개념과 응용은 실전추론에 있어서 다양한 사유체계를 동반시키게 될 것이다. 스스로 많은 연구와 학문적 성취를 느끼길 바란다.

명리학의 실질적인 기원에서나 그 자연철학 이론체계가 주희의 성리사상性理思想 속에 녹아 있음을 조금은 이해하게 되었을 것이다.

이 장 명리론은 미흡하나마 기존의 운명예측에 대한 기능적 측면만을 강조하였던 명리상식을 과감히 뛰어넘어 학술學術관계에 있어서 성리性理와 명리命理가 이질적 관계의 둘이 아닌 하나 또는 그러한 관계에 놓여 있는 것을 언급하고 그 핵심에 접근하려 하였다. 이런 과정들을 통해 명리학이 참다운 학술學術로 승화되어 운명과 그 미래예측이라는 기능적 측면에서만 안주할 것이 아니라, 궁극적으로는 인간 본연의 삶을 통해 우리들 스스로가 노력하고 함께 이루어 나가야 할 "인의仁義의 실현"에 한발 더 나아갈 수 있는 계기를 마련하는 학술로서 자리매김을 하였으면 하는 바램이 있다고 하겠다. 아울러 기氣적 측면인 물질만 중시되거나 리理적 측면의 마음만 중시되는 편협된 생각에서 벗어나 세사世事의 이치理致가 모두 "리기理氣의 불리부잡不離不雜"을 떠날 수 없는 것임을 강조하고자하는 의미도 담겨있다 하겠다.

이 책의 작은 단서를 통해 보다 깊은 성리지식은 물론 성철聖哲의 뜻을 살필 기회가 되었으면 하는 바램과 물질과 정신 그리고 마음의 건전성이 모두 하나로서 서로에게 중요한 기반이 되는 이치를 알고, 타고난 팔자에서 최대의 행복을 실현하는 것이 어디에 있는지 그 깨달음을 얻게 되는 계기가 되었으면 한다. 가정과 사회, 남편과 아내, 자식과 부모 그 무엇 하나도 성리性理이론의 명리命理체계를 떠날 수 없는 것이다.

이상 이 정도로 명리론을 마치고 제 3장부터는 운명과 그 미래예측 기능으로서의 핵심요소들을 설명하며 사주분석의 기틀을 세워 나가고자 한다.

나비의 꿈

昔者莊周夢爲胡蝶 栩栩然胡蝶也 自喩適志與 不知周也 俄然覺 則蘧蘧然周也
不知周 之夢爲胡蝶與 胡蝶之夢爲周與 周與胡蝶 則必有分矣 此之謂物化.

[석자장주몽위호접 허허연호접야 자유적지여 부지주야 아연교 즉거거연주
야 부지주 지몽위호접여 호접지몽위주여 주여호접 즉필유분의 차지위물화]

옛날에 장주(莊周)가 꿈에 나비가 되었다.

너풀너풀 춤을 추는 나비였다.

스스로 즐거워서 자신이 장주라는 것도 깨닫지 못했다.

그러나 문득 잠에서 깨어 보니

자신은 엄연한 장주였다.

대체 장주가 꿈속에서 나비가 된 것인지 아니면

나비가 꿈에 장주가 된 것인지를 모른다.

(그러나 장주는 장주요)

장주와 나비에는 분명하게 구별이 있을 것이다.

이것을 일러 만물의 변화라고 하는 것이다.

『장자』 제물론 중에서

제 3 장

운명추론의 핵심요소

이 장은 운명추론의 처음이며 마지막이라 할만큼 그 중요도가 매우 강조되는 부분이다.

사주분석의 기초단계로 인식되어 제이론들이 너무 가볍게 다루어져온 경향이 있이 오히려 운명추론의 결과에 있어서는 나비효과와 같은 큰 격차를 발생시키고 혼란의 근원이 되어온 부분이기도 하다.

따라서 이론과 실제에 대한 자료를 통한 경험적 비교가 요구되기도 하며, 이론의 근거나 비록 검증이 완벽하진 않아도 각자의 연구 성과 등이 공론으로 거론됨도 수용 가능할 수 있는 장이기도 하다.

음양오행과 그 작용 및 힘의 정도는 상당히 관념적이고 추상적인 특성으로 인하여 자칫 오류를 범하고 있으면서도 그 오류를 인식조차 하지 못하는 경우가 발생하기 쉽다.

사주명리학은 주장보다는 수용과 검증 등의 순환적 연구로 발전되어야 할 기본적 특성이 여타의 학문에 비해 훨씬 강조되는 학술이기 때문에 그 근본원리에 대한 사유의 폭이 깊고 넓을수록 바람직하다 할 것이다.

또한 오행이라는 특유의 범주체계 기반위에서 상생의 순환 고리로 연결되는 시스템은 그 자체의 특성으로 인하여 오류를 검증하는데 수많은 시간과 노력이 소모되거나 오류 자체가 진실로 남는 헤프닝이 발생할 수 있는 소지 또한 매우 다분하기도 하다. 예를 들어, 水와 木을 필요로 하는(水木 용희신) 사주에서, 그와는 달리 火와 木을 필요로 하는 사주라고 역술인마다 엇갈린 판단을 내리는 경우에 마주칠 수도 있게 된다. 이때 피감정자의 운(運)이 木에 해당하는 경우에 있어서는 木을 필요로 하는 사주에 木운을 만난 경우이니 길운이라 판단함으로서 어떤 사안이나 부귀의 예측 면에서 적중을 확인받게 된다. 우연의 일치로 그 시점에 있어서는 木火를 용희신으로 판단한 경우에도 적중을 했다고 할 수 있겠지만, 만약 피감정자의 운의 흐름이 서방 金運으로 흘러간다고 했을 경우, 金運이 도래한 시기에 있어서의 길흉예측은 여지없이 빗나가게 되는 것이다. 그러나 만약, 金運이 도래한 그 시기에 운에 대한 분석을 잘못하여 또다시 오류를 범하게 되면 결국 용희신을 잘못 판단하고서도 적중을 하게 되는 경우도 혹 발생하는 것이 실제 벌어지고 있는 현실이다. 이렇게 꼬이고 꼬인 채 사주를 보다보니 도대체 어디서 무엇이 어떻게 잘못된 것인지조차 식별할 수 없을 만큼 스스로를 미로 속에 가두어 버리게 되는 것이 이 학술의 일면이기도 하다.

이 장에서 다룰 부분들이 바로 이와 같은 일들이 발생할 수 있는 근본을 일차적으로 차단하거나 차단할 수 있도록 이론 체계를 공고히 하는데 있다. 선학자들의 이론대립을 언급하기도 하고 타당성의 여부를 제시하기도 할 것이며, 아울러 "리산의 나비이론"을 소개하며 적천수나 여타 고금의 사주추론의 문제점에 대해서도 언급하고자 한다.

1. 회합충형(會合冲刑)

사주四柱는 말로는 그 뜻을 다 전할 수 없는 우주자연의 이치인 리기理氣에 대해 상상象을 세움으로서 그 뜻을 표현하고자 한 것이다. 따라서 이 여덟 글자에는 천지인의 도道로서 우주자연의 이법이 담겨있는 것이라 하겠다. 하늘과 땅 사이에 모든 사물은 하늘로부터 기품(氣稟:타고난 기질과 품성)을 부여 받은 것은 같다고 할 것이나, 그 기의 청탁과 후박에 따라 차별이 생긴다. 이러한 기는 음양이라는 무형의 대립쌍들을 기반으로 하며 상생과 상극의 역동적 관계에서 변화를 일으키게 된다.

따라서 이와 같은 관계를 사주명리학에서는 「회합충형 생극제화」라는 여덟 가지 범주체계로 오행의 작용을 설명하고 있는 것이다.

바로 이들 천지간의 이산회집離散會集작용이 발생하면서 변화가 일어나고 인간의 현실에 보이지 않는 기의 현상이 나타나게 되는 것이니, 팔자의 부귀빈천 길흉화복이 이 범주를 벗어나지 못하는 것이다.

제 1장 명리입문에서 부족했던 설명을 보완해 가며 이 장을 시작하도록 하겠다.

(1) 회합(會合)

회합은 회會와 합合의 구분으로 설명되어지는 용어인데 사람으로 비유하면 상호 합심, 협력, 동업, 모의 등의 관계에서 발생하는 힘의 관계로 이해할 수 있겠다. 회합은 일반적으로 땅에서 일어나는 지지의 작용을 말하지만 천간에서 일어나는 10천간의 간합五運 작용도 있다.

땅에서의 변화작용은 태양에 대한 지구와 달의 자전과 공전작용에 의해 나타나는 계절의 변화작용이며, 이것을 음양오행의 상호연관성과 이치를 가지고 설명하게 된다.

자전과 공전의 의미는 하늘과 땅, 즉 천도와 지도의 운동성으로 나타나는 천지변화(우주)의작용을 의미하며, 이런 작용력을 "간합干合과 육합六合, 삼합會과 방합方合" 등으로 구분하여 설명하는 것이 사주명리학에서의 회합會合이라 하겠다.

비록 간지干支를 나누어 하늘의 이치와 땅의 이치를 말하지만, 사람은 그 사이에 존재하며 천지의 기운을 받고 살아가는 것이다. 따라서 하늘과 땅의 이치 그 모두를 떠날 수 없는 것이니 회합會合 역시 천지天地의 도道를 나타내는 것이라 하겠다.

예컨대, 천간오행 甲乙, 丙丁, 戊己, 庚辛, 壬癸와 지지오행인 寅卯(辰), 巳午(未), 申酉(戌), 亥子(丑)의 관계에서 발생하는 계절의 변화로 이해하면 되겠다. 우주의 변화법칙은 사주명리를 목적으로 하는 이 책에서의 설명만 가지고는 턱없이 부족할 것이기 때문에 별도의 관련 서적들을 통해 학습해 나가야 할 것이다.

육합(六合)

육합六合은 12지지가 짝合을 이루어 6개의 합合의 관계를 이루게 된다.

子丑合土,　寅亥合木,　卯戌合火,
辰酉合金,　巳申合水(또는 合金),　午未合不變(火)

육합은 서로 다른 지지오행이 합을 이루어 변화함으로서 새로운 오행의 기(氣)를 생성하게 되는 이론이다. 그러나 합을 하여도 변하지 않는 경우와 변화를 이루게 되는 경우가 있으니 거기에는 사주천간에 변화된 오행이 투간했는가의 여부를 살펴야 하며, 육합오행이 월지에 해당하지 않으면 진화(眞化)를 이루지 못한다.

사주에서 육합은 지지의 오행끼리 일정한 법칙 하에 합의 작용을 이룸으로써 새로운 오행으로 변화를 이끌어 내는 것이다. 변화變化라고 하는 것은 변화하기 전의 오행속성을 잃어버리는 것을 의미하는 것이니 기질氣質에 있어서 모두 변화를 일으키는 것을 뜻하게 된다. 그러나 이 역시 합을 하여 변화된 오행이 천간에 투간된 경우에만 기질氣質의 진화眞化를 의미하는 것이며 월령을 얻어야만 가능한 것이다. 월령을 얻지 못한 육합은 오히려 합거合去로서 서로 묶여 그 작용력을 상실하게 되는 것이다.

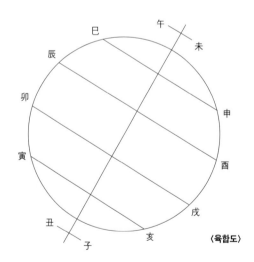

〈육합도〉

고금古今의 명리서에는 육합의 구성원리에 대한 설명이 매우 불완전한데 먼저 육합의 원리를 담은 몇몇의 교재의 견해를 수록해 보고자 한다.

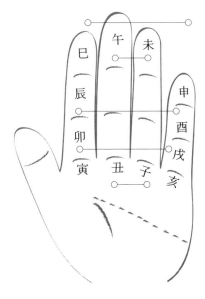

〈육합(六合) 장중결(掌中訣)〉

① 제 1 견해

子丑合土 : 子와 丑이 만나 자연스럽게 습토가 된다. 흙은 하늘의
　　　　　제일 하층인 땅의 형상으로 맨 아래에 위치한다.

寅亥合木 : 땅 위로 나무가 뿌리를 내리고 서 있다

卯戌合火 : 寅亥합으로 생성된 木이 木生火하니 대칭선상에 戌이
　　　　　있기 때문으로 설명.

辰酉合金 : 辰土는 酉金을 생조하여 金을 낳고,

巳申合水 : 金生水하니 이에 해당하는 위치의 글자가 巳申이다.

午未合金 : 맨 위를 차지하는 午와 未는 글자 그대로 하늘(허공)의

위치를 점유하고 있다. 오행 상 土는 있어도 하늘은 없으니 해당 합 오행 성분이 존재하지 않는다.

즉, 午未를 하늘로 위치하고 子와 丑을 땅에 배치한 연후, 하늘과 땅 사이에 각자 오행의 요소가 존재한다는 논리로 요약한다는 견해이다. 국내 여러 명리서에서 볼 수 있는 설명인데 육합의 원리와는 크게 거리가 있고 그 설명조차도 타당성 내지는 수용을 인정받기 어려운 견해이다. 일반적인 견해이기도 하다.

② 제 2 견해
"子丑이나 午未처럼 가깝게 붙어 있는 것과 卯戌이나 辰酉처럼 멀리 있는 것끼리 합하고 있음을 알 수 있다."

매우 간단한 문장으로 육합六合의 자존심에 한방먹인 견해이다. 원리나 사유思惟가 전혀 반영되지 않은 경우에 속한다.

③ 제 3 견해
육합을 지도지합地道之合과는 구별되는 천도지합天道之合으로 정의하며 각 육합을 이루는 오행의 관계를 "계절의 합"으로 규정하는 견해이다. 예를 들어, 子丑合은 대설大雪 절기 중인 子와 소한小寒 절기 중인 丑의 엄동설한의 합과 같은 논리이다. 즉 비슷한 기후끼리 합을 이룬다는 이론으로서 추위에 습한 子水와 한습寒濕한 丑土가 꽁꽁 얼어붙어 얼음으로 변하였으니 바다나 강이 얼어붙어 얼음바닥이 땅처럼 변하여 그 위를 걸어 다니거나 에스키모처럼 얼음으로 집도 지을 수 있다는 논리이다.

사주명리의 실전논리에 부합되는 이론체계를 제시하고 있다. 그러나 육합의 성질은 합하여 조건에 부합되면 변화하는 속성이 있는데, 이 견해에서는 합하여 변화될 수 있는 그 조건에 대해 예를 들어, 子丑의 경우는 반드시 丑月이어야만 土로 化한다는 이론이다. 여타의 육합에서도 합화조건은 합의 해당 월이 반드시 亥月, 戌月, 酉月, 申月에만 가능하다는 견해이며, 午未합의 경우에는 중복中伏의 일자日字에 해당하여야만 한다는 것이다. 합화의 조건에 대한 이유는 밝히고 있지 않지만 이 조건적 변화이론은 다소 미흡한 이론이지만 기존의 육합이론에서 언급하는 변화의 조건과는 확연히 다른 견해이다.

④ 제 4 견해

12지지가 양陽은 순행하고 음陰은 역행하는 자연의 법칙에 의하여 합合이 이루어진다는 견해이다. 그 원리는 12지지를 하늘과 땅으로 짝하여 천지 음양지합으로 사시순환, 천지 춘하추동을 표시하고 있는 것이다. 즉 하늘은 공간으로서 기준이 없기 때문에 12지지 중 未土를 기준하여 午火를 태양으로 天을 삼고, 未土를 태음으로 地를 삼아 天인 양은 좌전하고, 地인 음은 우전하면서 서로가 만나는 합치점이 지지의 육합이 된다는 견해이다.

가장 우주론적인 접근을 시도하고 있다는 생각이지만 12지지만으로 천지를 배속하여 북방을 땅으로 하고 남방을 하늘로 하여 육합을 이끌어 내는 설명은 다소 수용하기에 미약하다는 생각이다. 하지만 음양의 모순적 운동을 배합한 논리에서 계절의 변화를 설명하고자 한 것은 매우 타당하다는 생각이다. 아래의 제 5 견해를 설명하고자 한 듯하다.

⑤ 제 5 견해

『자평진전평주』(박영창역)에 수록된 내용은 다음과 같다. "육합이
란 子와 丑의 합처럼 일전日纏*과 월건月建이 서로 합하는
것이다. 일전이 우측으로 돌면 월건은 좌측으로 돌아 순
행과 역행이 서로 만나는 곳에서 육합이 이루어진다"고

* 역자주 : 전(纏 : 읽을 전)은
전(躔 : 궤도 전)의 오자(誤字)
로 생각됨

수록하고 있다. 진소암의 명리약언에 수록된 "일월日月이 월삭月朔(해와
달이 지구를 중간에 두고 서로 대할 때를 말한다)함으로 말미암는다"는 내
용과 같은 의미로 이해된다. 그러나 이들의 견해는 단순한 원리만을 언
급했을 뿐 위의 제 4 견해와 마찬가지로 변화의 원리에 대해서는 언급을
하지 않은 문제점이 있다.

　참고로 "일전日躔"이라 함은 태양이 황도상을 운행 경과하는 각 점
點을 말한다.

　일반적으로 육합의 원리에 대한 설명은 거의 없는 가운데 그래도
그 근원적 원리를 탐구하려는 시도는 위의 견해들로 압축된다. 중요한
것은 이들 육합이론은 서로 합하여 새로운 오행의 기를 만들어 낸다는
것이다. 육합은 계절을 의미하는 기후와 밀접한 연관을 가지기 때문에
사주에서는 일차적으로 월령을 중심으로 변화의 조건을 가리게 되며, 다
시 합하여 변화된 오행이 천간에 투간되었는가를 살펴 완전한 변화 여부
를 결정하게 된다. 아래에 이들 제 견해들을 흡수하여 정리된 "육합원리
및 그 구성"을 기술하고자 한다.

〈육합원리 및 구성〉

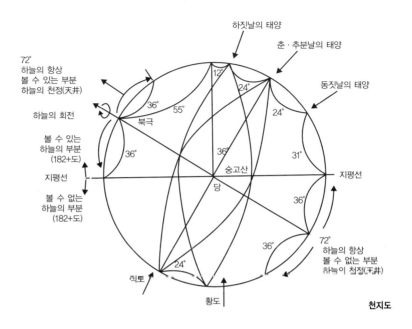

하짓날의 태양

춘·추분날의 태양

동짓날의 태양

72°
하늘의 항상
볼 수 있는 부분
하늘의 천정(天井)

하늘의 회전

볼 수 있는
하늘의 부분
(182+도)

지평선

볼 수 없는
하늘의 부분
(182+도)

북극

12°

24°

55°

24°

24°

36°

36°

36°

36°

31°

숭고산

당

지평선

36°

36°

72°
하늘의 항상
볼 수 없는 부분
하늘의 천정(天井)

적토

24°

황도

천지도

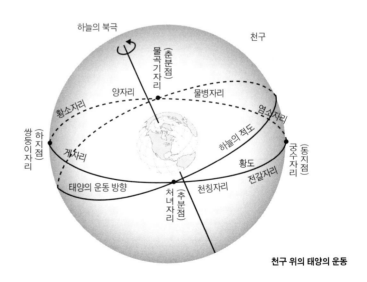

하늘의 북극

천구

(춘분점)
물곡기자리

물병자리

양자리

황소자리

염소자리

쌍둥이자리

(하지점)
게자리

하늘의 적도

황도

(동지점)
궁수자리

천칭자리

전갈자리

태양의 운동 방향

(추분점)
처녀자리

천구 위의 태양의 운동

① 육합의 원리

사주명리학에서 말하는 육합六合은 형태적으로는 12지지 간의 합으로서 계절의 합으로 생각하기도 하지만, 사실 육합은 천지간의 합을 의미하는 것으로서 천구 위의 태양운동이 지지의 12궁과 만나는 위치(달)를 뜻하는 것이라 하겠다. 위의 제 5견해에 대한 상세로서 육합원리에 대한 정론定論으로 삼고자 한다. 예컨대 태양은 천구 위에서 하루에 약 0.98도 씩의 크기로 동쪽으로 운동하는데 천구 위에서 태양이 움직이는 길을 황도라고 한다. 황도는 하늘의 적도와 두 점에서 만나는데 태양이 적도를 남쪽에서 북쪽으로 지나는 교차점을 춘분점이라 하고, 다른 쪽을 추분점 이라고 한다. 태양이 움직이는 황도에 12개의 별자리(물고기자리, 양자리, 황소자리, 쌍둥이자리, 게자리, 사자자리, 처녀자리, 천칭자리, 전갈자리, 궁수자리, 염소자리, 물병자리)를 붙여 황도의 12궁이라고 하는데 이 황도 위에 같은 간격으로 24개의 점을 골라서 그 점을 태양이 지나는 날을 정하여 계절을 나타냄으로서 24절기를 표시하게 된다. 육합은 이러한 태양의 운동과 마주하는 달의 위치(월삭月朔)에서 비롯된 것이며 일월日月의 순환관계에서 마주하는 궁宮을 육합으로 하는 것이니 천지육합天地六合이라고 한다.

② 삼합(三合)의 구성으로 본 육합(六合)의 구성

육합(六合)	木火之合 (陽)	木氣		火氣	
		음(陰)	亥-卯-未	양(陽)	寅-午-戌
	金水之合 (陰)	金氣		水氣	
		음(陰)	巳-酉-丑	양(陽)	申-子-辰

육합의 구성은 앞의 이론과 더불어 삼합三合의 구성으로도 이해하면 좋을 듯 하다. 육합은 궁극적으로 음양의 대대작용과 동류상동同類相動(氣가 비슷하면 닮은 것끼리 합쳐진다)의 작용으로 변화를 이끌어 내는 작용을 의미하는 것이다.

이를테면, 木火의 氣로 분류되는 亥卯未(木局)와 寅午戌(火局)의 관계 내에서 다시 음의 성질의 亥卯未(양중의 음)와 양의 성질인 寅午戌(양중의 양)이 상호 음양대대를 일으키는 가운데 동류상동의 작용이 나타나며 육합의 관계(寅亥, 卯戌, 午未)를 이룬다. 이때 합하여 변화하는 기氣는 이들 기의 조합이 木火의 영역에 속하는 양의 기운이니 발산, 분열하는 특성이 강하게 된다. 자연의 이법은 생극 또는 음양의 모순적 힘의 작용으로 변화하는 것이니 木火의 영역에는 분열하는 양의 특성을 수렴, 통일하는 음토인 未戌土가 위치하여 염렬한 木火의 기운을 조화, 통제하게 된다. 木氣와 火氣의 음양관계에서 음인 亥와 양인 寅이 합하여 寅亥合木 상생의 조합으로 木氣를 쫓아 化함으로서 양을 생함이니 소양小陽의 기운이라 하겠다. 음의 卯는 양의 戌과 합하여 卯戌合火 상극의 조합으로 분열을 시작하고, 午未는 상생의 합으로 양의 발산이 치열해진다. 火氣는 끊임없이 분열하려는 속성으로서 새로운 기운으로 변화하지 않고 다만 음토인 未土로서 불균형적으로 뜨거워진(지축이 경사진 이유에 기인) 火氣를 조절통제하게 된다.

이런 木火의 기운과 金水의 기운이 서로 음양의 대립쌍을 이루면서 상호 변화를 이루게 되는 것이니 木火의 변화와 마찬가지로 金水의 영역에서 또한 음중의 양과 음중의 음의 대대관계를 형성하며 변화를 일으키게 된다.

결국 육합은 木火(양)의 영역과 金水(음)의 영역인 대립쌍(六冲)의 작용변화에서 생성되는 상생지합이라 하겠다.

木火之合은 양의 속성이니 나아가는 양중의 양으로 변화變化하는 것이며, 金水之合은 음의 속성이니 수렴하는 음중의 음으로 변화變化하는 속성이 있다 할 것이다.

이상 육합의 원리와 그 사유의 방향에 대해 대략적이나마 소개해 보았다. 이를 토대로 깊이 생각해보면 스스로 얻게 되는 이치가 있을 것으로 믿는다. 삼합회국에 대한 설명은 아래에서 별도로 다루기로 하자.

육합의 사주적용

사주에서의 육합작용은 앞서 인사에 비유하였지만 서로 합심이나 동업 등의 협조관계로 설명하였다. 그러나 서로 만나 합하였다고 힘의 크기가 반드시 두 배로 강해지거나 시너지 효과가 나타나는 것은 아니다. 어떤 경우에는 오히려 합하여 서로가 자신의 본분을 잃을 경우(본래의 작용을 상실)가 있고, 또 어떤 경우에는 합심하여 강력한 힘을 발휘하는 경우로서 위기에 처한 상대를 구해 주거나 또는 내가 도움을 받을 수도 있는 등의 역할이나 상황이 발생하기도 한다. 그러한 육합의 작용에 대해 사주의 구성을 통해 몇 가지 예를 들어 살펴보도록 하겠다.

① 육합을 하고 화(化)한 오행이 천간에 투간된 경우

■ 丁 戊 ■

■ 丑 子 ■

子월에 丑토를 만나 六合의 관계에 놓여 있는 경우다. 차가운 수水가 당령한 때에 비록 합을 하지만 丑土는 물기를 머금은 진흙 같은 습토로서 土로 변하기보다는 오히려 물에 흩어져 흙탕물 같은 성질이 더 강해질 수 있는 조건이 된다. 이 경우 천간에 壬癸 水가 투간되어 있으면 엄동설한의 子丑의 합은 완전한 水의 성질로 변하게 되고, 위의 경우처럼 戊己 土가 투간하게 되면 子丑合土로서 얼음과 같은 고체의 성질로 변하여 그 쓰임은 土와 같게 된다. 子丑合은 水와 土의 상극관계로 합을 이루어 어쩔 수 없이 합을 하고 있는 것과 같아 극합剋合이라고 한다. 따라서 극합은 합하려는 성질로서 처음은 길하나 끝내는 극하는 성질로 인하여 흉하게 작용하는 특성이 있게 된다.

② 합을 하지만 자신의 본분을 상실하고 있는 경우

■　己　戊　■

戊　卯　■　■

일지와 시지에 卯戌이 표면적으로 合을 이루고 있지만 완전한 변화의 火를 이루지 못하는 경우이다. 즉 월령을 얻지 못하였기 때문이며, 이때 천간에 丙丁 火가 투간하였다 할지라도 진화眞化를 이루지 못할뿐더러, 卯戌은 자체의 기능 또한 상실되고 약화되어 천간에 대한 통근처로서 힘이 감소되는 이유가 된다.

즉 卯戌은 서로 木과 土의 작용을 상실하게 된다. 상실이라 함은 소멸을 뜻하는 것이 아니라 생극의 작용을 하지 않고 있는 상태를 의미한다. 이 경우에 戊己土는 시지 戌土에 통근을 하지만 卯戌합을 이루고 있기 때문에 戌土는 통근처로서 천간을 지지하는 힘이 약화되는 것이다.

③ 멀리 떨어진 원격遠隔합은 합하지 못한다. 합으로 보지 않는다.

■ 庚 辛 ■

辰 ■ 酉 ■

육합의 작용은 반드시 합하는 오행이 옆에 근접해 있어야 성립한다. 따라서 이 경우의 辰과 酉는 비록 천간에 金氣가 월령을 얻고 투간하였다 할지라도 합을 하지 못한다. 다만 자체 오행의 특성을 가지고 천간을 지지해 주는 통근처로서만 역할을 하게 된다. 일간 庚金은 월령에 양인 酉金과 시지에 辰土인수를 얻은 것으로 판단하여 강한 세력을 확보하게 되는 것이다.

④ 합으로 위기에서 구해주는 경우

■ 丁 壬 ■

辰 酉 卯 ■

卯酉가 서로 충을 하는 경우로서 봄철에 木이 왕하여 酉金이 손상되는 상황인데 시지의 辰土가 酉金을 합하여 충파沖破되어 손상된 酉金을 구해준 경우이다. 하지만 辰酉합을 이루었으니 酉金은 비록 충을 벗어나 손상은 면하였지만 다시 합으로 묶여버리니 작용력을 상실하고 때를 기다리는 상태가 된다. 운에서 酉運이나 辰運이 오면 원국 辰酉의 합은 합력이 풀리는 현상(투합의 작용)으로 나타난다. 예컨대 辰運이 되면 酉金 재성이 풀려나 재적財的인 작용으로서 여자(이성), 돈 등에 관련한 일들이 발생하게 된다.

형충刑沖을 다룰 때 육합의 작용을 더 살펴보도록 하겠다. 지지의 상충相冲을 해결, 해소시켜주는 역할은 육합으로서 해결할 수 있기 때문이다.

회합(會合)하여 변화(變化)한 경우 오행의 정편(正偏)관계

회합을 이루면 본래 오행의 성질을 버리고 새로운 오행의 기운으로 변화하게 되는데, 이때 변화된 오행은 木火土金水 중 어느 한 오행으로 변화하게 된다. 오행은 음양의 관계가 있는데 이들 변화된 오행들은 음으로 변한 것인지 양으로 변한 것인지에 대한 분별이 모호하다. 이것에 대해 고서에는 월지에 해당하는 오행을 따라 음양을 구분하거나 지지의 세력을 따라 판단한다고 하는 설이 있으며, 또 다른 경우는 일간에 따라 일간이 양간이면 양으로 변하고, 음간이면 음으로 변한다고 하는 설이 있는데, 이 책에서는 후자의 견해를 따르고자 한다. 왜냐하면 회합(會合)을 이루어 변화된 오행은 그 세력이 한쪽으로 치우쳐 편중되어 나타나는 것이니 일간과는 편(偏)의 관계가 성립하기 때문이다. 따라서 일간의 음양에 따라 양이면 양으로, 음이면 음으로 변화하는 성질을 갖는다고 보는 것이 여타(서락오 등)의 견해보다 훨씬 타당하다는 생각이다. 참고하기 바란다.

간합(干合)

甲己合化土, 乙庚合化金, 丙辛合化水, 丁壬合化木, 戊癸合化火

천간의 합으로서 변화하는 오행의 기운에 해당하는 월령을 얻어야만 변화하는 특성이 있다. 육합과 마찬가지로 변화를 일으키지 않으면 합을 이룬 오행은 상호 작용력을 상실하게 되지만, 합된 그 자체로서 일간에 대한 희기(喜忌) 작용을 일으키게 된다.

간합은 천간의 합화合化이론으로서 적천수의 여러 보주*에 그 설명을 싣고 있다. 간합의 원리는 『황제내경 소문』에서 밝히는 오운五運의 시작원리를 통해 설명하는 경우와 하도낙서의 중궁 5土를 얻어 생수와 성수의 관계로 설명하며 십간의 합이 오진토五辰土의 위치에 이르러 화기化氣의 원신이 발로發露된다(逢龍而火 또는 得龍而火 이론)는 이론 등이 있다.

* 여기서는 서락오의 『적천수징의(滴天髓徵義)』를 인용하였다.

〈28수(宿) 별자리〉

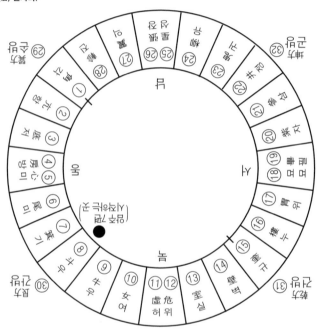

예컨대 오운五運의 원리는, 오운은 戊己土의 분리에서 시작하는데 戊己土는 규벽각진(奎璧角軫 : 28수 별자리)으로서 천지天地의 문호門戶를 말한다. 천문天門은 戌亥의 사이에 있어 규벽奎璧(艮方)으로 분리되고, 지호地戶는 辰巳의 사이에 있어 각진角軫(巽方)으로 분리된다. 음양은 辰에서 시작하고 오운五運은 각진角軫에서 일어나니 역시 辰에서 시작한다는 이론으로서 화기化氣가 된다는 것이다.

하도낙서의 이론은 중궁에 五가 있어 一이 五를 얻어 六이 되니 甲과 己가 합하고, 二는 五를 얻어 七이 되니 乙庚합이 되고, 三은 五를 얻어 八이 되니 丙辛합이 되고, 四는 五를 얻어 九가 되니 丁壬합이 되고, 五는 五를 얻어 十이 되는 고로 戊癸합이 된다. 합을 하면 化하는데 반드시 五土를 얻은 후에 化하게 된다는 이론으로서 五土는 辰土를 말하는 것이니 반드시 辰土를 얻어야 化 하게 된다는 것이다. 예컨대 甲己는 甲子(시두법時頭法 적용)에서 일어나 오위五位인 (甲子, 乙丑, 丙寅, 丁卯) 戊辰을 만나 화기化氣의 원신이 발로(土에 해당하는 천간 戊(辰)土)하여 化하게 된다는 것이다.

오운五運의 원리와 봉룡이화逢龍而化(위의 辰土를 얻어야만 변화한다는 이론)는 『우주변화의 원리』(한동석 저)를 학습하며 토화土化작용 등에 대해 이해를 하게 되면 큰 도움이 될 것이다. 그러나 매우 난해하여 깊은 연구가 필요하리라 생각된다.

어쨌든 사주에서 간합의 작용은 합을 하여 변화하는 경우와 변하지 않는 경우로 나타난다. 예컨대 내격(제4장 참조)에서는 합된 천간오행의 작용력을 상실하게 되는 것과(合而不化 : 합을 하지만 화하지 못함) 합을 하여 변화하는 화기化氣의 작용을 하는 경우가 있게 된다. 이렇게 합을 하여 化하는 경우와 不化하는 경우의 판별은 월령과 합되는 오행의 앉은 자리坐下가 화기化氣의 오행에 해당하는지 등을 살펴서 결정하게 된다. 아래의 예들을 살펴보도록 하자. 『자평진전평주』를 인용하여 소개한다.

① 쟁투지합爭鬪之合은 합을 이루지 못한다.

투합(妬合)과 쟁합(爭合) : 쟁투지합은 합을 이루지 못한다.	
乙 庚 乙 ■ ■ ■ ■ ■	丙 辛 丙 丙 ■ ■ ■ ■

일간을 사이에 두고 월과 시에서 합을 이루려고 하는 것을 쟁투지합이라고 한다.

庚일주-양간은 항상 음간 재성과 합을 이룸-는 월과 시에 乙木 재성을 보아 쟁투의 합이 되어 1 : 1의 온전한 합을 이루지 못하여 합이 성립되지 않는 것으로 본다.

辛일주-음간은 항상 양간 관성과 합을 이룸-역시 丙火 관성이 일과 시에서 서로 합을 하려고 하는 쟁투의 합이 되어 합이 성립되지 않는다.

---

② 합이화(合而化)

　　乙　癸　乙　庚

　　卯　未　酉　申

년월의 乙庚이 합을 이루고 있다. 酉月로서 금왕절이며 년상 庚金의 좌하가 申金으로서 완전한 金氣를 이루어 化하게 되니 乙庚合化金이 된다. 즉 년주와 월주가 모두 金氣로 변화하게 되는 것이니 인수의 세력이 강해지는 것이다. 이때 시상의 乙木은 년상의 庚金과 간격이 떨어져 합에 지장을 주지 않는다. 간합 역시 사이가 떨어져 있으면 합을 이루지 못한다.

　　壬　丙　壬　丁

　　酉　子　寅　亥

년월의 丁壬이 합을 이루고 있다. 寅月로서 木氣가 왕한 때이며, 년상 丁火의 좌하에 亥水가 있어 不化할 것 같지만, 寅亥가 육합을 이루어

* 기존서에서는 육합을 이루면 변화를 이룬 것으로 설명하지만 이 책에서는 진화(眞化)를 이루지 못한 경우에 대해서는 化하는 기운 쪽으로 합한 기운이 회집하려는 힘이 강해지는 정도로 해석을 하고자 한다. 여타 서적은 寅亥合木으로서 化를 이루는 것으로 설명하고 있으니 참고하기 바란다. 통근체계와 연계해서 판단해야 할 문제다.

木氣로 회집하는 성향이 강하니* 丁壬은 합을 하여 木으로 化하는 합이화合而化가 된다. 결국 년주와 월주는 전일한 木氣로서 丙火일간의 왕성한 인수로서 변화하게 된다. 비록 亥水는 완전한 木으로 진화眞化한 것은 아니었지만 水生木의 관계로서 木으로 변화한 것이며, 또한 천간의 간합 작용으로 진화眞化된 것으로 판단하게 된다.

③ 합이불화(合而不化)

戊 辛 辛 丙
戌 巳 卯 戌

년과 월의 丙辛이 합을 하지만 卯月이며 丙火가 戌土에 좌坐하여 변화하지 못하고 오히려 관성 丙火가 합거合去(합하여 제거된 것으로서 작용이 상실됨)된 경우이다.

乙 甲 乙 庚
亥 子 酉 午

甲木일간을 사이에 두고 월과 시에서 乙木이 쟁투의 합을 하고 있는데, 년상에서 庚金이 월상의 乙木과 합을 이룬다.

이런 경우 일간과는 쟁투를 일으키지 않고 년월의 乙庚은 합을 하게 되는데 비록 酉月 금왕절이지만 년상 庚金의 좌하에 午火가 있어 비록 乙庚이 상합을 하여도 진화眞化하지는 못한다. 酉月에 庚金 칠살이 투출하여 관살이 혼잡한데 乙庚합으로 칠살을 합거하니 "합살류관合殺留官"
이 되어 사주가 맑아지는 길한 작용으로 나타난다.

④ 일간의 합래(合來 : 합하여 오는 것)

癸 戊 ■ ■
■ 午 亥 酉

일간이 시상의 癸水와 합을 하고 있다. 이렇게 일간이 시상이나 월
상에서 합을 이루게 되는 것을 합래合來한다고 한다. 합래를 하게 되면 합
된 육신(재성이나 관성)은 여타 오행으로부터 탈취를 당하지 않아 세력이
강력해지는 경향이 있다. 중요한 것은 합래된 육신이 일간에게 긴요한
오행에 해당하는지, 즉 용신이나 희신에 해당하는지 아니면 기신에 해당
하는지에 대한 판별을 해야 한다. 이것은 일주인 나의 정情이 어디로 향
하고 있는지를 살피는 것이다. 만약 인성을 용신으로 하는 사주가 재성
을 합하고 있으면 공부나 명예 등에 관심을 쏟아야 하는 것인데 오히려
인성은 뒷전이고 돈이나 여자, 유흥 등을 먼저 탐食하게 되는 형상과 같
은 것으로서 좋지 않게 보는 것이다. 즉 재탐망인財食忘印으로서 재성인
마누라의 치마폭에 싸여 인수인 어머니를 돌보지 않는 것과 같은 이치라
하겠다.

己 甲 壬 戊
巳 辰 戌 辰

일간 甲木이 시상의 己土를 합하고 있는 경우이다. 제4장 화기격化氣格편에서 다룰 내용이지만, 일간이 己土를 합래를 하여 재성을 취하는 것으로서 甲木일간이 己土를 합하여 사주 전체가 土氣로 변화되는 경우이다. 이것을 화기격化氣格(또는 화격化格, 합화격合化格)이라고 하는데 "제4장 법주체계 속의 운명추론법"에서 다루도록 하겠다.

(2) 회국(會局)과 방합(方合)

> 삼합(三合)은 회합의 작용력에 있어서 방합(方合)에는 미치지 못하지만 육합(六合)보다는 강하다. 삼합은 회국(會局)이라고도 하는데 세 개의 지지오행이 합을 이루어 새로운 오행으로 변화하는 특성을 가진다.
>
> 물론 변화하는 데에는 변화의 조건이 따르게 되는데 그것은 첫째, 변화한 오행에 해당하는 월령을 얻어야만 완전한 변화의 조건을 갖추게 되며, 둘째 회국하여 변화하는 오행의 원신이 천간에 투출하였는가에 따라 역시 완전한 변화의 조건을 갖추게 된다.

회국(會局)

회국은 "회會" 또는 "삼합三合"이라는 용어를 사용하기도 하는데 서로 다른 3개의 지지오행이 모여 물리적 또는 기질氣質적인 변화를 일으켜 새로운 오행의 성질로 변화하는 작용력을 뜻한다.

회국(三合)	방합(方合)
亥 - 卯 - 未 木局	寅 - 卯 - 辰 東方木
寅 - 午 - 戌 火局	巳 - 午 - 未 南方火
巳 - 酉 - 丑 金局	申 - 酉 - 戌 西方金
申 - 子 - 辰 水局	亥 - 子 - 丑 北方水

　　삼합은 子午卯酉 사정방의 오행을 중심으로 구성되어 있는데 이들 삼합을 이루는 3개의 지지오행은 합을 이루어 변화하려는 속성이 무척 강하다. 인사人事에 비유하면 육합과 마찬가지로 합심合心, 동업同業, 연합, 결탁 등을 통한 새로운 일을 도모하고자 하는 성질과 같다.

　　땅을 기반으로 살아가는 천지간의 모든 사물은 하늘의 기운을 받지 않는 것이 없으니 천도와 지도는 불상잡不相雜하나 분리할 수 없는 천지불상리天地不相離의 관계라 하겠다. 따라서 삼합 역시 비록 지지오행의 합을 말하나 천도天道의 운행 법칙을 벗어날 수 없는 것이다.

삼합의 구성원리

삼합(三合)	木火之氣 (陽)	木氣	火氣		
		음(陰)	亥-卯-未	양(陽)	寅-午-戌
	金水之氣 (陰)	金氣	水氣		
		음(陰)	巳-酉-丑	양(陽)	申-子-辰
	구성배합	삼합의 구성은 포태법의 "(장)생-(제)왕-묘고" 지(地)로 구성되어 있다. 지간간 표와 함께 보면 삼합구성을 보다 쉽게 이해할 수 있다.			

　　삼합은 그 구성배합을 살펴보면, 각 오행은 장생지와 제왕지 그리고 묘고지 등 세 개의 지지가 합을 이루어 구성하고 있다. 즉 삼합의 중앙에 위치한 오행은 각 오행의 본기(전일한 기운의 오행으로서 子, 午, 卯, 酉

를 말함)로서 화기化氣의 원신으로 자리 잡고 있으며, 화기化氣오행의 생성시점인 장생지와 소멸시점인 묘고지까지를 관장하며 세력을 규합하게 되는 의미가 있다.

그 원리적인 측면을 살펴보면, 삼합의 회국은 분열(양)과 통일(음)의 모순된 두 힘의 과정을 조화하며 발전시켜 나가는 土를 중심으로 하여 생성되는 金木水火의 또다른 모순과 생성변화를 유도하는 것이다.

주목해야 할 것은 삼합이 비록 사정방에 자리잡은 子午卯酉를 중심으로 水火木金 4행들을 나타내게 되지만, 이들 행들은 각각 土를 취함으로서 음과 양이라는 분열과 통일의 매개체로서 변화의 본원을 조성하고 있다는 것이다. 이러한 土의 작용은 매우 중요한 의미를 함축하고 있다. 예컨대, 亥卯未와 寅午戌 삼합은 각각 목기木氣와 화기火氣로 구성된 오행의 집합체이며, 巳酉丑과 申子辰 삼합은 각각 금기金氣와 수기水氣로 구성된 오행의 집합체이다. 천도의 이치는 생生함에 목적이 있는 것이니 결국 삼합은 木火金水의 상생도를 형성하고 있는 것을 의미하는데, 이들을 통제하는 중앙의 土를 각기 함유하면서 자율적 변화를 선도하고 있게 된다. 즉 목화지기木火之氣인 亥卯와 寅午는 분열하는 양의 기운으로서 변화생성을 위한 통일과정에서 필요한 수렴과 통일을 매개하는 음의 未土

★ 하지(夏至 : 午月) 후부터 음이 시생始生하기에 절기 기준으로서 음토陰土를 의미

와 戌土★를 대동하게 되는 것이다. 또한 금수지기金水之氣인 巳酉와 申子는 수렴, 통일하는 음의 기운으로서 변화생성을 위한 분열과정에서 필요한 분산, 분열을 매개하는 양의 丑土와 辰土를 대동하게 되는 것이다.

따라서 삼합은 변화생성을 위해서는 반드시 土를 필요로 하게 된다. 子午卯酉 사정방四正方을 중심으로 좌우의 한 오행과 합을 이루는 반합半合★은 비록 삼합의 완

★ 三合에서(예를 들어 亥卯未일 경우) 본기(卯 : 사정방)가 빠진 亥卯나 卯未 등의 2字합)

전한 형태를 갖추지는 못하지만 서로 합하여 변화생성하려는 기운은 포함하고 있다고 하겠다. 그러나 완전한 삼합이 아니면 진정한 변화가 성립되지는 않는다(土의 변화작용). 아래에서 다룰 삼합의 사주적용과 "리산의 나비이론"을 통하여 상세하도록 하겠다.

삼합(三合)의 적용

삼합은 가운데 글자인 사정방四正方, 즉 子午卯酉의 글자가 빠지게 되면 합을 이룰 수 없으나 팔자 원국에 사정방이 있을 경우에는 나머지 한 자만 있어도 합을 이루게 되며, 이 경우는 반합半合이라고 하여 완전한 삼합보다 힘의 크기가 크지 않다고 본다. 물론 반합의 경우는 변화하려는 화化의 과정일 뿐으로서 진정한 변화를 의미하는 변變이 되는 것은 아니다.

삼합회국은 합화하려는 성질이 강한 것이지 합했다는 그 자체로 형질(形質)이 완전히 변變*한 것을 의미하는 것은 아니다. 수많은 명리서가 예외 없이 삼합이 형성되면 변화하여 새로운 오행의 기질氣質로 완전히 변화하는 것처럼 일률적으로 논하는데 이런 식의 간법은 많은 문제점을 노출시킨다고 하겠다.

> * 변(變)과 화(化)에 대한 구분은 상반된 개념으로 정의될 수도 있지만, 이 책에서는 완전한 변화를 "변(變)"이라고 표현, 규정한다. 리산의 나비이론편 참조

사주는 계절에 따른 기후(절기)의 심천深淺을 중요시 하여 월령은 차자箚子와 같은 것으로서 명령의 근본으로 삼는 것이다. 하늘로부터 부여받은 것이 명命이라 하는 것이니 그 명命을 집행하는 곳이 바로 월령인 것이다. 따라서 회합의 작용에서도 월령을 얻었느냐하는 것은 매우 중요한 일이라 하겠다.

어쨌든 삼합 또한 육합과 마찬가지로 월령이 중요시 되는데 그 득령 여부에 따라 변화를 세부적으로 논해야 할 것이다.

많은 국내외 서적을 탐독하고 여러 역술인들을 접해보았지만 삼합의 변화變化를 명쾌하게 분석해 내고 변變과 화化에 대한 분명한 적용기준을 설명한 책이나 견해들은 일찍이 없었다. 이후 뒤에서 소개할 「리산의 나비이론」을 통하여 변화變化에 대한 개념과 회합의 변화에 대한 구별법을 상세하도록 하고, 여기서는 삼합을 형성하는 사주를 예시하며 기본개념을 이해하는 정도에서 설명을 마치도록 하겠다.

	癸		
	丑	酉	巳

	癸		
酉	丑		巳

	癸		
	酉	巳	丑

	癸		
酉		丑	巳

지지에 巳酉丑 세 개의 지지가 집합체를 이루어 삼합회국三合會局을 이루고 있는 형태들이다. 이렇게 구성되어 있을 경우에 천간에 투출한 오행에 따라 그 변화의 양상은 다르게 된다. 일반적으로 지지에 삼합을 형성하고 천간에 그 원신元神이 투출하면 진화眞化한다고 하여, 특히 외격外格 범주의 종격從格에서 많이 언급되고 있지만, 그 역시 삼합의 숨은 비밀과 원신의 투출을 제대로 이해하지 못한 채 사용한 경우라고 하겠다.

어쨌든 위와 같은 경우의 합을 삼합이라고 하여 서로 다른 오행들이 집합을 이루어 새로운 오행의 기운인 금기金氣로 변變하거나 화化하게되는 것을 말한다. 이때는 천간에 庚金이나 辛金이 투출되어야만 진정한 변화로서 변變이 성립될 수 있는 것이다. 천간에 庚金이나 辛金이 투출하였다 할지라도 월령을 기준으로 장간의 오행성분을 보아 통근을 이루어야만 변화를 이룰 수 있는 것이며, 천간에 원신이 투출하지 않으면 지지의 삼합은 완전한 변화를 이루지 못하여 자체 오행의 성분을 잃지 않게 되는 것이다. 이런 결과 일간 癸水는 왕성한 金氣를 바탕으로(변變이든 화化든 간에) 인수印綬의 세력이 강해지게 됨으로서 생의 조력을 왕성하게 받게 되는 것이다. 다음은 또다른 합으로서 방합方合을 살펴보도록 하겠다.

방합(方合)

寅卯辰 木方,　巳午未 火方,　巳酉丑 金方,　亥子丑 水方

방합(方合)은 方의 어느 한 오행이라도 빠지게 되면 合을 이루지 못한다. 三合과는 다소 차이가 있지만 월령을 얻지 못하면 方合을 형성하지 못하고 천간의 근기(根機) 역할만 한다.

방합方合은 동일한 계절의 오행이 집합체를 이루어 강력한 기氣의 결속을 이루며 천간오행의 근기로서 작용을 하게 된다. 삼합과는 달리 방합은 어느 한 글자만이라도 결핍되어 있으면 합을 구성하지 못한다. 일반적으로 팔자 원국에서 월령 이외의 세 지지에 방의 오행을 갖추어도 방합을 형성한 것으로 판단하지만, 방합은 방方, 즉 계절을 의미하니 특히, 계절을 나타내는 월령을 중심으로 합을 이루고 있는가에 그 초점을 두어야 한다. 따라서 월령을 얻지 못한다면 방합이라 하지 않고 천간의 근기(통근처)로서만 작용하는 것으로 보아야 한다. 또한 월령을 얻는 방합은 방합한 원신元神이 천간에 투출하지 않았다면 진화(眞化 : 완전한 변화)된 것으로 판단하지 않고, 합하여 변화하려는 오행의 성질로서 기氣가 회집會集하려는 성향이 강한 것으로 판단한다. 이때 지지의 각 오행은 천간의 통근처로서 유효한 작용을 하는 것으로 판단한다. 하지만 방합한 원신이 천간에 투출한 경우에 있어서는 완전한 합화合化를 이루게 되며, 이때 지지의 오행은 천간의 통근처로 작용하지 않게 된다. 삼합과 아울러 리산의 나비이론에서 상세하도록 하겠다.

실전적용 Service

• 명(命) 중에 육합, 삼합, 간합 등이 많으면 여러 사람과 친교가 있고 외교가이며 사교가이다(브로커, 로비스트, 중개인 등에도 속함).

• 여명(女命)에 간합(干合), 육합 등이 많으면 음란(淫亂)함이 있어 좋은 팔자라 할 수가 없다(富貴와는 별도로 판단해야 한다는 의미).

• 통상 삼합을 이루면 용모가 아름답다. 정직하고 원만하며 총명하다. 항상 화기(和氣)가 있다. 그러나 파격이 되면 성공을 못하고 인격이 비속하며, 도량은 좁고 소인을 가까이 하고, 군자를 멀리하며 하급(下級)을 본받아 스스로 천해 진다.

• 삼합하여 식신격이 되면 음식과 의록이 풍족하다.

(3) 충(沖)과 형(刑)

육충(六沖)

子午 沖, 丑未 沖, 寅申 沖, 卯酉 沖, 辰戌 沖, 巳亥 沖

충은 6개의 충이 있으며 극의 대립을 이루기 때문에 육신의 명칭을 빌어 칠살 충이라고도 한다. 충은 변화, 동요, 이동과 쟁투, 갈등, 불안정 등의 뜻이 있고, 천간의 근기를 손상시킨다. 충(沖)하는 오행은 서로 기(氣)가 손상되는 것이지만, 왕(旺)한 오행이 쇠(衰)한 것을 충하면 약한 오행만 그 근기가 사라지는 것이며, 쇠(衰)한 것이 왕한 것을 충하면 왕한 오행의 기는 더욱 더 강하게 일어나게 된다.

충은 지지에서의 상충관계를 말하는 것으로서 일곱 번째 자리와 충을 이루어 육신六神으로 보면 칠살의 극이 되니 칠살七殺 충沖(四庫地 충인 辰戌沖과 丑未沖은 朋沖)이라고도 한다. 子午, 卯酉,寅申, 巳亥, 辰戌, 丑未 등 여섯 개의 충이 있어서 육충六沖이라 한다. 천간에도 충의 작용이 있는데 천간의 충은 충이라 하지 않고 극剋이라는 표현을 쓴다(天剋地沖). 예컨대 子와 午의 충은 천간에서 癸와 丁의 관계와 같은 것이나 천(天)은 맑고 가벼우며 동動하는 성질이 있고, 지地는 무겁고 탁하며 고요하려는 성질이 있는 차이로 인하여 지지의 충은 무겁고, 천간의 충은 가볍게 보는 차이가 있다. 沖은 충하는 오행의 음양에 따라 양의 충은 현상이 빠르게 나타나며, 음은 느리게 나타나게 된다. 육충의 관계를 보면 사패지四正方의 충과 사장생의 충, 사고지의 충이 있게 된다. 충의 작용은 변화, 동요, 이동과 쟁투, 갈등, 불안정 등의 뜻이 있는데, 사주원국에서 대운이나 세운을 충하면 위와 같은 흉은 빨리 나타나고, 행운에서 사주원국을 충하면 위와 같은 흉은 더디게 나타난다. 원국에서 충을 하는데 형이 있거나 공망, 육해를 띠면 일생 파란변동이 많게 된다.

충沖은 오행이 서로 대립관계에 놓여 대대작용을 하게 되는 것으로 변화를 일으키게 되는데(沖하는 시기에 다양한 사건들이 벌어진다), 사주에서는 천간의 기운을 지지(보좌)해주는 근기를 약화시키기거나 소멸시키는 작용을 하게 된다.

沖의 적용

① 사패지(四敗地)...子午卯酉의 沖

子午卯酉는 정방향으로서 지역(방위)의 충이라하여 주로 거주지의 변동으로 나타나는 특성이 있다. 즉 생활 거주지(환경)만 변하고 직장이나 직위는 움직이지 않는다는 것이다. 사패지 충은 사계절의 중간으로서 왕지에 해당하며, 일간이 양간陽干일 경우에는 양인羊刃에 해당하여 이때 충을 만날 경우 일간의 왕쇠에 큰 영향을 미치게 된다. 통상 양인羊刃은 강폭한 특성이 있기 때문에 일간이 양인에만 의지하고 있는 경우의 충은 흉의凶意가 더욱 강하게 나타난다.

② 사장생(四長栍)...寅申巳亥의 沖

장생지는 역마성에 해당하는 오행으로서 시작과 이동, 움직이려는 특성이 있다. 따라서 거주지역과 직장이 모두 움직이게 된다. 생지生地는 마치 싹이 돋는 것과 같고 충沖은 그 싹을 자르는 것과 같은 것이니 패하고 상함이 있는 것이다. 그러나 역시 국세에 따라 사장생四長栍이 강한 경우에는 충으로 극제_{尅制}함이 마땅한 것이니 사주의 전체를 보아 판단해야 한다. 신약하여 장생지에 의지하는 일간은 충을 크게 꺼리는 것이다.

③ 사고지(四庫地)... 辰戌丑未의 沖

사고지는 土가 응집된 것이다. 즉 땅은 고요하려는 성질이 있기에 지역의 변화가 일어나지 않는다. 즉 거주지역은 변하지 않고 직장만 변한다. 동요를 일으키는 충이다.

사고지_{四庫地}는 창고_{倉庫}와 같은 의미로서 마땅히 충하여 열어야만 장간의 쓰임을 얻는다고 하지만 이것은 "잡기재관인수격" (격국과 용신 참조)을 취함을 말하는 것이다. 월령이 사고지일 경우 충으로 충출_{沖出}된 지장간의 재관_{財官}이나 인수를 취한다는 것인데, 격_格을 정함에 있어서 잡기재관인수격을 별도로 논하지 않아도 무방하다(제4장 자평요결 참조).

④ 사극지충(四極之冲)... 寅申巳亥, 子午卯酉, 辰戌丑未

팔자의 지지가 모두 사장생이나 사패지, 사고지만으로 구성된 경우가 있다.

제 4장에서 격과 용신을 설명하겠지만 팔자의 범주체계에서 몇 몇 예외적인 또다른 범주가 생기게 된다. 그 중 하나가 이와 같이 충으로만 지지가 형성된 경우인데 일률적으로 논하기는 불가하다. 길흉이 극단적으로 나타나는 사주로서 팔자의 전체적인 국세를 살펴 판단해야 한다.

이 경우는 충을 논하기 이전에 격국과 천지간의 상황을 살펴 성격_{成格}이 되는 경우와 파격이 되는 경우를 판단한다(예외적인 간법이다). 예컨대 사극을 형성하면 비록 그 기세가 산만한 것이지만, 우주의 상을 포함한 것이라 하여 그 귀한 힘이 더욱 커진다는 것인데, 격을 이루지 못하면 일반적으로 흩어진 모래알로서 서로 연결되지 못하기에 반드시 성패의 변화가 쉬운 이유로 취할 수 있는 것이 없는 것이다. 참고로 아래의 명조는 박정희 대통령의 사주로 알려진 것인데, 이 경우는 지지가 사장생의 충으로 구성되고 있는 경우이다.

戊 庚 辛 丁 　 (故 박정희 대통령 造)

寅 申 亥 巳

癸卯, 甲辰, 乙巳, 丙午, 丁未, 戊申, 己酉, 庚戌　 二大運

지지에 寅申巳亥 사장생지로 구성되어 년월과 일시가 충을 이루고 있어 천간의 근기가 모두 손상되어 있는 경우이다. 庚金이 동절冬節에 생하여 金水상관격을 이루어 금한수냉金寒水冷하니 반드시 조후를 필요로 하게 된다. 역시 예외적인 간법으로서 천간에 비겁과 인수가 투간한 중에 관성 丁火가 투출하여 성격成格이 된 경우로 판단한다. 목화향木火鄕에 발전하게 되는 사주인데 사맹격四猛格(지지가 모두 장생지로 구성된 사주)에 성격이 된 경우로서 판단한 사례이다.

형충(刑冲)

운에서 형충이 발생하면 해당 육친이나 육신(六神)에 관련하여 흉한 일들이 발생한다. 특히 일지(日支)의 형충은 이혼, 교통사고, 질병, 수술 등이 발생하며, 재성이나 인수에 해당하면 금전문제로 관재소송을 겪게 된다.

원국에 이미 형충이 있는 경우, 운에서 다시 형충을 하게 되면 반드시 해당 육신(六神)에 관련하여 흉의가 발생한다.

丁 癸 壬 丙

巳 丑 辰 午

　　乙未, 甲午, 癸巳　　四大運

　　辰月의 癸水일간이 火土 재살財殺이 태왕한 사주이다. 지지에 명암
明暗(예컨대, 辰丑은 드러난 관살로서 明이라 하며, 午巳중 戊己土는 암장된
관살로서 暗이라 한다)으로 관살혼잡하고 기신忌神인 재살財殺이 첩신貼身
한 경우이다. 일간이 약한 중 辰土가 水의 묘고지에 해당하여 壬癸水의
통근처로서 역할을 하니 득비리재得比理財의 내용을 이루었다.

　　위 사주의 당사자가 29세 되는 甲戌年은 未大運인데 사주 원국丑土
과 대운未運 그리고 세운戌年에서 축술미丑戌未 삼형三刑을 만나 흉의가 암
시되는 시기이다. 乙未대운에 이미 丑未충의 시기에 접어들어 삼형이 완
전히 구비되는 때를 기다리고 있던 것인데, 甲戌年이 오자 흉의가 일어
나게 된 것이다. 더욱이 명세운命歲運(원국, 세운, 대운)으로 연합된 충형冲
刑 또는 재충형再冲刑은 흉의가 더 무겁게 나타나는데, 일주 또한 癸丑 백
호대살에 해당하여 피를 흘리며 죽거나 칠살의 흉의를 면하기는 어려운
형국이다.

　　결국 이 사주는 원국의 왕살旺殺이 삼형三刑을 당하는 시점을 견디
지 못하고 이 해에 살인殺人을 저질러 구속이 된 사례이다.

　　충형이 일어날 때는 반드시 충형되는 오행의 육신과 위치 등을 고
려하여 운명을 추론하게 된다는 것을 기억하기 바란다.

형(刑)

* 형벌하다, 죽이다, 다스리다
등의 의미

"형刑"*이란 오행의 기운이 지나치게 과하여 태과불급의 이치로서 나타나는 일종의 부작용으로서 상호 오행이 손상되는 이치를 말한다. 비록 손상된다고 표현은 하였지만 충沖의 현상과는 다른 것이다. 즉 형을 당하였다하여 천간의 통근 역할을 못하는 것은 아니지만, 지장간을 용신으로 취할 때의 형刑은 몹시 근심스러운 것이다. 일례로 말할 수 없는 것이니 뒤에 설명할 "刑沖의 관계"에서 좀더 다루도록 하겠다. 『삼명통회』(만육오 저)에서는 삼형三刑의 원리를 다음과 같이 밝히고 있다. 『음부경陰符經』에 이르길, 은혜는 손해에서 생겨나는 것이며, 손해는 은혜에서 생겨나는 것이다. 삼형은 삼합에서 생겨나는 것이며, 역시 육해六害가 육합에서 생하는 것과 같은 것이다. 예컨대, 신자진水 삼합에 인묘진木을 더하면 水生木의 生의 관계로서 은혜에 해당하지만 생조함이 과하여 손해가 된다는 것이다. 즉 어머니인 수水의 사랑이 과하여 자식木은 의타심에 의지하는 나약함이 생겨나 결국 앞날을 망치게 되는 이치와 같은 것이다. 따라서 申은 寅, 子는 卯, 辰은 辰을 보아 자형自刑이 되는 이치이니 여타 형刑도 마찬가지이다.

三合	方局	刑(三刑, 自刑)
寅午戌	巳午未(燥熱)	寅巳, 午午, 戌未刑
巳酉丑	申酉戌(寒燥)	巳申, 酉酉, 丑戌刑
亥卯未	亥子丑(寒濕)	亥亥, 子子, 丑未刑
申子辰	寅卯辰(暖)	寅申, 子卯, 辰辰刑

① 寅巳申 三刑

무은 無恩지형이라 하는데 「삼명통회」에서 밝히는 그 원리는 이렇다. 寅中의 甲은 巳中의 戊土를 극하는데 戊土는 癸를 처妻로 하는, 즉 癸水는 甲의 어머니가 된다. 戊土는 이미 癸水의 지아비夫로서 甲에게는 아버지이니 자식이 아버지를 刑하여 은혜를 망각하는 것이 된다. 따라서 寅巳申 삼형을 무은지형이라 한다. 일생을 통하여 골육骨肉간에 불리한 특성이 있다.

② 丑戌未 三刑

시세恃勢지형이라 한다. 未土는 未中 丁火의 세력을 믿고 丑中의 金을 刑하는데, 丑은 丑中의 旺水를 믿고 戌中의 丁火를 刑한다. 戌은 戌中의 金의 세력을 믿고 未中의 木을 刑하는 이유에서 시세恃勢라고 한다. 사주에 축술미 삼형이 있고 파격이 되어 천격賤格이 되면 형벌의 재앙이 있고, 여자는 고독하게 된다.

③ 子卯 自刑

무례無禮지형이라 한다. 子는 水에 속하고 卯는 木에 속한다. 水는 木을 생하는, 즉 子水는 어머니가 되고 木은 자식이 된다. 卯는 태양의 문이 되고, 子水는 양陽이 소생하여 서로 다투게 되니角立 공경하는 마음이 없다. 서로 상생하는 구휼救恤함이 없고 번갈아 형해刑害를 하여 무례無禮라 한다. 또 子水는 하나의 癸水를 쓰는데 癸水는 지아비夫로서 戊土가 되고 卯에 이르러 패지敗地가 되니 子水는 卯를 刑하게 된다. 卯中의 乙木을 用하는데 乙木은 庚을 부夫로 하고 子에서 사지死地가 되니 卯는 子를 刑하게 된다. 모두 부夫로 인하여 형刑을 만나는 것이니 여자女子가 子卯

형이 있으면 더욱 어질지가 못하다. 따라서 무례無禮라 한다.

戊 甲 庚 戊　　坤

辰 寅 申 申

丙辰, 丁巳, 戊午, 己未　　二大運

丁巳대운 말인 31세 戊寅年에 교통사고로 흉사를 당한 사주이다.

巳대운에 이미 원국과 寅巳申 삼형이 구비되어 흉의가 암시되고 있는 경우인데, 戊寅年에 다시 충형沖刑이 발생하여 교통사고로 죽게 된 사례이다.

이미 원국에서 충형이 된 경우인데 칠살격에 재살財殺이 태왕하여 귀살鬼殺의 작용을 면하기 어려운 형국이라 하겠다. 용신이 무력하고 파국이 된 명命이니 가히 그 흉을 알 수 있는 것이다.

참고로 두 개의 申金과 한 개의 寅은 이자불충二字不沖의 이론에 의해 충을 논하지 않는다고 하지만, 장생지의 경우는 충이 성립됨을 기억하기 바란다.

(4) 회합충형(會合沖刑)의 관계

> 회합 氣勢의 순위 : 방합 〉 삼합(局) 〉 [육합 〉 = 〈 반합]

사주에는 격格이 있고 그 격에 따라 용신을 취하게 된다(제4장 참조). 그에 따라 대체로 인생의 길흉이 정해지는 것이나 그 길흉을 주관하는 움직임의 요소는 회합충형에 있는 것이다.

회합충형은 어떤 길흉에 대한 움직임, 변화에 대한 분명한 구분이 되는 기준점이라 하겠다. 따라서 회합충형의 깊은 이치는 팔자의 처음이며 끝이라 할 만큼 중요한 것이다. 회합충형에는 일련의 법칙과 여타 오행에 영향을 미치는 연관성이 존재하게 된다. 년에서 시까지의 순서는 계절의 순환법칙과 같은 시제時制의 법칙이 존재하며, 간지干支의 리기理氣 체용體用법칙에 따른 변變과 화化의 작용 및 통근과의 직접적인 관계가 연계된다. 회합會合은 충冲으로 손상된 오행을 구해하는 작용이 있는데 이러한 회합會合은 집합체로서 그 기氣의 세력에 차등이 존재한다. 기세氣勢의 차등이라 함은 회합을 이루는 오행에 통근하는 천간의 세력을 말하는 것이다. 예컨대, 방국方局은 전일專—한 기운의 합으로서 三合(會局)보다 기세氣勢가 크고, 삼합회국三合會局은 육합에 우선하고 육합은 반합에 우선한다. 하지만 육합과 반합의 역량은 국세에 따라 판별함이 달라 질 수 있다. 『자평진전평주』에서 밝히는 설명을 근간으로 회합충형의 관계를 살펴보도록 하겠다.

① 三合이 冲을 해소하는 경우

甲　庚　□　□

申　辰　子　午

년월지에 子午 冲이 먼저 일어난 가운데 申子辰 삼합이 형성되었다. 기氣의 흐름은 강한 곳으로 응집, 회집하려는 속성이 있다. 마치 권력의 중심으로 세력이 형성되는 것과 같은 것이다. 시제의 법칙에 따라 년월의 子午 충은 "월-일-시지"에 구성된 삼합의 작용으로 인하여 해소된다. 이때 午火를 충하던 子水는 申子辰 水局을 이룬 삼합의 세력으로 응집되기 때문에 午火를 충하지 않는 것이 된다. 이런 경우를 충을 해소하거나 구해했다고 한다.

② 半合이 冲을 해소한다는 경우(『자평진전평주』)

```
丁 癸 □ □
巳 卯 酉 巳
```

『자평진전평주』에서 巳酉반합 회금會金하여 卯酉충이 해소된다고 제시한 사주이다. 년월의 巳酉반합은 일지의 卯에 의해 卯酉 충으로 합이 깨졌다. 시지의 巳火는 월지 酉金과 합을 할 수 없다. 합의 선후법칙에 의해 년월의 반합이 卯酉의 충을 해소 할 수도 없는 것이며, 합의 본기酉를 옆에서 근접近接하여 冲을 할 경우에는 극충헨冲이 되어 합으로 인정할 수가 없게 된다. 자평진전평주에서 충을 해소하는 것으로 설명한 것에 대한 다른 견해이다. 사주명리의 이론이나 설명은 마치 음과 양처럼 2분법적 극과극의 상반된 견해가 많다. 앞서 명리의 문제점으로 지적한 바 있지만 명리학의 특성상 체계를 정립함은 쉽지 않지만 나름의 기초체계는 필요할 것이다. 예외적 적용 역시 기초체계 위에서 성립되는 것이 바람직하다 할 것이다. 더 큰 문제는 체계와 이론의 부재에서 혹 그 무엇을 적중시켰을 경우 그것이 곧바로 주장과 참된 이론으로 굳혀져버린다는 것에 있다고 하겠다. 명리에 입문하는 모든 분들은 이러한 문제를 간과하지 말고 체계적인 사유와 이론을 정립한 후에 자유로운 사유思惟로의 명리에 도달하기 바란다.

③ 六合이 沖을 해소하는 경우

丙　乙　□　□

戌　卯　酉　午

　卯酉 충을 하지만 日時의 卯戌이 합을 이루어 충이 해소되었다. 卯
戌은 묶이고 酉金은 자유로워진 것이다. 그러나 합을 이룬 卯戌은 사상
丙火의 통근처 역할을 하게 되며 乙木 일간에는 卯가 戌土와 합을 하여
아신我神을 돌보지 않는 것과 같이 그 근기가 약화되는 것이다. 卯戌은 合
化로 변화된 것은 아니다.

④ 半合사이에 沖이 있어도 반합이 沖을 해소하는 경우(『서락오견해』)

丙　丙　丙　甲

申　寅　子　子

　서락오는 寅申 충을 월과 시의 子申으로 구해한다는 의견이지만
寅申 충을 구해할 수는 없다. 반합의 경우 반합을 이루는 사이에서 충이
발생하면 합을 이룰 수 없다. 정관격에 官을 보필하는 寅申 재인財印이 상
충하니 고관무보孤官無補가 되어 늙도록 발달하지 못하였다는 사주이다.
조정의 신하들이 임금을 보필할 생각은 하지 않고 당쟁만을 일삼는 상象
이라 하겠다.

⑤ 沖과 半合, 그리고 六合이 있는 경우

□　丁　□　□

辰　酉　巳　亥

巳亥가 沖을 하는데 월과 일이 巳酉半合 회금會金하여 충을 해소하는 중에 다시 일과 시에서 辰酉 합하여 년월의 巳亥 沖이 살아난 경우이다. 시제의 법칙을 예시한 사례라 하겠다. 巳亥가 충 함으로서 일간 丁火는 월령 巳火에 뿌리를 두고 있었으나 충으로 인하여 손상되니 힘이 약화되는 것이다. 이런 경우 월령이 하절이기 때문에 丁火의 근기가 완전히 소멸되는 것은 아니다.

⑥ 刑을 하는데 沖이 刑을 해소하는 경우

■　丁　■　■
酉　卯　子　■

子卯 刑을 하는데 卯酉가 沖하여 卯는 子를 刑을 하지 못한다. 만약 沖을 하는 경우 일과 시에서 형을 하는 경우에는 충과 형이 공존하는 것이 되어 刑이 沖을 해소하지 못한다. 刑이 沖을 해소할 능력이 없다.

⑦ 암합(暗合)으로 沖을 解消하는 경우

庚　癸　乙　庚
申　卯　酉　辰

辰酉 합을 卯酉 沖하여 합을 풀어버린 경우인데, 다시 卯申이 암합(暗合)을 이루어 沖을 해소하니 辰酉 합이 형성되는 경우이다. 卯中에 乙과 申中에 庚金이 상합相合하는 것이다. 사주원국에 나타난 합을 명합明合이라 하고 대운이나 세운을 통해 원국과 합하는 것을 암합暗合이라고 하는데 지장간끼리 몰래 합하는 것도 암합이라고 한다. 은밀한 합이니 사

주와 운세를 추론하는 과정에서 비밀스런 일들을 추론해 낼 수 있는 단서를 제공하는 합이다.

2. 한난조습(寒暖燥濕)

천간	한(寒)	庚辛壬癸 (己)
	난(暖)	甲乙丙丁(戊)
지지	조(燥)	寅巳午未戌
	습(濕)	子丑卯辰申酉亥

사주명리를 분석할 때 아무리 강조해도 지나침이 없는 것이 이 부분이다. 명리(기능적 축면에서의 운명예측)의 핵심은 대립과 모순 속에 평형을 유지하려는 우주변화의 법칙 속에서 발생하는 한서寒暑와 온량溫涼 등 계절의 변화와 그 작용에서 나타나는 일련의 천지만물의 동정動靜을 살피는 것이다. 따라서 명리는 계절과 기후를 의미하는 월령을 중시하게 되는 것이며, 그것에 따라 사주팔자에 나타난 "한난조습"의 배합을 살피는 것은 매우 중요한 것이라 하겠다.

자평의 이론을 생극제화로만 판단하는 경우가 있는데 그것은 잘못된 생각이다. 생극生剋의 작용은 기후의 배합관계를 포함하여 나타나는 것이며, 본래 사주의 자평이론이 절기의 심천深淺을 중시하였으니 소위 조후를 강조한 『난강망』(궁통보감, 조화원약―서락오 평주) 역시 자평의 이치를 벗어나지 못하는 것이라 하겠다.

여기서는 한난조습에 대한 천지天地의 이치와 오행의 희기喜忌를 대략 살펴보도록 하겠다.

한난조습 천지(天地)의 이치

하늘의 이치道理에는 차가움寒과 따뜻함暖이 있어 만물을 발육시키고 여름인 하지夏至지 후 10일부터 일음一陰이 시생始生하여 서북(가을, 겨울)으로 순행함으로서 땅의 기운은 차갑고 습해진다. 땅의 이치에는 건조함과 습함이 있어 다양한 기품의 사물을 만들어 내고 한랭한 겨울 동지 후 10일부터 일양一陽이 시생하여 하늘의 기운이 동남(봄, 여름)으로 순행함으로서 땅은 따뜻하고 건조해지게 된다.

한번 춥고 한번 따뜻하고 한번 건조하고 한번 습한 것이 바로 일음일양지위도一陰一陽之爲道라 하는 것이니, 이것으로 인해 다양한 기품의 만물이 생육성장하게 되는 것이다. 이렇게 천지의 음양 두 기운이 균형을 이루지 않고 어느 한쪽으로 지나치게 치우치지면 병病이 되는 것이니 사람의 운명運命 또한 이와 마찬가지라 하겠다.

따라서 사람은 여름에 태어나면 화火가 열렬炎烈하여 조열燥熱한 것이니 마땅히 습濕한 수水를 기뻐하고, 겨울에 태어나면 한랭하여 만물이 얼어붙은 것과 같은 것이니 마땅히 난暖한 목화木火가 필요한 것이다. 봄, 가을의 태어난 사람은 대체로 한서寒暑가 치우지지 않은 때이니 오행의 중화中和를 기뻐한다 하겠다.

사람은 어느 곳 어느 때나 크고 작은 환경의 지배 하에 놓이게 된다. 다양한 범주의 환경이 있겠지만, 특히 기후에 관련하여 쾌적한 환경(온풍기, 에어콘 등의 필요)을 요구하고 찾게 되듯이 오행의 이치 역시 이러한 인사人事의 이치를 벗어나지 않게 된다.

난강망 오행의 희기(喜忌)

한난조습에 따른 오행의 희기에 대한 깊은 이해는 『난강망欄江網』(시기, 저자 미상 어느 어부의 작)에 서락오가 평주를 단 궁통보감 또는 조화원약 등에 대한 학습이 필요하다. 이 책에서는 오행의 대략적인 희기를 설명하고 실전추론에 적용하는 난강망 평주서들의 이론에 대한 이해를 돕는 정도의 개략을 설명하고자 한다.

① 목(木)

봄철의 木은 겨울철의 한기寒氣가 남아 있어 비록 봄이라 하지만, 특히 초춘初春에는 반드시 丙丁 火의 온난한 기운을 필요로 하게 된다. 丙丁 火는 木生火의 관계로서 木의 기운을 설하는 식상食傷이 되지만, 초춘에는 오히려 추위에 싹을 움트게 할 수 없는 나무에게는 도움生이 되는 반생反生의 이치가 있게 된다. 그러나 분출의 기운을 가진 양난陽暖의 木에 화기火氣가 지나치면 木이 시들어 고사枯死하는 이치와 같은 것이니, 봄철의 木에 인수印綬인 물水이 없으면 역시 좋지 않게 된다. 하지만 아직 한기가 가시지 않은 때이니 물水이 지나치게 많으면 오히려 습濕이 중하여 뿌리가 썩게 되는 것이니 마치 어머니의 사랑이 지나쳐 오히려 그 자식에게 의타심만을 길러주는 결과를 초래하여 자식의 의지가 약해지는 것과 같은 것이다.

따라서 水火가 서로 상극하지 않으며 적절히 배합되는 수화기제水火旣濟(물과 불이 서로 장애가 없이 사귀는 괘상)의 상象이 바람직하다 하겠다. 봄철에는 金이 중첩됨을 꺼리게 되는데 어린 싹을 자르는 칼날과 같은 것이니 金剋木으로 칠살七殺이 되기 때문이다.

여름의 木은 염렬한 때에 잎이 무성해지는 반면 뿌리가 마르고 가지가 시들게 되는 때이니 인수印綬인 물水로서 적셔주어야 생기가 돈다. 木生火로서 식상食傷에 해당하는 계절이니 나의 기운을 설기洩氣함이 지나친 때이다. 무성한 잎은 목기木氣가 지나치게 발산되어 그 기운을 모두 소진한 것이니 안으로는 기氣가 허한 것으로서 반드시 인수인 물水에 의지해야 생명력이 장구長久하게 되는 것이다. 土가 있으면 나무의 뿌리가 되고 火生土로서 왕한 火氣를 유행시켜 좋은데 土가 너무 많으면 土剋水로 하절에 반드시 필요한 물水을 극제하게 되어 재앙이 일어나게 되는 것이다. 金은 金生水의 기능과 나무를 다듬어 주는 기능으로 필요한 것이나 너무 많으면 木이 설기가 심한데 다시 극제함이 지나친 것이니 극설교가剋洩交駕가 되어 흉한 것이다. 또한 하절의 木이 水가 긴요한 것이지만 水가 태왕하면 삼복생한(三伏生寒 : 삼복더위에 한기가 생하는 것)으로 도리어 火가 필요하게 되는 것이니 일률로 말할 수 없는 것이며 여기서는 그 대략만을 살피는 것이다.

가을의 木은 잎이 떨어지는 시기이다. 이른 가을은 여름의 노염老炎이 남아 있으니 水土의 배합으로 木을 자양自養해 줌이 필요하다. 중추에는 과실이 무르익어 가지치기가 필요하니 庚金(가위)이 부족할 수 없으며 또한 추목秋木은 다자란 나무이니 깎고 다듬어 기물을 이루어야 그 쓰임이 있는 것으로서 추절의 旺金을 丙丁 火로 제련해야 나무를 다듬을 수 있게 된다.

이 말은 왕금을 설기하여 金生水하여 다시 水生木으로서 "살인상생殺印相生"을 의미하는 것이며, 金이 태왕하면 丙丁 火로 식상제살食傷制殺을 하여 木을 보호하는 격용格用을 의미하는 것이다. 제4장에서 상세할 부분이니 여기서는 한난조습의 희기에 대한 흐름만 이해하면 될 것으로 생각된다.

戌月 상강霜降이 지난 후에는 수왕한 동절冬節에 들기 전이니 水가 왕성함을 꺼리고 水가 많으면 木이 표류하게 되는 이치이다. 추절秋節은 왕금이 당령한 때이니 재성인 土가 많아 왕금旺金을 생하면 왕금칠살七殺이 木을 제극함이 지나친 것이 되니 이를 "부건파처夫健怕妻"*라 한다.

겨울의 木은 반굴(盤屈 : 꾸부정한)하여 土가 많아 배양해야 한다. 겨울은 水旺한 때인데 水가 왕성하면 부목浮木이 되어 그 형태를 잃어버릴까 두려운 시기이다. 金

* 부부는 일간을 뜻하는 것으로서 旺金이 당령한 추절에 일간이 건왕한데 재성도 건왕하여 왕금 칠살을 생조하니 칠살이 일간을 극하게 되어 일간은 재성妻을 두려워 한다는 의미

이 많아도 수왕한 때이니 金生水로서 金氣가 水에 설기되어 水生木하니 칠살의 해害가 없게 되며, 火가 중첩되면 따뜻하게 하는 공이 있는 것이다. 동절의 木은 木氣가 뿌리로 돌아가는 때이니 水가 비록 木을 생한다고 하나 오히려 나무를 얼게 만들 뿐이니(反剋의 이치) 반드시 일지와 시지에 木火의 생왕지生旺地가 임해야 길한 것이다. 따라서 일과 시지에 火의 병사지病死地, 즉 申酉가 임하면 흉한 것이 된다. 운의 흐름도 마찬가지이다.

② 화(火)

봄철의 火는 木生火로서 木火의 세력이 병왕하여 모왕자상母旺子相이라 한다. 비록 봄의 火가 인수인 木의 생을 기뻐하지만 생함이 지나쳐 火가 치열하면 좋지 않은 것이니 이때는 관살官殺인 水로서 배합하면 水生木, 木生火로서 수화기제水火旣濟의 공이 있게 된다. 그러나 水가 너무 왕성하면 오히려 습목濕木이 되어 불꽃이 없게 되니 이때는 식상食傷인 土로서 水를 제制해야 기쁜 것이다. 이것을 "식상제살"이라고 한다. 만약 火가 많고 식상인 土가 많으면 土가 火의 빛을 어둡게 하고, 火土가 조열

192   명리학 특강

하여(火炎土燥 : 화염토조) 가물은 땅과 같은 것이니 "화토상관火土傷官"은 빼어난 기운이 없게 된다. 즉 상격上格의 명命이 되지는 못한다는 것이다. 이때는 반드시 水로서 보좌해야 길하게 된다. 봄의 火가 金을 보면 재성에 해당하는데 재성인 金은 춘절에는 기세가 약하여 능히 火剋金을 할 수 있으니 부격富格을 이룰 수 있게 된다.

여름의 火는 火가 때를 만나 왕성한 것이니 반드시 관살인 水로서 水剋火해야만 흉이 없게 된다. 화세火勢가 치열한데 다시 木이 왕화를 도우면 요절夭折을 할 염려가 있게 된다. 칠살이 비록 흉신이나 염렬한 때에는 반드시 칠살을 기뻐하고 인수를 꺼리는 것이다. 재성인 金은 칠살을 생조하니 기쁜 것인데 水가 없으면 왕화에 의해 녹게 되는 것이니 먼저 水가 없으면 안 되고 그렇지 않으면 반드시 화액禍厄이 따른다(群比爭財 : 군비쟁재).

만약 水로 배합된 土金을 취하여 왕화의 기운을 설기하면 거부巨富를 이루게 된다(食傷生財格 : 식상생재격).

가을의 火는 황혼黃昏에 가까워 기세가 쇠하게 된 때이니 관살인 水의 제극을 받으면 반드시 화액禍厄(장수하기 어려움)을 당하게 된다. 이때 인수인 木의 생조가 있으면 火의 밝음을 되찾을 수 있다. 土가 많으면 빛을 어둡게 하니 꺼리게 된다.

동절의 火는 포태법으로 절지絶地에 해당하여 기세가 끊어져 형체가 없어지는 때이다. 동절은 水旺한 때로서 약한 火를 극하니 반드시 인수인 木으로 水氣를 설하여 木生火로 생조殺印相生格해야만 화액禍厄을 면할 수 있다. 따라서 동절의 火는 절대로 木을 떠날 수 없는 것이다. 수왕한 때에 식상食傷인 土가 있어 제制하면 길하고, 재성인 金은 왕수인 관살을 생하고 약한 火가 金을 감당하지 못하니 이롭지 못하다.

③ 토(土)

춘절의 土는 木이 왕한 때로서 木剋土하니 土가 허虛하다. 이때는 인수인 火로서 왕한 木氣를 설하여 火生土로 생하면 살인상생격殺印相生格이 되어 상격上格이 된다. 식상食傷인 金을 만나면 金剋木으로 칠살七殺인 木을 제하여 길하지만(食傷制殺 : 식상제살) 만일 金이 너무 많아 土가 쇠약하면 극설교가剋洩交駕가 되어 흉하게 된다. 재성인 水를 만나면 왕목을 생하고 쇠약한 土를 붕괴시키니 흉한 것이다. 대체로 봄의 土는 쇠약하여 설기하는 金을 씀은 마땅치 않고 火의 생조를 기뻐한다.

여름의 土는 火生土로서 치열한 화세火勢의 생을 받으니 조열하고 건조하여 논밭이 갈라지는 형상으로서 水의 윤습함을 기뻐하게 된다. 이때 식상인 金을 만나면 金生水로서 재성을 생하게 되니 돈과 여자妻의 이로움이 있게 된다. 하절의 토는 화토동궁으로 왕지旺地가 되니 土가 가장 왕한 때이다. 만약 토가 중첩하여 두터우면 관살인 木으로 소토疏土해야만 길하다. 그러나 이때는 반드시 재성인 水가 배합되어야만 하는 것이지 그렇지 않으면 오히려 화염火炎를 도와 흉이 되는 것이다.

추절의 土는 土生金으로 土氣가 설기되어 허약한 때이다. 마땅히 인수인 火가 많음을 기뻐하게 된다. 木이 많아도 추절의 木은 절지絶地에 해당하여 토를 제할 힘이 무력하니 무방하고, 재성인 水가 많으면 추금秋金의 생을 받아 쇠약한 토가 흩어져 흉하게 된다.

겨울의 토는 동토凍土로서 천지가 얼어붙는 때이다. 반드시 인수인 火로 따뜻하게 해야 생기를 얻을 수 있다. 동절의 土는 火를 얻으면 水를 만나 재물이 풍족하고, 金을 만나면 자식이 뛰어나고 여기에 비견까지 있으면 가명佳命이 된다.

〈辰戌丑未월의 土〉

사계(四季)의 土는 土氣가 전왕한 때이나 火의 생을 받는 未土가 가장 왕한 토이며, 辰土는 장간에 木氣의 극을 받으니 속이 허한 토(虛土)가 되고, 丑戌土는 장간의 金氣에 의해 기운을 빼앗기니 왕하다 할 수 없는 것이다. 그러나 戌土는 火의 묘고지로서 辰丑土보다 왕하다.

土가 진술축미월에 태어나면 辰月은 지장간이 乙癸에 해당하여 재자살(財滋殺)이 되고, 戌月는 상관패인(傷官佩印)이 되고, 丑月은 식상생재(食傷生財)가 되고, 未月은 살인상생(殺印相生)이 되어 모두 귀격(貴格)을 이룬다. 단 丑月은 반드시 丙火로 배합을 해야만 귀격이 된다.

未月은 火가 왕하여 金을 생할 수 없으나 대서大暑가 지나면 金水가 진기(進氣)하여 午中 己土가 비습(卑濕)하니 비록 未月이라 할지라도 金을 생할 수 있게 된다.

④ 금(金)

봄의 金은 아직 한기가 남아 있으니 火로써 따뜻하게 하면 유용한 金이 된다. 그러나 춘절의 金은 金剋木으로 쇠약하여 인수인 土가 없으면 안 된다. 만일 관살인 火가 없고 인수인 土만 있으면 차가운 土가 양질의 金을 생하지 못하게 된다. 식상인 水는 한기를 더욱 가중시키니 꺼리게 되나 만일 火가 왕하면 재살財殺인 木火가 왕하여 金이 약해지니 이때는 水가 있어야만 한다(食傷制殺 : 식상제살). 봄의 金은 쇠약하여 인수인 土가 있어야 하지만 금은 땅에 매몰됨을 꺼리게 되는 바 土가 많으면 도리어 흉하게 된다.

재성인 木이 당왕한 때이니 木이 가중되면 목왕즉금결木旺則金缺(본시 金이 木을 극하나 木이 왕하면 도리어 金이 이지러짐을 말함)하니 이때는 비견인 金의 도움이 필요한 것이다.

여름의 金은 火剋金으로서 관살의 제극을 받으니 매우 유약한 金이 된다. 巳午未月의 하절은 지장간에 土氣가 火金사이를 가로막고 있는 것이니 비록 조토燥土가 金을 생하지는 못하여도 두려운 것은 아니다. 이때 水로서 배합하면 火를 제하고 土가 윤택해져 金을 생하게 된다. 하절의 金은 윤택한 土의 생을 기뻐하지만 水는 여름에 절지絶地가 되어 쉽게 마르니 비견인 金이 있어 생조해 주어야만 길하게 된다.

추절의 金은 때를 얻어 숙살肅殺의 기운이 강한 때이다. 관살인 火로써 단련하면 완금頑金이 기물器物을 이루고, 식상인 水를 만나면 금수상관金水傷官으로 기운이 빼어나니 총명하다. 土를 만나면 왕금이 둔탁해져 흉하다. 재성인 木을 만나면 절지絶地에 이른 木을 마음대로 휘두르니 水로 배합하면 식상생재격食傷生財格을 이루어 대부격大富格의 상격을 이루게 된다.

동절冬節의 金은 水旺하고 한랭한 때에 金生水로 金氣를 설하니 쇠약하다.

水가 많으면 金이 가라앉으니 土로서 水를 제하고 火로 도우면 길하다. 재성인 木이 많으면 金生水, 水生木으로 왕수가 金氣를 설하여 제하기가 어려워 공이 없다. 동절의 金은 반드시 火土가 있어야 관인상생官印相生을 이루어 상격이 된다. 따라서 동절의 金은 金生水가 되어 금수상관金水傷官으로 금한수냉金寒水冷하여 반드시 관성官星인 火가 있어야 상격을 이루게 된다.

⑤ 수(水)

춘월의 水는 겨울철에 얼었던 눈과 얼음이 녹아 물이 넘쳐나기 때문에 음注하다. 비록 물이 많아지는 때이나 기세가 흩어지니 왕기旺氣가 물러나 寅卯辰월에 병사묘病死墓地가 되는 것이다. 비견인 水가 많으면 물이 범람하는 것이니 이때는 반드시 관살인 戊土로 제방해야 근심스럽지 않은 것이다. 水가 적고 오히려 관살인 土가 많으면 물의 흐름이 막히게 되니 이때는 木으로 제토制土해야 길하다. 비록 춘월에 水가 많아도 목왕절木旺節이니 수기水氣가 설기되어 水가 고갈되는 것이니 인수인 金이 없어서는 안된다. 초춘은 아직 한기가 남아 있어 水江가 차가우니 태양인 丙火로 비추면 따뜻해져 길하다. 木이 왕하면 수목진상관水木眞傷官이 되는데 만약 水가 적으면 비견水과 인수金로 도와야 하고, 水가 왕성하면 수범목부水泛木浮하여 木이 물에 떠 표류하게 되니 이때는 재관財官인 火土를 기뻐하게 된다.

여름의 水는 水剋火로 기세가 쇠하고 절지에 이르는 때이다. 물이 고갈되니 마땅히 비견과 인수인 金水로 도와야 한다. 木은 水氣를 설하여 火를 생하니 水가 메말라 흉하고, 土는 水를 제극하여 흐름을 막고 탁하게 하니 역시 흉하다.

가을의 水는 金生水로서 생을 받으니 모왕자상母旺子相한 때이다. 金水가 쌍청雙淸하여 금백수청金白水淸하니 물이 맑아 귀격을 이룬다. 水旺하여 戊土로 제방함은 길하나 비습한 己土는 물을 탁하게 흐리니 꺼리게 된다.

재성인 火를 만나면 재물이 풍부하고, 식상인 木을 만나면 자식에게 영화가 따른다.

동절의 水는 수왕절에 왕기旺氣를 얻은 때이나 한기寒氣가 심하다. 따라서 반드시 재성인 火로서 따뜻하게 해야 한다. 이미 水가 왕하니 인수인 金의 생조가 필요치 않으며 金은 도리어 한랭함을 가중시켜 의리가 없게 된다.

식상인 木을 얻어도 水木이 응결凝結되어 역시 생의生意가 없는 것이니 무용無用한 것으로서 반드시 재성인 火로서 한기寒氣를 제거해야만 유용有用해지는 것이다. 水가 태왕하여 범람하면 土의 제방이 필요한데 이때도 역시 재성인 丙火로 관살인 土를 생조하지 않으면 불가한 것이다. 따라서 동절의 水는 반드시 재관財官을 갖추어야 한다.

이상의 "난강망 오행의 희기"는 10천간이 절기의 기후에 따라 필요로 하는 오행의 희기를 설명하는 것이다. 소위 조후용신법으로 대변되기도 하는 이론인데 크게는 자평의 격국을 벗어나지 못하는 것이지만, 특징적으로 난강망의 이론체계는 격국의 고저를 판별하는데 특히 참고해야할 부분이다. 통상 자평의 격국이론과 난강망의 조후이론을 구분하여 사주를 설명하지만, 이 모두가 하나의 이치로 담겨있는 것이 팔자八字인 것이니 한 가지로 논할 수 없는 것이다. 격국의 성패와 한난조습 및 용신의 유력무력과 대운의 향방 등을 모두 고려해야 할 것이다.

3. 통근(通根)과 왕쇠(旺衰)

통근과 왕쇠는 사주를 분석하고 범주체계를 구분 짓기 위해 판단해야할 가장 근본적이고 우선적으로 판별해야 할 요소들이다. 통근과 왕쇠는 그 용어가 다르지만 그 관계는 바늘과 실의 관계처럼 밀접한 연관성을 갖게 된다. 예컨대 작은 풀 종류의 일년생 식물天干은 땅 속에 내린 그 뿌리(통근)가 깊지 않아 쉽게 뽑히지만 다년생의 나무天干 등은 뿌리가 깊어(통근) 쉽게 뽑히지 않는다. 즉 천간天干이 지지에 뿌리根를 얼마나 깊게 내리고 있느냐 그렇지 않느냐에 따라 통근의 세력을 가늠하게 되는 것이며, 이것에 따라 천간의 각 오행은 그 왕旺함과 쇠衰함의 강약强弱을 결정짓게 된다. 따라서 천간의 지지에 대한 통근 여부의 가늠이 정확하지 않으면 왕쇠에 대한 판별 또한 정확하지 않게 됨은 자명한 것이다. 통근과 왕쇠의 가늠에 대한 오류는 당연히 운명예측의 오류로 이어지게 되는 것이니 아무리 강조해도 지나치지 않다고 하겠다. 이 책에서 밝히는 통근에 대한 분류체계는 기존의 개념을 보다 상세한 것으로서 새롭게 정립시킨 세분화된 이론체계라 하겠다.

통근(通根)

통근처 구분			木		火		土		金		水	
			甲	乙	丙	丁	戊	己	庚	辛	壬	癸
통근처	통근	득령(본기)	寅卯		巳午		辰戌丑未(巳午)		申酉		亥子	
		(통기+생기)		亥		寅		巳	丑戌			申
		여기		辰		未				戌		丑
		중기	亥	未	寅	戌			巳	丑	申	辰
	통기	여기	辰		未					丑		
		중기	未		戌				巳		辰	
	생기	인수	子		卯				未		酉	
불통근이나 지장간 가용(可用)			申, 丑		辰, 亥		寅		午		巳, 戌	

[陰陽 同生同死法 적용]

註 : 이 분류기준은 음양 동생동사의 이론을 기초한 구분이며, 동일한 기운(祿刃)을 갖고 있지 않은 인수의 경우는 근(根)이 유력하다기 보다는 기운을 생해주는 역할로서 완전한 통근(通根)이나 통기(通氣)보다 하위의 개념인 생기(生氣)로 구분하였다. 실전추론에서 격과 용신의 유력, 무력을 분별하고, 현상적으로 나타나는 미세한 차이를 발생시키는 중요한 단서가 되기에 간과할 수 없는 부분이다.

통근은 일간을 포함하여 천간의 오행이 지지에 뿌리를 내리는 것을 뜻하는 데, 이를테면 위의 표에서처럼 천간오행과 동일한 기운(지장간 포함)을 내포하고 있는 지지地支를 통근처(인수, 녹과 양인, 묘고지, 장생지 등)라 하고 이들 통근처를 보아 그 기운의 왕쇠旺衰를 판단하게 된다. 이 때 왕쇠의 판단은 지지에 통근처를 많이 확보하고 천간에 투출한 오행일수록 그 세력이 강한 것이 된다.

일반적으로 천간오행이 지지를 보아 인수나 녹인祿刃, 묘고지나 장생지를 얻게 되면 통근한 것으로 판단하게 되는데 이들 통근에 대한 세밀한 분석은 합이화(合而化 : 합하여 변화됨) 또는 합이불화(合而不化 : 합을 하나 변화하지 않음)에 직접적인 영향을 미치는 또하나의 단서요, 요소가 되는 것이니 그 중요성은 매우 크다 할 것이다.

위 표의 통근처 구분은 3단계로 구분을 해 보았다. 기존서의 통근개념은 위 표에서 제시하는 "통근처"라는 대범위를 세분화(통근)통기) 생기) 없이 "통근(=통근처)"이라는 동일개념 정도로 사용해 왔지만, 이 책에서는 통근의 세분화를 이루지 않았던 기존의 통근개념(통기, 생기에 대한 구분이 없었음)에 대해 보다 다른 명칭으로 세분함으로서 통근의 세력을 보다 쉽고 체계화 하고자 하는 시도를 해 보았다. 기존 통근처의 개념과 비교하여 그 범위에 있어서 별 차이가 없을 수 있기에 불필요한 구분이라 여겨질지도 모르겠으나, 소위 사주에서 원신元神투출의 개념을 정의하는데 관건이 되는 근본이다. 하나의 이론은 그 하나에 있어서만 작용과 영향을 미치는 것으로 끝나는 것이 아니기 때문에 통근과 왕쇠의 근본원리와 개념은 전체적인 사주분석에 중대한 영향을 미치는 근본이라 하겠다. 이 책에서 밝히는 통근의 개념에 대해 음포태陰胞胎를 지향하는 사람들*에

* 음포태를 쓰는 근본원리에 대해 전혀 모르는 가운데에서의 주장 또는 자평진전에서 나뭇잎 乙을 비유로 설명한 음포태 주장에 따른 무조건적 수용자

게는 전혀 이치에 맞지 않거나, 때로는 "음생양사, 양생음사"의 이론을 수용하면서도 통근의 개념에서는 음양 동생동사 이론에 기인한 통근법을 적용하는 대부분의 혼합된 적용법을 가진 경우에 있어서는 쉽게 납득이 가지 않는 이론이라 할 것이다. 예컨대, 사주원국의 회합會合에 있어서 "원신이 투출하면…" 또는 "원신이 투간하면…"이라는 말을 흔히 사용하지만, 원신투출의 뜻은 단순히 회합한 오행의 기氣만을 말하는 경우도 있겠지만(이런 경우는 대략적인 기氣의 왕쇠만을 설명할 때 사용) 회합하여 완전한 진화眞化의 변화가 일어날 때는 그 오행의 음양까지도 구분해야 하는 의미가 담겨있게 된다.

어찌됐거나 통근의 개념은 음양을 막론하고 위 표의 전체 통근처 범위를 벗어나지 않게 된다. 학습을 하며 보다 연구가 이루어졌으면 하는 마음에서 구분한 것이니 소도小道라 하여 어찌 취할 도道가 없겠는가!

통근의 개념에서 생기生氣의 용어는 통근보다는 하위개념인 통기通氣와 별도로 구분을 짓기 위한 용어이다. 인수에 해당하는 오행 역시 통근처로 작용을 하는 것이나 지장간에 동일한 오행의 성분이 포함되지 않은 경우의 인수印綬는 엄밀히 "통근"이라기보다는 생하는 기운에 불과한 것이니 "생기生氣"로 구분한 것이며, 지장간에 음양을 달리하는 오행의 기운을 포함한 "통기通氣"보다는 근기가 약한 것이니 "생기生氣"는 "통기通氣"의 하위 개념으로 구분 설정한 것이다. 이를테면, 甲子, 丁卯, 庚辰, 癸酉 등을 뜻하는데 일반적인 통근, 통기의 힘보다는 약한 것이나 상생의 관계에 놓여 있기 때문에 큰 범주에서 통근처通根處로 보는 것이다.

이 책에서 언급하는 통근은 통기와 생기를 포함한 통근처의 상위 개념으로 사용될 것이며, 고금을 통해 기존서들이 단일 용어로 사용한 통근을 "통근 〉통기 〉생기"로 차등 세분화함으로서 격의 고저, 용신의 유력과 무력을 구분하는 요소로서 그 중요성을 인식하게 될 것이다.

천간의 통근처 예(例)

통근(通根)의 예	통기(通氣)의 예	생기(生氣)의 예
□ 丙 □ □	□ 甲 □ □	□ 庚 □ □
□ 午 □ □	辰 □ □ □	□ □ 辰 □
丙일간이 좌하 양인에 통근한다.	甲일간이 辰中 乙에 통기하니 통근한다.	庚일간이 辰土의 생기를 받으니 통근한다.
□ □ □ 壬	丙 庚 □ □	□ 乙 □ □
□ □ 申 □	□ □ □ 戌	□ □ □ 子
년상 壬가 장생지인 申中 壬水에 통근한다.	丙庚이 戌中 辛丁에 통기하니 통근한다.	乙일간이 子水에 생기를 받으니 통근한다.

통근 세력에 대한 중요성은

첫째, 일간 및 천간 오행의 강약旺衰을 구별 짓는 기준요소가 된다. 둘째, 통근의 유무有無에 따라 내격內格과 외격外格의 종격從格을 구분하는 기준요소가 된다. 셋째, 격의 고저를 판별하는 작용을 한다. 또한 통근은 지지의 會合冲刑에 따라 변화할 수 있는데, 특히 충이 일어난 경우에는 천간의 통근처로 사용할 수 없는 것이다. 刑의 경우는 충과는 달리 상극의 힘이 아니기에 뿌리가 뽑힌 것으로 보지 않으니 천간의 통근처로 활용할 수 있게 된다. 회합으로 인하여 통근이 변화하는 경우가 있는데, 예컨대 庚辛金이 지지 申金에 통근을 하고 있을 때 申子辰 水局을 형성하여 천간에 壬癸水가 투출한 경우(단, 월령을 살펴야 함)에 지지의 申金은 천간 庚辛金에 대해 통근처로서의 역할을 상실하게 되는 것이다. 이러한 경우 일간의 뿌리가 여타 지지나 인수가 통근되어 있지 못하면 기명종격棄命從格을 형성하게 된다.

종격에 대한 설명은 제4장 자평요결 2차 범주체계의 외격 편을 참고하기 바란다.

통근처 조견표

구분	甲	乙	丙	丁	戊	己	庚	辛	壬	癸
子	생기	생기							통근	통근
丑	可用	可用		통근	통근	통근	통근	통근	통기	통근
寅	통근	통근	통근	통근	가용(可用)					
卯	통근	통근	생기	생기						
辰	통기	통근	可用	可用	통근	통근	생기	생기	통기	통근
巳			통근	통근	통근	통근	통근	통기	可用	可用
午			통근	통근	통근	통근	可用	可用		
未	통기	통근	통기	통근	통근	통근	未+水 생기	未+水 생기		
申	可用	可用					통근	통근	통근	통근
酉							통근	통근	생기	생기
戌			통기	통근	통근	통근	통근	통근	可用	可用
亥	통근	통근	可用	可用					통근	통근

註 : 빈칸은 통근을 하지 못하는 지지오행이며, 可用은 불통근이지만
용신으로 취할 수 있는 것을 뜻함

통근의 세력 판단

① 통근한 지지의 개수가 많을수록 투출한 천간의 글자가 강한 세력이 된다.

② 本氣를 가장 중시하여 세력을 가늠한다.

③ 지지의 비중은 월지, 시지, 일지, 년지의 순으로 한다.

④ 지지에 충이 되면 통근하는 힘이 상실된다.

⑤ 지지의 합으로 인해 변격(變格)이 될 수 있으며 천간의 세력을 약화시키거나 강하게 시킬
수 있다. 즉 합하여 묶이는 경우와 진화(眞化)한 경우를 말한다.

⑥ 천간에 비견 세 개를 얻은 것은 하나의 장생, 건록, 양인을 얻음만 못하다.

⑦ 천간에 비견 두 개를 얻은 것은 하나의 여기(餘氣)를 얻음만 못하다.

⑧ 천간에 비견을 하나 얻은 것은 근(根) 있는 비견과 같지 않고, 지지의 묘고지를 하나 얻음
만 못하다.

왕쇠(旺衰)

팔자를 간명함에 있어서 일간을 포함한 천간의 왕쇠를 구분하는 것은 월령을 보아 격국格局을 정함과 함께 더불어 수행되어야 할 첫 번째 분석 조건이다. 왕旺이란, 일간이 득령을 하여 같은 오행이 지지에 통근해 있거나 또는 지지에 일간과 같은 오행으로 방方이나 국局을 형성한 것 등을 말한다. 물론 월령을 득得하지 않았어도 여타 지지에 녹이나 양인 등을 얻으면 신왕 할 수도 있다. 예컨대, 甲木이 寅卯辰 木方月에 생한 경우를 득령得令하였다고 하는 것이며, 득령한 월지에 통근하여 여타 간지에 甲乙木이 투출하면 매우 신왕身旺하게 되어 태왕太旺한 사주가 된다. 이러한 경우를 일간이 신왕身旺하다고 한다. 신강身强이라는 표현도 사용하는데 "신강하다"고 하는 것은 월령이외의 타지에 녹이나 양인 등이 많아서 일간이 강해진 경우인데, 내격에 있어서는 같은 의미로 사용해도 무방하나 외격의 종왕격과 종강격을 표현할 때는 분명히 구별을 하여 사용해야 한다.

종왕격에서의 왕旺은 일간과 같은 오행의 기운이 많아서 일간의 기운으로 일기一氣가 되는 종격이며, 종강격에서의 강强은 일주의 인수가 많아서 일간으로 종從하는 사주를 말한다. 종왕과 종강으로 구별하는 중요한 이유는 운에서 그 길흉이 달라지게 때문이다. 쇠衰라고 하는 것은 월지를 비롯해 여타 간지干支에 재관이나 식상에 해당하는 오행이 많은 경우를 말한다. 예컨대, 甲木이 申酉戌月에 생하거나 巳午未月에 생하게 되면 실령失令, 즉 월령을 잃었다고 한다. 이런 경우를 쇠衰라고 하며, 비록 일간이 월령을 얻었다할지라도 여타의 지지에 일간을 돕는 오행이 적고 재성과 관살이 왕하게 되면 역시 일간은 신약으로 분류된다. 일간의 왕쇠를 구별함에 있어서는 반드시 월령의 득실得失을 살피고, 통근의 유무와 천간에 투출한 오행의 기운 등을 전체적으로 살펴 판단해야 한다.

乙 壬 壬 丙
巳 申 辰 子

壬水일간이 木方인 辰月에 생하여 실령(월령을 얻지 못함)을 하였다. 그러나 연월일지에 申子辰 三合을 형성하고 천간에 壬水 비견이 투출하여 水局을 이루었다. 따라서 壬水 일간은 비록 월령을 얻지는 못했지만 회국에 의해 세 개의 지지에 녹을 얻은 것과 같은 세력을 얻게 되어 신왕한 사주가 된 경우이다. 이때 삼합은 진화眞化를 이루지 못하고 수기水氣로 회집하려는 성향이 강해지며 질質은 그대로 남아있게 됨으로서 시상의 乙木은 辰中에 통근한다.

4. 리산의 「나비이론」

.......周與胡蝶 則必有分矣 此之謂物化.　　〈장자의 제물론 중...〉

어느 날 『장자』의 "제물론"을 통해 "물物의 변화(나비가 장주인지 장주가 나비인지)에는 반드시 그 구별이 있다"는 「장주의 나비 꿈」에서 회합會合의 변화에 대한 단서를 얻어 『나비이론Butterfly Theory』이라 칭했다.

리산의 『나비이론(Butterfly Theory)』

● 나비이론은 매우 간단한 이론체계이지만 월령의 중요성과 통근의 세부분류체계를 읽지 못하면 결코 정립이 불가한 이론이다. 또한 변(變)과 화(化)에 대한 용어의 규명과 그 사유(思惟)에서 해결할 수 있는 이론으로서 반드시 오행의 기질(氣質)이 변화할 때는 그 구별이 있을 것이니 이것을 일러 "만물의 변화"라고 하는 것이다.

● 나비이론은 지지에 회합을 이루었을 경우 천간의 통근문제를 명료화 시킨다.

● 기존 고금(古今)의 명리서에서는 삼합회국을 이루면 무조건 변화(變化)를 이루는 것으로만 설명을 하지만 회국에는 반드시 분명한 변(眞化)과 화(假化)의 구별이 존재한다.

예컨대, 천간의 통근(通根)과 통기(通氣)에 대한 완벽한 구별을 하지 못하면 변(變)과 화(化)의 개념이해를 통한 진화(眞化) 여부를 정확히 구분하지 못하는 것이다.

『나비이론』은 "음양 동생동사" 이론 위에서 출발하며 동류상동(同類相動)의 이치와 통근체계, 지장간의 이치 및 월령의 중요성과 변(變)과 화(化)의 개념 등에 대해서 올곧이 이해하고 정립해야만 가능한 이론으로서 명리학의 난제였던 회합의 변화를 완벽히 풀어놓은 이론이라 하겠다.

변(變)과 화(化)의 개념정의

변(變)과 화(化)는 모두 변화를 의미하지만 주희는 이 두 글자에 대해 서로 다른 종류의 변화를 의미했다. 이것은 계사전에 등장하는 "화이재지위지변(化而裁之謂之變)"의 문장과 관자(管子)의 구절에 등장하는 "여시변이불화(與時變而不化)" 등에서 변화에 대한 의미를 고찰해 볼 수 있다. 여기서는 주희의 견해에 맞취 변화에 대한 개념을 소개할 것이지만, 변과 화에 대한 의미를 서로 상반되게 해석하는 경우도 있다(개념정의의 차이). 그러나 중요한 것은 변(變)이나 화(化)가 모두 변화를 의미하지만 그 기질(氣質)에 있어서 분명한 차이가 존재하며, 사주의 회합을 통해 변화되는 오행의 성질이 화(化)하고 변(變)하는 구분을 어떻게, 어느 조건에서 결정지을 수 있는가를 설명하고자 하는 것이다. 주희가 언급하는 변화에 대한 개념정의를 다음을 통해 알아보자.

초하루에서 30일까지는 화(化)이고, 이 30일에 이르면 재단(裁斷)하여 한 달을 이루고 다음 날은 다음 달에 속한다. 이것이 변(變)이다.

즉, 화(化)는 그 달의 초하루에서 하루하루 진행되는 틀 안에서의 진행되는 점진적인 과정인 반면, 변(變)은 어떤 달에서 다음 달로 전환되는 것처럼 빠르고 급작스런 변화를 의미한다는 것이다. 예컨대 여름이라는 계절 속에서 가을로 가는 과정은 여름이라는 계절 속에서의 변화로서 이것을 화(化)로 정의하는 것인 반면(즉 변화를 하고 있지만 여름은 여름이라는 것), 여름에서 가을로의 급작스런 변화는 변(變)으로서 정의되는 것을 말하는 것이니, 변화를 통해 새로운 계절로 변하게 되면 변하기 전의 기질(여름)은 사라지게 됨을 의미한다.

사주팔자에서도 음양오행의 회합은 이러한 화(化)와 변(變)의 구별이 있는 것이니 일괄적으로 "변(變)"을 의미하는 변화만을 언급해서는 안 될 것이다. 고금을 막론하고 기존의 명리서에서는 이러한 변(變)과 화(化)에 대한 구별을 살피지 않았기 때문에 천간의 통근변화는 물론 회합의 변화에 따른 내격과 외격을 명쾌히 구별 짓지 못했던 것이다.

　　사주는 회합충형과 생극제화의 이치를 벗어나지 못한다. 그러나 이 이치가 그렇게 간단하지만은 않기에 사주분석이 또 어렵기도 한 것이다. 그 중에서도 회합의 이치에는 합이화合而化와 합이불화合而不化라는 회합의 변화의 조건을 남기게 되는데, 특히 회會에 대한 변變과 화化의 기준은 언급조차 없다. 일반적으로는 『자평진전평주』에서 밝히는 월령의 득실을 기준한 회합이론이 있지만, 대만의 포여명 등을 비롯해 여러 선학들이 제시하는 회합의 변화이론과는 일부에 있어서 저마다 차이가 있고, 실전 상담을 하는 많은 술사들 역시 서로의 견해에 차이가 많음에도 불구하고 그들 견해에 대한 명료한 이론체계는 제시하지 못하고 있다.

따라서 많은 경우에 있어서 사주를 분석하는 1차적 범주체계의 접근으로서 내격과 외격을 구분 짓는 과정에서부터 혼돈내지는 분류의 오류를 범하게 되는 것이 다반사다. 종이부종從而不從과 부종이종不從而從이라는 말은 그래서 나온 말일 것이다. 예컨대, 종從한다고 판단되는데 살아온 날들은 부종不從의 내격운세가 되기도 하고, 때로는 부종의 내격이라 판단되는데 확인을 해보면 종격의 운세로 살아온 경우가 허다하다. 결국 종從이냐 부종不從이냐의 구분이론이 명료히 존재하지 않고 확률게이머로서 운명을 추론하게 된다는 것이다.

이와 같은 문제점은 고금古今을 통해서 물物의 변화이론變化理論에 대한 그 원리가 아직까지 명쾌히 밝혀지지 않은 까닭이라 하겠다. 변화이론에 대한 원리가 밝혀지지 않은 채 종從과 부종不從을 구별해야 하는 경우는 결국 50%의 확률게임에 임하는 것과 같은 것이다. 그것은 사람의 운명을 앞에 두고 반드시 경계해야 할 술사들의 마음자세라 하겠다. 때로는 매우 불완전한 경험을 토대로 원리도 모르는 채 50%의 확률에 승부를 걸면서도 때때로 당당해 하는 이들도 있겠지만, 그것은 적중 여부를 떠나서 학술에 종사하는 자로서 마땅히 삼가야 할 태도라 하겠다.

이 책에서 밝히는 "통근체계와 나비이론"은 앞으로 모든 명리학술사들이 이와 같은 문제를 단 일 초식만을 펼침으로서 그 성패를 가늠할 수 있는 길을 열어주는 계기가 될 것이다.

앞서 밝힌 통근의 체계역시 그 어떤 기존 서에서 조차(吾人이 접하지 못했거나 들어보지 못한 명리서도 있겠지만) 명료하게 이론을 제시하지 못한 것을 언급한 것이지만, 나비이론은 기본적으로 이러한 통근의 체계를 완전히 이해하지 않으면 풀기 쉽지 않은 X 파일인 것이다.

어찌됐든 리산의 나비이론은 기존의 『자평진전』이나 선학들이 제시한 회합의 변화조건과는 또다시 구별되는 이론으로서 변變과 화化의 명료한 지식체계를 제시해 줄 것이다.

삼합의 회집력(會集力)	戊 壬 壬 ■ ■ 申 辰 了	월령에 辰土를 얻고 申子辰 水局이 된 경우로서, 천간에 壬水비견이 투출하여 왕수로서 회집력이 강한 경우이다.
		이때는 비록 지지에 수국을 얻었지만 지지의 辰申은 그 질質이 완전히 변화되지 않은 화化의 상태로서 천간 戊土의 근기 역할을 하게 된다. 즉 辰土는 戊土의 통근처로 남아 있으나 그 정情은 수기水氣로 향하여 水로 향한 회집력은 상당히 강화되는 것이다.
반합의 회집	■ 壬 庚 ■ ■ ■ 辰 子	통상 子辰반합 수국이라고 하는 경우로서 申金이 투간한 것으로 판단하여 수국을 이룬 것으로 보아도 무방하다는 경우이다. 이 경우 역시 水氣로 회집하는 성향이 강할 뿐, 수국은 이루지 못하는 것이며, 일반적으로 국을 이루면 변화를 의미하기 때문에 그릇된 견해라 하겠다.
	■ 戊 丁 ■ ■ 寅 ■ 戌	寅戌은 반합을 짓지 못하지만 천간에 午火가 투간한 것으로 판단하여 역시 회국을 이룬 것으로 판단하는 경우이다. 역시 불론이다.
		단 火氣로 회집하려는 성향이 강할 뿐이며, 천간의 통근처로서 역할을 하게 된다.
진화(眞化)로서 기질(氣質)의 변화작용	癸 壬 戊 ■ ■ 申 辰 子	申子辰 수국을 이루고 천간에 癸水가 투간한 경우이다. 이 경우는 辰中 癸水에 통근한 원신이 투출하여 완전한 변(變)을 이루게 된다.
		따라서 申辰은 본연의 기질을 상실하고 水氣로 변하게 됨에 따라 월상의 戊土는 辰土를 통근처로 삼지 못하게 된다. 비록 토왕절이라고는 하지만 진화(眞化)로서 변화를 이루게 된다.
삼합이지만 화(化)의 단계로서 진화(眞化)를 이루지 못한 경우	甲 壬 癸 ■ 辰 申 巳 子	巳月로서 화기(化氣)인 水가 실령을 한 경우이다. 비록 수국을 이루어 천간에 壬癸水가 투간하였지만 완전한 진화(眞化)를 이루지 못한다. 즉 화(化)의 단계에 머물러 辰土는 甲木의 통근처로서 유효하게 된다.

① 통근의 변화와 진화(眞化)

乙 己 丁 壬

亥 卯 未 寅

己土 일간이 未月에 생하여 월령에 통근하였다. 하지만 지지에 亥卯未 木局을 이루고 천간에 未中 乙木이 투간하였다. 월령에 통근한 시상의 乙木으로서 지지의 亥卯未는 완전한 木으로 진화眞化를 하게 된다. 따라서 이때의 未土는 더 이상 土의 속성을 간직하지 않기 때문에 일간 己土는 未土에 통근을 하지 못한다. 내격內格이 아닌 2차 범주체계에 속하는 기명종살격이 된다.

② 회국 불변(不變)

辛 壬 辛 己

亥 寅 未 卯

未月의 壬水가 지지에 亥卯未 木局을 이루었으나 이 경우는 완전한 변變을 이루지 못하고 결속結束 · 회집會集하려는 성향이 강하게 나타나 木氣가 강해질 뿐, 화化의 단계로서 亥未는 천간의 통근처로서 작용력을 상실하지 않게 된다. 따라서 이런 경우의 亥未는 일간 壬水와 己土 관성의 통근처로서 그 근기는 다소 약화되었다 할지라도 여전히 통근처로서 유효하게 되는 것이다. 또한 회국으로 인하여 조토燥土인 未土는 亥水의 영향을 받아 양兩 辛金의 생기生氣의 작용을 돕게 된다. 비록 천간에 木氣가 투간하지는 않았지만 회국의 결속력으로 재성木이 왕한 사주가 되는 것이다.

③ 회국 불변

辛 丁 癸 丙
丑 酉 巳 申

　　巳月의 丁火인데 지지에 巳酉丑 金局을 이룬 경우이다. 천간에 辛
金이 투간하였는데 월령이 巳火이니 통기通氣가 되어 화化의 단계에 불과
하고 진화眞化를 이루지 못한다. 이 경우 천간의 丙火는 巳火에 통근을 하
였으나 金局으로 뿌리가 다소 약해지고, 다시 丑土에 통근하고 申金에
통기하며 金局한 왕금의 생을 받은 癸水 칠살에 의해 제복당하고 있는
것이다. 재왕생살격으로서 신약한 내격의 명이니 비겁을 취용하는 사주
가 된다.

5. 신살(神殺)

　　대략 170여 개 정도로 알려진 신살(神殺)은 자평이론 이전에 성행했던
간명방법의 하나였으나 음양오행의 이치와는 불합(不合)함이 있어 자
평선생 이후 작금에 이르러 사용되는 신살은 역술인마다 차이가 있겠
지만 대략 몇 십 개정도 내에서 사용하는 듯 하다.
　　이 책에서는 신살에 대한 그 이치가 그릇되고 타당하지 않은 면이 많
기에 자평이론에 의한 실전추론에서 일반적으로 사용되는 몇 가지 정
도의 작용력에 대해서만 언급하고자 한다. 하지만 여기서 소개하는 신
살 외에도 일부의 신살 등은 운명추론에 있어서 적중률이 상당히 높은
비중을 차지하는 것들도 있으니 무조건 배타하는 것 보다는 연구하고

> 검증하는 태도로서 수용하여 취할 바에 대한 타당성을 검토하는 것 역
> 시 학술인 다운 면모가 아닐까 생각한다.
> 격국과 용신 및 육신의 희기(喜忌) 등을 살펴 신살을 적용한다면 운명
> 추론의 묘(妙)한 특성을 발견하게 될 것이다. 많은 명리관련 교재에서
> 쉽게 접할 수 있는 부분이니 그 일부만 간략히 소개하고자 한다.

백호대살(白虎大殺)

甲辰, 乙未, 丙戌, 丁丑, 戊辰, 壬戌, 癸丑을 백호대살이라 한다. 통
상 피血를 흘리며 죽는다는 흉살이다. 교통사고, 산액(자궁의 질병), 횡액
과 급변, 암환자 등에서 나타난다. 사주에서 어느 자리에 있든지 그 작용
력이 나타나는데 특히 일, 시에 있을 경우 작용력이 크다. 육친 및 칠살의
위치에 따라 통변이 달라진다.

괴강살(魁罡殺)

庚辰, 庚戌, 壬辰, 壬戌, 戊辰, 戊戌 등을 괴강살이라 한다. 대부귀와
재앙, 흉폭의 길흉이 극단적으로 나타나는 흉살이다. 통상 자존심이 강
하고 강직하며 보수적인 특성이 있다. 극단적인 면이 있어 흑백논리로
결론을 내리는 경향이 있고 냉정한 면이 있다. 여자의 경우는, 용모容貌는
아름다우나 부부화합夫婦和合이 결여缺如되어 불화가 생긴다. 사회활동을
하게 되며 격렬한 직종이나 전문직에 종사하는 경향이 있다. 민주운동권
출신들에게서도 많이 나타나는 경향이 있다.

양인살(羊刃殺)

丙午, 戊午, 壬子 등을 말한다. 남녀 공히 배우자를 극하는 성질이 있다. 성급하고 혹 난폭한 성질이 있다. 그러나 길한 작용을 할 경우 군인, 경찰 등 강건한 성질의 직업계통에서 명예를 나타낸다.

원진살(怨嗔殺)

子未, 丑午, 寅酉, 卯申, 辰亥, 巳戌 등은 원진살이라 한다. 원망하고 미워하는 흉살이다. 고전적 방법의 궁합관계에서는 서로의 일지나 띠(출생년)를 보아 원진살에 해당하면 부부가 서로 반목하는 특성이 있는 것으로 판단하게 된다. 고독, 별거, 이혼 등으로 나타나는 특성인데 궁합은 사주의 전체적인 국세 즉, 격국과 오행의 희기 등을 모두 참작해야 한다. 원진살은 궁합뿐만 아니라 육친관계 및 대인관계를 살피는데도 접목한다.

귀문관살(鬼門關殺)

子酉, 丑午, 寅未, 卯申, 辰亥, 巳戌. 한 가지 일에 집중하고 몰두하는 성질이 있다. 신경이 예민하여 혹 신경쇠약이나 정신질환이 생길 수 있으며 음독飮毒 등의 자살을 기도企圖하기도 한다. 과거에 집착하는 성질이 있어 아무것도 아닌 일을 반복적으로 언급하여 상대방을 피곤하게 하는 성질 등도 있다.

도화살(桃花殺)과 역마살

　도화살은 일지와 년지를 기준으로 간명한다. 도화는 삼합을 이루는 년이나 일을 기준으로 정하는데, 각 삼합 년이나 일의 장생지 다음에 해당하는 오행을 말한다. 예컨대 년지나 일지가 寅이나 午 또는 戌인 경우, 해당 년지나 일지를 포함하는 삼합火에서 장생지에 해당하는 오행은 寅木이니, 장생지 寅 다음에 해당하는 卯가 도화살이 되는 것이다. 일반적으로는 년지를 기준으로 신살을 논하지만 일지를 포함하여 판단하기도 한다.

삼합(三合)	도화(桃花)	역마(驛馬)
寅午戌	卯	申
申子辰	酉	寅
巳酉丑	午	亥
亥卯未	子	巳

　통상 사주에 도화子午卯酉가 있으면 남녀 모두 풍류를 좋아한다. 도화는 친화력을 의미하기도 하는데 길신에 해당하면 용모가 수려하고 예술적 재능이 탁월하며, 기신에 해당하면 언행이 불손하고 음란하여 변태적 애정문제를 일으킨다. 주색을 경계해야 흠이 없다.

① 장내墻內도화 : 도화가 년월지年月支에 있는 것으로 통상 부부금실이 좋다고 한다. 그러나 충파沖波되면 흉凶하다.
② 장외墻外도화 : 도화가 일시지日時支에 있는 것으로 마치 담장 밖에 꽃이 피어 있는 격이니 꽃을 꺾으려는 사람이 많아 매우 불길함을 암시한다. 남녀 공히 색色을 밝히나 여명女命에게 더 크게 작용한다. 역마살 까지 있다면 수치를 모를만큼 음란하다.

③ 도삽倒揷도화 : 월일시지에서 삼합三合이 있고 年支에 子午卯酉가 있는 것으로, 예를 들어 월일시지에 인오술寅午戌이 있고 년지에 묘卯가 있는 경우 도삽도화라 한다. 이 살이 있으면 풍류를 좋아하나 간사한 면이 있으며 시기가 많고, 총명하나 교묘하여 어질지 못하다.

④ 나체裸體도화 : 년지를 기준으로 일지가 도화에 해당하면서 甲子일, 丁卯일, 庚午일, 癸酉일 등의 일주에 해당하는 것을 말한다.

⑤ 편야遍野도화 : 지지地支에 子午卯酉가 모두 있는 것을 말한다. 주색酒色을 좋아하며 방탕放蕩하다.

⑥ 곤랑滾浪도화 : 천간天干이 상합相合하는데 地支가 상형相刑하는 것을 말한다. 주색을 좋아하며 음란하다. 여명은 특히 음란한 명이 되어 매우 남녀관계에 있어 흉하게 본다.

역마살驛馬殺은 년지나 일지를 포함하는 삼합 오행의 장생지와 충을 하는 오행에 해당한다. 예컨대, 개띠戌라고 하면 寅午戌 삼합 火局에 해당하는 것이니 火의 장생지인 寅과 충沖을 하는 申金이 역마에 해당하는 것이다.

역마성이 사주에 있으면 거처가 불안정하며 이동을 위주로 하게 된다. 명리학을 모르는 사람들도 역마살을 운운할 만큼 잘 알려진 신살인데, 대개 이 역마살에 대해 부정적으로 인식하고 있는 듯하지만, 격국과 용신 및 역마에 해당하는 육신에 따라 부귀富貴가 크게 일어나거나 또는 해외에서 명예를 얻거나 유학을 통해 학업의 성취를 높이는 길한 작용을 하는 경우 또한 많다. 예컨대, 재성이나 관성에 해당하는 육신이 역마에 해당하고 길신이면 그 부귀가 가볍지 않게 된다. 또한 인수가 역마에 해당하여 길신에 해당하면 해외유학을 다녀오게 되는 경향이 뚜렷하다. 통상 역마는 沖刑하는 시점에 사건이 발생하게 되며, 역마에 해당하는 육신六神이 도화에 해당하면 주색酒色에 일가견이 있게 되어 동가식서가숙東家食西家宿으로 주색을 즐기거나 패가망신을 하게 되는 경향도 있다. 신약한 사주로서 용신에 해당하는 역마성에 의지하는 경우 沖刑을 만나면 객사客死를 한다.

일주입묘(日主入墓)의 凶

丙戌, 丁丑, 戊戌, 己丑, 壬辰, 癸未는 천간이 앉은 자리에서 포태법으로 볼 때 입묘지에 해당하는 경우이다. 묘지墓地(辰戌丑未)는 피를 흘린다는 흉의를 내포한 백호대살에 해당하거나 묘고지를 충하는 오행이 백호대살에 해당하기 때문에 충이 일어나는 년운은 크게 흉하다.

백호에 해당하는 육친의 특성으로 통변을 하거나 천간의 육친으로 통변을 하게 되는데 일주가 아닌 타주에서도 작용력이 그대로 나타난다. 질병으로 인한 건강의 악화 및 활동의 침체, 정체 등이 발생하지만, 용신에 해당하는 경우는 흉사凶死를 면하기 어렵다.

일주사지(日主死地)의 凶

甲午, 乙亥, 庚子, 辛巳의 경우는 앉은 자리가 사지死地에 해당한다. 타주他柱에 사지死地가 있는 경우에도 천간의 육친을 기준으로 통변을 하게 되지만, 일주日柱에 사지死地를 놓을 경우 역시 자신의 정체停滯나 사회적 활동의 중단 및 심하면 죽음까지도 맞을 수 있게 된다. 여타 신살과 마찬가지로 년年 운의 작용에서 그 증상이 나타난다.

제 4 장

범주체계 속의 운명추론법

「범주(範疇)」는 존재하는 사물들을 모두 일정한 테두리 안에 묶어 넣은 기본 개념들이며, 가장 일반적인 개념들의 무리이다. 또한 범주는 존재하는 것들을 분석하기 위한 도구 개념들로도 이해할 수 있는 것으로서 사물을 분류하는 근본 개념들인 것이다.

예컨대, 사물에 대한 일반적인 범주는 대략 실체(實體), 양(量), 질(質), 관계(關係), 장소(場所), 시간(時間), 자세(姿勢), 소유(所有), 능동(能動), 수동(受動) 등으로 열거되지만 일정한 것은 아니다.

이 책에서 말하는 명리(命理)의 범주체계라고 하는 것은 송대 성리학의 창시자인 주희의 음양오행연관체계를 기준으로 발전되어온 오행과 사물의 연관체계이며, 자평이론을 기초하여 발전해온 운명예측기능으로서의 제이론들에 대한 분류체계를 의미하는 것으로서, 이들의 조합을 통하여 개인의 운명에 대한 범주를 결정하고 그 속에서 일정한 패턴(pattern)을 가지고 동정(動靜)하는 일련의 요소들을 측정해 내는 것을 말한다.

이를테면, 하늘에서 부여받은 기품의 차이를 구분해 내는 격국(格局)의 범주와 일간에 대한 희기(喜忌)요소를 살펴 정하게 되는 용신(用神)의 범주, 그리고 이들 범주들을 이끌어 내거나 또는 이들 범주들과 상호 연계되어 나타나는 음양오행의 다양한 작용범주 등을 통하여 사람들의 성향이나 성격, 사회적 위치에 따른 부(富)와 귀(貴), 직업과 직종, 배우자, 이성, 질병과 사고 등 인생에서 나타날 수 있는 다양한 사건이나 위치, 관계 등 여러 범주의 결과를 예측해 내는 것이라 하겠다.

본장의 구성은 외격 중심체계의 형상기격(形象奇格)의 제 이론을 담은 적천수(천미와 징의)와 내격 중심의 격국과 용신을 다룬 자평학의 맥을 전하는 자평진전평주(서락오)의 몇 몇 핵심이론을 토대로 적천수요결과 자평요결편을 실었다. 그리고 이들 제 이론들과 앞서 학습한 내용을 실전에 응용할 수 있도록 하기 위하여 추론모델로서 범주체계 속의 분석모델을 전개하고자 한다.

우리는 앞서 성리학을 통한 명命, 성性, 리理의 기본 개념을 이해하였다. 하늘이 내게 부여한 것이 명命이요 인간이 하늘로부터 받은 것이 성性이니 성性이라 함은 인간의 지극한 본성을 의미하는 것으로서 인의예지仁義禮智를 말함이다. 인仁은 [人]과 [二]의 합자이다. 따라서 인仁은 이웃에 대한, 인간에 대한 도덕이며 사랑을 의미한다. 의義는 미美와 아我의 합자이다. 즉 "아름다운 나"라는 의미로서 의義는 자아에 대한 도덕이 되는 것이다. 결국 자아를 아름답게 하고 사람이 서로 돕고 살아가는 인의仁義의 실천이 하늘과 땅 사이에 사람이 행하여 할 도리人道인 것이다. 따라서 인간의 지극한 본성本性이 곧 인도人道인 것이고 천지자연의 이법理이니, 이것을 실천하기 위해 공경恭敬하는 마음으로 도덕적 자기수양을 쌓아 격물치지格物致知에 도달하는 것이 명리命理라 하는 것이다.

「명리학」을 접하는 사람은 운명예측이라는 기능적 측면에서만 힘쓸 것이 아니라 명리命理의 깊이를 밝혀놓은 성리性理에 더욱 밝아야 할 것이다.

학술學術적인 측면에서 그 무엇도 소홀히 할 수 없겠지만, 비록 세상의 모든 일들이 현실로 나타나는 현상에 주목하는 주기론主氣論적 사유가 지배적이겠지만, 기氣는 리理의 까닭과 법칙성에 의한 발현인 것이니, 나타난 현상에 앞서서 격물치지格物致知하는 자세로 자신을 먼저 돌아 볼 필요가 있다 하겠다. 그 사물의 이치에 대한 궁구窮究가 바로 우주자연의 리기理氣가 담긴 사주팔자의 이치를 궁구하는 것이며, 이는 하늘이 부여한 명命인 것이니 명命은 사람에게 있어 성性이라하고 성性은, 즉 리理라 한 것으로서 그 이치의 궁구窮究가 곧 팔자八字인 것이다.

사주팔자는 범주적 연관체계로 구성되어 있는 오행의 조합에 근거하여 운명을 추론하게 된다. 범주라는 것은 존재하는 사물들을 모두 일정한 테두리 안에 묶어 넣은 기본 개념들이며, 가장 일반적인 개념들의 무리이다. 사주팔자는 그 구성의 배합과 구성조합 자체가 이미 범주적 특성으로 이루어져 있기 때문에 각 범주를 이루는 요소들을 분석함으로서 개인의 운명에 대한 범주적 접근이 가능할 수 있는 것이다.

따라서 이 책은 누구든 책을 통하여 학습할 수 있는 사람이라면 범주적 차원에서 인생을 이해하고 자신의 미래를 예측해 낼 수 있게 하고, 그런 과정을 통하여 스스로 동정動靜의 때를 살피며, 아주 조금이라도 더 자신을 다스릴 수 있는 내적 수양을 도모하게 함으로서 스스로의 안녕을 찾게 하고자 하는 것에 있는 것이다. 족집게 같은 운명추론과 그 미래예측 역시 이 범주체계를 벗어나지 못한다. 단지 상당한 시간과 노력을 통한 체득이 요구될 뿐이니 이것은 범주체계 속에 이루어지는 감각感覺적인 기능인 것이다.

소위 「부귀빈천 길흉요수富貴貧賤 吉凶夭壽」를 분별해 내어 그 동정動靜의 때를 살핌으로서 길함을 추구하고 흉함을 피하는 것을 목적으로 하는 것이 예측기능으로서의 명리학이다. 앞서 언급한 바가 있었지만 미래의 길흉을 알았다고 또는 안다고 하여 그것을 쫓거나 피할 수 있는 것은 아니다. 궁극적으로 자기를 다스릴 수 없으면 아무리 앞날의 길흉을 알고 있다할지라도 그것이 조금도 자신을 심리적, 물질적, 정신적으로 도움이 되도록 이끌거나 만들어 주지 못하기 때문이다. 오직 나 자신을 먼저 올곧이 일으켜 세운 후에라야만 치국평천하治國平天下를 할 수 있다는 성현의 말씀 또한 이것이라 하겠다.

이제 명리학을 접하는 사람은 무엇이 우선 되어야 하고 무엇을 위해 명리(命理)를 해야 하는지를 조금은 이해했으리라 생각한다. 말초적 술법(術法)만을 쫓는다면 스스로 늪과 같은 수렁에서 자신을 건져내지 못할 것이다. 수십 년이 아니라 평생을 매달려도 끝내 밥만 먹기 위한 목적이 될 것이며, 그 밥을 먹기 위해 혹세무민惑世誣民(세상을 어지럽히고 사람을 미혹迷惑하게 하여 속임)할뿐 아니겠는가!

1. 사주분류의 범주체계

　　사주팔자에 관련한 책들은 부지기수로 많다. 운명예측이라는 포괄적 의미의 예언관련서(命卜相山관련서)는 두 말할 필요가 없을 것인데, 사주관련서 중에서도 일반적으로 특히 언급되는 고서古書들은 연해자평, 자평진전, 명리정종, 삼명통회, 적천수, 『궁통보감』(조화원약, 난강망), 명리약언 등을 들 수 있다. 이들 책들을 깊이 이해함에 있어서 부수적으로 또는 선행되어서 보아야 할 책들 또한 부지기수不知其數이다.

　　아무튼 이들 책들은 이 장에서도 다룰 부분의 책들이기도 한데, 먼저 명리의 예측범위를 일정정도 범위範圍할 필요성이 있다. 왜냐하면 사주四柱는 기본적으로 한정된 "경우의 수"가 정해져 있기 때문이다. 서양은 물론 동양권조차 제외하고서라도, 우리나라 인구만도 대략 4,800만 명이라고 하는데, 사주의 경우의 수는 259,200가지뿐이다. 동일한 사주에 있어서는, 남자와 여자는 그 대운의 향방向方이 서로 역행하는 이유에서 대운의 향방에 따라 달라지는 운명을 포함해 사주의 개수個數는 총 518,400가지로 분류할 수 있게 된다. 따라서 이러한 제한된 범위체계 내에서 모든 인간의 운명을 추론하는 것이 사주명리학의 범주성을 갖게 된다. 즉 동일한 사주팔자가 줄잡아 50~60명(대운을 적용하면 배수倍數) 정도 된다는 피할 수 없는 한계점에 봉착하게 됨을 인정하지 않을 수 없게 되는 것이다. 여기에는 인간의 유전적 인자를 달리할 수밖에 없는 근본인 부모와 조상(蔭德:음덕)이 다르고, 출생지역과 당시의 기후 및 기상조건이 다르고, 자율적 의지와 수양에 의한 깨달음 등 몇몇 운명에 직접적인 영향을 미치는 요소들이 전제적으로 존재하기도 한다. 그러나 이러한 한계점에도 불구하고 명리학의 범주적 접근에 의한 부귀빈천에 대한 운명 추론은 그 정확성이 타의 추종과 비교를 불허한다고 하겠다. 하지만 문제는 이미 송대 주회에 의해 음양오행의 연관체계를 일정 범주화하였으나, 그것만으로는 불완전함을 떨쳐버릴 수 없다는 것이다. 특히 사주팔자라고 하는 운명예측기능에 그러한 범주체계를 접목시켜 나간다는 것이 그리 쉽고 간단치만은 않게 된다. 가령 직업이나 직종을 추론하는 경우에 있어서 하나의 예를 든다면 "오리"를 음양오행으로 분류할 경우 어느 오행에 속할 것인가 등이 그렇다. "오리duck"하면 물에 대한 연관성이 있으니 오행에서 水로 분류할 것인지 아니면 하늘을 날 수 있는 날개가 있으니 새bird의 한 종으로 분류하여 火의 범주로 분류할 것인지, 수륙생활을 하고 있으니 土로 보아야 할 것인지 각자 학술자마다 범주체계의 혼란을 가져오게 된다. 거기다 또다시 어떤 사람이 그런 오리를 가지고 사육을 한다든지 음식업을 한다든지 하게 되면 그 사람의 직업을 분류할 때 어느 오행의 범주로서 직업을 예측할 것인가 등이 그러한 것이다(물론 목축, 음식업 등에 따른 직업분류는 가능하며, 체용의 관점을 규정하면 어려운 문제는 아니다). 또 다른 예로서 금융, 은행권의 직업에 대하여 대만에서는 대체로 "돈" 자체를 金의 오행으로 분류를 하고 있는 반면, 우리나라에서는 金으로 분류하는 경우도 있고, 木이라 하는 경우도 있고, 火로 분류하는 경우도 있다. 각자 목소리를 높여 주장하는 논리를 가지고 있지만 실제적으로는 위의 세 오행에 관련하여 모두 금융권에 종사하는 경우가 발생한다. 물론 직업 등을 예측할 때에는 특정 오행하나만을 놓고 결정하는 것은 아니다.

앞으로 실전추론을 통해 직업을 예측해내는 방법 또한 설명하겠지만, 여기서 언급하고자 하는 근본적으로 이렇게 학술자마다 불완전한 범주체계를 가지고서 주장만 앞서고 혹 어느 부분에 있어서 적중을 하였다면 "내가 제일"이라는 식으로 모든 상황은 종료되고 만다는 것이다. 사실 예측기능으로서의 명리학은 학문적 접근만으로는 자체적인 범주적 요소로 인한 한계가 존재하게 된다. 이러한 한계점을 극복하려는 노력에서 또다른 차원의 방향(도교道教이나 신내림 등)으로 학술學術진화를 꾀하는 것 또한 역易이라고 하는 독특한 구성요소의 속성에 기인한 특성이라 하겠다.

이러한 범위는 소위 "신神의 명리命理"에 접근할 때만 가능하게 된다 할 것이다. 그것은 격물치지格物致知의 완성단계로서 아직까지 명리命理나 점술占術을 하는 그 누구도 달성해 본 적이 없는 꿈의 경지일 것이다. "신神의 명리命理"란 무속이나 점술 등의 부류를 의미하는 것이 아니다. 성현께서 말씀하신 사물의 지극한 리理에 도달하게 되는 경지로서 이런 경지에 오르면 아는 것知이 아니라 보는 것, 즉 관觀의 단계가 되는 것을 말한다. 예컨대, 운명이나 미래를 아는 것이 아니라 저절로 보이고 보는 지극한 본성 속에서 나오는 혜안과 같은 경지를 뜻하는 것이라 하겠다. 이 책은 누구나 일반적인 학습에 의해 자신의 운명을 범주체계 내에서 알 수 있는 "지知"의 단계를 일부 언급하는 것에 불과할지 모른다. "관觀"의 단계는 학술을 뛰어넘는 단계로서 앞서 언급한 완전한 격물치지格物致知에 이른 성인聖人들에게만 가능할 일인지 모르겠다.

이미 고인이 되셨지만 박도사로 유명했던 제산 박재현 선생은 그가 사용했다고 알려진 "구령삼정주九靈三精呪(구령주라고도 함)"를 통해 미래를 예측했다고 하는데 이것은 명리학의 범주체계와는 완전히 다른 성질의 것이다. 구령주는 도교道敎계에서 전해 내려오는 경문(주술)으로서 나 리산理山 역시 이 주술呪術을 알고 있고 체험하여 그들과 친분을 맺으며 접촉하고 있지만, 명리학命理學에서의 범주적 운명추론과는 완전히 다른 정신적 미래예측기능을 포함하고 있는 것이라 하겠다. 격물치지에 도달하려는 방법이 전혀 다른 것이지만 이 또한 자기수양이 전제되지 않으면 무용지물無用之物에 불과한 것이다. 어쨌든 도道에 관한 설명이나 그들(일명 도사道士)의 격물방법은 명리命理의 범주적 예측기능을 전하는 이 책에서 언급할 부분은 아닌 듯하니 후일後日을 기약해 보도록 하겠다.

본 장에서는 위에 언급한 사주팔자의 기본 골격 수數라 할 수 있는 259,200가지의 사주를 대분류 범주로서 『자평진전』에서 밝히는 내격內格의 여덟 개 격格으로 1차적 범주를 규정짓고, 2차적 범주로서 외격外格에 포함되는 종격從格과 변격, 별격을 구분하게 된다. 이 외에 또 다른 격을 분류하는 범주로서 잡격의 범주를 두어 사주에 나타나 있지 않은 기운을 허공虛空에서 가져다 사용하는 암충暗沖, 암합暗合 격의 사주 등을 포함하게 된다. 각종 명리서에서 사주의 격과 형상을 놓고 분류하는 내격, 외격, 별격, 잡격, 변격 등에 대한 용어를 사용하고 있지만 어떤 표준이 있었던 것은 아니다. 명리학이 사회적으로 공인되어 널리 권장되어 온 분야가 아니었기에 그동안은 각자 언급하거나 주장하는 것에 불과하였다. 이 책에서 언급하는 분류 역시 자의적인 판단에서 적용된 분류이지 모두가 수용하는 분류기준은 아닐지 모른다. 하지만 나름의 체계를 정립하고자 하는 것이며, 사주의 범주체계를 이해하는 것에 목적이 있는 것이니 아래의 표를 통해 학습함에 참고하였으면 한다.

대분류	중분류		격국의 명칭
1차범주	내격	정8격	四吉神 (정관격, 정인격, 재격-정재, 편재격-식신격)
			四凶神 (편관격, 편인격, 상관격, 양인·겁재)
			단, 양인과 겁재를 포함하여 정10격이라고도 한다. 겁재는 정팔격의 범주에서 용신을 취하게 되어 팔격의 범주에 적용을 시키게 되고, 양인(羊刃)격 역시 겁재에 해당하여 내격의 범주에서 다루게 되지만 용신을 취할 때는 그 강한 특성 때문에 별도의 격으로 구분하는 경우도 있다.
2차범주	외격	종격	일행득기격(곡직,염상,가색,종혁,윤하)
			기명종격(종살,종재,종아)
			종왕·종강격(일행득기와 같은 성질로 분류할 수 있다)
		변격	화기격
		별격	양신성상격, 간지일기격 등
3차범주	외격	잡격	비천록마격(도충, 암충격), 자요사격·축요사격(암신격), 정란차격, 형합격, 합록격 등
4차범주	범주외의 사주		위 범주체계에 적용하기 곤란한 사주도 있음

다양한 사주의 형상形象을 이상과 같이 분류하여 각 범주체계 내에서 다시 세부적으로 분류를 하게 된다. 세부 분류는 이미 옛 선학들로부터 그 범주 및 이론이 정해져 온 것이니 그에 준하여 학습해 나가면 될 것이다. 문제는 이들 세부범주 속에서 도출한 "정제된 예측오행(용신, 희신, 기신 등의 음양오행과 육신)"을 미래예측에 어떻게 적용하여 적중시킬 것인가에 주목된다. 이 또한 범주적 체계 속에서 움직여지는 것이니 문제될 것이 없다. 먼저 사주의 대분류 과정에서 1차적 범주에 속하는 자평이론에 의한 내격의 정8격을 구분해 보자.

2. 격(格)과 용신(用神)

격(格)과 격국의 변화

앞서 언급했듯이 팔자의 골격 수는 518,400(남여 대운의 역행 포함) 가지가 된다. 평생을 통해서도 다 접해 볼 수 없을 만큼 많은 팔자이다. 여기서 격을 분류하는 첫 번째 이유가 있게 된다. 일종의 구획정리와 같은 것으로서 유사한 성향의 팔자별로 그 형태를 대분류로 분류하고, 다시 그 대분류의 기준만으로는 판별이 난해한 팔자의 형태들을 또 다른 분류형태로 구분해 놓는 등 일련의 형태별, 성향별, 용신취용법 등의 구분정리가 격을 구분하는 한 가지 이유가 된다. 또 다른 이유는 그러한 1차 범주체계의 내격(정8격)이나 2차 범주체계의 외격(변격, 별격, 잡격 등의 제용어) 등의 분류는 그 나름의 질서가 있거나 공통되는 부분들이 유사하기에 이러한 격의 구분을 통해 일간인 나에게 가장 긴요한 오행에 해당하는 용신用神을 쉽게 구할 수 있기 때문이다.

또한 격의 구분을 통해 당사자의 기본적인 성격, 성향 등을 판단할 수 있게 되며, 격에 용신을 접목하여 타고난 인생행로의 성공과 실패 등의 부침을 추론할 수 있게 되고, "부귀비천 길흉요수"에 대한 기본적인 운명의 높고 낮은 틀(시대적, 사회적으로 나타나는 지극히 세속적인 부귀)을 격의 성패(成格과 破格)로서 결정지을 수 있게 된다.

격을 정하는 방법에는 내격과 외격의 커다란 구분을 통하여 설명할 수 있으며, 외격의 범주로서 제 잡격들은 별도로 격을 구성하는 조건이 있기에 따로 논해야 한다. 정격 팔격에 대해 격을 정하는 방법은 대체로 다음과 같다.

1. 월령의 장간이 천간에 투출한 경우 본기(本氣)를 우선으로 격을 정하며 여기(餘氣)는 취하지 않는다.

2. 녹월겁, 양인 이외에 월령의 장간이 천간에 투출하지 않은 경우는 월지 자체를 격으로 정할 수 있다.

3. 월지가 타지(他地)와 합을 하고 합화(合化)된 오행의 본기가 투출하였으면 이것으로 격을 정한다.

4. 월지 이외의 지지가 삼합을 이루어 천간에 합화된 본기가 투출하였으면 이것으로서 격을 정할 수 있다.

5. 월령이 녹이나 양인 등의 겁재가 될 경우, 천간에 투출한 오행 가운데서 지지에 통근을 강하게 둔 것을 취하여 격을 정한다.

乙 己 丁 壬

亥 卯 未 寅

월일시에 亥卯未 木局을 이루고 천간 丁壬은 干合하여 木으로 변變함으로서 진종살격을 이루게 된다. 己土가 월령에 녹을 얻은 경우이니 건록격인데, 정팔격에서는 녹월겁격을 취하지 않고, 타 간에서 지지에 통근하여 투출한 세력이 있는 오행으로 격을 취하게 된다. 따라서 지지에 三合회국하고 천간에 회국의 원신인 未中 乙木 본기가 투출하여 이것으로 격을 취하게 된 경우이다. 천간에 丁과 壬은 앉은 자리에 寅木과 木의 묘고지인 未土를 얻었기에 합하여 木으로 변할 수 있게 된다. 亥卯未 木局 역시 월령을 얻고 원신 乙木이 시상에 투출하여 완전한 진화眞化를 이루게 된다. 일간 己土는 비록 월령의 기氣를 얻었다 할지라도 회국하여 참된 변화를 이루었고 종세무정의從勢無情義 하는 음간의 특성으로 종살從殺할 수밖에 없는 사주의 예이다.

乙 壬 壬 丙

巳 申 辰 子

『자평진전평주』에서 칠살격이 변하여 상관생재격으로 소개된 사주이다. 이유는 월지의 본기인 戊土가 투출하지 않고 壬水와 乙木이 투출하고 申子辰 水局을 이루어 土가 水로 변하였다는 설명이다. 즉 水局으로 인하여 칠살이 비견으로 변하고 천간에 壬水 비견이 투출하여 타간에서 격을 취한 것인데, 이것은 고금古今에 이르기까지 통근에 대한 이해가 부족하여 나타나는 결과라고 하겠다. 비록 水局을 이루어 일간과 비견의 세력이 강화된 것은 사실이지만 辰土 칠살이 水의 성질로 완전히 변화된 것으로 보면 안 되는 것이다. 辰中 乙木이 시상에 투간하고 巳火를 견見하여 본시부터 상관생재격이 된 것이지 칠살격이 변하여 상관생재격이 된 것은 아니라 하겠다. 역시 나비이론에 부합되는 변變과 화化의 구별을 명료히 하는 대목이다. 천간 壬水는 辰土에 통기通氣만을 할 뿐 완전한 진화眞化는 할 수 없다.

丙　壬　丁　癸

午　午　巳　酉

역시 『자평진전평주』에서 巳酉半合 金局을 이루어 재성이 인성으로 변하였다고 소개된 명이다.

회합의 성향은 음양이 합을 하여 변화하려는 강한 속성이 있으므로 변화하는 오행의 기질氣質을 갖게 된다. 따라서 巳酉半合은 金의 속성을 반영하는 면이 크다고 하겠지만 巳火의 기질氣質자체가 완전 소멸되는 것은 아니다. 일주 丁壬 合의 관계는 巳酉에 생기를 받은 년상 癸水에 의해 丁火가 제극당하니 일주와 합을 이룰 겨를이 없다.

왕한 재성이 午中 己土 정관을 생하여 재왕생관격財旺生官格이 되었

다. 巳酉가 반회半會하여 재성과 인수가 상쟁相爭하지 않고 도리어 유정有
情한 합을 이루어 용신 癸水의 통근처生氣가 되었다.

체용론(體用論)

> 道有體用 不可以一端論也 要在扶之抑之得其宜.
>
> [도유체용 불가이일단론야 요재부지억지득기의]
>
> 道에는 체용이 있다. 일단만을 가지고 논할 수는 없다.
>
> 중요한 것은 이를 부조하고 억제하여 그 마땅함을 얻는 데에 있다.

체용體用의 의미와 그 체용을 알아야 하는 이유는 무엇일까? 체용은
음양의 구별과 마찬가지로 체와 용으로 분리하여 이해해야 한다. 체體라
는 것은 형체의 청탁清濁 또는 무거움이나 가벼움과 같은 정적靜的인 체상
적 측면主을 말하는 것이고, 용用은 사물의 동적인 운동적 측면客을 말하
는 것이다. 또한 체와 용은 태극이 양의兩儀로 분열하여 사상四象으로 발
전하고 음중에 양, 양중의 음이 있듯이, 체는 다시 체의 체(음중에 음)와
체의 용(음중에 양)으로 분리할 수 있고, 용 또한 용의 체(양중에 음)와 용
의 용(양중에 양)으로 분리할 수 있는 것이다. 어떤 사물에 대해 체용을
구분한다면 그 사물의 형체 또는 성질적(운동적) 측면에 따라 체가 되기
도 하고 또는 용이 되기도 하는 것이다.

체(體)	용(用)
주(主)	객(客)
리(裏)	표(表)
체상적 측면(陰)	운동적 측면성질(陽)
정적인 면, 미발(未發), 고요, 이(理)	동적인 면, 발(發), 기(器), 기(氣)

음양의 구별을 명확하게 하기 위해서는 이렇듯 체용의 관계를 알아야만 한다. 체와 용에 대한 명확한 구별을 짓지 않는다면 정명正名을 벗어나기 때문에 상당한 혼란이 야기된다. 예컨대 어떤 사물이나 상象에 대해 체상적인 측면에서 음陰이라 설명을 했는데, 운동적 측면에서 볼 때는 양陽이기에 서로 주장함이 상반되게 나타날 수 있는 것이다.

대략적으로 체용에 대한 개념을 언급했는데, 특히 다양한 명리교재를 접하며 용신을 구하는데 있어서 반드시 참고해야 할 사항이다. 이미 서락오가 밝힌 체용의 구별로서 확립한 용신에 대한 정의는 투파(명징파)나 『자평진전』, 『난강망』(궁통보감, 조화원약)등에서 말하는 용, 희, 상신에 대한 개념을 명쾌히 이해하도록 하는 지식체계의 확립을 이룬 충분한 쾌거라 하겠다. 서락오는 주主와 빈객賓客으로 체용을 설명하였는데 체體는 주主, 용用은 객客이 된다. 체는 주체, 주인, 나, 중심적 존재 등을 말하며, 용은 객체, 타인, 피彼, 환경의 변화 등을 말한다. 體(일간)는 用(용신)으로부터의 부조를 필요로 한다. 즉 부억용신扶抑用神으로 대표되는 것을 의미한다.

포여명의 적천수에 수록된 문장과 사주를 인용하면, "투파透波의 용신법은 오로지 월령에서 용신을 구한다는 구절의 곡해로 다음과 같은 명식에서 태강한 월령을 용신으로 규정하고 있다."라고 되어 있다.

　　戊 丁 甲 戊
　　申 卯 寅 辰
　　[透派 : 寅卯辰氣全東方而透甲 用神太强 取財損印爲用 此國民政府林主席森之造也.]

즉, 원문 용신태강이라 함은 월령의 기氣, 즉 木氣(寅月)를 의미하며, 위의 사주에서는 가장 강한 오행이되어 일간이 꺼리는 것忌神이니 용신이 될 수 없는 것이다. 여기서는 일주와 월령의 관계, 즉 體(일주)의 用(월령) 관계에서의 用神(格局)을 말함이다. 즉 우리(현대적 개념)가 말하는 用神은 用의 體로서 일주와 용신관계에서의 用(용의 체, 즉 용신)을 말함이다. 따라서 위 사주는 申中 庚金 재성을 용신으로 취取한다.

『자평진전』에서의 "[八字用神 專求月令] 즉, 用神은 오로지 月令에서 구한다"는 이 구절은 체용體用의 관계로 접근해야 이해할 수 있는 것을 밝히고 있는 것이다. 서락오徐樂吾는 이 구절(八字用神 專求月令)을 잘못 이해하면 격국과 용신을 동일시하는 혼돈에 빠진다는 점을 지적했다. 서락오의 체용관계 설명에 대한 포여명의 정리를 토대로 체용을 구별하면 다음과 같다.

현대적 구분	격국	용신
자평진전	자평진전 원전의 "八字用神 專求月令"에 대한 곡해에 따라 월령(월지 장간)을 취해 격국이라고 하기도 하고 또는 용신이라고 하는 경우가 발생하고 있음을 지적하고 있다.	
	이에 대해 서락오가 그의 자평진전평주에서 이러한 곡해를 지적하고 체용적 접근으로 위 원전의 문장을 해석한 것을 토대로 대만의 포여명은 투파가 주장하는 용신(월령)에 대해 잘못된 인식을 반박하고 검증한 것이다.	
서락오 (근현대 관점)	월령...체의 용 일간...체의 체	용신...용의 체 희신...용의 용
투파(透派)		월령(자평진전을 곡해)
조화원약(난강망)		조후용신

이미 서락오가 밝혔듯이 교재마다 언급하거나 정의하는 용신이나 희신의 표현에 있어서 상호 차이(곡해)가 있기에 후학들은 격국과 용신에 대해 체용의 구별로 접근하지 않는다면 용신에 대한 정리에 있어서 다소 혼란스러울 수밖에 없는 것이다. 예컨대 정팔격(내격)에서의 체는 오로지 월령에서 구하고 방국方局, 형상形象을 이루는 외격外格은 그 방국,

형상으로 체格를 삼는 것이다. 만약 甲木이 겨울에 태어나면 인수가 되는데 이는 동목冬木을 체(체의 체로서 일간을 의미하며, 체의 용으로서 월지장간으로 격국을 삼는다)로 삼고, 한목향양寒木向陽의 원리에 따라 따뜻한 火를 필요로 하는 이유에서 식상食傷을 용신으로 하는 것이다. 보다 상세한 것은 서락오의 『자평진전 평주』와 『앞서가는 중국추명학』을 참고하기 바란다. 이 개념을 명확히 숙지한다면 어떤 교재를 접하더라도 혼란스러움은 사라지게 될 것이다.

- 用神은 본인의 생명과 건강, 사회활동 등을 주관하고 부귀길수(富貴吉壽)를 주관하는 핵심오행이 된다.

- 희신(喜神)은 용신을 보좌하는 오행으로서 후원자 및 지지(支持)세력으로서 용신의 근기를 뒷받침해주는 요소가 된다. 따라서 희신이 불현(不顯)하고 무력하거나 파상(破傷)되면 용신의 보좌가 미약한 것이니 주변환경의 도움을 얻기는 어렵게 된다.

- 용신법에서 억부(抑扶)가 우선하며 조후(調候)는 부차적요소가 된다.

용신(用神) 취용법과 유력무력(有力無力)

● 용신취용법

용신은 팔자 중에서 가장 긴요하게 쓰이는 오행六神으로서 사주의 왕약희기旺弱喜忌를 살펴 억제하거나 돕는(억부抑扶)육신의 오행을 말한다. 즉, 사주의 균형, 중화中和를 이루기 위해 반드시 필요한 오행을 의미한다. 중화를 통해 천지의 도에 순행하게 되는 것이며 비로소 일간인 내가 화평해지는 기틀을 마련할 수 있기 때문이다.

용신은 지지에 뿌리를 두고 천간에 투출해야만 건왕한 힘을 갖게 되고, 운명의 길흉에 대해 긴밀한 영향을 미치게 된다. 따라서 용신의 세력이 강한 아니면 무력無力한지를 살피는 것은 매우 중요한 것이며, 이것은 곧 팔자의 고저高低를 살피는 한 방법이 된다.

격국의 분류기준은 이후 자평요결 편에서 상세하도록 하고, 먼저 용신을 취하는 방법으로서 일반적인 세 가지 방법을 설명한 다음 용신의 유력무력을 알아보도록 하겠다.

① 부억扶抑용신법 : 내격內格의 취용법으로서 일간의 왕쇠강약旺衰强弱을 살펴 일간이 강하면 일간의 기운을 누설시키는 식상食傷이나 재관財官의 육신을 취하고, 일간이 약하면 일간을 돕거나 생조하는 겁재와 인수의 육신을 취함으로서 용신을 삼는 것을 말한다. 이를테면, 壬癸 水일주가 金水가 많으면 수기水氣가 왕하다 하는 것이니 이때는 격국에 따라 木식상이나 火土의 재관을 용신으로 취해 태왕한 일간을 억제하는 것이다. 반대로 사주에 木火土 식상재관食傷財官의 세력이 많아 일간 壬癸 水가 약하게 되면 金水의 기운인 겁재와 인수를 취해 신약한 일간을 부조扶助하는 것을 억부취용법이라고 한다.

② 조후용신법 : 위의 억부용신법 외에 사주는 계절의 기후(절기의 심천深淺)를 중시하는 이유에서 한난조습寒暖燥濕에 대한 기후의 배합을 살펴서 용신을 삼는 경우가 있다. 이를테면, 하절인 巳午未月은 기후가 조열하여 한습한 기운인 金水를 필요로 하고, 동절인 亥子丑月은 한냉하여 따뜻한 난조의 기운으로서 木火를 필요로 하는 것 등이 그것이다. 조후용신법에 대해 깊이 다룬 책이 난강망(궁통보감, 조화원약)에 해당하

는데 반드시 학습을 해야만 한다.

용신을 취하는 법에 있어서 조후용신은 억부용신법에 우선하지는 않는다. 즉 우선은 일간이 태약太弱하지 않아야 조후용신을 취할 수 있는 것이지, 태약하면 조후용신을 취하지 않고 일간을 부조하는 용신을 우선적으로 취한다는 것이다. 내 몸이 있고 나서 춥고 더움을 따지는 것이지 내 몸이 존립하기 어렵고 위태로운 상황에서는 찬밥, 더운밥을 가릴 겨를이 없는 것과 같은 것이다. 그러나 조후가 갖추어 지지 않으면 부富격을 이루기 어렵게 된다.

③ 통관용신법 : 사주에 일간을 중심으로 또는 일간을 포함하여 상극하는 오행이 균등한 힘으로 대치, 교전交戰하고 있는 경우에 대립되는 오행을 유통시킴으로서 중화를 목적으로 하는 용신법이다. 예를 들면 다음과 같은 경우이다.

乙　乙　癸　甲

酉　酉　酉　寅

酉月의 乙木이 金木으로 교전하는 형상으로서 월상의 癸水 인수를 취하여 두 관계를 소통시켜주는 통관용신으로 삼는다. 억부법으로도 설명이 가능하지만 대립된 관계를 소통시켜준다는 의미에서 통관용신으로 분류한 경우이다. 칠살의 기운을 빼내어 일간을 생조하는 살인상생격殺印相生格이다.

이상은 내격의 취용법을 설명한 것인데 이 외의 외격 범주에 해당하는 용신 취용법은 이후에 설명할 자평요결 외격 편에서 다루도록 하겠다.

● 용신의 유력무력

용신의 유력(有力)	용신의 무력(無力)
1. 월령에 통근하고 충극되지 않으며 천간에 투간하면 가장 유력한 것으로 판단한다.	1. 비록 월령을 득하였으나 극설(剋洩)하는 오행이 있어서 용신의 힘을 누설시키는 것은 무력한 것이다.
2. 지지에 통근하고 월령에서 생조를 얻고 천간에 투간하면 역시 통근이 유력한 것이 된다.	2. 월령을 얻지 못하고 사주에 근(根)이 약한 것은 무력에 해당한다.
3. 월령을 얻지 못하고 사주에 근이 있으나 천간에 투출하지 않았으면 용신이 드러나지 않은 것으로 힘이 있다고 하지만 세력이 강한 것은 아니다.	3. 월령을 얻지 못하고 천간에 허부하게 떠 있는 것이나 앉은 자리가 약하고 묘지(墓地)에 있는 것 등은 용신무력에 해당한다.
※일좌(日坐)에 장간을 포함하여 용희신을 얻은 경우 역시 유력한 것으로 판단한다.	

※ 사주를 분석하는 1차 범주로서 내, 외격을 분류한 후 용신을 구하고 그 유력무력(격국의 成敗포함)을 판별함은 타고난 팔자의 고저(高低)를 분별하는 기준이 된다. 이 외에 난강망에서 말하는 조후용신법을 고려하여 종합적으로 사주의 고저를 판단하게 된다.

※ 통근은 통근처를 의미하는 것으로서 통근〉통기〉생기에 대한 세밀한 구별을 통하여 보다 세밀한 격국과 용신의 고저를 판별할 수 있게 된다.

※ 이 외에 용신의 유정무정(有情無情)관계가 있는데 용신이 일주와 첩신(貼身)해 있거나 기신(忌神)이 회합을 이루어 용신이 되면 유정한 관계라 하며, 반대로 용신이 일주와 멀리 떨어져 있거나 합거를 당하거나, 첩신해 있어도 설기가 심하면 모두 무력하고 무정한 것에 해당한다.

3. 적천수 요결(滴天髓 要訣)

(1) 천지인(天地人)의 道

천도(天道)

> 欲識三元 萬法宗 先觀 帝載與神功.[욕식삼원 만법종 선관 제재여신공]
> 만법(만물)의 근원인 삼원을 알고자하면 먼저 제재와 신공을 보아야 한다.

삼원은 천지인, 즉 우주의 변화원리를 의미하는 것으로서 천문의 현상天과 지리적 현상地, 그리고 그 사이에서 일어나는 자연현상의 원리 人를 의미한다. 음양이 본시 태극으로부터 비롯된 것이니 이것을 제재라 하는 것이며, 오행은 사시에 배속시켜 놓은 것으로서 신공이라 한다. 예컨대 만물의 근원이 되는 천지인의 도를 알고자하면 먼저 음양오행의 이치를 살펴야 한다는 것이다.

지도(地道)

> 坤元合德機緘通 五氣偏全定吉凶[곤원합덕기함통 오기편전정길흉]
> 땅은 하늘의 기능과 작용에 통하니
> 오기가 편협한 것과 온전한 것에 따라 길과 흉을 정할 것이다.

만물이 乾元(하늘)에서 시작되어 땅에서 생하며, 건乾은 강건하고 곤坤은 유순하여 건곤이 순리대로 이어져 화합하는 것이니 오행의 편偏

과 온전함에 따라 만물의 길흉이 정해진다는 의미이다. 지도地道는 천도
와 합하여 만물을 포용하여 기르는 작용을 나타내는 것이다. 사람은 하
늘을 머리에 이고 땅에 발을 딛고 살아가기에 천지에 흐르는 음양오행의
기운이 서로 다툼이 없고 상생하며 한난조습을 적절히 이루게 되면 길하
게 될 것이며, 그렇지 않은 즉 흉이 되는 것이니, 이 모두가 천도와 작용
하는 지도의 오기五氣가 편偏온中和함에 따라 정해지게 되는 것이다.

인도(人道)

> 載天履地人爲貴 順則吉兮凶則悖. [재천리지인위귀 순즉길혜흉즉패]
> 세상에서 사람이 가장 귀한 것이지만,
> 오행이 순한즉 길하고 이지러지고 순하지 않은 즉 흉하게 된다.

세상에 모든 것이 천지의 도를 떠날 수 없는 것이나 머리위로 하늘
을 이고 땅을 밟으며 오직 사람만이 오행의 온전함을 얻었기 때문에 귀
하게 된 것이다. 그러나 그 길흉이 한결같지 않고 다른 것은 오행의 순리
를 따르거나 거스르는 순역順逆에 있는 것이다.

(2) 적천수의 리기론(理氣論)

> 理承氣行豈有常 進兮退兮 宜抑揚. [리승기행기유상 진혜퇴혜 의억양]
> 리가 기를 타고 행하는데 어찌 변함이 없겠는가?
> 나아감과 물러남에 마땅히 억제하고 펼쳐야 한다.

적천수에 수록된 위의 문장은 리기理氣의 진퇴지기進退之氣를 말하는 것이다. 理가 氣를 타고 행한다는 것은 기氣의 변화(그 이치를 理라 한다)의 시초進와 極(退)을 말하는 것으로서 오행氣의 나아가는 기운과 쇠하는 기운을 나타내는 것(포태법의 왕상휴수사)을 의미한다. 궁극적으로 적천수에서 말하고자 하는 리기의 진퇴지기는 일간이 월령에서 진기를 맞고 있는지 퇴기를 맞고 있는지, 혹은 기신이 진기를 맞고 있는지 퇴기를 맞고 있는지를 살피라는 것이다. 아래의 예를 들어본다.

ⓐ 壬 甲 庚 丁   ⓑ 壬 甲 庚 乙
　 申 辰 戌 亥　　　　 申 戌 辰 亥

적천수에 수록된 사주로서 辰月과 戌月의 甲木에 대한 진퇴지기를 설명하는 것이다. 戌月은 포태법으로 양養에 해당하니 진기를 얻은 것이고, 辰月은 쇠衰에 해당하니 퇴기를 맞이한 것이다.

ⓐ는 재왕생살격으로서 제살하는 丁火를 용신으로 취하여 木火운을 기뻐하는 사주로서 일간 甲木이 戌土에 진기進氣가 되고 기신인 庚金 칠살은 퇴기가 되어 좋은 것이지만, ⓑ는 일간이 辰土에 퇴기가 되고 기신인 庚金 칠살이 진기를 얻어 오히려 불미하게 됨을 의미하는 것이다. 팔자 형상의 생극제화 만을 보고 판단하지 말 것이며, 월령의 진퇴지기를 살피라는 것이다.

물론 위 사주들은 희용신의 진퇴지기만을 가지고 판단할 수는 없는 또다른 조건들이 존재하지만, 용신과 기신의 진퇴지기를 살펴 격국의 고저를 살펴야 할 것이다.

(3) 십간론(十干論)

십간론은 천간오행의 각 특성과 생극제화 및 반극반생反剋反生의 이치가 담겨있다.

> 甲木參天脫胎要火 春不容金 秋不容土 火熾乘龍 水宕騎虎 地潤天和 植立千古.
>
> [갑목삼천탈태요화 춘불용금 추불용토 화치승룡 수탕기호 지윤천화 식립천고]

甲木은 하늘을 찌를 듯한 기세가 있다. 탈태요화에 대한 설명으로 초춘의 木은 눈목嫩木이니 한기가 남아 있어 반드시 불이 필요하다는 의미로 해석하는가 하면, 포태법상 태胎를 탈하면 장생이 되니 亥月을 의미한다는 것으로 동절의 木은 丙火가 필요하다는 해석을 하기도 한다. 초춘의 木은 여린 눈목이니 金의 살기殺氣를 두려워하고, 가을에 金은 칠살이 되는데 다시 土가 木의 뿌리를 배양하지 않고 도리어 칠살인 金을 생부하기에 두려워한다.* 화세火勢가 치열함은 화방火方이나 화국火局을 이룬 경우를 말하는데, 이때에 木은 분멸焚滅하게 되니 습토인 辰土 용龍을 얻어 화기火氣를 설하고 나무의 뿌리를 내릴 수 있기 때문이다. 지지에 수방水方이나 수국水局을 짓고 천간에 壬癸 水가 투출하면 물이 범람하여 나무가 떠내려가는 것이니, 이때는 寅木 호랑이를 얻어 그 근을 튼튼히 해야 한다는 것이다. 甲木은 지지에 辰土와 亥水 등을 얻어 윤습하고 천간에 丙火를 얻으면 영구할 것이다. 수화기제水火旣濟의 상을 말함이다.

* 부건파처(夫健怕妻) 칠살이 왕하여 나를 극신하는데 재성이 다시 칠살을 생함을 두려워한다는 것

> 乙木雖柔 刲羊解牛 懷丁抱丙 跨鳳乘猴 虛濕之地 騎馬亦憂 藤蘿繫甲
> 可春可秋.
> [을목수유 규양해우 회정포병 과봉승후 허습지지 기마역우 등라계갑
> 가춘가추]

乙木은 비록 부드럽지만 양未과 소丑를 제압할 수 있다. 천간에 丙
丁火가 있으면 酉金과 申金 월에 태어나도 두렵지 않다. 습한 곳, 즉 亥子
월에 생하면 비록 午火가 있다하여도 근심스럽다. 즉 午는 해동하는 공
력이 부족한 것을 의미한다. 천간에 甲木이 투출해 있으면 어느 계절이
라도 좋다.

> 丙火猛烈 欺霜雪侮 能　庚金 逢辛反怯 土衆成慈 水猖顯節 虎馬犬鄉
> 甲木若來 必當焚滅.
> [병화맹렬 기상설모 능하경금 봉신반겁 토중성자 수창현절 호마견향
> 갑목약래 필당분멸]

丙火가 맹렬하면 가을의 서리癸水와 겨울의 눈癸水을 두려워하지 않
는다. 庚金이 비록 강금剛金이지만 능히 달굴 수 있다. 辛金은 약하지만
丙火와 합을 하기에 오히려 두려워한다. 土는 식상이 되니 자식에 대한
자애로움을 나타내어 그 힘을 잃게 된다. 물壬水을 만나도 그 위맹함을 꺾
이지 않고 맹렬함을 나타내고, 지지에 寅午戌 火局이 되고 천간에 甲木
이 투출하면 火가 너무 왕하여 분멸해 버린다.

丁火柔中 火性昭融 抱乙而孝 合壬而忠 旺而不烈 衰而不窮 如有嫡母
可秋可冬.
[정화유중 내성소융 포을이효 함임이충 왕이불렬 쇠이불궁 여유적모
가추가동]

丁火는 부드러운 가운데 밝게 비추어 뜨겁게 하는 성질이 있다. 乙
木을 안고 효도한다. 즉 丁火의 어머니인 乙木이 辛金 칠살로부터 상하
지 않게 막아준다는 의미이다. 壬을 합하여 충성을 한다. 즉 丁壬合化하
여 壬水의 칠살인 戊土를 제극한다는 것이다. 丁火는 득시得時해서 왕해
도 치열하지 않고, 실시失時를 하여 쇠衰해도 꺼지지 않는다. 천간에 甲木
이 투출하면 가을의 金도, 겨울의 水도 두려워하지 않는다.

戊土固重 旣中且正 靜翕動闢 萬物司令 水潤物生 火燥物病 若在艮坤怕
冲宜靜.
[무토고중 기중차정 정흡동벽 만물사령 수윤물생 화조물병 약재간곤
파충의정]

戊土는 단단하고 두터우며 모든 간干에 대해 동일한 작용을 한다.
고요하면 모이고, 동하면 열린다. 즉 봄, 여름에는 기가 동하여 흙이 열리
니 만물이 발생하고, 가을, 겨울에는 기가 고요하여 만물이 모여드는 때
이니 가두고 저장한다. 따라서 土는 만물을 다스리게 된다. 물로 윤습하
게 하면 만물이 발생하고, 조열하면 만물에 병病이 든다. 만약 간艮ㅡ丑,
寅ㅡ, 곤坤ㅡ未, 申ㅡ이 있으면 冲을 두려워하고 고요함을 좋아한다.

己土卑濕 中正蓄藏 不愁木盛 不畏水狂 火少火晦 金多金光 若要物旺 宜助宜幇.

[기토비습 중정축장 불수목성 불외수광 화소화회 금다금광 약요물왕 의조의방]

己土는 낮고 습기를 갖고 있는 속성이 있으며 역시 축장하는 중정의 의미가 있다. 비습한 땅은 나무를 배양할 수 있고, 물을 축장할 수 있기에 물의 범람을 두려워하지 않는다. 천간에 甲木이 투출하면 甲木과 합을 하여 유정하여 두려워하지 않는다. 습토이니 능히 화기火氣를 설기시켜 火를 어둡게 한다. 옥토沃土로서 金을 윤택하게 하기에 金이 많으면 빛을 내게 한다. 만약 만물이 왕성함을 필요로 한다면 마땅히 丙火로 생조하고 戊土로 도와야 한다.

庚金帶殺 剛健爲最 得水而淸 得火而銳 土潤則生 土乾則脆 能剋甲兄 輸于乙妹.

[경금대살 강건위최 득수이청 득화이예 토윤즉생 토건즉취 능영갑형 수우을매]

庚金은 숙살지기이니 살기를 띠고 있으며, 강건한 성질이 으뜸이다. 水를 만나면 강금剛金의 기를 설하여 청해지고, 火를 만나면 담금하여 예리해진다. 丑土나 辰土의 습토를 만나면 생조를 받고, 未土나 戌土의 조토를 만나면 연약해진다. 비록 甲木이 강하여도 극할 수 있으나, 乙木은 부드럽지만 합하여 유정하게 된다.

辛金軟弱 溫潤而淸 畏土之疊 樂水之盈 能扶社稷 能救生靈 熱則喜母
寒則喜丁.
[신금연약 온윤이청 외토지첩 낙수지영 능부사직 능구생령 열즉희모
한즉희정]

辛金은 연약하니 온화하고 청한 성질이 있다. 戊土가 많으면 매금
埋金이 되니 두렵고, 壬水가 많아 金을 씻어주면 청해지니 기뻐한다.

辛金은 丙을 임금으로하여 丙火와 합하여 水로 되어 壬水의 신복臣
服(신하가 되어 복종함)이 되어 사직을 편안히 붙들어 주는 이유에서 辛은
甲의 임금이니 丙과 합하여 水가 되면 丙火로 하여금 甲木을 불사르지
못하게 하므로 생령을 구원하는 것이 된다. 辛金은 하절의 열기에도 어
머니인 己土(습토)를 얻으면 회화晦火할 수 있어 기뻐하고, 겨울에 한금寒
金이 되면 丁火를 기뻐한다.

壬水通河 能洩金氣 剛中之德 周流不滯 通根透癸 冲天奔地 化則有情
從則相濟.
[임수통하 능설금기 강중지덕 주류불체 통근투계 충천분지 화즉유정
종즉상제]

壬水는 양수陽水로서 申에서 장생이 되고 癸水로부터 뿌리를 삼는
데, 백천百川이 모여서 임수를 이루는 고로 대하大河와 통하고 있는 것이다.

壬水는 능히 金의 숙살지기를 설하기에 강한 중에 덕이 있다 하는
것이며, 그 성질이 두루 흘러 막힘이 없고, 지지에 申子辰 수국을 이루고

천간에 癸水가 투출하면 물이 범람하여 戊己土인 관살로도 막을 수 없게 된다. 이런 경우에는 木으로 설기하여 기세에 순응하는 것이 좋고, 丁火와 합화하여 木이 丁火를 생하니 유정하다 하는 것이며, 壬水가 巳午未월에 생하여 壬水의 근이 없으면 종從을 하게 되는데 역시 火土에 종하너라도 윤택하게 하는 공이 있어 상제라 하는 것이다.

癸水至弱 達于天津 得龍而運 功化斯神 不愁火土 不論庚辛 合戊見火 化象斯眞.
[계수지약 달우천진 득용이운 공화사신 불수화토 불논경신 합무견화 화상사진.]

癸水는 매우 유약하지만 발원하는 곳은 길다. "달우천진"이란 하늘에서 감로를 내린다는 뜻으로서 그 발원하는 곳이 길다는 의미이다. 辰土를 얻어 癸水가 戊土와 戊癸合化를 한다는 의미로서 火土를 만나도 두렵지 않다는 것이다化象. 합화合化를 하는데 있어서 庚辛金이 있어도 불론不論한다는 것은 하절夏節을 의미하는 것으로서 천간에 丙丁 火가 투출하여 진화된 것을 의미한다. 추동절에는 金水가 왕하니 종화從化의 이치가 없다.

(4) 형상격국론(形象格局論)

형상(形象)

●양기성상(兩氣成象)

> 兩氣合而成象 象不可破也. [양기합이성상 상불가파야]
>
> 양기가 합하여 상을 이루면 그 상이 파극 됨은 불가하다.

양기성상격의 특성을 말하는 것이다. "자평요결"에서 다시 다루겠지만, 리기형상理氣形象를 중시하는 적천수에서 양기성상을 설명하는 것이 본 장의 특성과 부합하기에 여기서 언급한다. 양기성상은 천간과 지지가 각각 일기로 형성된 간지일기격干支一氣格과는 구별되어야 하는 것으로서 그 형상은 土金, 金水, 水木, 木火, 火土 등의 상생相生으로 형상된 것들과 木土, 土水, 水火, 火金, 金木 등의 상극관계로 형상된 것들이 있다. 양기兩氣로 상象을 이루었는데 그 상을 파극하면 불가하다하지만, 상생의 형상과 상극의 형상과는 그 해법 역시 하나일 수 없으니 다음과 같다.

〈상생의 양기성상〉

　　　丁 甲 丁 甲
　　　卯 午 卯 午

甲午, 丁卯 목화木火 이기二氣로 구성되어 상생의 형상을 이루었다.

공동체의 동지同心로서 끌어주고 도와주어 상생의 균형을 이루고 있는 이인동심二人同心의 평온함이라 하겠다. 신왕한 일간이 丁火를 만나 수기秀氣를 유행시키니 丁火의 불꽃은 장구하게 되었다. 이미 국세가 주고받는 평온함을 이루었으니 다른 기의 침범은 평온을 파괴하는 것이 된다. 순세의 기운에 발전을 하게 되는데 木을 극하는 金의 관살 운과 火를 극하는 인성 水는 이미 기물을 이룬 형상에 대해 역세逆勢를 하게 되는 것이라 크게 꺼린다. 일간을 수기秀氣유행流行시키는 식상을 취용한 상생의 형상이다. 인수를 취용하는 상생의 형상보다 상격上格이 된다.

〈상극의 양기성상〉

己 癸 己 癸
未 亥 未 亥

癸亥, 己未 이기二氣로서 土水의 상극으로 구성된 양기성상을 이루었다. 양기로 상을 이루면 그 상을 파극함이 불가하다고 하지만, 이는 상생관계의 순세에서 논할 뿐, 이와 같은 상극의 관계에 있어서는 일간이 외부의 공격을 받아 위태한 상황에 처한 것이니 먼저 외부의 침공을 방어함으로서 나를 보호해야하는 것이 순리이다. 월과 시에 통근한 己土 칠살이 강왕한 것이므로 亥中 甲木을 제살하는 용신으로 삼는다. 역시 운에서도 일반이니 일주를 돕게 되면 귀격으로서 보장된 명이 된다. 예컨대 양기성상은 상생의 국局에서는 상생의 기세를 거역하지 않는 순세順勢가 아름답지만, 재성이나 칠살의 상극관계에 있어서는 일주를 편안하게 해주는 균형의 중화지도를 따르지 않을 수 없는 것이다.

●독상(獨象)

獨象喜行化地 而化神要昌. [독상희행화지 이화신요창]
독상은 화한 지지로 행함이 기쁘고 화한 신이 왕성함을 요한다.

독상獨象은 일기—氣로 편왕偏旺하게 형상된 전왕격(일행득기)으로
서 곡직인수격, 염상격, 가색격, 종혁격, 윤하격 등의 유類를 말하는 외격
外格 범주를 말한다.

화신化神은 식상食傷을 뜻하는 것으로서 태왕한 일간을 설기하는
식상을 용신으로 취함이 마땅한 것을 의미하며, 식상은 건왕해야 함을
뜻한다. 서락오의 적천수보주에서 말하길 "原註云所生者爲化神. 日主
所生 則食傷也(원주운소생자위화신. 일주소생 즉식상야)"라고 하였는바,
생자生者는 인수를 의미하는 것이 아니라 일주가 생하는 식상을 의미하
는 것이다. 따라서 식상의 지지로 운이 행하면 명리쌍전名利雙全하게 되
는 것이다.

丙 甲 丁 甲
寅 辰 卯 寅
壬申, 辛未, 庚午, 己巳, 戊辰　　大運

甲木이 卯月에 생하여 지지에 寅卯辰 방국方局을 이루고 천간에 甲
木 원신이 투출하여 완전한 진화眞化를 이룸으로서 독상獨象으로서 곡직
인수격이 된다. 일간의 왕기를 수기秀氣유행시키는 丙丁 火 식상이 투출
하여 그 기세가 더욱 빼어나다. 곡직인수격에 시상 丙火를 취용하는 귀

명이 된다. 기세가 전일한 독상은 재성과 관살 운을 꺼리게 되는데 재성
운은 군비쟁재群比爭財(무리를 지은 비견겁이 하나의 재성을 놓고 쟁탈爭奪
을 벌임으로서 오히려 재성의 손실을 초래하는 것)가 되며, 관살 운은 왕세
(독상)를 거역하기 때문이다. 비록 재성 운을 꺼리지만 원국에 식상이 투
출하게 되면 쟁재爭財의 기운을 식상으로 통관함으로서 흉변위길凶變爲吉
이 된다(단, 국세에 따라 판단해야 한다).

　위 사주는 독상으로서 화신化神인 丙丁 火가 투출하여 왕세를 설기
하니 소년에 등과하여 일찍 벼슬길에 올랐다는 명이다. 戊己 土運은 식
상이 투출하여 도리어 길하였고, 庚辛金 관살 운 역시 丙丁 식상의 회극
回剋으로 무흉無凶하였으나 용신 丙丁 火를 극하는 壬運에 강직降職하여
귀歸했다고 한다. 木火 運에 발전하는 명이다.

● 전상(全象)

全象喜行財也. 而財神要旺. [전상희행재야 이재신요왕]
전상은 재지로 행함을 기뻐하고 재신이 왕성함을 요한다.

　전상全象은 온전한 상을 의미하는데 원주에 "삼자위전三者爲全"이라
하여 일주와 희신 그리고 용신이 온전한 것을 말한다. 예컨대 상관생재傷
官生財, 관인상생官印相生, 재관병견財官並見 등을 모두 전全이라 하는 것이다.
　독상과는 달리 전상全象은 내격을 말하는 것인데 위 문장은 일주가
신왕하여 상관생재를 취용하는 경우를 말하고 있다.

甲 丁 丙 戊

辰 卯 辰 申

壬戌, 辛酉, 庚申, 己未, 戊午, 丁巳　　大運

　　辰月의 丁火가 년상에 戊토 상관傷官이 투출하여 신왕한 火土상관
생재격이 되었다. 따라서 기신忌神인 왕한 인성을 제극하는 재성이 용신
이 되는 것이니, 재성 申金이 왕성하고 운은 재지財地로 향함을 요하게 된
다. 재성은 식상의 보호가 두터워 비겁으로부터 겁탈을 당하지 않으니
용신이 청淸하게 된 팔자이다. 辰月에 土는 木氣가 암장되어 허토虛土가
되기에 학문이 부족하게 된다(식상은 수기유행秀氣流行하는 오행이니 학문,
두뇌, 기예 등과 직결되는 육신이다). 적천수의 설명에서 申辰이 합수合水
하여 丙火로부터 쟁재爭財를 못하게 한다고 했지만, 辰土는 습토로서 회
화생금晦火生金하는 본연의 역할에 충실한 것이지, 辰土가 申金과 회국하
여 丙火로부터의 쟁탈을 막은 것은 아니다. 이런 부분의 설명에 있어서
간과해서는 안 될 것들이 바로 회합의 변變과 화化라는 것이다.
　　리기理氣를 논함에 있어서 기氣는 음양오행이고 리理는 태극으로서
현상으로 발현되는 음양오행의 불변적 내적원리를 의미하게 되는데, 이
리理의 원리를 통해 기氣의 현상을 읽어낼 수 있는 것이다. 예컨대 리理는
카오스며, 그 카오스의 질서정연한 분열의 원리를 통한 기氣의 현상과 회
합의 이론 등이 팔자의 질서인 것이다.
　　요지는 일시의 辰卯는 시간 甲木의 견인력에 의해 木으로 결속하려
는 성향이 강해지는 것이다. 이 의미는 고요한 성질의 지지를 체體로 보고
동적動的인 천간을 용用으로 보는 개념에서 체는 용을 통해 그 쓰임을 얻
게 되는 것이니, 지지는 기를 통해 발현되는 리理의 이치와 같은 것이다.

따라서 리理의 속성은 현상으로 발현되는 기氣속에 내재되어 기氣와 함께 하는 것이니, 리理라 할 수 있는 지지의 卯辰은 기氣로 표현될 수 있는 천간 甲木으로 나타나려는 성향이 강해지는 것이라 하겠다(기氣의 회집력會集力). 결국 卯辰이 木方을 이룬 것은 아니지만 천간 甲木의 영향으로 辰土를 극하려는 의지는 격감하게 되는 것이다. 천도天道의 공은 생하고 발육하는 것이 우선이기 때문이다.

● 형전(形全)

> 形全者宜損其有餘 形缺者宜補其不足. [형전자의손기유여 형결자의보기부족]
> 형이 온전한 것은 그 남는 것을 덜어야 마땅하고
> 형에 결함이 있는 것은 그 부족한 것을 도와야 한다.

형전形全과 형결形缺은 모두 내격의 형상을 말하는 것으로서 억부용신법을 취해야 한다. 즉 旺則宜洩(왕즉의설), 衰則宜幇助(쇠즉의방조)(왕한 즉 식상으로 설기하고, 쇠약한 즉 비견과 인수로 방조함이 마땅하다)와 같은 것이다.

```
甲 庚 庚 丁
申 子 戌 丑
```

甲辰, 乙巳, 丙午, 丁未, 戊申, 己酉   大運

戌月의 庚金으로 申金과 丑戌土에 통근, 통기한 비견이 투간하여 金氣가 강왕하고 예리하다. 신왕한 정관격에 재관이 모두 투출한 사주로서 관성의 손상됨은 불가한 것이니, 식상의 설기는 마땅치 않다. 월령 戌土에 통근한 丁火를 취용하며, 지지의 생기子水를 통근처로 삼고 "벽갑인정劈甲引丁"(庚(도끼)으로 甲木(장작)을 쪼개어 丁火를 생함)하는 甲木 재성을 희신喜神으로 취한다. 성격成格을 이루고 용신이 월령에 통근하여 부귀를 누릴 수 있는 귀격 사주이다.

초년 金運은 희신인 木의 절지絶地가 되고 용신은 병사지病死地가 되며 戊己 土에 회화晦火되어 불리한 운세이나 木火운에 가업家業이 발전하기 시작하여 부귀富貴를 겸하였다는 명이다.

방국(方局)

● 성방(成方)

成方干透一元神 生地庫地皆非福. [성방간투일원신 생지고지개비복]

방을 이루었는데 천간에 하나의 원신이 투출하면 생지나 고지 모두 복이 안 된다.

역시 지지에 방方의 형상을 이룬 내격의 신왕한 팔자를 말한다. 방方을 이룬 신왕한 내격內格의 팔자가 다시 장생지나 묘고지의 운을 만나면 좋지 않다는 것을 의미하는 것이다. 천간에 투출한 하나의 원신元神이란 지지에 방方을 이룬 기氣의 일간을 말한다.

예컨대 甲木 일간이 지지에 寅卯辰 木方을 이루었지만, 전왕한 일행득기격의 외격이 아닌 신왕한 내격이 되는 경우를 설명하고 있는 것이다.

　　그러나 서락오의 『적천수보주』와 포여명의 『적천수』에는 "生地庫地皆爲福(위복)"으로 기록하고 있는데 "비복非福"과 "위복爲福"의 차이는 간두반복干頭反覆과 간두무반복干頭無反覆에 따른 차이를 나타내는 것이다. 예컨대 지지에 방을 이루고 그 원신이 일간이 되었을 때 천간에 왕세를 거역하는 관살이 투간하며 반복反覆이라고 하는 것이며, 왕세에 순하여 설기하는 식상이 투출하면 무반복無反覆이라고 하는 것이다. 즉 천간에 인수나 비견이 투출하여 종왕격이 되면 생지나 고지를 만나도 복福이 되는 것이니 "비복非福"과 "위복爲福"의 차이는 1차 범주체계의 내격으로 구분할 것인지, 2차 범주체계의 외격으로 구분할 것인지에 대한 구분을 의미하기도 한다.

　　아래의 사주는 서락오의 "적천수징의"에 수록된 명으로서 [生地庫地皆非福]에 해당하는 사주이다.

　　　丙 甲 丙 癸
　　　寅 辰 辰 卯
　　庚戌, 辛亥, 壬子, 癸丑, 甲寅, 乙卯　　　大運

　　甲木이 辰月에 생하여 지지로 寅卯辰 木方을 이루고 방方의 기운인 木은 일간이 되어 신왕하다. 수기秀氣를 발설하는 내격의 식신생재를 취용하는 팔자가 되었다. 얼핏 보면 격국이 크고 수려한 듯하지만, 辰土에 통근한 癸水 인성이 식신을 극하는 병病이 되고, 방을 형성하는 세력 사이에 辰土재성이 극제剋制 됨이 심하여 부귀를 기대하기 어려운 팔자가 된다.

　　대운의 흐름마저 동북방으로 전개되니 신왕한 甲木 일간이 왕지를 만나 결국 亥대운 장생지에서 얼어 죽었다고 하는 팔자이다.

논점論點의 해법은 역시 리산의 나비이론을 그대로 적용하면 된다. 예컨대, 월령이 辰月의 土이면서 木方을 이루었는데 그 원신이 辰中의 乙木이 아닌 甲木이니 方은 진정한 변變를 이루지 못한 것에 있다. 따라서 신왕한 내격의 명으로서 생지生地가 복福이 되지 않는 경우에 해당한다.

● 성국(成局)

成局干透─官星 左邊右邊空碌碌. [성국간투일관성 좌변우변공녹녹]

국을 이루고 천간에 하나의 관성이 투출하면

좌변이든 우변이든 공허하고 무성취된다.

앞서 설명한 이론과는 또 다른 차이가 있는 문장이다. 외격外格을 설명한 이론인데, 지지에 국을 이루고 관성이 투출한 경우로서 파격을 설명하는 것이다. 좌변과 우변이라는 것은 예컨대, 乙이 卯月에 생하여 亥卯未 국을 이루었다면 사정방四正方 卯를 중심으로 좌변은 亥水가 되며, 우변은 未土가 되는 것을 말한다. 매우 중요한 이론의 단서를 담고 있는 것인데, 이 경우 기氣의 형상은 전일한 기운으로 확실하게 외격이 된다는 것을 의미하는 것이니 순수한 기氣를 거스르는 관살의 출현은 파격이 되어 복福이 되지 못한다는 것이다.

丁 乙 辛 辛

亥 未 卯 未

乙酉, 丙戌, 丁亥, 戊子, 己丑, 庚寅　大運

卯月에 乙木이 생하고 지지로 亥卯未 木局을 이루었다. 이 경우 木局의 원신인 卯中의 乙木이 투간하여 亥卯未 木局은 완전한 진화眞化를 이루어 천간의 辛金은 통근처生氣를 완전히 잃게 되는 것이다. 따라서 辛金은 木局을 거스르는 병病이 되어 녹록지상碌碌之象의 명이 되었다. 다행이 행운이 동북방으로 전개되어 군장교로 상승하며 丙戌運에 辛金 병病을 제거하여 대발을 하였으나 酉대운에 병신病神이 득록하여 왕신을 충함으로서 파직을 하게 된 팔자이다.

己 辛 丁 辛
丑 丑 酉 巳

庚寅, 辛卯, 壬辰, 癸巳, 甲午, 乙未, 丙申   大運

酉月의 辛金이 巳酉丑 金局을 이루고 천간에 金의 본신인 酉中 辛金이 투출하였다. 金局은 완전히 변화하여 년지 巳火는 丁火의 통기通氣처로서 역할을 상실하게 된다. 따라서 종왕격이 된다. 하지만 왕세를 거역하는 丁火편관이 투출되어 종하였어도 하격의 명命이 된다. 어느 가난한 사람의 명식으로 소개된 포여명의 『적천수』에서 인용한 팔자이다.

> 影響遙繫旣爲虛 雜氣財官不可拘. [영향요계기위허 잡기재관불가구]
> 영향요계는 이미 허한 것이고 잡기재관에 구애될 수 없는 것이다.

적천수에서는 위 문장을 설명하며 암충암합격을 격으로 취급하지 않는 것을 나타내고 있다. 영향요계라는 것은 멀리 매어 있는 그림자와 소리 같아 이미 허한 것이라는 의미이니, 팔자에 재관이 없을 경우 허공에 펼쳐져 있는 허자虛字를 충출沖出시켜 불러다 나의 재관財官으로 쓴다는 암충암합격을 말하는 것으로서 외격의 잡격 범주에 속한다고 하겠다.

예컨대 적천수에서는 암충암합에 대해 격으로 취하지는 않지만 용신으로 취할 수 있는 입장은 비추고 있다. 하지만 비천록마격飛天祿馬格과 같은 암충격을 비롯해 고서에서 다루는 제 잡격들 중에는 완전히 배격할 것만은 아니다. 실제 임상을 통해서도 비천록마격은 선학들의 이론이 그대로 적중을 하고 있기 때문이다.

잡기재관격은 辰戌丑未 사계四季월에 출생한 경우를 두고 말하는데, 사계월의 지장간에는 잡한(장간의 기운이 전일하지 않음을 의미)기가 섞여 있기에 잡기雜氣라 하고, 일간의 재관인수에 해당하는 사고지를 沖刑으로 열어 일간의 재관인수가 되는 장간을 취한다는 것에서 잡기재관격이라 한다. 하지만 이미 서락오에 의한 격국과 용신에 대한 체계적인 접근방식이 정립된 지금에 새삼 잡기재관격(귀격이 된다는 것)을 고집할 필요는 없을 듯 하다. 사계월에 출생한 경우에도 역시 천간에 투출한 장간이 있으면 그것을 격으로 취하면 될 것이며, 투출한 장간이 없으면 그대로 土를 격으로 취하면 된다. 적천수에서도 이것을 밝히고 있는 것이다. 아래의 예를 살펴보자.

甲 丙 庚 己
午 午 午 巳

甲子, 乙丑, 丙寅, 丁卯, 戊辰, 己巳　大運

적천수에서 "비천록마격"을 부정하는 사례로 수록한 명조이다. 고전에 전하길 비천녹마격은 庚子日, 壬子日, 辛亥日, 癸亥日 단 4일만 해당한다고 전제하고 있다. 또한 지지에 子나 亥가 3개 이상(2개도 해당) 있어야 이 격이 성립된다고 하였다. 따라서 丙午일주인 위 사주는 비천녹마격에 해당이 되지 않으며 정격으로 다루어야 할 명조이다. 3지에 午火양인을 두고 巳火에 녹 또한 얻어 화염火炎이 치열한 매우 신왕한 명조가되었다. 상관생재를 취용하는 사주인데 午中의 己土가 투출하고 재성이 巳火에 통근하나 화염에 용금鎔金이 되니 재성의 통근처가 불안하다.

戊辰, 己巳대운에 유업遺業이 풍후하였다고 한다. 丁卯, 丙寅대운에 처妻와 네 명의 자식을 잃고 가업을 파진하며 형액刑厄까지 수차례 당하였으나 북방 水運에 이르러 조후와 윤토생금潤土生金의 공으로 대재벌이 된 명조이다.

위의 경우는 비천녹마격에 해당하지 않는다. 일부 교재에서 丙午일과 丁巳일에 대해 도비천녹마격이라 하여 위의 4일에 해당하는 비천녹마격과 다소의 차등을 두는 듯 하면서 비천녹마격에 포함시키고 있으나 고전이 전하는 바와는 다른 것이다.

    甲 甲 癸 丁
    戌 辰 丑 未

丁未, 戊申, 己酉, 庚戌, 辛亥, 壬子   大運

적천수에서 잡기재관격에 대한 속론俗論을 반박하면서 수록한 명조이다. 위에서 밝혔듯이 잡기재관에 구애를 받을 필요는 없다. 통상 정격 외의 기이한 격국은 귀명이 된다는 예가 대부분인데, 위 사주 또한 잡기재관으로서 "재, 관, 인수"를 취하는 격이라면 귀하게 되었을 것인데 그렇지 못한 이론의 부당성을 지적하고 있는 것이다.

이 팔자는 천간에 癸水가 투출했으니 인수격이다. 甲木 일간이 辰土와 未土에 통기通氣하였는데 冲으로 木과 癸水의 통근처가 손상 당한 상태이다. 따라서 재다신약財多身弱하여 득비리재得比理財(재성을 극제하는 비견용신)를 취하는 사주가 되었다. 대운의 향방 역시 불리하여 庚辰 大運이후 가산家産을 탕진한 명이다. 재다신약은 부옥빈인富屋貧人, 외화내빈外華內貧이라 하지 않던가.

(5) 성패론(成敗論)

부(富)

何知其人富 財氣通門戶. [하지기인부 재기통문호]
그 사람이 부함을 어떻게 알 것인가? 재기가 문호에 통한 것이다.

팔자를 살펴 그 사람이 부유하거나 부유하게 될 것인지를 알려면 재성이 지지戶에 통근하여 천간門에 투출하였는가를 살피라는 것이다. 특히 월령을 얻어 투간한 재성일 경우는 더욱 거부巨富를 실현할 수 있는 팔자라 하겠다. 재성이 용, 희신에 해당하면서 지지에 방국方局을 이루거나 재성이 고지에 해당하는 등의 경우에 있어서 모두 재기가 통문호한 것이다. 이외에 신왕하고 재성도 왕한데 식상이 없고 관살이 있는 경우(재관용신), 신왕하고 인수도 왕한데 왕기를 설할 식상이 없을 때 재성이 득국得局, 득령得令하여 인수를 제극하는 경우, 신왕하고 비겁 또한 왕한데 재성이나 인수가 없고 왕기를 설하는 식상이 건왕한 경우, 신약하고 재성은 많은데 관성이나 인수가 없고 비겁이 있는 경우 등은 모두 부富를 이룰 수 있는 사주로서 재기가 통문한 것으로 판단한다.

```
甲 辛 庚 乙
午 酉 辰 酉
```

癸酉, 甲戌, 乙亥, 丙子, 丁丑, 戊寅, 己卯   大運

대만에서 발행된 『전론기업가팔자학』에 한국의 S그룹 재벌 제2대 장문인으로 소개되었던 팔자이다.

위 사주는 辛金이 辰月에 생하고 辰中 乙木이 투간하여 편재격에 속하게 되는데, 사주를 분석함에 있어서 이론異論이 있을 수 있는 부분이기에 이 책에서의 관점을 수록해 본다.

년과 일의 酉金사이에 辰土가 있어 육합의 성립 여부가 하나의 관건인데 이 역시 천간의 간합 작용과 마찬가지로 투합妬슴의 작용에 의해 합을 이루지 못한다고 판단한다. 이 문제는 다시 천간 乙木이 乙庚슴으로 합이화슴而化와 합이불화슴而不化에 대한 판단으로 이어지게 된다.

예컨대 辰酉 육합이 성립된다면 乙庚 슴은 합화슴化하여 기신인 비겁庚을 쫓아가지만, 투합의 작용으로 육합이 성립되지 않으면 乙庚 슴은 기신 庚金을 합거하는 작용으로 나타나기 때문이다. 이것은 또다시 월령 辰土가 천간에 투간한 甲乙木 재성의 통근처로서 유효한지에 대한 문제를 낳게 되는데 육합이 성립된다면 천간에 乙庚 간합 역시 합화슴化가 성립되기 때문에 辰土는 더 이상 甲乙木 재성의 통근처로서 유효하지 않게 된다. 그렇다면 이 사주는 천간에 투출한 재성이 허부虛浮하여 부명富命과는 거리가 먼 빈명貧命이 되었을 것이다.

따라서 위 사주는 酉金의 투합작용력으로 육합이 성립되지 않아 천간의 乙木은 비겁을 합거하며 재성이 맑아지는 길한 작용력을 행사하게 된다. 시상의 甲木은 월령에 통기하고 역시 식신인 辰中 癸水는 월령에 통근하여 희용신이 모두 건왕하게 되었다. 부명의 격을 갖춘 전형적인 재기통문호 팔자이다. 水木火운이 모두 길한 명이다.

귀(貴)

> 何知其人貴 官星有理會. [하지기인귀 관성유리회]
> 그 사람이 귀함을 어떻게 알 것인가? 관성이 이회(理會)됐기 때문이다.

이회理會라는 것은 관성이 용, 희신이 되면서 인수와 재성의 보호를 받으며 건왕한 것을 의미한다. 관성은 존귀함을 의미하니 국가로는 대통령이며, 군의 수장이고 가정의 가장이니 마땅히 재성과 인성의 보필을 받아야 한다. 재성과 인성이 마주하여 관을 보필하지 않으면 고관무보孤官無補가 되어 존귀함이 상하게 되니, 재인財印이 서로 장애가 되지 않으면서 관성이 유근有根하면 그 귀함은 보장 받은 것이 된다. 아울러 신약하여 관성이 기신으로 작용할 경우에는 팔자에 관성이 나타나지 않은 것이 좋은데, 이런 경우 역시 이회理會라 할 수 있다. 칠살은 흉신으로서 꺼리는 것이지만, 팔자의 배합에 따라 용신으로 취용(재자약살격 등)하여 힘이 있으면 역시 대귀를 누리게 되니 이를 두고 대귀자용살불용관大貴者用殺不用官(크게 귀하는 자는 관성을 쓰지 않고 칠살을 용신으로 삼는다는 의미)이라 했다.

己 辛 丙 甲
丑 酉 寅 午

壬申, 辛未, 庚午, 己巳, 戊辰, 丁卯   大運

일주가 다소 약하나 신왕관왕한 사주이다. 관성이 깨끗하고 재성과 인성의 보호를 받으며, 월령에 통근하니 대귀격의 사주로 손색이 없다. 일간이 비록 월령을 잃었지만 酉丑반합 회금으로 통근처가 유력하며, 인수 역시 통근하여 생신하니 일간이 불약不弱하다. 관성은 월령을 얻어 투출한 재성의 생을 받고, 寅午반합 회국會局에 통근했으니 관성의 세력이 큰 것이다. 천간이 모두 녹왕지를 만나 국세가 짜임새가 있다. 관인상생을 이룬 귀격의 명이다.

빈(貧)

> 何知其人貧 財神反不眞. [하지기인빈 재신반부진]
> 그 사람이 가난함을 어떻게 알 것인가? 재성이 참되지 않음이다.

포여명의 『적천수』와 서락오의 『적천수보주』에는 종부진終不眞으로 되어 있으나 『적천수천미』와 『적천수징의』에 적힌대로 반부진으로 기록한다. 의미의 차이는 없다(終:마침내, 反 : 도리어).

재성이 "도리어 또는 마침내 참되지 않다"는 말은 재성이 희신으로서의 역할을 상실(합거, 합하여 기신으로 화化)하거나, 또는 기신을 돕는 형태로의 작용을 하거나, 희신이지만 충을 만나 뿌리가 뽑힌 경우, 또는 식상의 보호를 받지 못한 채 비겁군의 쟁탈을 받게 되는 등이 모두 참되지 않은 것들이다.

```
庚 癸 丙 辛
申 巳 申 丑
```

庚寅, 辛卯, 壬辰, 癸巳, 甲午, 乙未　　大運

申月의 癸水가 시상에 庚金이 투출하여 1차 범주체계 내의 정인격이 된다. 인수가 태왕하여 재성을 용신으로 취하는데 丙火 재성이 辛金에 묶여 합거되어 재성이 도리어 참되지 않은 경우이니 가난한 명이 된다.

초년 남방南方 木火 운에는 조업이 풍후豊厚하였으나 癸巳대운에 접어들어 巳申 合이 되니 재성이 모두 합거되고 기반되어 일패一敗했고, 계속되는 음습지(壬辰대운)에 걸인乞人을 면치 못한 팔자로 소개된 명조이다.

위 사주 역시 육합의 투합妬合 작용을 보이는 경우인데, 통상 양兩 申金에 의해 巳火가 합거되는 것으로 설명되고 있다.

巳申이 합을 한다면 합거合去가 아닌 합화合化의 이론이 적용된다. 예컨대 巳申 合은 水가 되지만 사주에 金氣가 태다太多하면 水가 아닌 합금合金이 된다는 이론을 적용할 경우에는 합화되어 2차 범주체계의 종강격이 될 수 있기 때문이다. 따라서 이와 같은 경우 역시 투합의 작용력으로 육합이 성립되지 않게 되는 것이며, 癸巳대운에 재성 巳火가 나타나면서 申金을 합하니 재성의 흉凶이 이때 발생하게 되는 것이다. 재성이 참되지 않은 문제점을 안고 있는 팔자이지만, 대운의 흐름 또한 한 몫을 한 사주이다. 용신이 합거되며 작용력을 상실하는 시점에서 타격을 입고 이후에 전개되는 대운壬辰 역시 용신을 극하고 회화晦火하게 하는 것이니 걸인의 시작은 이미 巳대운에서 비롯된 영향인 것이다.

이 책에서 언급하고자 하는 것은 무엇이 맞고 틀리고 등에 초점을 둔 것이 아니라(물론 올바른 것을 찾는 것이 궁극적으로는 실현되어야 하겠지만) 사주를 추론하는데 있어서 각 추론요소들의 적용기준을 맞춰나가고 그 체계를 바로 하고자하는 것에 있는 것이다. 고금의 명리서에 추론요소의 적용기준이 명료하지 않고 설명 또한 일관성이 없거나 부족하다 보니 배우는 자와 배우고자 하는 자 모두가 끝없는 미로 속에 갇히게 되는 것이다. 적용기준과 나름의 체계가 이루어진다면 혹 그릇되거나 착오가 있다할지라도 그것을 수정하고 보완하는 연구 작업이 훨씬 정미하게 될 것이다. 맞으면 내가 제일, 틀리면 말구! 라는 식의 추론은 하루 빨리 벗어나야겠다. 사람의 운명을 추론하는 것이 그리 쉽던가!

천(賤)

> 何知其人賤 官星還不見. [하지기인천 관성환불현]
> 그 사람이 천함을 어떻게 알 것인가? 둘러보아도 관성이 보이지 않음이다.

역시 일부 교재에서는 총불현總不見으로 기록되기도 한 부분이다. 획일적으로 귀천貴賤을 논하기에는 다소 무리가 따를 수도 있는데, 관성이라는 팔자 요소의 고유성분은 공직이나 국가 관련의 직업이나 직무, 객관성을 띤 일 등에 종사하는 것 등으로 해석할 수 있으나, 요즘은 고유한 의미 외에 사회 전체적으로 공감하고 인정할 수 있는 상식적 범위의 사회적 지위나 직업 등을 기준으로 귀천貴賤을 논함이 타당하다 하겠다. 이러한 관점에서 천賤하다고 함은 팔자에서 희신이 되는 관성이 전혀 없는 경우이거나, 용, 희신에 해당하는 관성이 기신에 의해 완전히 파극되거나 충을 만나 뿌리가 손상된 경우 등에 해당하게 된다.

壬 辛 壬 丁　　女命

辰 丑 子 巳

戊午, 丁巳, 丙辰, 乙卯, 甲寅, 癸丑　　大運

여자의 명인데 금한수냉金寒水冷하다. 관성이 모두 합거合去를 당하니 관성불현이다. 子月에 丑土를 만났으니 子丑합하여 化土가 될 듯하나 천간에 戊己土가 투출하지 않고 壬水가 투출하여 오히려 水로 변질된다. 동절冬節의 庚辛金 일주가 不弱하면 반드시 조후로서 관성을 취해야 하는 것인데, 상관傷官을 만나 관官이 합거되었으니 귀貴를 기대할 수 없는 명이 된다.

용신무력에 해당하는 사주로서 길운을 만나도 길을 실감하기 어렵다.

길(吉)

> 何知其人吉 吉神爲輔弼. [하지기인길 길신위보필]
> 그 사람이 길함을 어떻게 알 것인가? 길신이 일간을 보필하기 때문이다.

여기서 길吉이라고 하는 것은 살아가면서 신체적인 안전 및 안락한 삶을 영위해 나아가는 것으로 이해하면 된다. 삶의 현상이 기복이 많거나 신체적 장애가 따르게 되면 吉하지 않은 것으로 판단할 수 있다. 예컨대 월이나 시주에서 용, 희신이 일간을 보필하게 되면 첩신貼神이라 하여 吉하게 된다. 즉 용신이 일간과 유정한 관계에 있는 것을 의미하는데 충형冲刑을 만나지 않아야 한다.

<pre>
己 戊 丙 甲
未 寅 寅 子
</pre>

癸酉, 壬申, 辛未, 庚午, 己巳, 戊辰, 丁卯   大運

기신忌神인 칠살이 득록하여 투출했는데 丙火 인수가 투출하여 화살생신化殺生身하는 용신으로서 일간을 보필하고 있다. 살인상생의 순수한 정격이 되니 귀명貴命이 된다.

흉(凶)

何知其人凶 忌神輾轉功. [하지기인흉 기신전전공]
그 사람이 흉함을 어떻게 알 것인가? 기신이 이리저리 공격하기 때문이다.

용, 희신이 첩신하여 일간을 보필하면 길하게 되는 것이지만, 반대로 기신이 일간의 옆에서, 즉 월과 시주에 붙어 이리저리 공격을 해오면 경제적 재난과 재앙은 물론 신체적 재난 등을 겪게 된다.

己 丙 庚 辛
丑 辰 寅 巳

甲申, 乙酉, 丙戌, 丁亥, 戊子, 己丑   大運

상관과 재성이 통근하여 투로透露하였다. 丙火 일간이 신약하여 인성을 용신으로 하는데 기신이 일간을 둘러싸고 기운을 누설시키고 있다. 기신이 일간을 주위로 포진하여 전전공輾轉功하니 흉함이 가시지 않을 것이다(輾轉 : 이리저리).

요(夭)

何知其人夭 氣濁神枯了. [하지기인요 기탁신고료]
그 사람이 단명함을 어떻게 알 것인가? 기탁하고 신고하기 때문이다.

팔자의 오행이 어느 한쪽으로 치우지면 이를 편偏하다고 하고, 용, 희신이 손상을 받은 경우를 기가 탁濁하다 하는 것이며, 일주나 용, 희신이 무근하고 생기가 없는 것을 신고神枯하다 하는 것이다. 예컨대 일주가 신고하고 기탁하면 가난하거나 요절하게 되며, 용신이 탁하고 고枯하면 가난하거나 고독하게 된다.

丁　丙　癸　辛
酉　子　巳　丑

辛卯, 壬辰　　大運

일주가 신약하고 기신이 치우쳐 있는 득비리재를 취하는 재다신약 사주이다. 일주의 희신 또한 관성의 제극을 받아 일주와 용신 모두가 기탁하고 신고한 명이 되었다. 사주정설에 수록된 명조인데 초년 임진대운을 만나 12세인 辛亥년에 요사夭死하였다고 한다.

丙火가 巳月에 생하여 건록 비견을 만났으니 천간에 투출하고 세력이 강한 타 간에서 격을 취한다. 비록 癸水가 관성이라고 하나 子水에 통근하고 왕한 재성(巳酉丑 삼합)의 생을 받으니 재왕생살의 격국을 형성하였다. 강변위약强變爲弱이 되어 인수의 화살생신이 필요한데 인수가 없고, 비겁으로 재성을 제지하며 일간을 도와야 하는데, 오히려 癸水 칠살에 의해 비겁이 상하니 신고기탁하게 되었다. 운의 흐름이 마땅치 않으니, 辛亥년 왕자충쇠 쇠자발衰者拔로 일간의 뿌리가 뽑히고 기신이 득세함이니 어찌 수壽를 보전하겠는가. 이미 壬辰대운에 丁壬합으로 용신이 합거되고 칠살이 통근되어 극신剋身하게 되니 요절을 면하기는 어려운 것이다.

巳月에 巳酉丑 金局을 짓고 천간에 辛金이 투간하였으니 진화眞化의 변變을 이루지 못한 경우이다. 만약 巳中에 庚金이 투간하였다면 비록 巳月의 丙火가 득령을 했다 할지라도 부득이 종從을 할 수밖에 없는 것이다.

수(壽)

> 何知其人壽 性情元神厚. [하지기인수 성정원신후]
> 그 사람이 장수함을 어떻게 알 것인가? 성정원신이 두텁기 때문이다.

사주에 결함이 없는 경우를 말하는 것인데 신왕하고 용, 희신이 유력有力여 충이 되지 않거나 오행이 끊이지 않고 상생되어 유기하면 모두 성정원신이 두텁다는 것에 해당한다. 빈천하면서 장수하는 경우는 일주가 신왕하기 때문이다.

丙 甲 癸 辛
寅 子 巳 丑

丙戌, 丁亥, 戊子, 己丑, 庚寅, 辛卯, 壬辰   大運

형충이 없고 오행의 기운이 서로 돕고 있으며 접속상생에 통근이 유력하니 팔자에 손상된 점이 없는 귀명이다. 巳火에서 원두源頭하여 火生土, 丑土生辛金, 辛金이 癸水을 생하고 癸水는 甲木을 생하고 甲木은 丙火를 생하여 접속상생을 이루고 있다. 甲木은 寅에 녹하고, 癸水는 子

에 녹을 하며, 丙火는 巳火에 녹을 얻고, 관성은 재지財地에 앉아 있으며, 재성은 식상을 만났으니 오행원신의 통근처가 모두 두터워 좌우상하가 유정有情하게 된 팔자이다. 인과 덕을 겸하고 부귀가 극품, 백만에 이르렀으며, 13명의 자식을 두었고, 무병無病으로 백세의 수壽를 누렸다고 한다. 적천수징의에서 인용하였다.

(6) 지위론(地位論)

지위가 높은 관리나 혹은 세상에서 큰 공적을 남기는 사람은 월령에 희신이 있으며, 그것이 손상되지 않고 위력을 충분히 발휘하기 때문이다. 양인가살에 희신이 월령에 통근하고 그 힘이 강한 경우는 장군이 된다.

壬 丁 丁 乙
寅 酉 亥 丑

庚辰, 辛巳, 壬午, 癸未, 甲申, 乙酉, 丙戌   大運

壬水 정관이 월령을 얻고 丑中 癸水에 통근하는데 酉丑반합 금국으로 水를 생하니 관성이 왕하다. 비록 시상의 壬水가 관이지만 세력이 강하여 칠살과 같으니, 寅木 인성을 취하여 화살생신하는 살인상생격이 되었다. 기신이 되는 金을 제극하는 비견 丁火를 희신으로 취한다. 중국 혁명의 선도자이며 정치가였던 손문의 사주이다.

(7) 질병론(疾病論)

> 五行和者一世無災, 血氣亂者 平生多疾
>
> (오행화자일세무재, 혈기난자 평생다질)

오행의 균형이 잡힌 팔자는 평생 건강이 양호하고 재난이 없으나 간지의 상극이나 沖이 많은 것은 평생 질병이 많다. 기신忌神이 어느 오행을 해치면 해당 오행에 배속된 오장五臟의 병病이 심해진다.

오행배속	木	火	土	金	水	삼초(三焦)
육부 (六腑)	甲	丙	戊	庚	壬	
	담(膽)	소장(小腸)	위(胃)	대장(大腸)	방광(膀胱)	삼초
오장 (五臟)	乙	丁	己	辛	癸	중초
	간(肝)	심장(心腸)	비(脾)	폐(肺)	신장(腎臟)	하초

[삼초(三焦)는 심장과 폐에 딸린 상초(上焦)와 심장과 배꼽의 중간에 위치해서 소화를 돕는 중초(中焦) 그리고 배꼽 아래 방광의 위에 위치하여 노폐물의 배설을 맡은 부위로 대장, 방광, 소장, 신장 등이 딸린 하초(下焦)를 말하며, 이들은 모두 무형의 장기(臟器)이다.]

따라서 사주에서 오행이 천복지재를 이루고 상하좌우 상생의 관계로서 화평和平하면 오장육부가 조화를 이루게 되는 것이나, 오행이 한쪽으로 치우쳐 태과불급하거나 상제됨이 지나치면, 허약한 오행에 배속된 장부臟腑의 기능이 허虛한 것이니 질병은 바로 허약한 장부에서 얻게 되는 것이며, 그 근본은 국세의 편중된 오행의 제극으로부터 기인하게 된다.

예컨대 木氣가 태왕하면 土가 제극을 받는 것이니 金의 상제가 없으면 비위脾胃에 질환이 발생하게 된다. 木氣가 태왕한 것에 기인한 것이니 이를테면 왕성한 간 기능을 믿고 술을 많이 마셔서 비위장의 질환을 초래할 수 있다는 것이다.

木	간경화, 간염, 간암, 신경근육(힘줄) 질환 등 간담과 신경계의 질환
火	혈압(저혈압, 고혈압), 협심증, 심장질환, 정신질환 등 심장계의 질환
土	위암, 위염, 위궤양, 췌장암, 위하수체 등 비위계통의 질환
金	폐암, 대장염, 폐렴, 결핵, 천식, 축농증, 치아, 뼈, 폐, 기관지계의 질환,
水	신장염, 신장암, 방광염, 방광암, 혈액순환, 시력 등의 질환

〈소아마비(小兒痲痺)〉

　　丙 庚 己 丁

　　子 辰 酉 未

　　소아마비나 여타 마비증세는 신경神經계를 조율하는 木氣에 의해 판단을 하게 되는데 통상 강한 金氣에 압박을 받는 상황에서 나타난다.

　　이 사주는 庚金일주가 양인羊刃격에 土가 투간하여 金氣가 태왕太旺한 사주로서 소아마비이다. 년상의 丁火가 己土로 흡수되어 金을 단련하는 역할을 하지 못하고 土를 생하여 결국 金氣만 강화시키는 역할을 한다. 辰中의 乙木은 합으로 소멸되고 가장 무력한 년지의 未中 乙木은 왕한 土金의 압박을 받고 있는 것이니 무력하다. 출생 후에 마비증세가 나타나는 시기는 운에서 木氣를 압박하는 金氣가 강화되는 시점이다.

〈냉한 체질〉

　　戊 甲 癸 戊　　坤

　　辰 申 亥 午

　　亥月의 甲木으로 癸水가 투간하여 한목향양寒木向陽하는데 년지에 午火가 있다. 午火는 본시 유약하여 습濕을 꺼리고 양난陽暖함을 좋아하는데 亥月에 생하여 북풍한설이 몰아치는데 놓인 촛불과 같다.

동절冬節은 어떤 오행을 불론하고 조후가 시급한 것이다. 그만큼 천지만물이 꽁꽁 얼어붙어 있어 따스함이 필요한 것으로서 사람의 체질도 마찬가지가 된다. 위 사주의 경우는 동절冬節로서 일간에 첩신한 오행이 모두 냉습冷濕한 오행이니 더욱 한심寒甚하다. 년지의 午火는 무력하여 해동解凍하기에는 부족하다. 용신무력한 사주인데 다행히 戊土가 제습을 하는 공이 있다. 조후가 부족하면 오장육부가 모두 냉한 것이니 혈압은 낮고, 申金 또한 水氣에 설되고 냉하니 대장이 허하여 설사증세가 있게 된다. 물이 얼어붙으면 순환이 안 되고 막히는 것이니 혈액순환은 당연히 좋지 않아 손발이 저린 증상도 나타나며, 辰土는 습토로서 마치 혈액 속에 침전된 콜레스트롤과 같은 것이니 이 역시 조심해야 할 것이다. 식이요법도 도움이 되겠지만 가장 좋은 것은 운동을 권하는 바이다.

일간	일주(日主)별 기신(忌神)에 의한 질환특성
甲乙 木	庚辛申酉 등 관살을 많이 보면 간담(肝膽)이 놀라서 폐결핵을 앓게 된다. 또한 수족마비, 근골통 등이 생기고 외적으로는 현기증, 중풍의 증세가 있다.
丙丁 火	火가 많고 水가 없으면 해수천식(咳嗽喘息)이 있고, 피를 토하거나 중풍, 말을 못하는 증세가 있게 된다. 피부가 건조하고 열이 많게 된다. 여자는 혈기가 고르지 않아 낙태(落胎)를 하거나 불임(不姙)증세가 있다. 소아(小兒)는 경기(驚氣)를 일으키거나 자다가 놀라서 깨나는 증세가 있다. 丙丁 火 일주가 壬癸亥子 의 관살을 많이 보면 간질, 발광정신질환이 있거나 실명 또는 시력이 안 좋게 된다.
戊己 土	甲乙寅卯 관살을 많이 보면 비위(脾胃)가 불화(不和)하여 식도협착, 식도암 등의 질환이 생기고 설사가 있게 된다. 늘 속이 더부룩하고 편식하는 특성이 있다.
庚辛 金	丙丁巳午의 관살을 많이 보면 치질이나 용변 후 하혈(下血)을 하며, 가래, 기침이 일어나고 피부가 거칠고 건조하며, 결핵을 조심해야 한다.
壬癸 水	戊己辰戌丑未의 관살을 많이 보면 자면서 땀을 흘리고, 귀머거리가 되거나 무릎 관절통이 있게 된다. 또한 냉한 것을 꺼리고 오한에 잘 걸린다.

4. 자평요결(子平要訣)

청대淸代의 심효첨이 지은 『자평진전』은 자평이론의 시원인 『연해
자평』을 간결하게 정리하여 발전시킨 저작으로서 명리서의 기본 골격이
라 할 수 있는 격국과 용신의 체계를 세운 대표 서書라 하겠다. 이후 서락
오의 "자평진전평주"가 등장하며 현대 명리학의 기초와 발전의 틀을 제
공하게 되었고, 이미 국내에서도 『자평진전평주』의 번역서(박영창)가 출
간되어 적전수의 다양한 평주서들 및 『궁통보감』(조화원약) 과 함께 현대
명리학의 기본 텍스트로 인정받고 있는 저작이다.

자평진전의 특징은 용신(격국을 의미)의 성패와 격국의 구응救應, 격
국의 고저를 의미하는 용신의 유정무정과 유력무력, 회합의 이치 등을
알기 쉽게 설명해 놓으며 본서에서 언급하는 1차 범주체계의 내격에 대
한 분류의 틀을 일목요연一目瞭然하게 정리한 것에 있다.

본 서의 "자평요결"은 "자평진전평주"를 일부 인용하여 사주를 분
석해 나가는 기본 틀로서 "1차 범주체계의 내격"을 설명하고자 한다. 물
론 범주분류에 있어서 발생하는 자평진전평주와의 이견異見이나 재고再考
를 해야 할 부분에 있어서는 그 이유를 밝히며 새로운 견해를 제시하도
록 할 것이다. 일부 서락오의 평주에 있어서 혼란함과 일관된 설명이 부
족한 것에 대한 언급 등도 하도록 할 것이다.

중요한 것은 1차 범주체계를 설정하는 기본이론을 이해하는 것에
있으니 이후 자평진전평주원문과 번역서 및 명리정종이나 명리약언 등
많은 관련서를 함께 학습하길 바란다.

(1) 격국(格局)의 성패(成敗)

"자평진전평주"는 통상 외격의 변격變格을 다루는 "적천수"와 비교하여 정격의 이치를 다루고 있는 이론서이다.

원주 자평진전에서 언급된 용신은 "八字用神 專求月令팔자용신 전구월령"을 뜻하여 현대적 개념에서 말하는 격국格局의 의미로 받아들일 수 있다. 따라서 자평진전에서 중요시하는 "순용順用과 역용逆用"이 무엇을 의미하는지를 알아야만 정팔격의 이치에 도달할 수 있다 하겠다.

예컨대 일간과 월지의 생극관계를 살펴 격格을 살피게 되는데 일간과 월지의 육신六神 및 그 정편正偏의 관계에 있어서 생해야 좋은 것과 극을 해야만 좋은 것이 있게 된다. 즉 자평의 이론은, 재관인식財官印食(재성, 정관, 정인, 식신)을 4길신吉神으로 하여 월지가 이 4길신에 해당하면 극헌함을 꺼리고 순용順用(생조하는 것)함을 기뻐한다는 것이다. 반대로 살상효겁殺傷梟劫(칠살, 상관, 편인, 양인겁재)은 4흉신凶神이라 하여 월지가 이 4흉신에 해당하면 순용함을 꺼리고 역용逆用(극헌함)을 기뻐한다는 것이다.

자평진전에서의 특징은 바로 이 순용과 역용에 있는 것인데, 순용할 격국은 생조하고 기운을 유행시키는 용신을 취해야 귀격(고격)이 되는 것이며, 역용할 격국은 생하면 좋지 않고 극제하는 용신을 취해야 귀격이 된다는 이론으로서 이와 같이 격을 이루면 성격成格이 된다고 하는 것이다. 반대로 순용할 격국을 극하거나 역용할 격국을 생조하게 되면 파격破格이 되는 것이니 행운行運에서 파격을 이루는 기신을 제거하여 구제를 하지 못하면 부귀富貴를 달성하기는 어려운 것이다.

그러나 사주의 구성(국세)에 따라 비록 4길신이라 할지라도 극을 할 수도 있으며, 4흉신이라 할지라도 순용으로 취하는 경우가 있는 것이니 한 가지로 말 할 수는 없는 것이다. 자평진전에서 밝히는 기본 틀을 가지고 격국의 용신을 취하고 그 고저를 살필 것이나 국세와 용신의 유정무정, 통근의 유력무력 등을 전체적으로 살펴 판단해야 한다.

성격(成格)

① 월령이 정관일 때 : 정관이 재와 인수를 만나면서 또한 형충파해가 없으면 성격成格이 된다.

② 월령이 재성일 때 : 월령이 재성인데 천간에 관성이 투간하여 재왕생관하거나 식신이 재를 생하면서 신강하고(食神生財) 비견이 있거나 혹은 인수가 투출하여 재와 인수가 서로 극하지 않으면(재인불애財印不碍) 재격의 성격이 된다.

③ 월령이 인수일 때 : 인수가 경미한데 칠살이 있어서 인수를 생하거나 (살인상생殺印相生) 관인쌍전官印雙全하거나 혹은 재인身印이 모두 왕한데 식신으로 설하거나(인수용식신생재격) 혹은 인수가 많은데 재가 투출하고 재의 뿌리가 약한 것(재의 뿌리가 강하면 탐재파인으로 파격) 등은 모두 인격印格이 성격된 것이다.

④ 월령이 식신일 때 : 천간에 재성이 투출하여 식신생재가 되거나 혹은 기식취살棄食就殺*이면 모두 식신격의 성격이다.

⑤ 월령이 칠살일 때 : 신강하고 식신이 칠살을 제복하는 것(식신제살격)은 칠살격의 성격이 된다.

⑥ 월령이 상관일 때 : 재財가 있거나 혹은 상관패인傷官佩印(상관격에 설기가 심하여 인수를 용신으로 취하는 것)이 되면서 인수가 지지에 통근하거나 혹은 상관이 왕하고 신약한데 칠살과 인수가 동시

* 식신격으로 년월에 식상이 왕하여 일시(日時)의 관살로 용신을 취하는 경우로서 식거선살거후격(食居先殺居後格)을 의미한다.

에 투출한 것, 혹은 상관격에 칠살만 있고 재가 없는 것*은 모두 성격이 된 것이다.

⑦ 양인격에 관살이 투출하거나 재와 인수가 드러나 있고 상관이 없으면 성격이 된다. 양인이 왕하면 식상을 용신으로 삼아 설기해도 좋다. 단 관살이 없어야 하며 일간 관살을 용신으로 할 경우 식상을 보면 양인격의 성격이 될 수 없다(양인가살격).

⑧ 건록월겁인 경우 : 관성이 투출하고 재와 인수가 있거나 혹은 재가 투출하고 식상이 있는 것, 혹은 칠살이 투출하고 제복된 것 등은 모두 성격이 된 것이다.

파격(破格)

① 정관이 상관으로부터 극을 당하거나 형충을 당하면 정관격이 패, 즉 파격이 된다.

② 재가 경미하고 비겁이 많거나 재가 투출하고 칠살이 있는 것은 모두 재격의 파격이 된다.

③ 식신이 효신(편인)을 만나거나 또는 재와 칠살이 모두 있으면 식신격의 파격이 된다.

④ 칠살이 재를 만나고 식신의 제복이 없으면 칠살격이 파격된다.

⑤ 金水상관격을 제외하고 정관이 있는 상관격과, 상관생재가 되면서 칠살이 있는 것과 상관은 미약한데 신왕하고 인수가 있는 것은 모두 상관격의 파격이 된다.

⑥ 양인격에 관살이 없으면 양인격의 파격이 된다.

⑦ 월령에 건록, 월겁인데 재관이 사주에 없거나 칠살과 인수가 투출한

것은 모두 월령 건록과 월겁의 격국이 파격이 된 것이다.

성중유패(成中有敗)

① 정관격에 재를 만나 성격이 되었다 해도 사주에 상관이 있거나 혹은
정관이 합을 당한 경우

② 재왕생관(단, 신약재왕생관은 파격)하는데 상관이 있어 정관을 파괴
하거나 정관이 합거하는 경우

③ 인격에 식신이 투출하여 설기하는 용신으로 취하는데 다시 재가 투
출된 경우, 칠살이 투출하여 인수를 생하고 있는데 다시 재가 투출하
여 인수가 파괴되고 칠살만 남는 경우

④ 식신격에 칠살과 인수가 있는데(살인상생하는데) 또다시 재가 있는
경우, 칠살이 식신의 제복을 받고 있는데 다시 인수가 있는 경우

⑤ 신왕한 식상관생재격인데 재가 합거한 경우, 인수가 용신身弱傷官用印
格인데 그 인수가 파괴된 경우

⑥ 양인격에 正官이 투출했으나 정관이 파괴된 경우(상관투출), 양인격
에 칠살이 투출했으나 칠살이 합거된 경우

⑦ 월지가 건록 또는 겁재인데 정관이 투출하고 다시 상관의 극을 당하
거나 혹은 재가 투출하고 다시 칠살이 투출했는데 식상이 없는 경우
모두 파격이 된다.

〈패중유성(敗中有成)으로 갑부가 된 경우〉

　　　甲 丁 己 壬
　　　辰 丑 酉 戌

酉月의 丁火가 酉丑회금하여 壬水 정관을 생하니 신약한 재왕생관격財旺生官格이 되었다. 재왕생관격에 식신 己土가 첩신하여 극을 하니 성중유패가 된 것이다. 다행히 인수 甲木이 투간하여 己土식신을 제압하니 다시 성격이 되어 甲木 인성은 구응의 신이며 용신이 된다.

비록 甲木이 구응을 한다하지만 정관 壬水가 己土의 제극으로부터 완전히 벗어난 것은 아니다. 이것은 천간의 배합을 의미하는 말이다. 따라서 귀하지는 못했지만 절강성 서쪽에서 갑부가 되었다는 사주이다.

〈패중유성〉

　　丁 丙 丙 己

　　酉 子 子 卯

정관격인데 상관이 투간하여 파격이 된 듯 하나 상관이 뿌리가 없고 卯木 인성 위에 앉아 극을 당하니 패중유성이 되었다. 다행스러운 것은 酉金이 시지에 있고 子水로 설기 되어 인수와 장애가 없으며 오히려 유정한 관계가 되었으니 관성과 인수가 쌍청하게 된 것이다. 신약한 정관격이니 인수와 비겁운으로 가야 한다.

〈성중유패〉

　　丙 丙 丙 己

　　申 寅 子 卯

역시 子月에 생하여 정관격이 되었다. 재성과 인성이 관을 보호하니 성격이 되었다. 그러나 관성을 보호해야할 재성과 인성이 서로 충돌

하여 상하게 되니, 관성을 호위해야할 신하가 불화不和함으로서 주인은 비록 바르지만 힘을 얻기 힘든 형국으로 성중유패가 된 것이다. 서락오는 寅申 충을 子申半合으로 해소解消하는 것으로 보았지만 충을 해소하지 못하는 것이다.

〈성중유패〉

癸 壬 丙 癸
卯 申 辰 巳

비겁이 투출하여 타 주에서 격을 취하게 된다. 투출한 丙火 재성이 巳火에 근根이 깊은데 시지에 卯木이 있어 水木상관생재격이 되었다. 그러나 아쉽게도 왕성한 비겁성이 투간하여 재성을 파극하니 군비쟁재가 되어 파격이 되었다.

子대운에 申子辰 水局으로 힘을 얻은 비겁성이 재성을 탈취하여 대흉한 시기인데, 癸酉년에 들어 원국과 대운, 년운의 힘이 합세하여 다시 군비쟁재가 일어나고 ,재성의 뿌리가 되는 卯木을 충거하니 凶이 직접적으로 나타나는 시기가 된다. 타인에게 살해되었다고 하는 사주이다. 통상 군비쟁재群比爭財가 되면 목숨까지 위태로운 상황을 직면하게 된다.

〈패중유성〉

乙 癸 丁 己
卯 丑 丑 卯

辛未, 壬申, 癸酉, 甲戌, 乙亥, 丙子   大運

丑中 己土 칠살이 년상에 투출하여 칠살격이 되었다. 『자평진전평주』(박영창 역)에서의 설명은 "식신 乙木이 투간하여 식신제살격으로 성격이 된 듯 하나, 재성 丁火가 투출하여 식신을 설기하여 칠살을 생조함이 불미스러워 보이지만, 일간 癸水가 가로막아 丁火를 생하지 못하게 되고 칠살을 한쪽 구석에 안치하고 생해 주지 않으니 아무런 장애도 초래하지 않는다." 라는 식으로 패중유성이 되면 귀하게 된다는 경우를 설명하고 있는 것이다. 그러나 일간을 사이에 두고 상생관계의 오행이 있을 경우, 일간이 극의 관계에 놓여 있으면 생을 방해하는 영향이 있게 되지만, 위의 사주는 乙木 식신과 일간 癸水의 관계가 상호 상생의 관계이기 때문에 자평진전평주의 설명에서처럼 일간이 가로막아 丁火를 생하지 못하게 되었다는 것은 올바른 설명이 아니다.

이 사주는 칠살이 앞에 있고 이를 제극하는 식신이 뒤에 있는 "살거선식거후殺居先食居後"의 귀격사주로 판단해야 할 것이다. 또한 丁火가 비록 칠살을 생조하는 흉이 있지만, 엄동설한에 조후의 작용이 없으면 만물이 얼어붙어 생극의 작용을 할 수 없는 것이니 부득이 없어서도 안 되는 것이다. 마치 계륵鷄肋과 같은 존재라 할 수 있겠다.

행정원장을 지냈다는 명으로서 申대운 庚午년에 乙卯용신이 모두 상하고 재살丁己이 午火에 녹을 얻어 강왕해져 일간을 극하니 뇌졸중으로 사망했다고 하는 사주이다. 그러나 재살이 녹을 얻어 극신함으로서 흉을 초래한 것이라기보다는 壬申대운에 조후용신 丁火를 丁壬합하는 중 다시 庚午년에 용신을 乙庚합거하여 칠살 己土가 극신함으로서 혈액에 관련한 치명적인 흉을 예견할 수 있는 것이다.

〈패중유성〉

己 壬 丙 丁

酉 寅 午 亥

　　午月의 壬水인데 寅午반합 회국하고 천간에 재성 丙丁 火와 己土 관성이 투간함으로서 왕한 재성이 관성을 생하는 신약한 재왕생관격이 되었다. 마땅히 인수를 취해 일간을 부신扶身해야 한다. 년지에 비견 亥水가 있어 재성을 제극하니 인성이 재성과 장애가 되지 않아 관인상생官印相生으로 성격이 된 경우이다. 비견 亥水의 공으로 패중유성이 된 경우이다.

〈양인가살 파격〉

丙 庚 辛 癸

戌 申 酉 巳

甲寅, 乙卯, 丙辰, 丁巳, 戊午, 己未, 庚申　　大運

　　역시 『자평진전평주』 (박영창 역)에서의 설명을 인용하면 "양인격에 시간에 칠살 병화가 투출하니 용신으로 삼아 양인을 제압하니 양인격이 성격이 되었다. 그러나 월간의 辛金이 칠살 병화와 합하여 칠살 丙火를 합거하며 년간의 癸水 상관이 칠살을 극하니 칠살이 무력해져서 양인을 제압할 수 없어 파격으로 변했다"고 하여 양인가살격의 성중유패를 설명하고 있다.

　　물론 일리 있는 설명이지만, 원격遠隔된 丙辛은 완전한 합이 성립되지 않는 것이다.

이 사주는 庚金이 양인陽刃인 酉月에 생하여 辛金 비견이 투출하고 지지로는 申酉戌 金方을 지어 金氣가 태왕한 양인격으로서, 문제의 핵심은 시상의 丙火 칠살이 근기가 되는 년지의 巳火와 원격이 되어 뿌리가 태약(이때 화고火庫인 戌土는 방합으로 인해 金으로 변하여 丙火의 근기가 될 수 없음)한데 다시 왕금의 생을 받은 癸水 상관이 巳火를 압박하여 용신 칠살이 무력한 것이다. 용신 칠살이 무력하여 파격으로 분류할 수는 있겠지만, 칠살이 합거되거나 원격된 년상 癸水의 극제로 인하여 파격이 된 것은 아니라는 것이다.

〈살인격의 성격〉

壬 丙 丙 丁
辰 子 午 卯

양인격에 칠살이 투간하여 뿌리가 깊으면 귀가 크다 했다. 살인격(양인가살)으로 성격된 경우로서 칠살 壬水가 지지에 뿌리를 깊게 내린 사주이다. 월일의 子午 冲을 子辰반합 水局으로 푼 경우다.

〈식신생재 성격〉

己 丁 丙 丁
酉 酉 午 酉

午月의 丁火는 건록이 되는데 천간에 비견겁이 투출하여 신왕하다. 火土식신생재를 취용한다. 틀림없이 대부를 누렸을 것이다. 丙丁火 일간이 신왕하고 많은 金을 만나면 신왕재왕하여 부富를 크게 이룬다.

구응(救應)

> 구응(救應)은 격을 파괴하는 육신을 제압하거나 합거(合去), 통관시킴
> 으로서 화해를 주도하며 격을 온전히 보존시켜주는 오행(救應之神) 및
> 국세를 말한다.

① 정관이 상관을 만났는데 인수가 상관을 제압하는 것, 혹은 관살이 혼
   잡하는데 합살하여 청하게 된 것, 형충이 있어도 회합으로 해소하는
   것, 재가 겁재를 만났는데 식신이 투출하여 겁재를 화하거나 정관이
   있어 겁재를 제압하는 것.

② 재격에서 칠살을 만났을 때 식신이 제살하거나 칠살을 합거하여 재
   가 살아 남는 것.

③ 인수가 재에 의해 파괴되었는데 겁재가 있어서 이를 해소하거나 재
   를 합거하여 인수가 남는 것.

④ 식식이 편인을 만났는데 재가 편인을 파괴하는 것.

⑤ 칠살격에 식신과 인수가 있어서 인수가 칠살을 보호하는데 재가 있
   어서 식신을 보호하는 것.

⑥ 상관생재격에 칠살이 투출했으나 칠살이 합거되는 것.

⑦ 양인격에 관살을 용신으로 삼는데 식상이 관살을 극하여 좋지 않을
   때 인수가 식상을 극하여 관살을 보호하는 것.

⑧ 월령이 건록월겁이고 정관을 용신으로 삼는데 상관을 만나 파격이
   되었으나 상관이 합거되는 것.

⑨ 재를 용신으로 삼는데 칠살이 있어 파격이 되려고 하는데 칠살이 합
   거되는 것 등을 모두 구응救應이라 한다.

〈중첩된 관(重官)의 구응〉

　　　　丁　庚　己　丁
　　　　亥　子　酉　巳

　　신왕한 양인격으로 천간에 정관이 투출하여 성격을 이룬 듯 하나 관이 중첩되어 귀할 수 없게 되었다. 다행히 己土 인성이 년상의 관을 흡수하여 인수로 변질되었으니 시상 정관으로 용신을 삼아 성격이 되어 관성이 청해졌다. 己土 인수가 구응의 신이 된 것이다. 신왕하니 재관운에 발전할 것이다.

〈재성의 구응〉

　　　　甲　己　丁　癸
　　　　戌　卯　巳　酉

庚戌, 辛亥, 壬子, 癸丑, 甲寅, 乙卯, 丙辰　　大運

　　신왕한 인수격에 재관인이 모두 투출한 경우다. 인수격에 관성이 투간하면 관성에 용신이 있는 것이나 인수가 왕하면 정관의 기운이 누설되어 격이 떨어지게 된다. 하절에 인수인 火氣가 왕하여 己土가 메마르고 관성은 오히려 왕한 인수를 생하여 더욱 조열하게 하는 경우이다. 지지로 酉丑반합 회국으로 관성을 극할 듯 하나 癸水 재성이 투간하여 통관의 작용을 하게 된다. 예컨대 재성인 癸水로 旺火를 제극하고 상관의 기운을 빼내어 관성을 보필하니 식상생재격이 된다. 민국초기 절강성의 장을 지낸 명으로 소개되었다.

〈패중유성〉

　　　壬 乙 壬 辛
　　　午 亥 辰 巳

　　乙木이 辰月에 생하여 재격인데 칠살이 투출하여 파격이 된다. 다행히 인수가 투출하여 화살함으로서 구응지신救應之神이 된 경우이다. 월과 일지에 통근한 일간이 신왕하여 식신생재午中 己土를 취하는데, 비록 재성이 용신이지만 운에서 재성을 만나면 화살하는 인성을 극하기에 흉하다.

용신(用神)의 순잡(純雜)

　　"순純"이란 월지장간이 서로 투출하여 相得(서로 득을 봄)이 되는 것을 말한다.

　　　① ■ 癸 乙 己　　② ■ 戊 庚 壬
　　　　 ■ ■ 未 ■　　　 ■ ■ 申 ■

　　①은 未中 乙木 식신과 己土 칠살이 투출되어 식신제살이 이루어진 경우 ②는 申中 壬水 편재와 庚金 식신이 투출되어 식신생재격이 이루어진 경우다.

　　"잡雜"이란 월지장간이 서로 투출하여 상호작용하여 불상모不相謀(서로 도모하지 않음)가 되는 것이다. 이때 별도로 제하거나 합하는 것이 있으면 구응이 된다.

① ■ 壬 己 乙　②■ 甲 戊 壬
　■ ■ 未 ■　　■ ■ 辰 ■

①은 未中 己土 정관과 乙木 상관이 투출되어 상관견관이 된 경우
②는 辰中 戊土 재성과 壬水 인수가 투출되어 재인財印이 장애가 된 경우
이다.

〈촉중청(濁中淸)〉
　　　辛 丙 甲 癸
　　　卯 戌 子 未

　정관격인데 戊未土에 의해 관성이 제극 당함이 심하다. 인수가 투
출하여 관성을 보호하고자 하는데, 辛金이 투출하여 인수를 제극할 듯하
여 파격이 되지만, 일간과 辛金이 합하여 인성을 극하지 못하니 甲木으
로 능히 소토하여 관성을 보호한다. 탁중濁中에 청淸한 것이 있으니 귀貴
하게 된다. 甲木이 구응지신이다.

(2) 자평(子平) 내격의 1차 범주

> ### 1차 범주체계(內格)
>
> 통상 〈정관격, 편관격, 정재격, 편재격, 정인격, 편인격, 식신격, 상관
> 격〉여덟 개의 명칭으로 격을 정하게 된다. 이들 정8격에 〈양인격과 건
> 록격〉을 추가하여 정10격으로 분류를 하기도 하는데 특히 양인(羊刃)
> 격은 강폭한 속성으로 인하여 여타 격국과는 달리 칠살(편관)을 용신으
> 로 취한다는 것에 차이가 있다. 물론 양인격에 칠살이 없을 경우는 여
> 타 격들과 마찬가지로 용신을 취하게 되지만 격의 높낮이(고저)에 차등
> 이 생긴다. 따라서 정8격을 기본 범주로 설정하여 월지에 양인과 건록
> 을 형성할 경우는 그 특성을 고려하여 내격범주에서 다루게 된다.

1차 범주체계에 속하는 정8격은 각각 사주 내에서 작용하는 여타 육신六神의 위치나 작용에 따라 용신을 취하는 방법이 다르게 된다. 이렇게 1차 범주를 구성하는 8개의 격들은 다시 성격成格과 파격破格, 용신의 청탁, 유력, 무력, 순잡, 조후 등의 제반 요소들을 고려함으로서 사주의 총체적 고저高低를 결정하게 된다. 또한 격의 분별을 통해 사람의 기본적인 성격과 직업 등을 판별하는 단서를 얻게 된다.

일반적으로 상격上格이니 하격下格이니 하는 구분은 우리가 살아가는 현실세계에서 다양한 「부귀빈천 길흉요수」로 나타나 그것을 실감하게 된다. 그러나 이것은 마음의 행복과는 또 다른 차원에서 논해야 할 성질의 것들이다. 즉 상격의 명이라고 하여 행복지수나 인격이 높다거나, 하격의 명이라고 하여 행복지수나 인격이 낮다는 의미는 아니라는 것이다. 사주에서의 상하上下구분은 단순히 물질적이고 세속적인 가치를 기

준으로 판단하는 부귀빈천富貴貧賤를 의미한다.

　『자평진전』에서 밝히는 격국과 용신을 통해 먼저 사주를 분류하는 1차 범주체계를 이해해 보도록 하자.

정관격(正官格)

　정관正官은 앞서 육신에서 설명하였듯이 국가나 가장, 법과 질서, 규범, 도덕, 규칙 등 존귀하여 따르고 지켜야 할 가치를 의미한다. 따라서 정관격에 해당하는 사주는 그 정관에 해당하는 오행을 충沖, 형刑 함을 매우 꺼리게 된다. 반면 정관은 보호되어야 함이 마땅한 것이니 재성과 인수가 서로 장애가 되지 않고 정관을 보호하며, 정관이 힘이 있고 손상당함이 없으면 부귀를 누리고 국가관련 기관이나 요직으로 출세를 하게 된다.

　이러한 의미에서 정관격이나 그 용신을 쓰는 사람은 성격이 온화하고 일을 객관적이며 공정하게 처리한다. 따라서 대부분 관리능력이 있고 정치, 군사, 공무원, 교원, 행정주관, 사법인, 기자, 은행 등 반드시 객관적인 일에 종사한다. 이런 특성으로 정관격은 공정하고 이성적으로 처리하는 업무 및 행정성, 관리성, 조직성, 통제성 및 영도하는 성질로 계획하고 추진하는 업무가 적합하다. 그러나 다소 보수적인 성향이 있다.

　①『命理約言』에 이르길

　正官이 꺼리는 것은 1) 충파沖波 2) 상관견관傷官見官 3) 식상食傷이 많아 암손暗損되는 것 4) 인수印綬가 많아 정관의 기운을 설기洩氣하는 것 5) 시지가 관성의 사절死絶지에 해당하는 것이라 했다.

② 『子平』에 이르길

정관만 있고 인수가 없으면 편관偏官으로 보니 신왕재왕身旺財旺함을 좋아한다 했다. 만일 신약하면 마땅히 인성으로 화化해야 하고 신강한 정관격은 재성으로 관官을 생조하여야 하니 정관의 기운을 설기하는 관인상생官印相生格은 정관을 생조하는 재관격財官格보다 못하게 된다.

庚　丁　丁　乙
戌　未　亥　卯

辛巳, 壬午, 癸未, 甲申, 乙酉, 丙戌　　大運

丁火일간이 亥月에 생하였으니 정관격을 이루었다. 이 사주는 『자평진전평주』의 정관격에 소개된 명인데 최초 亥水가 월지에 당령하여 정관격이 되었으나 회합(亥卯未 木局)하여 인수격으로 변화된 격국으로 설명(서락오)된 경우이다.

정관격에는 일간의 왕쇠를 살펴 재성이나 인성을 취해야 하는데 재성을 쓰는 것이(재왕생관) 인수를 쓰는 것(관인상생)보다 고격으로 판단하게 된다.

지지로 亥卯未 木局을 이루고 乙木이 투출하였지만 월지 亥中의 甲木이 투출하지 않아 비록 목국을 이루었어도 완전한 진화眞化를 이루지는 못하게 된다. 년상 乙木은 동절의 습목濕木으로 생화生火의 공력이 없어 보이겠지만 未土를 얻어 온토생목溫土生木으로 생화生火의 공력이 있는 것이다. 木이 왕하면 오히려 불이 꺼지는 이치(목왕즉화식木旺則火熄)이니 戌土에 통기한 시상의 庚金 재성으로 왕목을 작벌斫伐하는 용신을 취하여 "정관용재격正官用財格" 또는 "(정관변)인수용재격"이 된다.

정관격의 희기(喜忌)

① 정관을 보호하는 재성과 인성이 재인財印상쟁으로 서로 장애가 되는 것을 크게 꺼리지만 인성이 왕하여 정관의 기운을 누설하며 병病이 되는 경우에는 재성을 이용하여 인수를 제극해야 한다. 이것을 군뢰 신생君賴臣生이라 한다. 반드시 재성이 지지에 통근처를 이루어 유력해야 귀격이 된다.

② 정관은 상관을 만나면 손상되는 것이니 가장 꺼리게 되는 것이다. 그러나 이때 인수가 있어서 상관을 제극하면 구응이 되어 격이 맑아졌다고 하는 것이니 역시 귀격을 이루게 된다.

③ 정관격에 인수를 용신으로 취하는 경우가 있는데 일간이 신약하거나 조후를 취하는 경우이다. 이때 재성이 인수를 극함은 "탐재파인貪財破印"이라 하여 매우 흉한 격국이 되는데, 이때에도 귀격을 이룰 수 있는 경우가 있으니 재성을 제극하거나 합거하는 경우가 된다.

④ 정관격에 칠살이 혼잡하면 "관살혼잡官殺混雜"이라 하여 꺼리게 되는데 이때 역시 혼잡된 칠살을 비겁으로 합거하면 "합살류관合殺留官"이 되어 사주가 맑아지게 된다고 하는 것이다.

```
戊 甲 乙 庚
辰 子 酉 寅
```

년간에 칠살이 투간하여 관살혼잡이 된 경우이다. 월지 酉金이 정관이 되어 정관격을 이루었다. 주목해야 할 것은 시주時柱가 戊辰 편재로서 여타의 간지에 재성이 없고 시주에만 편재의 기氣가 투간한 경우 "시상편재격"이라는 별도의 용어를 사용하기도 한다.

국세의 기운을 보면 가을철 金氣가 왕한 때에 칠살이 투간하였으니 살왕殺旺하다. 다행히 乙木이 庚金 칠살과 합을 이루어 기반羈絆(묶여서 각 육신의 작용이 상실됨을 뜻함)되니 칠살의 작용은 묶여 버렸다. 일간은 년지에 녹을 얻어 통근을 하고 일지와 시지에 생기와 통기를 얻어 불약不弱하다. 시상의 戊辰은 편재로서 비록 酉月의 土이나 앉은 자리에서 통근을 하여 재성의 세력 또한 불약하다. 비록 子辰이 半合을 이루어 변變하려는 속성을 갖고 있지만 化의 과정으로서 진화眞化를 이루지 못한 것이니 辰土는 戊土의 통근처로서 손색이 없다. 따라서 왕한 재성이 인수인 水를 제압하고 당령한 金氣를 생하니 전체적인 국세는 재관財官이 왕한 것으로서 일간 甲木은 인수의 도움을 필요로 하게 된다.

이 사주의 특징은 乙庚이 합하여 합살류관合殺留官이 되어 관살혼잡을 막아 관성이 맑아졌다는 것이며, 인수를 용신으로 취하는데 재성인 辰土와 인수인 子水가 서로 쟁투를 하지 않고 오히려 유정有情한 합을 이루어 財生官, 官生印, 印生我로서 상생 유정한 것에 있다고 하겠다.

명리정종과 자평진전에 수록된 사주인데 『명리정종』에서는 "시상편재격" 편에서 설명된 사주이며, 『자평진전』에서는 "정관격" 편에서 다룬 사주이다.

정관격에 인수를 용신으로 취하는 "정관용인격正官用印格 또는 정관패인격正官佩印格"을 정식명칭으로 사용할 수 있다. 따라서 정관격에 재관을 취용하는 격국보다는 격이 낮아지는 것이다.

1. 관성은 1, 2개만 있으면 사람됨이 겸손하며 예의가 바르다.

2. 관성이 태과하면 반드시 안면에 흉터가 있다. 또한 신약하여 辰戌丑未 상에 좌(坐)한 명은 반드시 대장질환(치질, 탈항, 변비 등)이나 감기에 잘 걸린다.

3. 반대로 관성이 약하거나 공망되면 교만하고 무례하며 국민의 의무(세금, 병역 등)를 수행하지 못한다. 따라서 공직생활이 아니면 반드시 병영을 이탈하거나 신분의 흠(전과행위)이 있게 된다.

4. 관성이 너무 많은 경우는 옹졸한 사람이 된다. 그리고 대운이나 세운에서 官 습을 만나면 외과질환이나 관송사건에 걸리고, 官이 있는데 運에서 또 官을 만나면 퇴직이나 직책의 이동이 있게 된다.

5. 관성이 함지(욕지)를 합하게 되면 주색(酒色) 때문에 퇴직당하고 남녀간에 도화(桃花) 병을 앓게 된다.

편관격(偏官格)

　　편관은 그 세력이 적절하면 정관正官의 역할을 하게 되는데 그 세력이 규율과 통제 수준을 넘어서면 나를 해害하는 특성으로 변하여 마치 총이나 칼, 적군, 도적을 의미하는 "칠살七殺"이 된다. 또한 이 칠살이 너무 과도한 세력으로 일간을 제극하면 "귀살鬼殺"이라고 하여 마치 귀신鬼神의 작용에 휘둘리듯이 병명이 불분명한 채 몸이 아프거나 요절을 하게 되는 특성이 있다. 따라서 편관은 태과하거나 불급한 세력이 제복制伏되었는지 아니면 나를 해하는 기신이지만 제복이 안 되었는지 또는 용, 희신으로 작용하는지 등을 살펴 "편관偏官"의 세력인지 "칠살七殺" 또는 "귀살鬼殺"에 해당하는 세력인지를 구분할 수 있어야 보다 세밀한 운명추론을 할 수 있게 된다.

> 명리정종에 이르길, "편관격은 비록 인품이 흉폭하여 기탄(忌憚)하고 거리
> 낌이 없어 횡단성(橫斷性)이 있는 사람이지만 그러나 칠살을 제복함이 없
> 어야 칠살로 볼 것이니, 만일 제복함이 있다면 칠살로 보지 않고 편관으로
> 보며 권귀(權貴)로 化한 것으로 본다. 따라서 이와 같은 명조자는 소년에
> 힘 안들이고 청운의 뜻을 얻어 일찍이 대과급제하며 금방(金榜)에 이름을
> 날릴 것인바 필시 문장이 뛰어난 사람이다." 라고 설명하고 있다.

어쨌든 편관은 이러한 특성으로 관리능력과 군사적인 일에 천부적
이다. 단, 성질이 꾀가 있고 날카로워 한결같지 않다. 그러나 굳세고 용기
가 있고 사나운 성질이 있어 경쟁적인 측면에서 수단을 발휘한다. 미세
하고 작은 것도 명찰하는 특성이 있고 판단력이 뛰어나 군사의 일에 적
합하다.

전략가, 경찰, 검찰, 결책주관을 하는 등의 일이 적합하며, 또는 외
과의사, 수령, 지도자, 탐험 등의 엄하고 가혹하거나 강강한 것에 속한 일
이 적합하다. 또한 칠살격은 우수한 문학자질과 운동재능도 있고, 특히
살인상생격은 문학과 정책을 결정하는 성질의 일에 적합하며, 식신제살
격은 무관직武官職(군인, 검경 등)에 적합하다.

편관(칠살)격의 희기

① 칠살격은 제복해야 마땅한 것이니 칠살격에 식식이 있어 "식신제살
食神制殺"을 하는 사주를 "상격上格"으로 친다. 즉 식신을 용신으로 하
는 경우인데, 이때 재성이나 인수가 투간하여 식신의 제살하는 작용

을 방해하면 안 된다. 물론 일간이 신왕하다는 전제조건을 갖추어야 한다.

② 칠살격에 화살化殺하는 인수가 용신인 경우가 있는데 4흉신殺傷梟劫의 하나인 칠살은 역용逆用을 취해야 하는 것이니 마땅한 것은 아니지만, 살인상생殺印相生하여 유정한 관계가 되면 역시 귀격을 이룬다.

③ 일간이 신약한데 칠살격인 경우가 있다. 이때는 일간이 약하여 식신으로 제살制殺할 역량이 부족한 것으로서 인수를 용신으로 취하는 경우이다. 이런 경우는 일간이 약하여 부득이 식신을 취하지 못하고 인수를 용신으로 취하는 것으로서 식신제살에 비해 귀貴가 크지는 않게 된다.

④ 칠살격은 제복함이 마땅한 것이지만 오히려 칠살을 생하는 재성을 용신으로 취하는 경우가 있다. 이것은 칠살을 제복하는 식신을 인수가 제극함으로서 칠살을 제복하지 못하는 경우인데, 이때 병病이 되는 인수를 재성으로 제극하여 식신을 보호하고 약한 칠살을 보호하는 "재자약살財滋弱殺"의 작용을 하게 되면 귀격이 된다.

⑤ 칠살격에 정관이 혼잡되는 경우가 있다. "관살혼잡" 됨을 말하는 것인데 이때는 "거관류살去官留殺"을 하든지 "합살류관合殺留官" 하든지 하나를 제거해야만 사주가 맑아진다고 하는 것이다.

⑥ 칠살격에 식상이 많아서 제살制殺함이 태과太過한 경우가 있다. 이른바 "제살태과制殺太過"라고 하는 것인데, 이 경우에는 일간의 왕쇠에 따라 취용법이 달라진다. 예컨대, 일간이 신왕하면 재성을 취해 식상의 기운을 뽑아 "재자약살"을 해야 하며, 신약하면 일간이 누설되는 기운을 감당하지 못하는 것이니 마땅히 인수를 써서 식상을 제복하며 살인상생을 해야 하는 것이다. 이런 경우 등을 "유병유약 즉방위

귀有病有藥 則方爲貴"라고 한다.

⑦ 칠살격에 식상食傷이 없어 제살을 하지 못하는데 양인羊刃, 刃이 있어
  강폭한 칠살을 양인으로 제압하는 경우가 있다. 양인합살(양인가살)
  과 같다.


```
庚 丁 甲 戊
辰 未 子 戌
```

庚午, 己巳, 戊辰, 丁卯, 丙寅, 乙丑   大運

　『명리정종』과 『자평진전평주』에 수록된 주백온周伯蘊 우승상右丞相
의 명조이다. 주승상의 사주에 대해 『자평진전평주』(서락오)의 관점과
『명리정종』의 저자인 장남張楠과의 견해 차이 및 대운 희기를 설명함에
있어서 서로 차이가 있는 사주로서 한 시대를 풍미했던 역인易人들의 서
로 다른 생각을 읽을 수 있는 홍미로움과 그들의 문제점을 밝혀보는 기
회를 갖고자 아래에 소개한다. (원문생략)

〈자평진전(심효첨) 및 평주(서락오) 견해〉

"식신 戊土가 인수 甲木에 의해 극을 당하여 칠살을 제복하지 못하고 있
다. 그런데 시의 庚金 재성이 인수를 제거하니 식신이 맑아지고 재가 부족
한 칠살을 생하여 생살(生殺)이 곧 제살(制殺)로 이어져서 두 가지 작용을
모두 하니 대귀했다.

서락오는 "칠살격에 재를 쓰는 경우는 신강하고 식신이 중하고 칠살이 약
하다면 재를 써서 식상의 기운을 설기하여 칠살을 생해야 하니 재가 용신

이다. 적천수에서 말하는 "재자약살격(財滋弱殺格)"이 바로 이것이다."

"신강한 사주에 식신으로 제살하는데 인수가 투출하여 식신을 극하고 있다면 재를 써서 인수를 제거하여야 한다. 이것은 병약(病藥)으로 용신을 정한 것이다." 주승상의 사주는 이 두 가지 용법을 겸한 것이다. 라고 말한다.

"戊辰, 己巳 식상(食傷) 운에 재가 원국에 있어서 식상의 기운을 설하니 식상이 중(重)해도 두렵지 않으며 원국에 칠살이 경미하니 용신(用神)은 재성에 있다. 관살이 대운 천간에서 와도 순조로우며 단지 겁재의 운을 두려워한다."

〈명리정종 장남의 견해〉

丁火가 불약(不弱)하다. 차명이 子水중에 있는 癸水편관을 취용하는 월상편관격인데 未中己土, 戌中戊土가 왕하여 壬水관을 극하니 土는 병(病)이요, 월상 甲木은 土를 제거해 주므로 약신(藥神)이다. 따라서 차명이 동방木 운에 발신하였을 것이나 그러나 丙丁火가 개두(蓋頭)하였으므로 吉중에도 凶함이 있었을 것이며, 戊運이 불길하고 辰運은 水局이 되므로 인인성사(因人成事)하며, 巳運은 庚金이 장생하여 壬水관을 생하니 巳(庚金의長生)庚大運중에 대발하여 우승상(右丞相)에 이르렀다."

주승상의 사주는 위의 "칠살격의 희기" 중 ⑥번에 해당하는 경우이다. 이 사주는 일간이 비록 아신我身을 극하는 子月에 생하였지만 지지에 세 개의 조토燥土로 구성된 식상이 유취類聚하여 제살함이 태과한 경우이다. 이때는 먼저 일간의 왕쇠를 살피는 것이 중요한 것이니 丁火일간의 왕쇠를 분별해야 한다.

丁火일간은 비록 월령은 잃었지만 세 개의 지지를 얻은 戌未土에 통근을 하고 월상에 甲木 인수를 얻었기에, 이른바 적천수에서 말하는

"丁火가 甲木을 얻으면 적모嫡母를 얻은 것이니 가추가동可秋可冬이다"라고 말한 것에 해당하여 신왕한 것이다. 따라서 신왕한 丁火는 재성을 취해 왕한 식상의 기운을 설기하여 약한 살을 생조하는 재자약살격을 취한다. 인수 甲木은 약한 칠살(여기서는 貴氣)의 기운만을 설기시키는 작용을 하여 용신으로 취할 수 없는 것이다. 결국 『명리정종』의 설명에 오류가 있었고 자평진전과 서락오의 견해가 타당하는 결론을 내릴 수 있다. 용신은 칠살에 있는 것이 아닌 재성에 있는 것으로서 재성을 파극破剋하는 겁재 운을 가장 꺼리게 되는 것이다.

丁 乙 乙 乙
丑 卯 酉 亥

酉月의 乙木이니 칠살격이 된다. 지지에 亥卯가 반합회국하고 酉丑半合 회국을 하여 일간이 신왕하고 칠살도 왕하다. 亥卯반합 木局으로 통근한 일간의 생을 얻은 丁火 식신이 역시 반합으로 생기를 얻어 그 통근처가 약하지 않으니 제살하기에 충분하다. 식신제살로 귀격이 되는 사주이다.

이 사주는 월과 일에서 卯酉가 충을 하고 있지만 년과 일의 亥卯와 월과 시의 酉丑이 서로 견인하듯 반합회국을 이루고 있는 경우이다. 이 경우 역시 卯酉충을 해소하는 것으로 판단한다.

○ 古歌에 "월상편관이면 위인이 강폭하고 살생을 좋아하며, 건드리기만 하면 노발하여서 성정이 흡사히 호랑(虎狼)이와 같다. 삼형육해(三刑六害)를 가장 꺼리며 양인과 괴강(魁罡)이 있어서 상충됨을 가장 꺼리는데 이러한 것을 만나면 반드시 흉화(凶禍)가 있게 된다. 그러나 대운이 신왕 향으로 行함은 가장 환영하고 제화(制化)함이 있으면 권귀(權貴)함이 있게 된다."고 하였다.

○ 시상일위귀격(時上一位貴格)이란 시상에서 일점(一點)의 살성을 만나는 것이다. 만일 일간이 생왕되고, 시상에 살(殺)이 있다면 이 살(殺)을 취용하여 시상일위귀격으로 삼는 것이다. 단, 손상됨이 없어야 한다. 만일 시상의 귀살(鬼殺)을 제극함이 없을 경우에는 비록 월주에 인수나 재성 등이 있을지라도 칠살귀성(七殺貴星)을 취용하는 것이다.

○ 日干이 쇠약하고 시상의 살성만 왕성하다면 재살 운을 크게 꺼리니, 이러한 경우 딩구(貧土)는 빈천하고 자식이 없게 된다. 즉 칠살귀적이 일주를 파극하므로 생자(生子)할 수 없기 때문이다.

○ 살왕하여 식신이 제살하는데 효인(梟印)을 만난다면 화액(禍厄)의 사주이니 빈한(貧寒)하지 않은즉 요절(夭折)한다.

○ 양인이 합살하는데 재다(財多)함은 마땅하지 않으니, 재다하면 반드시 재구(災咎)의 명(命)인바, 재성이 중살(重殺)을 생조한다면 어려서 요절(夭折)하지 않을 수 없다.

○ 상관제살(傷官制殺) 보다 식신제살(食神制殺) 격이 고격이다.

　(例) ■ 乙 丁 辛 (식신제살) 〉 ■ 甲 丁 庚 (상관제살)

○ 시상편관은 양인과 충형(冲刑)을 꺼리지 않는다.

○ 관살이 혼잡되면 마땅히 요수(夭壽)할 것이니 거관유살(거살유관)됨을 살펴야 한다.

ㅇ 탐합망살(貪合忘煞)...(例) 六癸日에 己 甲 이면 甲己合되는 경우.

　탐합망관(貪合忘官)...(例) 六壬日에 己 甲 이면 甲己合되는 경우.

ㅇ 상연(相連)이란, 년간에 官(或 殺)이 있고 월간에 殺(혹 官)이 있으면 상연이
라 하는데 단지 살로 논할 뿐이다.(그러나 실제는 관살혼잡의 작용이 나타나
는 것으로 본다)

ㅇ 각분(各分)이란, 년상에 官(或 殺)이 있고 時上에 殺(혹 官)이 있으면 이른바
각분이라고 하는데 관살혼잡이 된다.

ㅇ 종살격은 대부귀격이나 요수할 우려가 있는바, 왕살(旺殺)을 역파(逆破)할 때
에 요사(夭死)하게 된다. 사주에 식신이 투로(透露)하여 격을 파하여도 또한
불길하다.

ㅇ 천현부(天玄賦)에 이르되 "살성이 중(重)하고 살왕 운으로 행한다면 일찍 조
사(早死)한다" 고 하였다. 또한 정진편(定眞篇)에 이르되 "칠살이 제복됨이
없는데 다시 관록을 만난다면 관살혼잡이 되는 바 마땅히 요수(夭壽)할 것이
다." 라고 하였다.

재격(財格)

　정재격은 힘들고 애씀을 견디고 노력한다. 솔직하고 엄정하여 신
용을 중시하고 이재理財의 능력이 있으며 이윤의식이 강하다. 따라서 금
전감각이 예민한 특성으로 상업계, 재계에서 발전한다. 또한 정재는 "유
혈유한지재流血流汗之財"라 하여 정정당당하게, 즉 피땀을 흘려 돈을 버는
특성으로 사업을 정당하고 안정적이게 한다. 예컨대, 은행, 재정, 외교,
중개, 백화점, 약상藥商 등의 직업에 적합하다. 정재는 또한 보수적인 면

이 짙어 도박, 투기, 탐험성 등의 정신은 부족한 반면, 기업 내의 예산관리, 수지관리, 재무 등의 분야에 가장 이상적인 재능이 있다.

편재격은 원활한 교제 수단이 있다. 임기응변의 능력이 있고 재무, 계획통제의 능력이 있다. 편재의 장점은 외향적이며 활발하여 인간관계가 좋다. 정보능력이나 순간적인 판단력과 결단력이 매우 뛰어난 특성이 있고 비록 성급한 면이 있으나 실패를 두려워하지 않는다. 편재격의 사람은 마음이 착하고 정이 많으며 친화력이 있어 사람을 잘 돕고, 인맥관계가 넓어 여러 곳에서 돈을 끌어 모으는 모재募財의 능력이 있다. 또한 상업적으로 가치 있는 정보수집에 탁월한 능력이 있어 부富를 이룰 수 있다. 증권, 시장개척, 상업교섭, 무역업, 보험업, 금융재정, 부동산투자 등에 적합하고, 개척성, 활발성, 교제성, 도전성 등의 재능이 뛰어나다, 사업지명事業之命이 많다.

재성은 사주 여덟 글자에서 가장 중요한 육신六神이라 하여도 과언이 아닐 듯싶다. 죽고 사는 가치價値를 말하자면 누구나 한 마디씩 내던질 수 있는 말이 있을 것이다. 그러나 저마다 그 어떤 가치를 실현하기 위해서는 생존을 해야 하는 원초적인 문제에 봉착하게 된다. 특히 요즘 시대에는 돈이 없으면 더 더욱 생존 자체에 직접적인 위협을 느낀다. 먹고 마시는 일상생활의 필수품을 구매하는 것으로부터 생활의 수많은, 아니 어쩌면 모든 자유를 구속되게 하는 것이 바로 이 시대의 돈이기 때문이다. 재성은 바로 이 돈과 직결되는 육신六神이기 때문에 생명 또는 건강과도 직결되는 오행의 성분으로서 그 중요성은 아무리 강조하여도 지나치지 않을 원초적인 것이 된다.

재격의 희기(喜忌)

① 재성은 지지에 숨어 있는 것이 좋다. 천간에 노출되면 탈취가 쉬워 좋지 않지만 뿌리가 깊게 통근하여 천간에 한 개만 투출하면 그 쓰임이 청하여 가장 좋게 본다. 사주에 재성이 너무 많아도 좋지 않지만 정관을 생하는 재왕생관이 되면 좋게 된다.

② 재격을 이루고 천간에 재성이 투출하면, 관성이 투출하여 겁재의 탈취를 막게 되면 노출된 재성이라 하지 않는다. 이것은 관성이 비견의 공격을 회극回剋하여 막기 때문이다. 재왕생관격財旺生官格이 된다. 이때는 관성을 제극하는 상관이 투출하면 파격이 되어 좋지 않다. 일간이 신약하면 격이 떨어지게 된다.

③ 재격에 식상이 투출한 경우를 "재용식생財用食生"이라 하는데, 이때는 신강하고 비겁이 투출하여 식신을 생하면 재성의 분탈을 막고 오히려 유정하게 되어 좋게 된다.

④ 재격에 신약하면 인수를 용신으로 취하게 되는데 이때는 반드시 재성과 인수가 동떨어져 서로 장애가 되지 않아야 한다.

⑤ 재격에 식상이 투출하여 재용식생과 같은데 인수가 투간하여 장애가 되면 좋지 않게 된다. 이때도 역시 인수와 식상이 동떨어져 장애가 되지 않으면 귀격을 이룰 수 있다.

⑥ 재격에 비겁이 왕하여 신왕한데 재성은 약하여 왕한 비겁이 재성을 쟁탈하는 경우는 식상이 있어 용신으로 취해야 한다.

⑦ 재격에 칠살이 있는 경우는 재왕생살로 파격이 되는데 이때는 칠살을 합거시키거나 식상으로 제살하고 재성을 생조하면 귀격이 된다.

⑧ 재격에 칠살이 무리를 지어 있으면 인수로 화살化殺해야 한다. 이때는

재성과 인성이 장애가 되지 않아야 파격을 면하고 귀할 수 있게 된다.
⑨ 재격에 칠살을 쓰는 경우가 있는데 이것은 양인羊刃이나 겁재가 많은 경우로서 재자약살격을 취하는 것이다.

己　丙　丁　辛
丑　寅　酉　巳

庚寅, 辛卯, 壬辰, 癸巳, 甲午, 乙未, 丙申　　大運

월지 酉金 정재인데 천간에 본기인 辛金이 투출하였다. 巳酉丑 金局은 금왕절에 辛金이 투간하여 진화眞化를 이룸으로서 재성이 태왕하다. 다행인 것은 일간 丙火가 좌하에 통근하고 월상 丁火가 충극沖剋을 당하지 않고 寅木에 통근하여 역시 불약不弱하니 능히 재성을 감당할 수 있게 된다. 남방 火運에 이르러 거부巨富가 된 사람으로서 "명리정종"에 소개된 명이다. 이른바 "丙火일간이 不弱(신왕)하고 金多하면 「진금화배眞金火倍」라 하여 거부巨富가 된다"는 고언古言에 해당하는 사주이다. 비겁을 용신으로 하는 사주를 "득비리재得比理財"라 하는데 경제적 수완이 뛰어난 특성이 있다.

壬　癸　癸　丙
戌　未　巳　寅

己亥, 戊戌, 丁酉, 丙申, 乙未, 丙午　　大運

癸水 일간이 巳月에 생하여 천간에 丙火가 투출하였으니 정재격이 된다. 『자평진전평주』에서 임상서尚書로 소개된 사주인데 천간에 丙火가 투출하여 지지의 寅巳戌에 대해 "巳가 午와 같은 작용을 한다고 볼 때 寅 午戌 火局이 이루어진 것이나 다름없다. 비록 火局을 완전히 이루지는 못했지만 이룬 것과 별 차이는 없다"고 설명하고 있다. 매우 그릇된 표현 과 설명이다. "巳와 午는 같은 작용을 한다고 볼 때"라는 잘못된 전제조 건이 결국 寅午戌 火局을 자연스럽게 생성시키고, 그것도 "별 차이는 없 다"는 식의 크나 큰 오류를 불러들이게 된 것이다. 이것은 더 근본적으로 통근의 체계와 변變과 화化에 대한 무지無知함을 그대로 보여주는 것이며, 심지어 서락오는 이렇게 구성될 경우 삼합회국이 성립되는 것으로 간주 하기까지도 했다. 대략적이고 표면적인 면에서는 별 문제가 될 것이 없 을 수도 있겠지만, 이러한 사유방식으로 인하여 통근의 체계와 변화의 기준을 구별할 수 없었던 것이다.

위 사주는 巳中 戊土가 암장되어 암재관격도 되고 재격이라고 하 여도 되지만 관성이 암장되어 있다는 것은 기억해야 한다. 재살이 태왕 하고 일간이 신약하여 인수와 겁재 운에 발전하는 사주가 된다.

○ 財란 나의 생명을 존양해 주는 물건이다. 단 신약하면 도적의 재물과 같아 사 건이 발생하는 때에는 해명해야 하는 물(物)이 될 것이다. 즉 신약하면 내가 감당할 수 없는 재물로서 종국에는 빈손이 될 것이니 "외화내빈(外華內貧)" 또는 "부옥빈인(富屋貧人)"이라 한다.

○ 신왕하면서 재성이 있으면 칠살이 있음을 좋아하는데 이것은 비겁으로부터 재성의 겁탈(劫奪)을 막아 재를 보호하기 때문이며, 신약한데 재다(財多)하고 다시 관살 향(鄕)을 만나 일간을 극하면 생명을 보존할 수 없는 것이니 재물

을 기대할 수 없는 것이다.

○ 대체로 편재를 취용하는 자는 부귀(富貴)하고, 정재를 취용하는 자는 불급(不及)한 例가 많다. 특히 日과 時의 편재가 더욱 美命(佳命)이 된다.

○ 재성이 공망지(空亡地)에 해당하면 반드시 빈곤하게 된다.

○ 신약하고 재다한데 대운이 재관왕지로 향하면 화환(禍患)이 백출(百出)하나, 인수 향을 만나서 혹은 삼합하여 인성을 돕고 아신(我身)을 도우면 발연히 부귀영현 한다.

인수격(印綬格)

정인격은 심성이 자애롭고 선하며, 두뇌가 영민하고 토론을 잘한다. 인수는 어머니로서 나를 존재시킨 근본이므로 사회활동에서도 근본적이거나 사회기반이 되는 분야 등에 종사하는 경우가 많다. 예컨대, 학술연구, 역사, 지리, 천문, 철학, 문학, 기상氣象, 인류학, 성상星相, 점복占卜, 목사牧師, 저술著述, 출판出版, 육영, 교육 등 문화성에 관련된 일을 추진하고 계획하는 일이 적합하다. 또한 생산성업, 제조업이 적합하며 위와 같은 특성으로 상업적인 일에 종사할 수도 있다.

편인격은 이해력과 창조력, 독창성, 돌파성突破性이 뛰어나 연구에 종사함이 적합하다. 예컨대 발명, 창조, 기획, 고급과학기술, 의사, 종교, 성상星相, 점복占卜, 설계設計, 무술武術 등 지력과 창조특성에 관련된 업종에 종사함이 적합하다.

편인은 상관의 특성과 비슷하여 단조성, 중복성의 일은 부적합하다. 즉 변화성 있는 일이 적합하다. 편인격은 또한 임기응변의 능력이 있는데 이는 정인격과 큰 차이가 있는 특성이다. 따라서 조사, 정탐, 간첩 SPY, 시장조사 등의 일에도 적합하다. 편인은 또한 초능력이나 영靈적인 사람이 있다. 과학기술, 기술경쟁이 치열한 사회에 적합하다.

인수격의 희기

① 인수격에 일간이 신왕한 경우 정관이 투출하였으면 정관이 용신이 되지만 인수가 왕한 경우는 정관의 기운이 인수를 생하기 때문에 격 이 높지는 않게 된다. 일간이 신약하면 인수가 용신이 되어 재성이 파 극함(탐재파인貪財破印)을 크게 꺼린다. 국세에 따라 식상을 취용하는 경우도 있으니 일률적으로 논하기는 어렵다.

② 신왕한 인수격에 인수와 관성이 모두 투출한 경우 투출한 식상을 용 신으로 취용하는 경우가 있다. 이것은 관성이 인성을 생하여 결국 일 간이 태왕해지기 때문에 일간의 기운을 설기하는 식상이 필요하기 때문이다. 단 관성과 인수에 서로 장애가 되지 않아야 한다.

③ 인수격에 칠살과 식상이 모두 투출한 경우는 극과 설이 교차한 것이 니 만약 신왕하면 제살하는 식상이 용신이 되지만, 신약하면 인수로 서 화살化殺하고 식상을 제극하며 일주를 돕는 용신으로 삼는다.

④ 인수격에 인수가 태과하다면 인수가 병病이 되는 것이니 이때는 반드 시 재성으로 구제해야 한다.* 만약 반대로 인수가 경 미하고 재성이 태과하면 약한 인수를 재성이 파극하 는 "탐재파인貪財破印, 탐재괴인貪財壞印"이 되니 이때 는 비겁을 용신으로 취해야 한다(득비리재得比理財).

* 군뢰신생(君賴臣生)이라 하 며 임금은 신하(財星)에 의지 하여 산다는 의미

⑤ 만일 인수가 태왕하여 재성을 필요로 하는데 재성이 약하다면 식상

이 있어 일간의 기운을 설하여 재성을 생해주어야 한다. 이렇게 되면 역시 적천수에서 말하는 "재기통문호財氣通門戶"와 같은 의미가 되어 부자가 될 수 있다. 그러나 이때 식상을 제극하거나 합거合去해서는 안 된다.

⑥ 인수격에도 관살이 모두 투출한 경우가 있는데 이때도 역시 합살류관이나 합관류살이 되어야 사주가 맑아졌다고 하는 것이다.

인수격의 예를 살펴보자.

庚 己 辛 乙
午 巳 巳 丑

乙亥, 丙子, 丁丑, 戊寅, 己卯, 庚辰　大運

『자평진전평주』 인수격에서 칠살과 식상이 투출된 경우를 소개한 사주이다. 이런 경우는 살왕하면 제살을 하는 식상이 용신이 되고 식상이 왕하면 인수로 식상을 제하고 일간을 생조하는 격국이 되어야 한다.

이 사주는 제살태과*도 아니고, 그렇다고 식상제살*을 취한다는 설명도 아니다.

자평진전평주에서는 극과 설이 교차하여 인수가 통관하는 용신으로 설명하고 있는데 그 이유에 대해 다음과 같이 설명을 덧붙이고자 한다.

이 사주는 巳月의 己土가 천간에 庚辛金 식상이 투출하여 상관격이 된다. 월상에 辛金이 투출하여 년월의 지지에 위치한 巳와 丑이 삼합의 세력으로 회집하려는

* 본래 칠살은 흉신이라 반드시 제압을 해야 하지만 식상이 많아 하나인 칠살을 제극함이 지나치면 오히려 흉한 것이다. 즉 관살을 용신으로 하는 경우 식상의 제극이 지나친 것을 의미한다.

* 칠살이 기신일 경우 식상으로 칠살을 제극하는 것

식상의 성질이 강한 경우이다. 庚辛金은 巳丑에 통근, 통기하여 투출하였으니 己土 일간이 비록 인수 월에 생하여 신왕했으나 다시 약해진 경우로서 마땅히 인수를 용신으로 취하는 경우 이다. 비록 삼합의 세력으로 변화한 것은 아니지만 그 기세는 변화하려는 金氣쪽으로 힘의 균형이 이동하는 것이 된다. 즉 巳火는 일주를 생하려는 것보다는 회집하려는 金氣의 성향을 더 갖게 된다는 것이다. 따라서 巳丑에 통근과 통기를 한 식상 庚辛金의 세력이 강한 즉 왕한 것이 변하여 약해지게 되니 旺變弱 인수를 취함이 마땅하다 하겠다.

신왕운과 인수운이 모두 길할 것이다. 기신인 재성 子대운에 들어 子午 冲을 일으키니 탐재파인이다. 처첩妻妾이나 재적財的인 문제가 원인이 되어 불리해지는 운세이니 처妻로 인해 화禍를 입었다고 한다. 용신이 충 되면 십중구사한다고 판단한다. 『명리정종』에서도 소개된 명이다. 『자평진전』에는 발복한 시기에 대한 설명이 없지만 『명리정종』에는 "己卯戊寅 살지殺地에 殺生火하여 發身하였다. "인경자印輕者 뇌관살이 생지賴官殺以生之(인수가 약한 것은 관살의 생조에 의지한다는 의미)이니 방백方伯의 위位에 이르렀다. 子運은 처妻로 인하여 화禍를 입었다. 子運中에 死亡할 것이다."라는 장남(명리정종 저자)의 설명이 있다. 참고하기 바란다.

丁 乙 乙 己
亥 丑 亥 亥

戊辰, 己巳, 庚午, 辛未, 壬申, 癸酉, 甲戌   大運

인수격으로서 水왕절에 생한 동절의 乙木이 亥와 丑에 子水를 공협하니 왕양지수를 만났다. 수범목부水泛木浮한데 기쁜 것은 식상이 투간하고 일지에 丑土 재성의 제극을 얻은 것이다. 비견 乙木을 만나 己土가 파극된 것이 아쉽다. 丁火 식신과의 배합이 좋지 않다. 이런 경우의 사주는 반드시 운에서 병病이 되는 기신忌神을 제거해야만 발전할 수 있다. 초년 金水향에는 매우 불리했을 것이며, 병신病神인 乙木 비견을 제거하거나 火土財官運을 만날 경우 발전을 하게 된다. 비록 丁火 식상이 투출하여 격을 이루었다고는 하나 배합이 좋지 않은 영향은 있는 것이다. 辛未, 庚午, 己巳, 戊辰 大運에 이르러 재백財帛이 만당하여 즐거움을 누렸다는 사주이다.

○ 인수의 명(월지인수)은 그 母가 철저한 가풍순종자이고, 年에 있으면 서로 이상이 불통(不通)하는 어머니이며, 時에 있으면 가장 이해심이 많은 母를 거느린다. 그러나 나의 자손(食傷)을 앉지 못하게 하므로 자손이 드물다(식상을 제극하는 효신(梟神)편인의 작용). 또한 시주는 말년의 자리로서 말년까지 모친을 모셔야하니 자손에게 등한하게 되여 만득자(晩得子)(늦게 자식을 둠)를 두게 된다.

○ 日에 인수가 들면 배우자에게 산액이나 성적(性的) 질환이 있으며 또한 외가(外家)가 고독하다.

○ 여명(女命)에서 관성이 없을 때는 인수를 관성으로 보는 간법도 연구할 필요가 있다. 즉 부부의 결합이란 도장을 찍는 행위와 통하기 때문이다. 여명은 인수의 합이 있을 때 태기(胎氣)가 있는 것이다.

○ 인수격을 이루고 관성이 있다면 관인상생이 되어 귀인이 될 사람이니, 만일

대운이 관향(官郷)으로 행한다면 발재(發財)하여 청후(淸厚)할 것이지만, 사절지(死絶地)로 行한다면 경(輕)한 경우에 재질(災疾)과 손상됨이 있고, 중하면 사망하거나 상복을 입는다. 이른바 재향(財郷)으로 행하는 인수격이 재를 탐하여 인수를 파하므로 그 화액이 백가지로 있게 된다.(탐재파인)

○ 월령이 일간을 생하고 년, 시에 인수가 다 있으면 생기가 중중한 것인데 官이 있으면 귀명이 되나, 만일 관살이 없을 경우엔 예술이나 기술계통의 사람이 아니면 평범한 사람이니 청고한 예능을 가진 자로써 외롭고 빈한함을 면할 수 없게 된다. 이른바 인수가 왕하면 자식이 없는 것이다(효봉탈식(梟逢奪食)이라 한다).

○ 수범목부격(水泛木浮格)이라 함은 물이 범람하여 木일주가 水旺하여 표류하는 격을 말한다. 사주에서 재성의 구제가 없으면 유랑하고 정착하기 어려운 떠돌이 신세가 된다.

식신격(食神格)

　식신은 보통 표현능력이 유창하다. 인간관계가 양호하며 도량이 넓다. 포용력이 있으며 성격(정신)이 명랑한 좋은 특성이 있는 이유로 외교, 교섭, 판매, 접대 등 자주 사람을 접촉하는 직업에 적합하다. 또한 예술적 재능이 뛰어나 그림, 가창, 연예, 음악, 미용, 디자이너, 대중전파, 사진작가, 경제가 등의 방면에 적합하다. 관살을 보면 광고, 신문보도 등에 적합하다. 또한 식신食神은 하늘이 부여한 미각을 갖고 있어 요리솜씨가 뛰어나며 재성돈의 원신으로서 반드시 이득을 얻게 된다. 사상思想이 청고하고 인화人和를 중시하고, 다소 내향적인 특성으로 표현은 정精하고 온화한 특성이 있다. 식신격은 재성을 보아야 식신생재격이 되어 좋은 격국이 된다.

식신격의 희기

① 신왕한 식신격에 재성이 투출하면 대귀하고 수복壽福을 누리게 된다.

② 식신격에 상관이 투출하여 식상이 중첩하고 신약하면 인수의 제극이 필요한데 인수가 없으면 부귀가 크지 못하다. 일주의 기운이 지나치게 누설되기 때문이다. 병病이 있는데 약藥이 없는 것이다.

③ 하절의 木火식신격은 식신인 火는 뜨겁고 재성인 土는 메마르기 때문에 반드시 인수인 水가 있어야만 火氣를 식히고 土를 윤습하게 하여 중화를 이루게 된다. 조후를 필요로 한다는 것이다.

④ 식신격에 칠살이 투출한 경우가 있는데 신약하면 극설이 교가한 것이니 인수를 용신으로 취하여 살인상생하고, 만일 태과한 식신이 칠살을 제극함이 이 심하여 "제살태과"가 된 경우 역시 인수로 용신을 취하여 태과한 식신을 제해야 한다. 이때 재성으로 왕한 식신을 설기한다면 재성은 다시 칠살을 생하여 일주를 극신함으로 일주가 신약하여 감당하지 못하는 것이니 재성을 만나면 안 된다.

⑤ 동절의 金水식신격은 칠살을 쓰면 귀하게 되고 총명하다. 즉 금수식상격은 조후용신을 취한다. 단, 불약不弱해야 한다.

⑥ 식신격에 일주가 왕하여 일간의 기운을 설기하는 식신을 용신으로 취하는 경우에는 반드시 재성의 운으로 향해야 부귀를 누린다. 즉 재성 운을 만나 식신을 제극하는 인수를 제함으로서 수기秀氣를 유행시켜야 한다.

⑦ 식신격에 재성을 용신으로 취하는데 칠살이 투출하면 칠살을 합거해
  야만 귀격을 이루게 된다. 만약 칠살을 합거하지 못하면 재성이 칠살
  을 생하여 극신(剋身)하게 되니 파격이 되어 흉한 것이다.

```
癸 癸 癸 丁
丑 亥 卯 未
```

癸水가 卯月 춘절에 생하여 지지로 亥卯未 삼합을 이루어 木局으
로 화化하지만 천간에 원신(卯月이니 甲乙木 모두가 원신이 된다)이 투출
하지 않았으니 합된 오행이 고유한 성분을 잃지 않으므로 진화眞化, 즉 변
變을 이루지 못한 것이다. 따라서 일간 癸水는 비견과 함께 좌하 亥水와
丑土에 통근하여 신왕하다. 신식격에서의 초점은 수기류행秀氣流行하는
재성의 출현에 중점을 둔다. 식신이 왕하고 재성이 투출하여 기운이 빼
어나니 식신생재격으로 귀격이 된다. 삼합을 이룬 것이 중요한데 이것은
癸水가 왕목에 설기되어 재성을 극하지 못하게 하는 작용을 수반하기 때
문이다. 만약, 木의 원신이나 壬水가 투간하여 丁壬합이 되었다면 식상
이 태왕하여 진상관격으로 변함과 동시에 癸水의 통근처인 亥水가 木으
로 변하게 되는 것이니 신약명이 된다.

```
丁 辛 壬 丁
酉 巳 子 亥
```

동절의 金水상관격에 칠살이 투출한 경우이다. 칠살이 비록 길신
이 아니지만 여기서는 조후용신으로서 반드시 필요한 것이다. 동절의 金

水상관격이 반드시 관살을 용신으로 취하는 것은 상관격에서 별도로 취하는 특별한 취용법이다(상관격에서는 관성을 용신으로 취하지 못함). 巳酉반합으로 일간을 방신幇身하여 유정하고 巳火에 통근한 丁火 칠살 용신이 청순하여 귀명이다.

금한수냉金寒水冷한 사주는 반드시 조후용신이 필요하나 만약 신약하면 억부용신으로서 일간을 부조하는 인수와 겁재를 먼저 취용한다. 즉 조후보다는 우선 내가 먼저 살고 봐야 한다는 것이다. 내가 건왕해야만 춥고 더움을 따지는 것이지 나의 존립이 위태로울 때는 찬밥, 더운밥을 가릴 때가 아니라는 것이다.

○ 식신은 재물을 벌어들이는 활동력에 해당한다. 따라서 운에서 인성을 만나면 일자리를 잃어버리게 된다. 그 까닭은 어머니(인수)는 언제나 자식(식상)을 어린아이로 생각하기 때문에 자식의 활동을 제지하거나 간섭하는 것과 같기 때문이다.

○ 운명을 감정할 때, 점일(占日)의 일진이나 월진이 찾아온 당주의 식신을 극할 경우(사주에 식신 유무에 관계없이, 즉 인수에 해당되는 일, 월진)의 사람은 현재 휴직하여 놀고 있는 사람이며, 또한 자녀의 고충, 진학, 취업 등을 물으러 온 것이다. 대, 세운에서 인성운을 만나면 오히려 휴직당하고 처첩의 협조로서 활동하게 되니 무능한 사람이다.

○ 사주에 식신이 없고 재성만 있는 사람은 꽤가 비상한 사람이다. 활동하지 않고도 재물만을 취하려(불노소득) 하기 때문이다.

상관격(傷官格)

상관격은 분방奔放한 특성이 있어 직선적이며 식신과는 달리 표현이 온화하지 못하고 독설毒舌적이고 잡雜한 기질이 있어 때때로 말로서 사람을 아프게 한다. 하지만 장점으로서 탁월하고 천부적인 예술, 기예의 감각이 있고 총명한 두뇌로 신속한 학습능력과 언변력이 있어 변론, 연설, 토론 등을 잘한다. 연극, 그림, 저술, 문학, 작곡, 작사, 출판, 외과의사 등의 직업이 적합하다. 또한 두뇌가 영민하여 상관생재傷官生財가 되면 상업적 능력이 매우 뛰어나다. 경상 또는 기술계가 좋으며 단조롭고 중복성의 일에는 부적합한 특성이 있다.

상관격은 그 뜻이 왕후王侯(임금과 제후)를 업신여길 만큼 거만하다. 경쟁에서 이기길 좋아하고 고집 세고 강하며 우두머리가 되기를 좋아하는 특성이 있다.

상관격의 희기

격국 가운데 가장 종류가 많고 변화 또한 가장 많아 살피기가 어려운 격이 상관격이다.

① 상관격에 재성을 쓰는 경우가 있다. 상관은 정관을 극하기 때문에 흉한 것인데 재성을 쓴다고 하는 것은 관성이 없고 일주가 신왕한 경우를 말한다. 이것을 "상관용재傷官用財"라 한다. 상관격에 재성을 용신으로 취한다는 것이다. "상관생재격"이라고도 한다.

② 상관격에 재성이 투출(상관생재)하였는데, 관성도 투출한 경우 상관이 비록 관성을 만나 "상관견관"이 된 듯하지만, 이때는 재성이 소통

을 하여 관을 생하니 흉이 변하여 도리어 길하게 된다. 관격官格이 되어 일간의 왕쇠에 따라 용신을 취하게 된다.

③ 상관의 기氣를 설하여 재를 생하는 상관생재가 되는 경우는 신왕한지 신약한지를 분별함이 중요하다. 신왕하면 재성에 용신이 있는 것이지만, 신약하면 인수나 비견을 취용한다.

④ 상관격에 상관이 왕하여 신약한 경우 인수를 취하는 경우가 있다. 이 것을 "상관패인傷官佩印(인수로 왕한 식상을 제극하고 일간을 돕는 두 가지의 역할을 수행한다)"이라고 한다. 특히 하절의 木火 상관패인격은 빼어난 귀격이 되는데 조후를 겸하기 때문이다. 이때 재성에 의해 인수가 파극되면 파격이 되어 흉명凶命이 된다.

⑤ 상관격에 재성과 인수가 모두 투출하면 재인財印이 쟁투를 하여 좋지 않은데, 이때는 서로 장애가 되지 않게 동떨어져 있어야 한다. 예컨대 재성이 왕하면 상관생재가 되어 재다신약財多身弱의 사주가 되는 것이니 이때는 인수로 용신을 취하게 된다. 반대로 인수가 왕한데 재성이 미약하다면 상관생재를 취해서 왕한 인수를 제극하는 재성 운에 발전을 하게 되는 사주 등을 의미한다. 반드시 재성과 인수가 쟁투하지 않아야 하며 만약 재인財印이 장애가 되면 길운을 만나도 역시 발전을 이루기가 어렵다. 원국이 파격이 되었기 때문이다.

⑥ 상관격에 칠살과 인수를 취용하는 경우가 있다. 이것은 신약한 금수 상관격에서 인수가 투출한 경우 신약하여 의지하고 있는 인수를 칠살이 생조해주고 조후를 겸해주기 때문이다. 물론 용신은 인수에 있는 것이다.

⑦ 상관격에는 정관을 용신으로 취할 수 없는 것인데 오로지 금수상관격만은 조후를 필요로 하는 이유에서 관살을 기뻐한다. 이때 월지 상

관이 회합으로 관성을 생하는 재성으로 변한다면 유정有情한 합이 되므로 극히 빼어난 사주가 된다.

戊 辛 乙 甲
子 未 亥 子

『자평진전평주』에서 인용한 사주이다. 서락오의 평주에 실린 다음을 살펴볼 필요가 있다.

삼합(三合)은 장생과 제왕과 묘고가 모여 국을 이루는 것이다. 子午卯酉의 사정(四正)이 삼합의 중심이며, 사정이 없다면 국을 이루지 못한다. 그러나 寅戌이 모였는데 천간에 丁火가 투출하거나, 申辰이 모였는데 천간에 癸水가 투출하거나, 巳丑이 모였는데 천간에 辛金이 투출하거나, 亥卯가 모였는데 천간에 乙木이 투출하거나 하면, 역시 국을 이룬다. 무릇 丁은 곧 午이고, 癸는 子이며, 辛은 酉이고, 乙은 卯인 까닭이다. 이런 학설은 〈낙록자삼명소식부(珞碌子三命消息賦)〉를 석담영이 주해한 책에도 나온다.

위(나장원)의 사주는 亥卯가 모이고 천간에 乙木이 투출했으니 木局이 이루어진 것이라고 볼 수 있고, 따라서 상관이 변하여 재가 되었다고 볼 수 있으니 격국이 청하게 변했다. 그런데 木을 子水가 생하고 있으니 식상은 재성의 뿌리가 된다. 재가 용신인 사주는 일반적으로 식상이 재를 생함을 기뻐한다. 식상을 용신으로 쓰는 사주 역시 재가 있어서 식상의 기세를 유통시키는 것을 기뻐한다. 겨울의 金 일주가 귀하지 못한다고 하지만 이 사주는 미중에 丁火가 있고, 亥未 회국하여 木으로 변했으니 비록 추운 겨울에 생했지만 생기발랄하게 되었다.그러니 어찌 귀하지 못하겠는가?

본 서書에서는 삼합 회국會局에 대한 위와 같은 학설이나 설명이 매우 그릇된 것임을 이미 리산의 나비이론을 통해 설명하였다. 앞서 여러 차례 언급하였지만 이와 같은 사유방식이나 학설은 음양오행의 미묘한 차이를 간과하게 만들기 때문이다. 이러한 미묘한 차이에 대한 간과는 결국 완전히 다른 운명추론의 차이를 나타내게 되며, 학술의 발전을 기대할 수 없는 것은 물론 격물치지格物致知를 무색하게 하는 지름길이기 때문이다.

상관격을 설명하기 위한 사주인데 보다 근본적인 문제에 부딪히다 보니 이 문제를 해결하지 않을 수 없는 것이다. 위 사주에서 뿐만 아니라 亥未를 乙木이 투출하였다고 하여 木局으로 볼 수는 없는 것이다. 일반적으로 국局이라 함은 "변과 화變化"를 의미하는 용어로 쓰이기 때문이다. 변과 화는 또 다시 통근과 연결되기 때문에 왕쇠 및 용신의 힘과 직결되는 문제이며, 나아가 내격과 외격을 구별 짓는 핵심요소로 작용되기 때문이다.

위 사주는 단지 회집하려는 속성으로 그 세력이 강화되는 정도에 그치는 것이지 木局으로 변화하지는 못하는 것이다. 따라서 未土는 비록 변화하려는 의지나 그런 마음은 있다하겠지만, 그렇다고 일간이나 戊土의 정情을 떠난 것이 아니니 여전히 통근과 생기처로서 작용이 유력한 것

이다. 만일 완전한 삼합회국을 이루었다면* 亥月에 甲木이 투출하여 비록 인수인 戊土가 있다할지라도 통근처를 완전히 상실하여 왕세를 좇아 종재격이 되기 때문이다.

비록 위 상관격의 사주를 설명함에 있어서 亥未의 유정한 관계를 설명하고자 하는 것이지만 이제 작은 차이를 덮어놓고 가서는 안 될 것이다.

입력의 미세한 차이가 출력에서 엄청나게 큰 차이로 나타난다는 "초기조건에의 민감한 의존성sensitive dependence on intial conditions"이라는 현상이론이 있다. 일명 나비효과Butterfly Effect로서 "나비 한 마리가 북경에서 공기를 살랑거리면 다음달 뉴욕에서 폭풍이 일어날 수도 있다"는 말이 있듯이, 작은 차이가 얼마나 크고 중요한 결과를 초래하는지 이제 혼돈의 무질서 가운데 뚜렷한 질서의 움직임이 존재하는 카오스 팔자의 리기理氣를 찾고 연구해야 할 것이다.

己 丙 己 戊
亥 戌 未 午

乙丑, 甲子, 癸亥, 壬戌, 辛酉, 庚申   大運

명리정종에 수록된 火土상관격이다. 己土상관이 투출하여 진상관격이 되었다. 未月의 丙火가 통근하여 신왕한데 천간에 모두 식상이 투출하여 설기가 태심하니 오히려 신약하게 되었다. 화염토조火炎土燥한데 시지 亥水가 윤토潤土하고 亥中 甲木을 취해 왕토를 소토하며 일간을 생조하는 용신을 삼는다. 조후를 겸해 윤토생목潤土生木하여 왕토인 식상을 소토疏土하고 일간을 부조하는 용신을 취한 것이다. 水木운에 발전을 하게 된다. 만일 원국에 재성金도 없는데 습합官殺이 없으면 오히려 관성 운이 좋지 않다. 화염토조하여 화세火勢를 촉발觸發시키기 때문이다. 丙戌일주는 백호대살이며 입묘入墓지에 해당하는데 戌未刑이 작용하고 있다. 운에서 백호를 충형冲刑할 때 해당 육친六親이나 본인에게 일어날 흉(혈광사)은 면하기 어렵다. 丑土運에 일지를 비롯해 丑戌未 삼형이 일어나니 사망하였다. 상관격에 제살이 태과한 경우로서 일간의 설기도 심하여 조후를 병행하며 인수로 일간을 부조하고 칠살을 보호하는 것에 초점을 둔다.

○ 관성은 관청과 같은 의미이니 인간생활의 망동(妄動)을 법규로서 규제하자는데 그 뜻이 있지만, 상관은 그 관성을 극상(剋傷)하고 관명(官命)에 불복하는 자이니 상관(上官)을 시살(弑殺)함과 같은 것이다.

상관격자는 관성을 만나지 말 것이나 만일 관성을 다시 만난다면 관청의 장관을 타상하는 격이니 관청에서 가만히 방치해 두겠는가? 형액을 면치 못하는 것이다.

"상관견관 위화백단(傷官見官爲禍百端) (상관격에 관성을 만나면 화액이 끝없이 일어난다는 의미)" 이라고 하나 신왕하고 비겁이 多하여 상관격에 재성을 취용할 때는 관성이 와서 비겁을 제거함을 기뻐함이니 이때는 관성이 복신(福神)이 되고 화신(禍神)이 안 되는 것이다.

○ 년상에 상관이면 부모가 온전치 못하고 월주에 상관이면 형제가 불완(不完)하며 시주(時柱)에 상관이면 자식에게 흉하고, 일지에 상관이면 처첩이 미흡하다.

○ 식상의 설기가 과중하면 의지가 굳지 못하고 부귀공명이 뜬구름 같다. (파격일 때)

○ 식신을 중봉(重逢)하면 상관으로 보는바 도리어 불미하고 자식을 극하여 少子한다. 그러나 식신이 순수하다면(일위(一位)의 식신이 유기하고 신왕하며 효신이 탈식함이 없고 관성과 형충됨이 없는 것 등) 재복이 풍부하고 식복이 좋다. 또한 도량이 넓고 신체가 비대하며 자식이 있고 수명이 길다. 식신은 명랑한 성격의 소유자이며 수명도 또한 장구한 특성이 있다.

양인격(羊刃格)

양인격은 각고刻苦의 노력을 해야한다. 신강하고 정관이 있으면 외교관, 혹은 우수한 교섭인재로 성공할 수 있다. 양인격에 칠살을 보면 "양인가살격羊刃駕殺格"이 되어 무관직武官職이 마땅하며 의사, 약사 등 의약업관련, 군인, 건설, 개척, 혹은 파괴적 성질의 일이 적합하다. 겁재의 성질은 강강하고 무직武職의 성질이라 예컨대 생산제조업, 운동기재, 기계, 운동선수, 원양어선, 경찰, 지휘관, 탐험가 등 경쟁이나 노력성의 일에 적합하다. 겁재가 왕한데 천간에 투출한 자는 항상 노력 없이 불로소득不勞所得을 하려는 마음이 있고, 도박賭博, 혹은 경마競馬 등 투기성질의 사업에 관심이 많다.

양인격의 희기

양인격은 다른 격국들과는 달리 칠살을 좋아한다. 양인羊刃은 재를 겁탈하는 작용력이 매우 강하고 그 속성이 강폭하기 때문이며, 마치 오랑캐로서 오랑캐를 제어하는 "이이제이以夷制夷"와 같은 작용관계로서 칠살을 좋아하는 것이다.

① 양인격으로서 정관을 용신으로 하는 경우, 천간에 양인(비겁을 말함)이 투출해도 정관이 능히 양인을 제극할 수 있어 무방하지만, 양인격에 칠살을 쓰는 양인용살羊刃用殺의 경우에는 비겁이 칠살을 합거하기 때문에 격을 이루지 못하여 불미하게 된다. 즉 양인격에 칠살과 양인(비겁)이 모두 투출함을 꺼린다.

② 양인격에 관살이 투출하여 뿌리가 깊은 가운데 양인을 극제하면 격이 높아 귀貴가 크지만, 관살이 지지에 있거나 천간에 드러났어도 뿌

리가 약하면 귀貴가 작게 된다. 용신이 무력한 것이 된다.

③ 양인격에 관살을 기뻐하는데 식상이 투출하면 파격이 되는데 귀하게 되는 경우는 인수가 식상을 제극하여 구응救應하기 때문이다. 다른 경우는 칠살이 태과하여 식상으로 거살류관하거나 거관류살을 함으로서 사주가 맑게 되는 경우이다.

④ 양인격에 재성을 쓰는 경우가 있다. 이 경우는 반드시 식상이 있어 양인과 재성을 소통시켜야 한다. 그러나 양인격에 재성을 쓰는 것은 격이 높지 않으니 부귀가 작다하겠다.

乙 壬 丙 己

巳 寅 子 酉

戊辰, 己巳, 庚午, 辛未, 壬申, 癸酉, 甲戌, 乙亥   大運

양인격에 재관이 투출한 경우다. 양인격은 신약하지 않으면 반드시 관살로 제극해야 귀격이 된다. 양인을 제압하는 己土 관성이 투출했는데 재성이 관성을 생조하여 귀명이 된다. 위 사주는 양인을 얻고 다시 巳酉 반회半會하여 金氣(화기로 회집하려는 성향)로서 일주를 생조하니 일주가 신왕함으로서 재관財官을 쓰게 된 사주이다.

월상에 편재가 있으면 강개심이 많고 신왕하면 사회에 기부금 등 희사喜捨함을 좋아하고 인색하지 않게 된다. 癸運에 부모가 재앙을 만났고 처자妻子의 변變이 있었으며, 酉運에 만사가 여의치 않았으나 남방 火土재살지에 이르러 복록이 두터웠고 辰運에 水局을 이루어 사망했다고 하는 사람이다. 명리정종에 수록된 명조이다.

丙 壬 丙 己
午 寅 子 酉

이 사주는 『자평진전평주』 양인격 편에 위 사주보다 1시간 늦게 태어나 丙午時생의 양인격에 재왕생관이 된 사주이다. 위 사주와는 달리 日時의 寅午가 반회半會하여 재관으로 기세가 회집하여 태왕하니 金水운으로 흘러 승상이 된 사람이다.

壬 丙 甲 辛
辰 申 午 丑

午月의 丙火가 양인을 얻어 신왕한 듯한데 丑申辰에 통근, 통기한 金水之氣가 왕하여 칠살이 더 강왕하다. 역시 일과 시지의 申辰은 비록 천간에 壬水가 투간하였다 할지라도 삼합을 이룬 것이 아니며, 천간 壬水의 견인에 의한 水氣로 회집하려는 성향이 강한 것으로서, 월상 甲木의 통기처로서 작용력을 상실하지는 않는 것이다. 마땅히 인수 甲木을 써서 살인상생을 하며 일주를 도와야 한다. 일주도 월령을 얻어 통근이 강하고 양인격에 재살이 건왕한데 辰土에 통기한 인수로 화살생신하니 귀를 누린 승상의 사주이다.

○ 고서에 "칠살에 양인이 없다면 현양(顯揚)할 수 없고, 양인에 칠살이 없다면 위영(威英)할 수 없다."는 말은 일주가 왕하면 양인합살(양인가살) 하여야 한다는 것으로서 군권(軍權)이나 형법(刑法), 사법(司法) 등의 관헌이 된다는 것이다.

○ 일간이 약해서 양인에 의지하고 있는데 관살을 많이 만나서 양인을 제거해 줌이 있다면 흔히 도적소인(盜賊小人)의 무리이다.

○ 건록(양인)격이면서 사주 중에 근기가 태왕하다면 형처(刑妻)함은 물론 불구자가 될 것이다. 겁재와 양인은 재성을 극하는 성질이 강하기 때문이다.

○ 경(經)에 이르길 "반음(反吟)과 복음(伏吟)이 겸임되면 상곡(喪哭)소리가 있다." 예컨대 甲일주는 卯가 양인인데 운에서 다시 양인인 卯를 만남을 말하니 반드시 재앙(災殃)을 받을 것이다(신왕한 경우). 이를 반음이라 하며, 복음이란 충격의 위(位)를 말함이니 酉가 卯를 冲함이 그것이다. 이른바 양인이 세운을 충파함에 발연히 화(禍)가 이를 것이다. 즉 양인을 충하는 유년(流年)운에 필사(必死)하게 된다.

○ 양인이 중(重)하면 남자는 반드시 중혼(重婚)할 것이다. 비겁중중(比劫重重)으로서 재성에 대한 극제(剋制)가 심하기 때문이다.

○ 권(權)은 칠살이요 양인은 병(兵)이니 만일 살왕한데 살왕운으로 운행한다면 업(業)을 세우고 공을 이룩하는 동시에 총검(銃劍)하에 죽음을 당할 것이며, 원명에 양인이 왕한데 다시 양인이 왕한 운으로 행한다면 녹(祿)귀(貴)를 성취하고 재물을 얻는 때에 반드시 병사(病死), 흉사(凶死)할 것이다.

건록월겁격(建祿月劫格)

양인격 외에 월지에 건록이나 겁재가 놓인 경우이다(이하 겁재라 칭한다). 겁재는 개성이 강하고 굳세며 담백하고 솔직하다. 자유업이 적합하며 회계사도 적합하다. 비견 희용신인 사람은 형제나 친구(관객, 청중, 대중 등을 포함)의 방조(幇助)로 성공한다. 비견이 태왕한 자(기신忌神을 의미)는 기업, 조직내에서 부하나 아랫사람의 받듦은 있어도 동료의 조력을 얻기는 쉽지 않다. 항상 동료의 중상中傷이나 배척排斥을 받는다. 하다못해 학창시절 미팅을 나가도 내가 찍은 파트너를 친구 때문에 방해를 받거나 친구가 가로채 가는 현상으로 나타나기도 하며, 돈을 빌려주었다 하면 거의 받지를 못하게 된다. 이러한 사주는 식상의 기운이 빼어난 것과 같아 예술영역에서 능력을 발휘함이 적합하며, 혹은 독자적인 상업경영으로 성공을 한다. 이외에 기계, 전공, 금속, 공업 등의 생산제조나 매매 또는 운동선수, 체육용품이나 수산계, 무술호위, 탐험가 등 부단히 노력해야 하는 성질의 직업에 적합하다. 재성과 식상이 있으면 상업에 종사할 수 있다.

겁재격의 희기

건록이란 월지가 일주에 녹祿에 해당하는 것을 말한다. 녹은 비겁이 되니 건록과 월겁(겁재)은 동일한 격으로 분류한다. 양인격을 제외한 겁재격은 천간에 투출한 재관살식상 등을 격국을 정하면 된다. 따라서 겁재격은 별도의 격으로 분류하지 않고 내격의 여타 격국들과 마찬가지로 격을 정하면 되는 것이다.

① 건록격에 정관을 용신으로 쓰는 경우는 신왕한 정관격과 용법이 같다. 따라서 정관용신은 재성이나 인수의 보좌를 받아 건왕하면 귀격이 된다. "녹격용관祿格用官"이라하여 건록격에 용신이 관성에 있는 것을 말한다.

② "녹겁용재祿劫用財"가 있는데 이것은 겁재격에 재성을 용신으로 취하는 것을 말한다. 이 경우에는 반드시 식상이 있어서 겁재의 기운을 설

기하여 재성을 생해주는 교량역할을 해야만 한다. 그렇지 않으면 겁재와 재성이 상쟁하여 "군비쟁재群比爭財"(여러 무리가 동시에 재물을 쟁탈하는 象)가 되니 매우 흉하게 된다.

③ "화겁위재化劫爲財"는 월지 겁재가 회합會合을 하여 재성으로 변하거나 화化한 경우를 말한다. "화겁위생化劫爲生"은 겁재가 회합을 하여 식상으로 변하거나 화化한 경우를 말한다. 이들 화겁위재나 화겁위생이 되면 사주의 격국이 매우 빼어나게 된다. 유정한 관계가 되기 때문이다.

④ "녹겁용살祿劫用殺"은 건록격과 월겁격에 칠살이 있는 것인데 이때는 반드시 식상으로 칠살을 제복해야 한다. 양인격과 다른 점이다.

⑤ 겁재격은 통상 신왕하기 마련이다. 만약 재관이 없으면 식상으로 설기를 해야 하는데, 특히 봄의 木일주가 火로 설기하는 "목화통명木火通明"과 가을의 신왕한 金일주가 水氣를 생하면 금수상함金水相涵이 되어 더욱 귀하게 된다.

⑥ 겁재격에 관살이 투출하여 혼잡되면 반드시 하나를 제거하여 맑게 해야 한다.


```
癸 癸 辛 丁
亥 亥 亥 丑
```

乙巳, 丙午, 丁未, 戊申, 己酉, 庚戌   大運

亥月의 癸水이니 월지에 겁재를 놓았다. 비록 쇠갈한 癸水라 하지만 충분沖奔하는 왕양지수로 변하여 壬水의 특성을 가지게 된다. 겁재격에 재성을 취하는 경우 식상이 없으면 불가한 것이니 부득이 亥中의 甲

木 상관으로 용신을 삼는다. 동절의 물을 먹고 얼어붙은 木이 불을 생하기에는 역부족이다. 마치 북풍한설이 몰아치는 바닷가에 놓인 촛불과 같은 상象이라 하겠다. 다행인 것은 대운이 남방지로 향하니 丁未, 丙午, 乙巳에 이르러 부귀하였다고 하는 어느 관찰사의 사주이다. 사주의 부족한 부분을 운에서 메워준 것이니 명命도 좋아야 하겠지만 역시 운運도 좋아야 하겠다.


```
庚 庚 庚 癸
辰 子 申 卯
```

癸丑, 甲寅, 乙卯, 丙辰, 丁巳, 戊午, 己未   大運

가을의 金일주로서 건록격을 이루었다. 천간에 세 개의 비견이 투출하여 신왕하다. "정란차격井欄叉格(잡격편에서 설명)으로도 설명되는 명조이다.

여기서는 일단 내격의 겁재격 범주로 설명을 하도록 하겠다. 申子辰 삼합을 이루고 천간에 癸水가 투출하였으니 월령에 통근이 아닌 통기通氣를 이룸으로 해서 완전한 수국으로 변變하지 못한다. 따라서 辰土와 申金은 庚金의 통근처로서 무리가 없게 된다. 겁재격의 희기 ⑤에 해당하는 것으로 "금수상함金水相涵"이 된 사주이다. 결국 신왕한 기운을 설기하는 금수상관생재격을 이루어 辰運이후 乙卯, 甲寅에 천하를 주름잡았다는 사주이다.

(3) 2차 범주체계의 외격

2차 범주체계(外格)

사주에 대한 기본 대분류에 있어서 자평진전을 기준으로 1차 범주체계로서 내격(內格)에 대한 분류를 하였고, 월령을 기준으로 격을 분류하였던 1차 내격 범주 외에 형상을 기준으로 분류하게 되는 2차 범주체계의 외격을 알아보도록 하겠다. 2차 범주체계의 격국들은

① 종격범주로서 5가지의 일행득기격과 종왕격, 종각격 외에 3가지의 기명종격을 분류하였다.

② 변격범주로서 화기격으로 분류하였다.

③ 별격의 범주로서 양신성상격과 간지일기격으로 분류하였다

종격(從格)

● 일행득기격(一行得氣格)

전왕격專旺格이라고도 한다. 월령에서 용신을 구하는 내격內格과는 달리 사주가 하나의 전일한 기세로 이루어져 용신을 달리 구해야 하는 것이 있다. 예컨대 왕王을 중심으로 세력이 집중된 중앙집권세력과도 같은 형상形象의 사주를 말하는데, 하나의 세력으로 집결된 오행은 성정이 강력하여 그 세력에 따라 순응해야만 화를 당하지 않는 것이니 왕세를 거스르지 않고 순세하는 오행으로 용신을 취해야 하는 것이다.

전왕격에는 각 오행마다 주도세력이 되어 전일한 기세를 형성하는 것으로서 다음의 다섯 가지 격으로 분류한다. 곡직인수격木, 염상격火, 가

색격土, 종혁격金, 윤하격水이 전왕격(일행득기격이라고도 함)에 속한다. 이 일행득기격은 방을 얻거나 국을 얻어 격을 이루는데 국보다는 방을 얻는 것을 더 좋게 본다. 방의 세력이 더 전일한 기운이 되어 강력하고 순수하기 때문이다.

運의 喜忌	곡직인수격	염상격	가색격	종혁격	윤하격
用神	木	火	土	金	水
喜神	水, 火	木, 土	火, 金	土, 水	金, 木

※ 관성과 재성 운을 크게 꺼린다. 印比 運과 식상의 설기 운이 길하다. 단, 식상이 투출하면 왕신을 설기하는 식상이 용신이 된다. 종격은 왕신이 입묘(入墓)할 때도 흉하다.

① 곡직인수격(曲直仁壽格)

甲乙木 일주가 寅卯辰 월에 생하여 東方을 형성하거나 亥卯未 木局을 형성하여 간지干支에 木의 성정을 거스르는 金(관살)이 없으면 곡직인수격이 된다. 한두 점의 재성이 있어도 무방하다. 인수가 조금 있으면서 전왕하면 더욱 묘한 사주가 된다. 곡직격은 상격을 이루면 목민관牧民官이 되며, 교육이나 법조도 길하다. 도서출판, 섬유, 제지 등 격국의 고저에 따라 木오행 범주에 속하는 직업과 유관한 일을 한다.

     戊 乙 丁 甲

     寅 卯 卯 寅

癸酉, 壬申, 辛未, 庚午, 己巳, 戊辰　　大運

이 사주는 『사주첩경』을 비롯해 많은 국내서에서 재인용하여 곡직인수격으로 설명하며 소개한 어느 의학박사의 사주이다. 그러나 이 사주는 내격의 명으로서 비록 木氣가 유취類聚되었다고는 하지만 시상에 戊土와 월상 丁火 식신이 투간하여 왕세를 설기하는 식신생재격을 이룬 경우이다. 이 사주를 설명하는데 있어서 "춘하월에 甲乙일생과 丙日생인이 戌亥(천문天門)를 만나거나 丙申, 丙寅일생이 형살刑殺을 만나면 활인가에서 흔히 본다"는 설명을 덧붙이고 있다. 위 사주와는 부합되지도 않는 설명일뿐더러 격국을 분류하는 범주 또한 오류가 있다 하겠다. 외격 범주의 곡직인수격을 이루지 못하며, 신왕한 내격명으로서 식신생재격이 된다. 목화통명木火通明에 수기秀氣가 유행되어 귀격으로 손색이 없는 명이다.

丙 乙 丁 甲
子 未 卯 寅

乙木일간이 卯月에 생하여 지지로 木氣가 유취되고 천간에 甲木이 투출하였다. 시지의 子水는 윤토생목으로 水生木하여 나무에 흡수되는 것이니 곡직인수격이 성립된다. 丙丁火로서 왕기를 설기하는 용신으로 삼게 되는 것이니 목화통명지상木火通明之象을 이룬 귀명이 된다. 수화기제水火旣濟의 공을 이루어 乙木이 뿌리로는 윤습함을 얻고 하늘로는 태양의 따뜻함을 얻은 것이라 하겠다. 남방 火運에 어느 총병總兵에 오른 사주로 소개되었다.

② 염상격(炎上格)
丙丁火 일간이 지지로 巳午未 월에 생하여 지지로 화국火局이나 화방火方을 형성하고 천간에 火가 투출하면서 관살을 보지 않으면 염상격

을 이룬다. 巳午未월에 생하지 않아도 방국을 형성하여 염상을 이룰 수 있지만 하절에 생하여 득시한 격에 미치지 못한다. 격의 고저를 말함이다. 火는 정신세계를 상징하여 직관력이 뛰어나며, 전기전자, 소방, 가스, 원자력, 언변 관련 등의 직업에서 볼 수 있다.

甲 丙 庚 己   女命
午 午 午 巳

丁丑, 丙子, 乙亥, 甲戌, 癸酉, 壬申, 辛未   大運

『사주첩경』에서 2차 범주체계로서 염상격을 설명하며 수록한 여자의 사주이다. 염상격의 작열灼熱함을 지녔다고는 하나 1차 범주체계로서 상관생재의 내격으로 구분되어야 할 사주이다. 상관으로 신왕한 일간의 기운을 설수하며, 巳火에 통근한 庚金 재성이 투출하였기 때문이다. 상관으로 누설하는 경우, 인수가 투간하여 파료상관破了傷官(상관을 취용하는 경우 인수의 극제)하면 파격이 되는 것이나 재성 경금이 甲木을 제극해주니 상관생재격이 성립된 부격富格의 명이라 하겠다. 土金水운이 모두 길한 것이다. 염상격이라면 木, 火, 土運이 길하나 재성 운이나 관살 운에는 대흉한 것이다.

甲 丙 辛 乙
午 午 巳 未

甲戌, 乙亥, 丙子, 丁丑, 戊寅, 己卯, 庚辰   大運

丙火가 巳月에 생하고 지지는 巳午未 남방화국을 형성하여 완전한 진화眞化를 이루었다. 따라서 천간의 오행 辛金은 지지에 일점 무근하여 치열한 화세火勢를 따르게 되니 이것이 염상격이 된다. 辛金이 일관과 합하는 정情이 묘하다. 대귀격이다.

③ 가색격(稼穡格)

가색격은 戊己土 일간이 辰戌丑未 월에 생하여 만국이 土로 구성되고 한 두점의 재성은 무방하나 관살의 극제를 보지 않아야 가색격이 성립된다. 가색격은 성격이 되면 특히, 부명富命을 이루지만, 화염토조火炎土燥하면 파격이 되며 종교계나 독신자가 된다.

辛　己　丙　戊

未　巳　辰　未

壬戌, 辛酉, 庚申, 己未, 戊午, 丁巳　　大運

己土일간이 辰月 고지庫地에 생하여 만국이 火土로 구성되어 가색격이 되었다. 남방 인수운도 길하여 부를 이루었고 서방운에는 왕토를 설기하여 명예와 부를 모두 이루었다는 사주이다. 『명리요강』에 수록된 명이다.

④ 종혁격(從革格)

庚辛金일간이 申酉戌월에 생하여 지지로 금방이나 금국을 형성하고 火氣의 관살을 보지 않으면 종혁격이 성립된다. 종혁격의 명은 운동선수도 많고 군인이나 기계, 금속관련 업과 관련이 있다.

乙 庚 壬 戊

酉 申 戌 申

丁卯, 丙寅, 乙丑, 甲子, 癸亥　　大運

　　庚金이 戌月 金왕절에 생하여 지지로 申酉戌 金方을 이루었다. 시
상의 乙木 재성은 일간과 합하여 유정하게 되었는데, 아쉬운 것은 왕신
을 설기하는 壬水 식신을 인수가 첩극貼剋하고 있으니 그 수기秀氣가 손상
되어 격이 떨어진다. 식상 운이 길한데 丙寅대운을 맞아 寅木이 왕신 金
을 충하고, 살성인 丙火가 왕세를 거스르니 흉함은 자명한 것으로서 목
을 매어 사망한 명조이다.

　　⑤ 윤하격(潤下格)

　　壬癸水 일간이 亥子丑 북방 월에 생하여 지지로 수방이나 수국을
형성하고 재관을 보지 않으면 윤하격이 성립된다. 윤하격에는 법조계나
외교, 종교계 등에 종사하는 경우가 많다.

壬 癸 辛 壬

子 丑 亥 子

丁巳, 丙辰, 乙卯, 甲寅, 癸丑, 壬子　　大運

癸水일간이 북방 수왕절에 생하여 지지로 亥子丑 수방을 이루고 천간에 壬癸水가 투출하였다. 전일한 水의 기운으로 윤하진격이 성립하니 북방 水運과 왕수를 설수하는 木方 운은 크게 길하다. 丙辰대운에 이르러 왕수가 辰土에 입묘入墓하고 丙火 재성을 만나 군비쟁재群比爭財하니 패망한 사주이다.

● 기명종격(棄命從格)과 종왕 · 종강격

음양간에 따른 종(從) 부종(不從)의 특성

陽干	陰干
"오양종기 부종세(五陽從氣 不從勢)" – 다섯 개의 양간은 기(계절)를 따르고 여타 간지의 세력을 따르지 않는다.	"오음종세 무정의(五陰從勢 無情義)" – 다섯 개의 음간은 비록 월령을 얻었어도 여타 간지의 세력이 강하면 이를 버리고 기세를 따른다.
● 월령(氣)을 얻으면 從하지 않는다. ● 지지에 통근하지 못해도 인수의 생조를 받으면 從하지 않는다.	● 월령을 얻어도 從할 수 있다. ● 음간은 타주의 영향을 받는다.

종격은 사주 전체의 기세가 일간과 다른 한 오행의 세력으로 전일할 때 형성되는 것을 의미하는데, 원래의 자신(일간)을 버리고 사주를 주도하는 다른 세력으로 쫓아가기에 기명棄命이라 한다. 기명종격이 되는 조건은 음간과 양간에 따라 차이가 있는데 이는 음양 고유의 성질에 따른 것이다.

기명종격에는 종하는 각 육신六神에 따라서 관살을 따라 종하면 종살격*, 재성으로 종하면 종재격, 식상으로 종하면 종아격이라 한다. 이 외에 일간을 버리는 것이 아니라 오히려

* 종관격이라 하는 용어를 사용기도 하는데 관왕하면 살로 변하는 것이다.

사주 전체가 한 두 개의 비견겁이 있고 나머지는 모두 일주를 생하는 인수로 되어 있으면서 일주의 기운으로 집중되는 경우의 종강격과 한 두 개의 인수가 있고 나머지는 모두 일주와 동일한 비견겁으로 되어 있으면서 일주의 기운으로 세력이 집결되는 종왕격이 있다. (전왕격과 같은 의미가 있다.) 기명종격 역시 종한 오행이 용신이 되며 종한 오행을 생하는 오행이 희신이 된다. 종한 오행의 기운을 설기시키는 운은 길운은 아니나 순세하기에 무방한 운에 해당한다. 다만 종한 오행의 왕한 세력의 입장에서* 관살이나 재성이 되는 운은 크게 꺼리게 된다.

> * 예컨대 종재든 종살이든 어떤 일주가 木으로 종한 오행이라면 木에게는 金은 칠살이 된다.

① 종살격(從殺格)

일주가 무근하고 사주 전체가 관살로 이루어져 있으면 왕한 관살을 따라가기 때문에 종살격이라 한다. 관살이 용신이 된다. 이때 한두 점의 재성이 있어도 무방하다. 그러나 인수를 보면 일주의 의지처가 되기 때문에 종을 하지 않게 된다. 종살격이 되면 군인, 정치, 법조계 등에서 대귀하게 된다. 단, 격의 고저를 판별해야 한다. 월령을 얻었는지가 중요하며 국세의 배합을 살펴야 한다. 운의 흐름은 종한 오행의 왕세를 따라 순順해야 하며 왕세를 거스르는 역운逆運이 되면 대흉하다.

乙 乙 乙 庚

酉 酉 酉 戌

辛卯, 庚寅, 己丑, 戊子, 丁亥, 丙戌　　大運

酉月의 乙木이 무근하여 왕한 칠살의 세력을 따라가니 종살격이 되었다. 乙庚이 相合하여 비견인 乙木이 庚金을 따라 가니 종살격이 된다. 戊子, 己丑, 庚 土金運에 승상이 된 사주이다.

甲 乙 乙 乙

申 酉 酉 酉

己卯, 庚辰, 辛巳, 壬午, 癸未, 甲申   大運

乙木일간이 무근하여 종살격이 된다. 그러나 시상 甲木 비겁이 투출하여 참되지 못하다. 辛巳, 庚辰 운을 만나 병病을 제거하며 진종이 되어 시랑侍郞의 벼슬에 오른 명조이다. 대만의 『명리정화命理精華』(고겸염)에서 인용한 사주이다.

②종재격(從財格)

일주가 무근하고 사주 전체가 재성으로 이루어져 있으면 왕한 재성을 따라가기 때문에 종재격이라 한다. 재성이 용신이 된다. 이때 한두점의 식상이 있어도 무방하다. 그러나 관살을 보면 재성이 관살을 좇게되니 종재격이 성립되지 않는다. 일률적으로 논하기 어렵고 국세에 따라판단한다. 종재격이 되면 역시 대부귀한다. 여자로 인해 부를 축적하거나 대재를 거머쥐게 된다. 특히 사업, 상업, 금융 등 재계의 분야에서 두각을 나타낼 수 있다. 단, 격의 고저를 판별해야 한다. 월령을 얻었는지가중요하며 국세의 배합을 살펴야 한다. 운의 흐름은 종한 오행의 왕세를따라 순順해야 하며 왕세를 거스르는 역운逆運이 되면 대흉하다.

丙 乙 丙 戊

戌 未 辰 戌

壬戌, 辛酉, 庚申, 己未, 戊午, 丁巳　　大運

　얼핏 보면 乙木이 통근하여 재다신약財多身弱같으나 천간에 丙火가
투출하고 지지가 모두 冲刑되어 유약한 음간의 뿌리가 모두 상했다. 따
라서 부득이 왕한 재성을 따라 土로 종從을 하게 된다. 초년부터 남방 火
運으로 향하니 부귀한 명이다. 식상이 투출하여 더욱 길명이 된다.

壬 戊 辛 戊

子 申 酉 子

戊辰, 丁卯, 丙寅, 乙丑, 甲子, 癸亥, 壬戌　　大運

　酉月의 戊土가 무근하고 상관이 투출하여 재를 생하니 기명종재한
다. 양간은 월령을 얻거나 인수가 통근하면 종을 하지 않는 법이다. 비록
戊土비견이 투출하였으나 무근하고 실령失令하였고 인수도 없으니 재성
을 따라 종하게 된다. 세력을 따라 종을 한 이상, 비견 土는 오히려 기신
으로서 병病이 된다. 金水 식상과 재운을 기뻐한다. 용신은 재성에 있는
것이다. 木運은 戊土 기신忌神을 극거하여 역시 길하다. 종재격은 왕세를
거스르는 비겁운을 가장 꺼리지만 이 사주는 식상이 투출하여 왕하니 흉
하지 않게 된다. 국세와 운의 흐름에 따라 판별을 해야 한다.

③ 종아격(從兒格)

　　일주가 무근하고 사주 전체가 식상으로 이루어져 있으면 왕한 식상을 따라가기 때문에 종아격이라 한다. 식상이 용신이 된다. 식상은 나의 기운이 누설된 것이기 때문에 내가 낳은 자식이라는 의미로서 "아兒"를 쓰는 것이다. 이때 한두 점의 관살이 있어도 무방하다. 그러나 재성을 보면 식상이 재성을 쫓게 되니 종아격이 성립되지 않는다. 역시 일률적으로 논하기 어렵고 국세에 따라 판단한다. 종아격이 되면 역시 대부귀하고 두뇌가 총명하며 미남, 미녀이다. 특히 교육과 육영분야, 기예技藝, 연구기술 등의 분야에서 두각을 나타낼 수 있다. 단, 격의 고저를 판별해야 한다. 월령을 얻었는지가 중요하며 국세의 배합을 살펴야 한다. 운의 흐름은 종한 오행의 왕세를 따라 순順해야 하며 왕세를 거스르는 역운逆運이 되면 대흉하다.

丙　癸　壬　丁
辰　卯　寅　卯

　　식상으로 종을 하는 종아격인데 천간에 丙丁 火 재성이 투출한 경우이다. 寅月 쇠갈한 癸水가 설기가 심한데 寅卯辰 木方을 이루어 木氣가 태왕하다. 丁壬이 합하여 木으로 化하고 비록 癸水일간이 辰土 중기에 통근하지만 방국으로 일주에게 향한 정情이 약화되고 인수의 생조가 없으니 쇠갈한 癸水는 자신을 버리고 부득이 종을 하게 된다.

　　종아격은 다른 종격과는 달리 비견을 두려워하지 않는다. 즉 비견이 종從한 식상을 생조하기 때문이다. 水木火 운이 모두 길하다.

戊 丙 己 戊　坤

戌 辰 未 戌

甲寅, 乙卯, 丙辰, 丁巳, 戊午　　大運

未月의 丙火인데 만국이 식상으로 구성되어 있다. 부득불 왕세인 土로 종을 하여 종아격이 된다. 여자의 명으로서 미모美貌에 총명하다. 안타까운 것은 비록 종아격의 빼어난 수기秀氣를 얻었다할지라도 국세가 화염토조火炎土燥로 탁하다. 남편이 죽고 음란함을 감당할 수 없는 명이다. 乙卯운에 왕신旺神인 土의 세력을 거스르니 스스로 목을 매어 죽었다는 사주이다.

④ 종왕격(從旺格)

종왕격은 일주가 월령을 얻은 녹이나 양인 월에 생하고 사주에 비겁이 많고 한두 점의 인수는 있어도 무방하나 재관財官이 없어야 한다. 운의 흐름 또한 왕세에 순하면 길한 것이니 비겁이나 인수 운을 만나야 길하고, 식상운도 무방하나 재관 운을 만나면 왕세를 거역하여 대흉하다.

丙 甲 丁 甲

辰 辰 卯 寅

癸酉, 壬申, 辛未, 庚午, 己巳, 戊辰　　大運

대만의 『명리정화命理精華』 종격從格 편에서 인용한 사주이다. 다음과 같은 간결한 문장으로 소개되었다.「木神獨旺, 旺極宜洩, 以丙丁洩秀 爲用, 行南方運貴, 壬申運不祿」

그러나 위 사주는 비록 寅卯辰 東方을 이루고 천간에 甲木이 투출 하였지만 신왕한 내격으로서 식상생재격을 이룬 1차 범주체계로 분류 되어야 할 명命이다. 목화통명木火通明을 이루며 왕세를 수기유행시켜 재 성을 생하는 격국으로 귀결된다. 얼핏 보면 곡직격에 식상을 용신으로 취하는 종격 같지만, 시지의 辰土가 비록 甲木의 통근처도 되지만 식상 의 생을 받는 재성으로 손색이 없다. 따라서 위 사주는 종격으로 구분 될 수 없으며, 신왕한 식상생재격으로서 부귀격을 이룬 내격으로 판단 해야 한다.

『명리정화』에서 기록한 壬申대운에 불록不祿했다는 것은 왕신을 거 역했기 때문으로 이해하게 되는데(종격은 왕신을 거스르는 운에 대흉)사 실은 대운 壬水가 丁火와 합화하고 약한 申金이 왕신인 木을 충하니 쇠 신충왕 왕신발衰神冲旺 旺神發(약한 오행이 왕한 오행을 충하면 왕한 오행이 격발擊發하게 됨을 의미)하여 왕목에 의해 용신 辰土가 손상되기 때문이 다. 년운까지 고려하여야만 정확한 추론이 가능하지만 대운에서 이미 그 흉은 예견되는 것이다.

　　　　己 甲 乙 癸
　　　　卯 子 卯 未

　　庚戌, 辛亥, 壬子, 癸丑, 甲寅　　八 大運

포여명의 십간론에 소개된 사주로서 송대의 장군 악비岳飛의 명이다.

甲木이 卯月에 생하여 목왕하고 인수의 생을 받는데 관살이 없으니 종왕격에 해당한다. 甲木의 특성은 乙木에 의지하지 않으니 비록 종왕격이 되었지만 사주가 온통 乙木으로서 마치 주변 환경이 도움이 되지 않는 것과 같다. 칡넝쿨에 감긴 소나무와 같은 상이라 하겠다. 水木운이 모두 길한데 38세 이후 辛대운은 왕세를 거슬러 흉이 예견되는 운세이다. 결국 39세 辛酉년 양인羊刃이며 왕신인 목기木氣를 역세逆勢하여 누명을 쓰고 투옥된 뒤 살해되었다.

⑤ 종강격(從强格)

종강격은 일주가 인수 월에 생하고 사주에 비겁과 인수가 왕하고 재관財官이 없어야 한다. 운의 흐름 또한 왕세에 순하면 길한 것이니 비겁이나 인수 운을 만나야 길하고, 식상 운은 종왕격과 달리 인수를 거역함으로 흉하고 재관 운을 만나면 왕세를 거역하여 대흉하다. 특히 재성 운은 군비쟁재가 일어나니 극흉한 것이다.

庚 癸 乙 庚
申 卯 酉 辰

辛卯, 庚寅, 己丑, 戊子, 丁亥, 丙戌   大運

酉月의 癸水가 전국에 인수를 만났다. 辰酉 육합을 얻은 庚金이 乙木을 합하여 金으로 化하니 종강격을 이루었다. 卯酉 충은 申金이 卯중 乙木과 암합하여 충을 해소하였다. 대만의 전 행정원장 공상희孔祥熙 명조다.

화격(化格)

화격은 화기격化氣格, 합화격合化格이라고도 한다. 일간이 월간 또는 시간과 합을 하여 오행성질의 변화를 일으킴으로서 합화한 오행으로 일간이 종從을 하는 경우를 말한다. 투합과 쟁합이 있으면 합화가 안 된다. 합화하여 종하는 경우 월령을 득하지 않아도 합화격이 성립되나 월령을 득한 경우는 더 고격이 된다. 합화격이 성립되기 위해서는 반드시 합화한 오행을 극하는 관살이 있으면 안 된다. 무력한 관살이나 비겁이 있으면서 부득이 화기化氣를 이루면 가화假化가 된다. 행운이 길하면 진화가 되어 길하다. 행운行運에 있어서는 합화한 오행이나 합화한 오행을 생조하는 운은 좋으나 합화한 오행을 극하는 관살 운과 합을 깨는 운은 불리하다. 국세에 따라 취용법이 달라지니 잘 살펴야 한다. 화격化格에는 다음과 같은 다섯 가지가 있다.

① 화토격(化土格)

```
己 甲 壬 戊
巳 辰 戌 辰
```

戌月 土왕절에 甲木이 생하여 시상의 己土와 甲己합하여 土로 化하는 화토격이 되었다. 사주에 土를 거스르는 木氣가 없어 화토진격이 성립된 경우이다. 그러나 행운이 水木으로 향하여 가난하고 벼슬도 하지 못했다. 金運이 가장 길하고 火土운도 길하다. 『적천수』와 『명리정화』에 소개된 팔자이다.

② 화금격(化金格)

　　　庚 乙 癸 甲
　　　辰 丑 酉 辰

금왕절에 생한 乙木이 시상의 庚金과 합을 하여 화금격이 성립되었다.

③ 화수격(化水格)

　　　戊 辛 丙 癸
　　　子 亥 辰 丑

시상에 戊土가 투간하여 수기水氣를 역세하니 가화격假化格이 되었다. 癸丑, 壬子, 辛亥 북방 金水 운에 假化가 진화眞化로 되면서 귀명이 된 사주이다.

④ 화목격(化木格)

　　　癸 壬 丁 己
　　　卯 午 卯 卯

卯月의 壬水가 丁壬합하여 化木진격이 되었다. 午火가 용신이다.

⑤ 화화격(化火格)

　　　甲 癸 戊 丙
　　　寅 巳 戌 戌

戌月 화고火庫월에 癸水가 생하여 戌癸합을 이루고 火를 역세逆勢하는 水가 없어 진화화격眞火化格이 되었다.

별격(別格)

● 양신성상격(兩神成象格)

양신성상격(또는 兩氣成象格)은 사주원국에 오행이 두 개의 기질로 구성되어 서로 균형(짝을 이룸)을 이루며 상생으로 형성되거나 상극으로 짝을 맞춰 형성된 것을 말한다. 반드시 양신兩神이 균형을 이루어야만 격이 성립되는 것이며 일자—字라도 균형이 맞지 않으면 이 격을 취할 수 없다.

① 상생의 양신성상격

```
甲 癸 甲 癸
寅 亥 寅 亥
```

사주가 癸亥와 甲寅으로 짝을 이룸으로서 양신성상격이 되었는데 일간 癸水와 水木으로 상생하는 격국이 된다. 일간을 설기하는 식상이 용신이 된다. 水木의 기를 손상하면 불미하다. 따라서 운의 흐름은 상생을 파극하는 金과 土를 꺼린다. 이것은 팔자의 체體가 되는 癸水와 용用이 되는 甲木을 깨는 것으로서 체용이 모두 손상되기 때문이다. 水木 운이 가장 좋다.

② 상극의 양신성상격

戊 甲 戊 甲

辰 寅 辰 寅

상극으로 형성된 양신성상격이다. 비록 토왕절이 辰月이라 하나 춘
토春土는 木의 여기가 남아있어 허토虛土가 되며 아직 木의 기가 남아 있는
때이니 비록 戊土 재성이 월과 시에 통근하여 투간하였을지라도 일간이
신왕한 것이다. 따라서 재성을 취하여 식상 운을 기뻐하게 된다. 남방 火
運에 부富를 얻게 될 것이다. 金運은 격을 파하기 때문에 흉하다. 만약 일
간이 신약한 양기성상이 된다면 당연히 인수를 용신으로 취해야 한다.

● 간지일기격(干支一氣格)

간지일기격干支一氣格은 기이한 형상形象 격국으로서 일반적 내격의
간법과는 차이가 있다. 가장 중요한 것은 일반적 통근체계를 벗어난 간
법이 존재한다는 것이며, 지장간의 재관을 중시한 취용법과 조후를 겸하
는 등 사주구성에 따라 취용법이 달라지는 경향을 보인다. 간지일기격은
고서에서 밝히는 그 설명이 매우 부족할 뿐만 아니라 역인易人들에 따라
서도 간명 방법에 차이가 나타나고, 실제로도 많이 접하기가 어려운 사
주이기 때문에 운명과 그 미래의 성패를 확실하게 추론하는데 있어서 미
흡함이 존재하는 경우에 속한다.

『적천수』 간지총론에 [천전일기 불가사지덕막지재天全一氣 不可使地
德莫之載]를 밝히고 있다. 즉 천干이 온전하게 일기一氣로 되어있어도 지地
로 하여금 덕을 싣지 않으면 불가한 것이다. 여기서 덕德을 싣는다는 것
은 지지에 통근함을 말하는 것이다. 예컨대 『적천수』의 이론에 따르면,

"지지가 재성으로 된 간지일기격은 지지에 통근을 하지 못한 것이니 불가하다"함은 귀격이 성립되지 못하는 것이니 빈천하게 된다는 의미인데, 고서에는 "간지일기가 되면 삼공三公의 지위에 오르며 공경公卿의 명이 된다"고 했지만 그렇지 못한 빈천지명貧賤之命의 팔자 또한 있는 것이니 일률적으로 논할 수는 없을 듯하다. 어찌됐든 일단 『연해자평』을 비롯해 여타 고서에서 소개하는 간지일기격에 대한 언급을 살펴 소개하고자 한다.

ⓐ 甲甲甲甲 戌戌戌戌 辛庚己戊丁丙乙 巳辰卯寅丑子亥	ⓑ 辛辛辛辛 卯卯卯卯 乙丙丁戊己庚 酉戌亥子丑寅	ⓒ 丙丙丙丙 申申申申 癸壬辛庚己戊丁 卯寅丑子亥戌酉
ⓓ 庚庚庚庚 辰辰辰辰 丙乙甲癸壬辛 戌酉申未午巳	ⓔ 戊戊戊戊 午午午午 甲癸壬辛庚己 子亥戌酉申未	ⓕ 己己己己 巳巳巳巳 壬癸甲乙丙丁戊 戌亥子丑寅卯辰
ⓖ 丁丁丁丁 未未未未 庚辛壬癸甲乙丙 子丑寅卯辰巳午	ⓗ 壬壬壬壬 寅寅寅寅 戊丁丙乙甲癸 申未午巳辰卯	ⓘ 乙乙乙乙 酉酉酉酉 戊己庚辛壬癸甲 寅卯辰巳午未申
ⓙ 癸癸癸癸 亥亥亥亥 丙丁戊己庚辛壬 辰巳午未申酉戌		

① 지지가 재성으로 된 경우 : ⓐ, ⓑ, ⓒ

　　ⓐ의 甲戌 명조는 운에서 辛金과 戊土 재관財官을 거스르는 亥子寅卯를 만나면 戌中 丁火 상관이 일어나 불미하다고 하는 명이다.
　　상관이 있어 목화통명으로 영리하고 총명하나 대성하지는 못했으며, 고독孤獨하고 유년幼年에 부모와 생사별을 하기 쉽다고 하는 명이다. 영조대왕의 명조로도 알려져 있는 팔자이다.

정관 운에 재화災禍나 큰 병病을 만난다고 기술한 책도 있으나 진소암이나 명리정종 등 여타 고서들은 東方 운에 상관이 일어나 정관을 제극함을 꺼리는 것으로 설명하고 있다. 재관을 취용하는 명이다. 종재격이라면 마땅히 식상 운에 발전을 이루었어야 한다.

ⓑ의 辛卯 명조는 『적천수』 등 많은 책에서 빈요지명貧夭之命으로 소개된 명이다. 역시 천전일기을 구성한 비견으로 기명종재격을 이루지 못한다는 설명이다. 『적천수』에 수록된 ⓑ의 팔자는 신약 무근無根이라 하여 인수土를 취용하는 예로 설명되어 있다. 이 팔자는 조실부모하고 도사道士로 떠돌아다니고, 己丑, 戊子 운에 인수가 생부生扶하여 의식衣食이 충족하다가 丁亥운에 火剋金하여 사망했다고 기술되어 있다. 진소암도 ⓑ의 경우 기명종재라 할 수 없다 했으며, 亥子 운은 재財가 무리를 지어 근심이 있다고 하니 적척수와의 설명이 완전히 일치하지는 않는 부분이다. 酉운은 충격하니 좋지 않다고 기술했다.

지장간이 순재純財로서 ⓐ의 甲戌 명조처럼 재관을 취하지 않은 경우이다.

일부의 설명은 四卯가 酉金비견을 도충하여 비록 귀명이라 할지라도 부富는 여의치 않다는 설명도 있는데 ⓐ의 경우는 재성을 도충해 옴에도 파가破家를 면치 못하였으니 논리가 부합되지 않는다. 도충격은 허공의 재관을 불러다 쓰는 것인데 비견을 도충해 온다는 것도 논리에 맞지 않는다. 오히려 요합으로서 戌中 丁火 칠살을 귀기貴氣로 불러다 쓴다는 논리가 더 적합하다 할 것이다.

지장간에 관성이 없는 경우로서 인수로 일간을 생조하는 용신으로 취한 경우이다.

이 격은 "신주身主는 경박하고 복력은 천빈할 것이며 수명 또한 장구하지 못할 것이다."라고 『연해자평』은 밝히고 있다.

ⓒ의 丙申 명조는 장간이 戊庚壬 식재살食財殺에 해당한다. 연해자평에서는 "신살身殺이 상정相停되어 복원福元이 현현할 것이며 심상치 않은 명리가 따를 사람이니 권세와 명리가 특출하여 두괴頭魁를 이룰 것이다"라고 시결詩訣에서 전하고 있다. 진소암은 "네 개의 丙이 있으니 어찌 명을 버리고 종할 수 있겠는가?"하며 운이 亥子丑으로 향하면 불리하다는 설명이다. 예컨대 이 사주는 네 개의 丙과 칠살이 균형을 이루어 귀명貴命이지만 행운行運에 있어서는 일간을 제극하는 水運은 칠살이 왕해져서 꺼리는 것으로 보아야 하겠다.

② 지지가 인수로 된 경우 : ⓓ, ⓔ, ⓕ

ⓓ의 庚辰 명은 辰中에 乙癸戊 재와 상관, 효신(편인)이 있는 경우이다. 인수 월에 사주가 인비印比로 구성되어 종강격으로 볼 수 있겠지만, 간지일기격으로서 역시 별도로 논하여 재관을 중시함으로서 용신을 취하는 것을 보여주고 있다. 乙木 재성을 취하여 서방 金運을 대기大忌하게 되는 것으로 설명하고 있다.

『연해자평』에서는 "대권을 장악할 대명大命이니 조정에서 대재상이 되지 않는다면 국경과 무공武功으로써 명리를 사해에 떨칠 것이다"라고 전한다.

ⓔ의 戊午 명은 장간에 己土 비겁과 丁火 인수가 있는 경우이다. 화염토조한 사주로서 양인으로 구성되어 있는 특징이 있다. 재관이 없는 종강격의 명으로 보아도 무방하며 조후를 용신으로 취하여 운을 살피는 경우에 해당한다.

참고로 네 개의 午가 암충으로 子水의 장간 癸水와 戊土가 합을 하여 조열함이 더해진다는 설명도 있다.

서방 金運 외에는 모두 마땅치 않은 운이다. 子運은 왕화를 충격하여 대흉하니 명이 다하는 시기이다. 도충으로 子水를 재성으로 취할 수 있으며, 전실이 되는 子運이 대흉한 것으로 판단할 수 있다.

ⓕ의 己巳 명은 장간에 戊土 비겁과 庚金 상관, 丙火 인수가 있는 경우이다.

역시 재관財官이 없는 종강격에 해당하는 귀명이지만 부富를 이루기는 어렵다. 도충으로 亥中 甲木을 관성으로 쓸 수 있다. 관성이 전실되는 木운은 흉할 것이다.

③ 지지가 식신으로 된 경우 : ⑧, ⓗ
⑧의 丁未 명은 장간에 丁火 비견과 乙木 인수, 己土 식신이 있는 경우이다.

운이 午巳辰寅卯로 행하면 火가 더욱 치열해지고 土는 더욱 마를 것이니 흉한 명이 된다. 이것은 木火의 기세가 강하여 조후가 맞지 않음을 의미한다. 재성 운이 가장 길하지만 水運은 오히려 火土를 격발시켜 좋지 않게 된다.

이 사주뿐만 아니라 출생한 시기의 절기심천을 살펴 어느 장간이 사령하는지를 살펴서 간명하고 연구해야 한다.

ⓗ의 壬寅 명은 장간에 戊土 칠살과 丙火 재성, 甲木 식신이 있는
경우이다.

임기용배격壬騎龍背格에도 해당하는 사주이다. 역시 장간에 재살을
취하는 경우이니 남방 火地에 부귀쌍전하는 명이다. 申運은 대기大忌한다.

④ 지지가 칠살로 된 경우 : ⓘ

ⓘ의 乙酉 명은 장간이 순살純殺로 이루어진 경우이다. 연해자평과
명리약언에서는 신살身殺이 상정하여 귀명을 이룬다고 설명하고 있다.
절기의 심천을 따라 살펴야 하며 칠살이 사령하는 시기에 태어나면 일생
걱정과 고심이 따르게 된다. 제살하는 火運에 발전을 하게 되는 명으로
서 卯運은 충격하여 대흉하다.

⑤ 지지가 비겁으로 된 경우 : ⓘ

ⓘ의 癸亥 명은 비천녹마격에 해당한다. 비천녹마격은 3차 범주체
계인 잡격에서 다루도록 하겠다.

이상 간지일기격에 대한 개략을 살펴보았는데 중요한 것은 장간의
재관을 중시하는 것에 있다. 출생 시기에 따른 절기의 심천에 따라 취용
법이 달라지는 것이니 또한 일률적으로 말할 수는 없는 것이다. 고금 간
에 많은 저자와 책들 간에 다소간의 차이가 있기도 한 부분인 만큼 많은
경험과 연구가 있기를 바란다.

(4) 3차 범주체계 외격의 잡격(雜格)

> **3차 범주체계**
>
> 사주에 대한 기본 대분류에 있어서 자평진전에서 밝히는 이론을 기준
> 으로 1차 범주체계로서 월령을 기준으로 격과 용신을 정하는 내격(内
> 格)에 대한 분류를 하였고, 2차 범주체계로서는 사주의 형상을 기준으
> 로 격국과 용신을 구별하는 외격의 종격, 변격, 별격을 별도로 분류하
> 여 알아보았다.
>
> 3차 범주체계에 속하는 사주는 259,200가지의 사주에 대해 앞서 설명
> 한 1, 2차 범주체계에 포함되지 않은 다른 조건에 의해 격국과 용신을
> 취하는 사주들로서 이들은 사주원국에 없는 오행(육신)을 허공에서 불
> 러다 쓰는 암합암충격 등의 분류라 하겠다.
>
> 많은 격국들이 있지만 몇 가지만 선별(비천록마격, 자요사격 · 축요사격,
> 합록격, 정란차격 등) 하여 그 희기를 알아보도록 하겠다.

자요사격(子遙巳格)...암합, 요합격

甲子日이 甲子時를 만난 경우로서 子中 癸水가 巳中 戊土를 요동
하고 戊土가 巳中 丙火를 동動하여 丙火가 辛金을 합해오므로 甲木이 辛
金으로 관성을 취하는 격을 말한다. 사주에 없는 허자虛字를 불러 오는 것
으로서 원국에 庚辛, 있거나 申酉丑이 子巳를 기반羈絆하면 子水가 관성
을 요합해 올 수가 없기에 파격이 된다. 午火가 있어 子水를 충해도 子水
가 충동할 수 없기에 모두 파격이 되어 이 격을 취할 수 없게 된다. 자요

사격은 관살 향으로 향할 때 부귀를 누리게 된다.

甲 甲 壬 丙
子 子 辰 寅

戊戌, 丁酉, 丙申, 乙未, 甲午, 癸巳   大運

『연해자평』 등에 소개된 명이다. 甲子일에 甲子시를 만나 관살이 없어 자요사격이 되었다. 子中 癸水가 허자 巳火의 戊土를 요동하고 戊土는 巳中 丙火를 요동시켜 酉중 辛金 관성을 합해오는 것을 용신으로 취하는 것이다. 따라서 관살 운에 발전하게 됨은 의심할 여지가 없는 것이다. 巳火 운이 오면 자요사격이 전실되어 파국이 되니 불미하다. 이 사주는 申酉 관살 운에 대발을 하여 지방장관을 지냈다는 사주이다.

내격으로 분석하면 辰月의 甲木이 녹을 얻고 子辰반회에 인수인 壬水가 투간하여 태왕한 사주이다. 따라서 왕수旺水를 제극하는 재성이 용신이 되고 비견은 기신이 된다. 용신을 생하는 火運도 길하지만 기신을 제거하는 申酉 관살 운에 대발을 하는 명이다. 발복發福은 용, 희신의 운에서 뿐만 아니라 기신을 제거할 경우에 더 크게 나타난다. 용신이 월령에서 녹을 얻은 것이니 재기통문을 한 경우에 속한다. 제 잡격들은 기귀奇貴를 누리는 귀격으로서 용신을 취하는 법은 내격의 판단법과 동일하다.

축요사격(丑遙巳格)...암합, 요합격

辛丑日과 癸丑日이 丑土가 많은 경우에 해당한다. 辛丑일이 巳中 丙火를 요합遙合해 오므로 辛의 관성으로 삼는 격국이며, 癸丑일이 巳中 戊土를 요합하여 관성으로 삼아 역시 기귀奇貴하게 되는 격국을 의미한다. 축요사격 역시 사주에 巳火가 전실塡實되었거나 子水가 있어 丑土를 합반合絆하면 요합하는 작용이 안 된다. 역시 관살이 전실되면 취할 수 없다.

```
癸 癸 辛 丙
亥 丑 丑 寅
```

戊申, 丁未, 丙午, 乙巳, 甲辰, 癸卯, 壬寅   大運

癸丑일에 丑을 보고 원국에 子水가 없으며 巳火와 관살이 없으니 축요사격으로서 귀격貴格이 된다. 내격으로 보면 칠살격에 인수 辛金과 丙火 재성이 합을 이루어 기반羈絆되고, 子水가 亥水와 丑土사이에 공협拱夾하며 천간에 투간하였으니 신왕한 사주가 된다. 동절의 癸水가 수냉水冷하여 丙火의 따사로움을 받아야 할 것인데 丙辛합으로 기반 됨이 아쉽다. 다행히 寅中 丙火가 장생을 얻고 월령의 丑土 칠살이 제수制水를 하니 용신이 건왕하다.

남방 巳午火土 운에 법정외교관이 되었던 사주이다. 역마驛馬에 해당하는 시지의 비견 亥水가 관성 칠살과 공협하고 사주 또한 수왕水旺하니 법조계로서 해외와 관련있는 신분을 얻게 된 것이다. 대개 水가 왕하여 왕양汪洋의 상을 지으면 외국 땅을 밟아 보게 되는 특징이 있는데 월령을 득한 칠살 관성이 용신이니 火土 운에 발복함은 정해진 운명이 아니겠는가.

己　辛　辛　辛

丑　丑　丑　丑

乙未, 丙申, 丁酉, 戊戌, 己亥, 庚子　　大運

辛丑일에 지지가 모두 丑土로 되었다. 축요사격으로 귀격이 된다. 辛金 일간이 지지에 네 개의 丑土 인수를 얻고 원신인 己土가 투출하여 만국이 土金으로 구성된 종강격이 된다. 土金 운이 모두 길하다. 『명리진평』에 통역관으로 소개된 사주이다.

비천록마격...도충격

비천록마격飛天祿馬格은 庚子일, 壬子일, 辛亥일, 癸亥일의 4일에 해당한다. 이 외에 丙午일과 丁巳일을 포함하여 도비천록마격倒飛天祿馬格이 있으나 도비천록마격은 비천록마격에 포함시키지 않는 것이 정법이다. 비천록마격은 타 지지로 같은 오행을 여럿(3자 이상이라고 하나 2자만 되어도 성립) 만남으로서 허자를 충래하여 나의 재관(또는 관인)으로 사용한다는 기귀奇貴의 격국이다.

예를 들어, 庚子일에 子를 많이 보면 子水는 午火 허자를 충래시켜 午中의 丁火, 己土로 관과 인수를 삼으면 귀하게 된다는 것이다. 자요사격이나 축요사격에서는 충래하는 것이 아니라 관살을 합해오는 것으로서 관살 운을 보면 좋은 것이지만, 허자를 충래시켜 관살을 취용하는 격국은 관살 운을 만나면 전실이 되었다하여 크게 꺼리게 된다. 식상, 재운을 기뻐한다. 허자를 충래시키는 지지의 오행을 합거하는 운 또한 꺼린다. 비천록마격은 검찰직에 많으며 무역이나 해운, 항공계 등에서도 볼 수 있다.

己 辛 壬 丁

亥 亥 子 未

丙午, 丁未, 戊申, 己酉, 庚戌, 辛亥   大運

辛亥일에 亥子를 보아 비천록마격이 되었다. 亥水가 허자 巳火를 충래시켜 巳中 丙火를 귀기의 관성으로 취한다. 년상에 丁火 관성이 전실되었으나 壬水와 합거되었으니 무방하다. 지지로 亥水가 합됨이 없으니 비천록마진격이 된다. 운은 관성 운과 亥水를 합거하는 寅木이 불미하다. 『명리진평』에 검찰청장을 역임한 사주로 수록된 명조이다.

합록격(合祿格)...운에서 전실되면 흉

합록격은 戊日과 癸日이 庚申時를 얻은 경우를 말한다. 六戊日에 있어서 시상 庚金이 乙木을 합해와 戊土의 관성을 삼는 것인데 이때 사주에 甲木칠살이 있음을 두려워하고 丙은 시상의 庚金을 제극하여 乙木 관성을 합해오지 못하여 꺼리게 된다. 또한 寅은 시지의 申과 충하고 卯는 戊土의 관성으로 전실填實됨이 모두 丙庚寅卯 꺼리게 된다. 즉 파격이 되어 합록격을 취할 수 없는 것이다. 이때는 마찬가지로 내격의 정격으로 격국과 용신을 살펴야 한다.

六癸日의 庚申時생은 巳申합으로 巳中의 戊土를 얻어 관성을 삼는 귀격을 말한다. 마찬가지로 관성 戊나 巳가 있으면 안 되고, 丙이 있어 시상의 庚金을 극상하여도 꺼리는 것이니 대운과 세운에서도 마찬가지이다.

庚　戊　己　壬

申　午　酉　午

합록격은 "추동절에 생해야 묘妙한 명命이 된다"고 하였다. 이것은 庚申식신이 왕성함을 요하는 것으로서 충출의 세력이 강할수록 관성의 기운이 강해짐을 의미하는 것으로 여겨진다(역자주).

乙木 관성을 취하는 합록격으로서 金水운에 발전을 하였고, 관성이 전실되는 甲寅, 乙卯 대운은 흉운이다.

庚　癸　乙　癸

申　丑　丑　酉

동절의 癸水가 庚申시를 얻어 합록격으로서 귀명이 되었다. 관성이 전실되는 운을 가장 꺼리니 己未운은 칠살운으로 꺼리며 戊운은 정관으로 대기大忌한다.

정란차격(井欄叉格)

```
庚 庚 庚 癸
辰 子 申 卯
```

앞서 『자평요결』 겁재격편에서 소개되었던 명조이다. 정란차격은
庚子일, 庚申일, 庚辰일 3일에만 해당하는데 지지에 申子辰이 전부 있어
서 寅午戌을 충동해 옴으로서 사주원국에 없는 재관인을 충출하여 쓰는
귀격을 말한다. 예컨대, 申은 寅재성을, 子는 午관성을, 辰은 戌중 戊土인
성을 충래해 옴으로 귀격을 이루는 것이다. 정란차격은 "壬癸巳午의 方
節을 꺼린다"고 하였으니 이는 북방의 상관과 남방의 관운을 꺼린다는
것이다. 물론 원국에 寅午戌과 壬癸丙丁巳가 없어야 이 격을 이룬다.

『자평진전평주』에서는 건록격으로 구분하여 내격에서 다루었지만
정란차격에도 해당된다. 금수상함격으로 빼어난 귀격도 되지만 정란차
격의 조건을 갖추어 역시 귀명이 되는 사주이다.

정란차격은 재성운이 가장 좋고 식상운과 관성운은 대흉하다. 위
명조는 壬子대운에 이르러 사망을 하였다는 어사御使의 명으로 알려져
있다.

지금까지 1차 범주체계로서의 내격과 2차 범주체계로서의 외격(종
격, 변격, 별격) 및 3차 범주체계로서 잡격 등을 살펴보았다. 이 외에도 다
수록하지 못한 사주의 격국이 있지만 모두 3차 범주체계의 잡격 범주에
포함시키고자 한다. 이런 체계로서 격국과 용신 및 사주의 형상 등을 분
류하여 큰 범주체계 속에 각각의 사주를 구분할 수 있게 되었다. 비록 범

주체계로서 사주를 구분하였다 할지라도 오행과 육신에 대한 해석은 변함없는 것이니 어떠한 범주를 불론하고 용신에 해당하는 각 오행과 육신 및 격국을 통해 사주 및 미래운세를 분석하고 예측하면 된다.

5. 범주체계 속의 분석모델

여기서는 하나의 예로서 사주를 분석하는 과정과 사주를 통해 운명적 흐름 및 길흉화복이 나타나는 시기(응기)에 대한 예측 방법을 대략적으로 기술하고자 한다. 사주를 분석해 나가는 통변의 방법은 다양하게 나타날 수 있지만 그 예측결과는 실제 나타나는 현상의 범주를 벗어나지 않게 된다. 이 책은 명리의 입문서로서 지금까지 학습한 내용을 토대로 누구나 쉽게 다룰 수 있는 범위정도 및 체계적 방법에 의한 분석모델을 제시하고자 한다.

향후 본 서 및 여타의 학습을 토대로 스스로 깨우침이 있을 경우 자평이나 적천수, 궁통보감 등에서 언급하는 짜여진 틀을 넘어선 추론법 또한 존재함을 느끼게 될 수도 있을 것이다.

甲 癸 丁 庚　　女

寅 巳 亥 申　　命

　　33 23 13 3
　　癸 甲 乙 丙　　三 大運
　　未 申 酉 戌

모 영화배우의 사주로 알려진 명命으로서 2005년 乙酉年에 목을 매어 자살했다.

① 일간을 확인하고 사주를 구성하는 전체적인 음양 및 육신을 훑어본다.

일간은 음수陰水인 癸水로서 동절冬節에 태어나 년주에서 시주까지 "(庚)陽 － (丁)陰 － (癸)陰 － (甲)陽"으로 구성이 되었다. 즉 년주와 시주(외적인 특성)는 陽으로 구성되고 월주와 일주(내적인 특성)는 陰으로 구성되었다. 음양이 조화를 이룬 가운데 외적으로는 양기陽氣의 특성으로서 진취적이고 강해 보이더라도 내적으로는 음기陰氣의 특성으로서 조용하고 소극적이나 끈기 있는 성향을 내재하고 있는 경우이다. 이것은 단식판단법으로서 격국과 용신 등을 고려하여 전체적인 성정을 논해야 한다.

지지가 寅申巳亥로 구성되고 충형沖刑(寅巳申 三刑과 巳亥 冲)이 있다.

② 내외격의 범주체계를 결정한다.

일간이 지지에 통근을 하고 있는지와 사주의 전체적인 형상形象, 육신六神을 살펴 내격인지 외격 또는 잡격인지를 구별하여 범주체계를 결정하게 된다. 일간이 동절冬節 수왕水旺한 때에 생하여 인수 申金에 통근처를 얻어 1차 범주체계의 내격을 구성하였다.

③ 각 범주체계의 특성에 따라 격국과 용신을 결정한다.

癸水 일간이 亥月冬節에 생하여 겁재의 관계가 된다. 월겁격으로 분류할 수도 있겠지만, 정팔격의 범주체계로 분류함을 전제로 해서 천간에

투간한 오행 중에 가장 세력 있는 것을 격으로 취하게 된다.

천간 세력의 강약을 살핌에 있어서 지지의 통근 여부를 살펴 결정하는 것이 순서이니 소춘小春인 동절의 水氣와 앉은 자리에서 寅木 녹祿을 얻은 시상 甲木 상관傷官의 세력이 가장 강한 것으로 판단한다.

여기서 중요한 포인트는 충형沖刑의 관계를 어떻게 설명하느냐이다. 예컨대 충은 형보다 그 충격하는 힘이 강한 것으로서 형刑보다 앞서는 것이며, 巳亥 충沖이 월과 일에서 일어나니 비록 형刑이 충을 무력화求解시키는 작용을 할 수 있어도 이와 같은 경우에서는 우선적으로 충의 세력이 강한 것으로 논하게 된다. 따라서 충형沖刑이 혼재된 경우지만 충이 우선하는 가운데 삼형의 작용도 내재하고 있는 사주로 판단한다. 통상 삼형三刑을 이룬 경우에 성격成格이 되면 살생지권殺生之權을 이루어 판검사, 군경 등의 공직이나 의술계통으로 크게 성공할 수 있지만, 격을 이루지 못하면 대개 신체적 장애나 송사건, 이별, 사고 등의 흉한 기운으로서 작용하게 된다.

위 사주는 巳亥 沖으로 일월지가 손상됨으로서 寅木을 통근처로 하는 상관과 재성의 세력이 강하게 된다. 년지와 시지의 寅申 상충相沖은 요충遙沖(멀리서 극을 함)으로서 극이 아닌 동요의 작용을 일으키게 된다.

따라서 癸水 일간이 동절에 水氣를 얻고 년주의 인수 庚申 金으로부터 생기生氣를 얻어 통근을 함으로서 1차 범주체계의 내격으로 구분하게 된다.

격국은 시상에 투간한 상관 甲木을 취해 상관격이 되며 癸水는 상관의 설기와 함께 충으로 근기가 무력하여 왕변약旺變弱이 되었다. 따라서 癸水 일간은 신약(身弱)하여 인수에 의지해야 하니 庚金을 용신으로 취한다. 그러나 용신 庚金이 재성 丁火에 의해 제극되고 있음이 안타깝다하지 않을 수 없다. 무릇 용신은 나의 존신尊神으로서 손상됨은 불가하고 좌보우필左補右弼로 보호되고 건왕해야 좋은 것인데 오히려 보필을 받지 못하고 재성의 해害를 당하고 있으니 탐재파인貪財破印으로서 용신무력의 사주가 되었다.

정리하면 위 사주는 1차 범주체계의 내격으로서 상관용인파격傷官用印破格(상관패인파격傷官佩印破格)의 명이 된다. 또한 이 사주는 진상관격眞傷官格의 특성이 있어 운에서 또다시 상관운을 만나면 수명壽命의 위태로움을 겪게 되는 암시를 내재하고 있기도 하다.

④ 사주의 고저(高低)를 판별한다.

상관패인격이 성격되면 총명다재聰明多才하여 부귀富貴를 의심할 수 없는 명命이 될 것이나 위 사주는 충형沖刑을 안고 있고 용신무력의 파격이 되어 변화와 변동이 많게 되는 명으로서 내적인 갈등을 안고 힘겹게 명예(인수)를 지키려는 사주에 해당한다. 대운의 흐름에 따라 패중유성이 되면 역시 발복을 할 수 있지만 굴곡을 면하기는 어렵다. 따라서 사주의 격국은 고격高格과는 거리가 멀다 하겠다.

⑤ 육신(六神)의 희기에 따른 추론

가족의 육친관계는 오행의 태과불급에 따른 용희신과 기신忌神 및 구신求神, 충형관계 등으로 추론할 수 있다. 물론 신살神殺을 활용하여 추론할 수도 있으니 종합적으로 판단해야 한다. 예컨대 위 사주는 먼저 형제를 의미하며 희신에 해당하는 비겁이 巳亥 충으로 손상되어 형제의 조력을 받기는 어려우며 불화不和의 기미가 있게 된다. 월지는 부모형제의 자리이며 일지는 나와 배우자의 자리이니 골육간의 불화는 피하기 힘든 형국이다.

용신 庚金은 인수에 해당하여 모친을 의미하는데 부친에 해당하는 재성과 서로 상쟁相爭을 하여 손상을 당하고 있다. 즉 부모의 관계가 원만치 않게 됨을 알 수 있다. 내가 의지해야 할 오행(용신)이 인수인데 어머니인 인수가 재성 丁火의 극을 받으니 부친 및 돈(경제적인 측면)과 관련하여 손상을 받고 있어 모친의 상황을 짐작할 수 있다. 탐재파인貪財破印된 사주로서 재성(부친, 경제적 측면)이 병病이 되어 이것이 원인이 됨으로서 자신을 괴롭히게 되며, 내가 의지해야 할 인수 역시 무력하여 나를 돕지 못하니 역시 마찬가지라 하겠다.

무릇 땅은 후중하고 정靜하여 고요함을 좋아하는 것인데 지지가 모두 충형冲刑되어 마치 지진이 일어나는 것과 같으니 평안함을 기대하기 어려운 형국으로서 내면적 갈등이 많고 신경이 예민하게 된다. 그러나 지지가 모두 사맹四猛으로 구성되어 장생처이며 역마성에 해당하니 한편으로는 진취적이고 적극적인 기상이 엿보인다.

⑥ 운명추론

충형冲刑이 교차하고 탐재파인된 사주로서 흉명凶命임을 알 수 있다. 대운의 향방과 그 희기에 따라 굴곡이 현저하게 나타날 수 있는 사주이다.

내면적 성격은 월지의 오행(지장간 포함)이 의미하는 특성의 범주로서 추론하게 된다. 예컨대 水의 특성으로서 지혜롭고 조용하나 예민하고 비애감을 갖기도 하며 공포와 두려움 등을 느끼는 성향이 많게 된다. 물의 특성은 축축하고 음침한 성향으로 음란함을 의미하기도 하는데 癸水 일간이 좌하 巳中 戊土 관성과 암합을 하는 중 충冲을 하고 있으니 겉으로는 이성에 대한 관심이 없는 듯 하여도 내면적으로는 이성에 대한 관심과 정情을 털어버리기가 어렵다. 만약 결혼을 한 사람이라면 관성 운을 만날 경우 외도를 할 가능성이 매우 높게 나타난다. 관성이 역마 巳火에 암장되어 정情을 통하여 도주한다고 하는 경우에 속하게 된다.

외적으로는 木火의 기운이 강하여 생기발랄한 특성이 있지만(본연의 모습은 아니다) 역시 庚金 용신의 특성은 심성心性이 착하고 어진 반면 비관, 염세의 특성이 강하고 엄숙하며 의협심이 강하고 화를 내면 분노의 특성으로 나타나게 된다. 원국에서 이미 庚金 인수가 재성의 파극을 받아 곤고困苦한 형상이기 때문에 운에서 보필을 받지 않으면 비관적이고 염세적인 특성은 늘 그림자처럼 자신을 떠나지 않게 된다.

직업은 격국과 용신의 고저 및 일주의 특성과 관성 등을 살펴 추론할 수 있는데 용신에 해당하는 오행의 범주로 나타나는 경우가 많다. 위 사주는 일주의 특성으로 추론할 수 있는 경우로서 관성官星(巳中 戊土)과 용신(巳中 庚金)이 巳火 재성財星 안에 있어 火의 범주(문화, 예술, 영상(연예계) 등) 내에서 돈을 버는 직업(재관財官이 동궁同宮)을 갖게 된 경우이다 (제5장 직업추론의 실례 참조).

그러나 앞서 언급한 내면적 성정性情과 화려한 연예계 사이에서 빚어지는 갈등과 괴리에서 아마도 본인은 심한 우울증에 시달렸을 것이다. 그것은 水火가 상충하고 있고 삼형三刑이 구전된 내면적 성정에 기인한 것이다.

이와 같은 사주의 특성들은 또다시 대운의 향방에 따라 사회적 성패가 좌우되고 다양한 길흉화복에 마주치게 된다. 용희신이 金水에 해당하여 대운의 향방은 서북방 金水 향鄕으로 흘러야 발복을 하게 되며 기신을 제거하는 시점 역시 발전을 기대할 수 있게 된다. 그러나 이 사주의 약

점은 고서에서 말하는 "진상관이 다시 상관운으로 향할 때 반드시 죽게 된다"에 해당되기도 하여 甲木상관 대운(23세~27세)을 만나 결국 흉을 면하지 못한 사례라 하겠다.

하지만 개인적으로는 매우 안타깝고 가엾은 생각을 떨쳐버릴 수가 없는 사주이다. 사주의 격국과 용신 및 전체적인 구성 등이 갈등, 비관, 염세적 특성이 강하고 탕화살湯火殺(음독飲毒, 자살自殺 화상火傷 등을 불러일으키는 신살의 특성)이 삼형三刑이 되어 흉이 발생할 운명과 시기임에는 이론異論의 여지가 없겠지만, 그렇다고 이와 같은 사주들의 당사자가 모두 최선의 선택으로 죽음을 택하지는 않기 때문이다. 본시 타고난 명命의 특성 탓으로 내적인 갈등이 심하였겠지만 죽음으로 결정을 내리기까지의 그 고뇌와 두려움 등을 어찌 말로 다 할 수 있을까. 주변의 환경(육신六神의 영향)이 당사자에게 전혀 도움이 되질 않으니 어린 나이에 혼자 세상을 감당하기에는 그렇게 힘겨웠나보다... 삼가 고인의 명복을 빌어 본다.

대략적이나마 운명추론의 방법을 설명하였지만 추론방식은 통변의 방법에 따라 달라질 수 있게 된다. 운명추론은 마치 운전을 할 때 비록 앞을 보는 것이 우선이고 중요하지만 전후좌우를 모두 살피면서 다른 움직임들의 미묘함까지 느껴가며 운행을 하는 것과 비슷하다. 그 어떤 움직임의 흐름을 통해 차선을 바꿀 것이라든가 미리 위험을 예측해 내는 느낌을 가지며 방어운전을 하게 되는 것과 같다. 팔자의 추론 역시 절기節氣의 심천深淺에 따른 기후, 신살神殺, 명암明暗의 합, 청탁淸濁, 유력무력, 격의 성패, 생극제화 회합충형 등 수많은 기본적인 범주체계의 골격에서 추론을 해 나가지만, 이외에 학술로 설명될 수 없는 느낌感으로서 예측되는 성향 또한 존재하게 된다. 느낌은 이렇듯 정형화된 표현으로는 설명할 수 있는 성질의 것이 아니기에 여덟 글자의 상象 자체로서 깨달아야하는 또 다른 이치 또한 존재하게 된다. 실전추론에서는 유용한 추론도구로 활용될 수 있는 부분이지만 누구나 학습을 통해 추론 가능한 범위를 담으며 학술적 발전을 꾀하고자 하는 이 책에서는 감각적 추론은 삼가려고 한다.

중요한 것은 명운命運의 흐름 속에 내면적으로 자신을 어떻게 만들고 다스려 나아갈 것인가에 초점이 있다. 운명추론은 궁극적으로 자신은 물론 사람을 이롭게 하기위해 존재하는 학술이다. 즉 추론 자체만으로는 자신은 물론 사람들에게 그 어떤 이로움을 전해줄 수 없게 된다. 운명추론과 행복, 이로움 등의 사이에 괴리로 존재하는 그 어떤 기운은 분명히 추론 자체가 행복 또는 이로움의 관계와 같은 부등호(= equal)를 나타내지는 않는다. 따라서 그들의 관계 사이에 존재하는 그 어떤 기운을 행복적인 요소로 작용시키기 위해서는 반드시 내면적 극기수신克己修身의 과정을 통하지 않으면 안 된다는 것이다. 부귀한 자나 빈천한 자 모두가 그 굴곡이 있게 마련이다. 사람은 현실세계가 중요하다. 그러나 내면과 현실세계의 관계는 또 다시 서로 떨어질 수 없는 관계로서 그 중요성이 강조된다. 자본의 논리와 힘에 의해 현실세계가 곤혹스럽다 할지라도 자신의 내면적 수양을 게을리 할 수는 없는 것이다. 물질적 풍요를 누린다 할지라도 역시 그 내면에 공경恭敬의 근본을 향한 의지와 노력이 존재하지 않는다면 그 역시 참다운 행복이나 인격체라 할 수 없다. 명운命運의 이치를 이해하고 받아들인다면 부귀富貴의 풍요 속에 더없이 행복한 존귀함을 누릴 것이며, 빈한한 가운데서도 작은 것에 넉넉해 할 줄 아는 마음의 행복은 잃지 않게 되는 것이다. 사람은 누구나 그 어떤 유무형의 가치와의 고리에 대한 고뇌苦惱에서 자유로울 수 없을 뿐만 아니라 내외면적인 갈등에서 모순적으로 존재하는 것이 일반적이다. 그러나 그 고뇌는 세상을 이롭게 하기 위한 자신의 목표를 지향하는 가운데에 존재함으로서 더더욱 가치를 인정받게 된다. 그런 고뇌라면 한세상 얼마든지 고뇌해 볼 만하지 않은가!

이 편에서는 범주체계 속의 분석모델로서 그 개략을 살핀 것이니 학습함에 참고하기를 바란다. 다음 장은 범주체계 속에 추론한 다양한 실전경험의 일부를 소개하고자 한다.

제 5 장

실전추론

이 장에서는 실제 상담을 했던 자료를 통해 운명을 살펴보는 실전추론의 장이다.

사람의 운명을 달랑 몇 줄로 논할 수는 없는 것이지만, 여기서는 운명을 추론하는 접근방법에 대해 그 대략을 살펴보고, 앞서 학습하였던 범주체계로 사주를 분류하고 격국의 성패와 용신의 유력무력 등을 살펴 직업을 비롯해 부귀빈천 길흉요수에 대한 운명의 범위를 규정짓고 그 성패시기를 예측해 내는 등에 대해 예를 들어 보기로 하겠다.

팔자를 논함에 있어서 리기理氣를 떠날 수는 없다. 우리가 살아가는 삶은 기氣의 발현이면서 리理가 기氣를 따라 현실로 현상화되는 것이기 때문이다. 사주팔자는 우주변화의 법칙을 담은 우주의 생성과 변화의 리기理氣작용으로서 비록 인간이 자율적 의지가 있다고는 하지만 결국 우주자연의 작용과 법칙 하에 존재하는 한 개체로서 그 범주를 벗어나지는 못하는 것이다. 천지간에 모든 사물은 하늘로부터 기氣를 받지 않은 것이 없으니 다만 그 기의 청탁淸濁과 얇고 두터움에 차이가 있는 것일 뿐, 자연의 변화현상이 곧 인간의 삶이며, 운명의 길흉화복이 곧 자연의 이치인 것이다. 따라서 자연의 이치를 알게 되면 인간의 운명은 저절로 알게 되는 것이며, 그 이치를 궁구할 수 있도록 상象을 정함으로서 우주변화의 원리를 담은 것이니 말로서 다 표현할 수 없는 것을 10간 12지지 음양오행으로 그것을 표현한 것이라 하겠다. 따라서 성현께서 말씀하신 격물치지格物致知란 사주명리학적 측면에서 볼 때는 바로 천지 만물의 이치를 담고 있는 음양오행 10간 12지지에 대한 이치를 궁구하는 것이라 하겠다.

리理와 기氣는 불상잡不相雜하나 불상리不相離의 관계 속에 통일체로서 작용하는 것이니 어느 하나를 떠나서는 설 자리가 없는 것이다. 사람에게는 저마다 하늘로부터 부여받은 기氣가 있으나 그 기품에 차이가 있는 것이니, 그것이 사람으로 말하면 성性이라 하는 것이요 성性이 곧 리理이니 팔자는 리理이면서 기氣라 할 수 있는 것이다. 따라서 매년 바뀌게 되는 기의 작용, 예컨대 丙戌年은 火土의 기운인데 이러한 기氣의 작용은 모든 사람에게 다른 영향을 미치며 서로 다른 결과를 초래하게 한다. 그 이유는 저마다 그러한 까닭과 그렇게 되는 법칙으로서의 "리理"라고 하는 자신들의 팔자에 기인하기 때문이다. 따라서 사주팔자는 우리의 삶 속에서 현실적으로 나타나게 되는 각종 현상의 이치라 하겠다.

따라서 이러한 까닭으로 기氣의 운행에 따라 리理가 발현되어 나타나는 차이가 발생하게 되는데, 운세 속에 현실로 펼쳐지는 관계로 보면 주기主氣적으로 팔자를 볼 수도 있지만, 현실화 되는 그 내면의 이치로 보면 주리론主理論적으로 팔자를 이해할 수도 있다. 따라서 리理와 기氣는 자율적인 운동성이 있기는 하지만, 어느 하나만으로 현상적으로 발현되는 것은 아니기 때문에 팔자는 리기理氣의 관계를 떠날 수 없는 자연의 이치라 하겠다.

운명을 추론하는데 있어서 사주팔자의 이론은 모두 자평의 이론을 벗어나지는 못하는 것이지만, 고전의 제이론들은 단지 우주변화의 이법理法을 설명하는 방법의 차이에 불과한 것으로서, 난망망은 조후의 이치를 다룬 이법理法이요, 자평 역시 우주변화의 법칙인 오행의 상생상극 이치를 다룬 이법理法이니 적천수도 예외가 아니라 하겠다. 크게는 자평의 이치요 세부적으로는 계절의 기후에 초점을 두어 살핀 것이 난강망이니 모두 한가지라 하는 것이다. 혹자들은 자평이론과 난강망, 적천수의 이론 등이 모두 제 각각으로 다 틀려서 이렇게 보면 이렇고, 저렇게 보면 저렇다는 식으로 격국론자니 조후론자니 하며 말들을 하는데, 그 또한 이치를 몰라서 하는 소리라 하겠다.

운명을 추론하는 데는 이 모두의 이론이 하나로 존재하며 자연의 이치가 그대로 녹아있는 것이니 모두 팔자의 이법으로서 그 전하고자 함이 하나인 것이다. 하지만 고금古今 간에 시대적인 변화와 인식의 차이로 인하여 부분적인 면에서는 고전의 설명을 현대에 그대로 접목하여 해석하기에는 때때로 한계점이나 문제점이 존재하기도 하는데, 역易의 이치는 변화하는 이치를 담은 것이니 이 역시 시대적 상황에 따라 통변의 차이가 있을 뿐 이치는 하나인 것이다.

중요한 것은 명리의 이치가 운명과 그 예측의 기능성으로만 끝나서는 안 될 것이라는 것에 있다. 성현께서 역易을 만드시고 펼쳤던 목적을 모두가 가슴깊이 명심해야 할 것이다. 부귀빈천 길흉요수가 이미 정해져 있는 것인데 혹세무민하며 부귀를 쫓을 필요가 있겠는가! 올곧이 자신을 일으켜 세워 내면에 충실하고 사회적 관계에서 그 역할을 능동적으로 충실히 해 나간다면 부귀는 자연 팔자에 담긴 만큼 따를 것이다. 근본은 마음에 있는 것이다. 무엇 때문에 운명과 길흉을 묻는가! 결국 자신을 다스리지 못하면 아는 것이 오히려 병病이 될 것이니 모르는 것이 약藥이 될 것이다.

하늘의 이치로서 운명을 논하고 감정하면서 스스로 그 말에 역행하는 자기모순에 빠지는 어리석은 행동은 범하지는 않아야 할 것이다.

1. 운명추론

사람에게는 모두 각자의 팔자가 있기 마련이다. 그러나 앞서 언급했던 여러 전제조건들이 존재하고 유기체적 연관체계로 구성된 음양오행의 독특한 범주성 때문에 세부적으로 운명을 추론하는데 있어서는 그 한계성이 없다고 할 수는 없겠다. 기본적으로 명리학에서 다루는 운명예측의 핵심 데이터Data는 "제한된 경우의 수"라는 범위 안에서 활용되어지기 때문이다. 비교의 대상으로 삼기에는 적절치 않지만 마치 혈액형의 분류로 사람의 성향이나 성격을 살피는 것과 같이 그러한 범주체계의 영역을 지닌다는 의미에 있어서는 같은 맥락이라 하겠다. 하지만 명리학에서 밝히는 운명의 범주체계는 총 518,400가지로서 지금까지 앞서 학습해온 격국과 용신의 범주체계가 그것들이다.

극히 세부적인 성향까지 고려한다면 사람들의 삶에 대해 "특수한.." 이라는 형용수식을 붙일 수도 있겠지만, 보다 거시적인 측면에서의 "인생" 이라는 덩어리로 본다면 "일반적인..." 이라는 수식어가 더 공통된 적절한 표현이 아닐까 싶다. 예컨대 명리학에서 다루는 운명예측과 그들 범주들이 갖는 사이클cycle은 특수성이 아닌 일반적인 범주와 예측성을 의미하는 것이 더 강하다 하겠다. 따라서 명리학의 예측기능 측면은 비록 제한된 "경우의 수"라는 한계성을 내포하고 있지만, 동류상동同類相動의 이치처럼 때가 되면 이동하는 철새 무리의 순환적 동정動靜과 같은 차원으로 이해하면 어떨까 싶다. 즉 같은 사주끼리는 동류상동의 이치가 적용된다는 것이다. 이것은 동일한 팔자는 물론 동일한 격국과 용신을 가진 사람들이 갖는 "부귀빈천 길흉요수"의 성향은 매우 흡사함이 많게 된다는 것을 의미하는 것이기도 하다.

그러나 모든 범주체계 속에 움직여지는 각 팔자는 동일한 격국과 용신이라 할지라도 성격成格과 파격破格, 그리고 용신의 유력과 무력, 청탁 등으로 세분하여 논함으로서 동류에서도 차이가 발생하게 된다. 이렇게 대범주의 분류에서 다시 세부적으로 카테고리의 영역을 좁혀나가며 분석을 하게 되면 각자의 사회적 위치나 경제력의 크기와 수명 등 "부귀빈천 길흉요수"에 대한 범주와 그 성패 시기는 물론 매 년마다 벌어질 다양한 일들의 성패를 예측해 내는 것은 결코 어려운 것이 아니다. 아래에서 실제사주를 통해 설명을 하겠지만 세부적인 분류의 끝은 결국 음양오행으로 나타난다. 음양오행에 대한 분석을 시작으로 해서 결국 음양오행을 통해 미래를 예측하게 되기 때문에 각 오행들이 지닌 특성과 그들 요소들과 연관된 체인chain의 특성이나 범주를 이해하지 않으면 안 되는 것이다.

음양오행은 이산회집離散會集의 운동 작용이 있다. 사주팔자는 음양오행의 형상形象이니 역시 "분석analysis"이라는 이산離散의 작용을 거치지만 결국 그들을 종합하는 회집會集의 과정을 통해 미래를 예측하게 된다. 마찬가지로 우주변화의 법칙 또한 이산회집의 작용으로서 그것이 자연의 법칙이니 격물치지格物致知를 하지 않으면 안 되는 또 하나의 이유라 하겠다. 그렇기에 성현들께서는 학문과 그 방법을 중시하였으며 그것은 곧 경敬에서 시작된다고 하셨던 것이다. 공경하는 마음은 그 어디에도 예외가 될 수는 없다 하겠다. 그것이 격물치지를 이루는 근본이 되기 때문이다.

사람의 명命을 대하고 이치를 탐구하는데 있어서 가장 가슴 깊이 담아야 할 근본이 아닐까 싶다.

산으로 산으로 가야만 하는 이들...

● 주술(呪術)을 외우는 도인(道人)

丁 乙 乙 癸
亥 亥 卯 巳

己酉, 庚戌, 辛亥, 壬子, 癸丑, 甲寅　　六 大運

乙木 일간이 봄의 중심인 卯月에 생하여 왕지旺地를 얻었으니 월령을 얻었다. 일日과 시時에 장생지長生地인 양兩 亥水를 얻고 천간은 亥卯에 통근한 乙癸가 투간하여 일간 乙木을 생부生扶하니 매우 태왕한 사주가 된다. 월령을 얻은 일간이 亥卯반합 회국會局하고 사주에 재관財官이 없으니 전일專一한 木기운으로서 2차 범주체계로 분류된다.

종격, 변격, 별격으로 세분되는 2차 범주체계에서 위 사주는 비록 지지에 방국方局을 이루지는 못하였지만, 월령을 얻고 사주에 인수와 비견이 유취類聚하여 전일한 기운을 형성하고 있으니 종왕격으로서 곡직인수격曲直印綬格을 이루게 된다.

일단 내외격 및 잡격 등에 대한 분류로서 최초의 범주체계가 분류되면 용신을 결정하고 사주의 고저高低를 판별하는 순서로 이어지게 된다.

위 사주는 2차 범주체계로서 월령을 기준으로 격을 취하는 내격內格과는 달리 외격外格의 종격으로서 용신의 취용법을 달리하게 된다. 또한 외격은 방方의 흐름에 따라 성패成敗가 확연히 달라지는 특성이 더욱 강하다.

위 사주는 비록 종왕격의 곡직격을 이루었지만 회국會局을 이루어 구성된 격국에 비하면 그 공력이 낮아지게 된다. 또한 水가 왕하여 습중濕重하고 甲木이 투간하지 않아 일간 乙木의 의지처가 매우 약하게 된 경우에 속한다.*

　따라서 위 사주는 물가에 핀 잡초나 꽃나무 등의 여린 꽃나무나 풀에 비유될 수 있는데 반드시 꽃을 피워야만 그 형상이 아름답게 되는 것이다. 시상의 丁火가 년지 巳火에 통근하여 마치 乙木 일간이 꽃을 피우고 있는 상을 이루고 있으니 이것을 일러 목화통명木火通明*이 된 사주라고 한다.

　목화통명은 나무가 꽃을 피운 상으로 비유하기도 하는데(통변通辯의 방법차이) 횃불로 세상을 두루 밝게 비추는 상象이라 설명할 수도 있겠다. 불火을 이용하면서부터 인간은 문명을 이룩해 왔다고 해도 과언이 아니며, 문명文明의 이룸은 글과 학습을 통한 지적 발달을 통해 이루어지는 산물이다. 따라서 火의 속성은 사람의 정신情神을 의미하기도 하며, 어둡고 답답한 세상을 밝게 비춘다는 것은 칠흑漆黑같은 바다에서 한줄기 불빛의 등대와 같은 희망을 의미하기도 하는 것이다.

　따라서 목화통명이 파격破格이 되지 않고 성격成格을 이루면 뛰어난 지적, 정신적 감각과 글재주로 세상을 이롭게 하는 역할로서 문인의 대가들이 많다고 하는 것이다. 식상食傷은 일간의 기운를 누설시키는 부정적, 소모적 의미로 해석할 수도 있지만, 신왕한 사주에서는 왕한 기운을 유통, 유행시키는 빼어난 기운으로서 "수기유행秀氣有行"이라는 긍정적 의미의 작용으로 해석하게 된다. 따라서 식상의 격국이나 용신을 쓰는 사람들은 대체로 두뇌가 명석하고 재주가 비상하며 표현력, 주장, 발표력, 창의력, 기술력 등에 뛰어난 특성을 갖게 된다.

* 乙木의 체상(體象)은 꽃이나 난초 또는 잔디, 잡초, 칡넝쿨 등의 상象으로서 큰 나무의 체상을 가진 甲木을 만나야만 나무에 의지하여 성장할 수 있게 되는 것을 의미한다. 마치 칡넝쿨이 나무를 타고 오르는 형상을 의미

* 甲乙木이 寅卯월에 출생하여 천간에 丙丁火가 투간된 경우의 격

궁통보감에 이르길 卯月의 乙木은 丙火를 용신으로 삼고 癸水로 보좌를 해야 한다고 하였다. 이 말은 수화기제水火既濟의 상象을 이루어야 고격(高格)이 된다는 의미이다. 내외격을 불론不論하고 적용되는 이치이다. 봄의 중심인 卯月은 양의 기운이 점진하는 때이니 木의 분출spring력이 강화되는 시기이다. 그 만큼 에너지가 필요한 시기이며, 점진되는 양기陽氣에 의해 목근木根이 메마르지 않도록 하기 위해 물水은 필수적인 요소라 하겠다. 즉 卯月의 乙木은 인수의 도움을 얻어야 하나 태과太過하면 오히려 습농濕濃하여 뿌리가 썩게 되니 것이니 적절한 성장요소로서 태양의 광합성 작용과 습을 제거하는 작용으로서 화火를 필요로 하는 것이다.

또한 용신은 통상 태과불급으로 나타나는 오행의 기운을 중화中和시키기 위해 반드시 요구되는 존신尊神으로서 그 힘은 충파됨이 없이 월령을 얻거나 지지에 강력하게 통근됨을 기뻐하게 된다. 위 사주는 비록 년지 巳火에 丁火 용신이 통근을 하였으나 일과 시의 양兩 亥水에 통근한 강한 癸水 편인(효신梟神 또는 도식倒食이라고도 함)의 압박을 받고 있고 용신 丁火와 원격遠隔이 되어 통근처가 무력하게 되었다. 지지에 뿌리를 두지 못하면 무력하여 용신으로 취할 수 없는 것이지만, 식상을 용신으로 취하는 경우에는 일간으로부터 생조를 받기에 지지에 뿌리가 없어도 용신으로 취할 수 있는 것이다. 이 사주는 다만 용신이 무력한 것이니 대운의 향방向方을 얻게 되면 작은 발전은 이룰 수 있게 된다.

결국 위 사주는 비록 곡직격의 종격으로서 시상의 丁火 식신을 용신으로 취해 왕한 목기木氣를 수기유행秀氣流行시키게 되지만, 용신이 무력하게 되었으며 대운의 향방 역시 서북향인 금수지기金水之氣로 향하니 총명하고 뜻은 높다하여도 발복發福을 기대하기는 매우 어려운 팔자라 하겠다.

궁통보감에서 말하는 卯月 乙木이 丙火와 癸水를 용신으로 삼는다는 의미는 卯月에 출생한 乙木이 가질 수 있는 최적의 자연환경으로 이해하면 되겠다. 비유하자면, 에베레스트 산을 등반하는 경우나 해양탐험을 하는 경우 등에 있어서 갖추어야 할 필수적인 장비들이 다 다르게 된다. 또한 계절에 따라 그 장비들은 첨삭添削할 것들이 있겠고 반드시 갖추어야만 하는 것들이 있다. 궁통보감에서 언급하는 조후용신의 개념은 바로 이들 장비들과 같은 것들이다. 인생은 누구나 즐겁기도 험난하기도 하다. 그것은 마음에서 일어나는 것이지만 인생의 성패를 논하는 측면에서는 일단 그 마음은 잠시 곁에 밀어두고, 이들 장비를 적절히 다 갖춘 사람은 탐험을 비교적 수월하거나 우월하게 진행시켜 나갈 수 있는 것과 같다. 여기에는 또다시 장비들의 품질도 중요한 한 몫을 할 것이다. 낡은 장비는 언제 고장이 나 생명에 직접적인 영향을 미칠지도 모르는 일이기 때문이다. 반대로 필요한 장비는 턱없이 부족하거나 오히려 불필요한 짐을 지고 탐험에 임하게 되면 그 탐험의 성패는 불 보듯 뻔하게 될 것이다. 또한 얼마나 고달프겠는가!

하지만 최고급 브랜드의 장비들을 구비하였다 할지라도 예기치 못한 기상이변이나 악화로 무용지물이 되기도 하고, 뜻하지 않은 구원이나 지원으로 장비를 보강하게 될 수도 있는 것이니 이것이 바로 운運의 길흉과 같은 것이다. 따라서 卯月의 乙木이 癸水 인수와 丙火 상관을 얻으면 최고의 고급 브랜드 장비를 얻은 것이 된다는 정도로 이해하면 되겠다.

이것은 신왕한 乙木이 천간에 丙火 상관을 얻어 木氣를 수기유행시키는 빼어난 기운을 얻는 것으로서 상관을 제극하는 인수 癸水와는 장애가 되지 않아야 하는 전제조건을 내포하고 있다. 결국 인수가 왕하면 상관을 취해 설기하는 용신을 취할 것이며, 식상이 많으면 조열하게 되니 습濕을 요하는 인성이 용신이 된다는 것이다—내격의 판단법—. 그러나 모두 일률적으로 논할 수는 없는 것이니 국세의 전체적인 상황을 고려하여 장비의 첨삭이 필요한 것임을 명심해야 한다.

2차 범주체계로 분류된 위 사주를 음양오행의 형상으로 통변하면 다음과 같다. 예컨대, 물을 듬뿍 적신 볏짚乙木을 작은 불丁火 위에 얹은 것과 같으니 앞이 보이지 않을 정도로 연기만 나는 상이다. 불꽃을 피우기 위해 부채질이나 입김을 불어 넣어야 하니 그 고생은 자명한 것이다. 그렇다고 불이 붙어 주길 바라는 乙木(나)의 희망과는 달리 좀처럼 불은 일어나지 않는 것이 또한 물을 먹은 나무와 불의 관계이니 답답한 가슴, 진로의 막힘은 피할 수 없는 운명이라 하겠다(대운의 향방이 허습虛濕지지로 향하기 때문임).

음팔통陰八通(간지干支가 모두 음기陰氣)이며 사주의 기운 또한 음농陰濃하여 火氣가 필요하니 정신세계에 의지하는 직업이나 전기, 금속(철), 언변 등의 범주에서 직업을 선택하게 되지만 역시 불발不發(부귀富貴적 측면을 말함)이라. 격이 낮은 식상격은 통상 기술직에 종사하게 된다. 대운의 흐름 또한 서북西北 金水향으로 역행하니 뜻은 있어도 매사 막힘이 많아 하늘의 무심함이나 자신을 원망해 보기도 할 만하다.

위 사주는 격국과 용신의 고저로 보면 평상인의 명이지만, 대운의 흐름이 역행하니 곡직격의 체상을 역세逆勢하는 중년의 서방西方운 이후는 평상인 이하의 삶을 살게 될 것이다.

일좌日坐 亥水는 기신으로서 처妻를 의미하는데 亥卯가 반합하여 유정有情하니 내외간의 금실琴瑟은 좋게 된다. 그러나 卯木 습목이 亥水를 얻어 생화生火의 공력이 부족하니 경제적인 조력을 얻기는 어렵다.

용신의 뿌리인 巳中에 庚金이 관성인데 무력하고 역마驛馬에 해당하니 해외海外로 직업을 가져볼 만하거나 이동, 변화가 많게 된다. 역시 중동(사우디)으로 외국근로(현장노무)를 나간 바 있었음이 검증되었다.

어려서 부친이 한의업韓醫業을 하여 유복한 생활을 하였으나 癸丑 대운으로 접어들어 16세 때부터 가출家出 등을 하며 어렵게 고등학교를 졸업한 사람이다. 이후 사찰寺刹의 행자로 출가出家를 하기도 했으나 다시 환속을 하고 전기, 전자의 기술에 관심이 많아 가전제품 수리는 어려서 부터 잘했다고 한다. 기공氣功수련을 상당한 수준까지 연마하여 기氣치료 를 펼치기도 했지만 모두 무표 봉사였다고 한다.

대운의 향방이 金水 向으로 흐르니 진로의 막힘이 많아 변변한 직 업을 갖지 못하고 변화가 많았다.

庚戌大運 47세己卯年에 불의의 사고로 목과 허리에 심한 부상(수술) 을 당해 지체 4급 장애인이 되었고, 이후 현재까지 일체의 운동은 물론 육체를 이용한 직업을 가질 수 없는 상황이 되었다. 종격은 왕신旺神을 거 역하는 관살 운과 군비쟁재를 일으키는 재성 운이 매우 흉하게 된다. 庚 戌대운은 왕신을 거역하는 운세로서 10중 8, 9는 사망에 이르게 되는 시 기인데 원국 癸水가 투간하여 金生水로 화살化殺하고 卯戌이 합하여 구 사일생九死一生하였지만 흉凶을 면할 수는 없는 시기임을 확인할 수 있게 된다.

무재성의 음농한 팔자가 젖은 볏짚으로 촛불인 丁 火에 불이 붙이기를 간절히 기원하는 상象이다. 즉 촛불 켜고 간절히 기원, 기도하는 상인데 음습한 기운이 태과 한 사주이니 대운이 역세하는 흉운의 시기에 바로 신神 을 접하게 되는 사람의 사주라 하겠다.*

* 이 판단은 대운의 향방과 접 목하여 추론해야만 정확성을 기할 수 있게 되는 것이다. 만 약 대운이 양난한 지지로 향하 였다면 인생행로의 선택은 초 년부터 달라졌을 것이며 신 (神)을 접하는 명이 되지는 않 게 된다. 결국 운세의 흐름이 완전히 하락하는 시점에서 몸 을 다치고 산으로 기도하러 다 니게 된 경우이다.

일반사람들은 이들을 무당이라고 할지도 모른다. 하지만 이 사람은 분명 참다운 도학道學이 무엇인지를 고민하고 나름의 목표를 향해 묵묵히 자신의 길을 걷고 있는 사람이다. 어쨌든 난 무당이든 도학을 하는 도사든* 위 사람을 인간적인 측면에서는 존중한다. 이유는 간단하다. 사회적 도덕규범을 어기거나 사람들에게 이롭지 않은 행위를 하며 살아가는 사람이 아니기 때문이다. 또한 인생의 부귀와는 별개로 연기만 풀풀 나는 메케한 인생살이를 사는 삶이 참으로 고단할 텐데, 그럼에도 불구하고 자신의 이해관계를 위해 부정不正하거나 부적절하게 재물을 얻지도 않고, 그렇게 얻으려 하지도 않으며 살아가기 때문이다.

* 직업분류에 있어서는 대략 같은 범주로 분류 됨

어쩌면 오랜 세월 동안 산山으로 기도를 다니며 정신수양을 통해 얻은 나름의 철학이 있었으리라 생각한다. 부부의 금실이 매우 좋다. 받아주고 이해해 주는 마음 또한 넓고 깊다. 많은 철학 술사들과 무당들이 모두 궁합이 나쁘다고 이혼할 것이라고 했다지만 어려운 환경 속에서 보기 드문 원앙으로 살아가고 있다. 그러나 자식을 두기는 어려운 팔자이다. 자식을 의미하는 관성이 상관의 극제를 지나치게 받고 있기 때문이다.

몸도 건강하지 않은데 경제적 여력도 없고 안타깝다하지 않을 수 없다. 사실 본인을 더 괴롭히는 것은 아마도 그가 노력하는 도道의 지극한 경지에 도달하지 못하고 있는 것일 것이다. 조상신과 감응하는 "이보통신耳報通神"을 이룸으로 해서 사람들의 운명과 그 미래 길흉사에 대한 확실한 예측을 할 수 있는 능력을 얻고 싶어 하는 바램이 이루어지고 있지 않음에 마음이 더 더욱 무거울 것이다. 이 사람은 어서 빨리 신神과 접촉할 수 있는 완전한 이보통신의 능력을 얻길 바랄뿐이며, 그것으로 세상 사람들을 인도해주고 희망을 주고 싶은 것이 이 도사(수도자)의 바램이다. 이것이 이 사람의 운명이다.*

    수신하는 기도의 삶을 통해 마음은 더 더욱 부자가 될 수는 있지만 물질적인 삶은 상당히 곤고할 수밖에 없다. 하지만 참된 도道의 길을 걷는 사람들은 세속적 가치를 쫓으며 살아가지는 않는다. 물론 그것은 의지에 따라 다르게 나타난다. 끊임없이 곤궁한 삶을 탈피하려 재물을 쫓아 살아가는 사람도 있지만* 결국 빈한한 인생을 살아갈 수밖에 없도록 타고난 명命과 운運을 벗어날 수는 없는 것이다. 도道를 행하는 사람들은 그것을 스스로 알고 묵묵히 자신의 길을 걷거나 또는 그런 과정을 통해 자신의 명운命運을 알아가는 것이기도 하다. 하지만 부귀富貴를 누릴 수 있는 팔자로서 능히 성취할 수 있는 운運의 흐름이 계속해서 펼쳐져 있다면 처음부터 결코 이러한 험난한 길을 택하며 살아가지는 않는다. 아니 이 사주의 주인공은 대운의 향방이 역운으로 펼쳐지지만 않았더라도 지금의 삶보다는 훨씬 좋은 조건의 다른 삶을 살게 되었을 것이다. 이것이 팔자로서 "부귀빈천은 명命에 달려있고 궁窮하고 통通하는 것은 운運에 달려 있다"고 하는 것이다.

    아마도 이 밤도 조상신祖上神을 청하는 주술呪術을 외우며 간절히 기도를 하고 있을 것이다. 비록 앞으로 부귀富貴를 이룰 수 있는 대운大運은 남아있지 않지만 더더욱 자신을 수신하는 마음으로 기도의 삶을 살아간다면 빈한貧寒한 가운데 흉凶함은 없어지게 될 것이며, 마음은 평온하게 될 것이다. 56세 이후 己酉대운 역시 마음의 수양을 떠나서는 그 어떠한 행복이나 평온을 누리기는 불가不可하기 때문이다. 왕신旺神을 거역하는 재살財殺의 운이 첩첩이 기다리고 있으니 그 미래를 아는지 모르는지 그

* 그러나 여기서 우리는 이러한 능력을 얻은 뒤 그 능력을 기초로 무엇을 얻으려 하는지에 대해서 한번쯤 생각을 해보아야 할 것이다. 수신修身은 그러한 능력을 얻은 뒤에서 더욱 더 요구되는 요소이기 때문이다. 대개 자신만을 위한 부富의 축적수단으로 활용되기 때문이니 그러한 내면을 경계해야 한다.

* 비록 그들이 도를 닦는다고 말한다 할지라도 참된 도인(수도자)이라 말할 수는 없다.

저 안타까울 뿐이다. 마음을 열어 부귀에 집착하지 않는다면 어찌 행복하지 않겠는가!

●그분이 오셨어요~

辛 甲 庚 戊　　坤

未 申 申 戌

癸丑, 甲寅, 乙卯, 丙辰, 丁巳, 戊午, 己未　　九 大運

申月의 甲木으로 천간에 庚辛金 관살이 투출하여 칠살격으로서 관살혼잡하다. 좌하 역시 申金 칠살로서 살왕하니 귀살鬼殺로 변하여 극신剋身을 당하고 있는 명이다. 년주의 戊戌은 재성은 귀살을 생조하니 이른바 이것을 부건파처夫健怕妻라 하는 것이다. 사절지死絶地의 무력한 甲木이 일점 未土 중기中氣에 통기通氣를 하고 있으니 생명의 위협이 느껴지는 명命이 아니라 할 수 없다. 申中 壬水로서 화살생신化殺生身하는 용신을 취한다. 1차 범주체계의 내격으로서 칠살용인격七殺用印格에 해당한다.

추절의 木이 金이 태왕하면 식상으로 제살制殺을 해야 木이 온전한 기물器物을 이룰 수 있는 것인데 위 사주는 태약太弱하여 제살을 하면 도리어 약한 일간의 기운을 누설시키는 작용만 하게 되는 것이니 극설이 교가되어 丙丁火의 제살을 꺼리게 된다. 귀살이 태왕하여 제살하면 고격高格으로서 손색이 없게 되지만, 위 사주의 경우는 자신의 존립이 위태로워 우선 인수로서 왕살을 화살化殺하며 일주를 생부하는 용신을 취하게 된다. 태약하여 제살할 능력이 부족하고 인수 또한 투출하지 못하여 비록 申中 壬水를 취하여 화살한다 할지라도 살중신경殺重身輕의 하격下格의

명을 벗어날 수는 없게 된다. 즉 부귀富貴와는 거리가 먼 인생임은 물론 대운의 영향에 따라 수명壽命의 장단長短에도 직결되는 팔자가 된다.

庚辛金 귀살鬼殺의 작용으로 甲木 일간의 제극이 태심하게 되니 木은 인체의 신경계에 해당하여 귀신鬼神(귀살鬼殺)에 흔들리게 되는 팔자라 하는 것이다. 한마디로 무당(무속인) 팔자가 아니면 요절夭折 명이니 운의 영향에 따라 좌우된다 하겠다.

20대 중반이후 산山기도를 다니며 무당의 길에 접어들었다. 귀살의 작용으로 어려서부터 몸이 아프고 목숨이 위태로워 살기위해 산으로 들어갔다고 한다. 귀살로서 극신함이 지나치면 자식을 두기 어려운 것이다. 내 몸이 상해를 받고 있는데 무슨 애를 낳을 수 있겠는가. 여자에게 있어서는 식상이 자녀에 해당하는데 사주가 태약한 상황에서는 식상이 귀살을 제극하여 나를 돕는 것이 아니라 오히려 일간의 기운을 누설시키는 작용만을 할 뿐이니 기신忌神으로서 소위 애 낳다가 죽을 수 있는 명이 이것이다. 만일 완전한 삼형三刑이 구전되는 해에 출산을 한다면 제왕절개를 통한 분만이겠지만 모자母子가 함께 위태로울 수 있는 시기이다. 이 사주는 태약한 명에 기신인 귀살이 전전공晦攻하는 팔자이니 아이를 갖기 어려운 사주이다.

살중신경殺重身輕한데 제살制殺하지 못하면 잔병이 많아 고생하지만 승도僧道가 되면 재액을 면할 수 있다는 팔자에 해당이 된다.

신神과 교감하는 이보통신耳報通神, 이보통령耳報通靈을 이루려고 기도를 하러다니지만 지금은 접신接神이 어느 정도 가능한* 정도라고 한다. 산 기도를 시작한지는 근 20여년 되었고 중간에 기도를 포기하기도 하는 등 진로에 막힘과 변화가 많았지만, 지금은 근 10여년 가까이 산山기도를 다니고 있는 사람이다. 매우 곤궁한 생활을 하고 있지만 생계

* 이보통신(耳報通神)은 소위 도학계의 용어로서 자신이 神을 언제든지 청하여 미래를 물을 수 있는 반면, 무속인(무당)은 접신, 신의 강림으로 신에 좌우되어 예언하는 차이가 있다.

를 위해 손님을 받는 등의 무속 활동은 하지 않고 있다.

戊午大運 午未합으로 未土를 합거하니 수명이 위태로웠을 것임은 자명한 일이라 하겠다. 이때 살기위해 산으로 들어갔다고 하니 어찌 팔자와 운세를 거스르겠는가! 그래도 생명의 끈이었던 배움의 끈인 인수에 의지하여 살아가고 있으니 스스로 명命을 받아들이고 인정한 것이 된다. 스스로도 인정한 바이지만 기도의 세월 덕德에 자신의 강하고 거친 성격이 많이 변했다고 한다. 수신修身의 결과인 것이다. 귀살鬼殺을 달리 귀살이라 하겠는가. 그것도 金의 귀살이니 그 강폭 함을 어디다 견주겠는가! 木星仁을 일간으로 하고 인수로 화살化殺하는 장점이 있어 그 마음에 측은지심 또한 있는 것이니 강폭함 뒤에 인자함도 있는 것이다.

재성인 未土에 통기를 하여 내가 지탱하고 있으니 돈을 떠날 수는 없다. 하지만 본인이 말하듯 신神의 가르침을 따르기 때문에 부정不正한 재물을 멀리 하는 모습은 역력해 보였다.

오랜 세월동안 산山 기도를 하며 지내온 삶에 후회는 없다고 한다. 비록 부귀와는 거리가 있는 생활과 인생을 살고 있지만, 자신은 그래도 산으로 기도를 다닐 때가 가장 마음 편하다고 한다. 여성스럽거나 미모의 얼굴은 아니지만 두 눈에 서린 천진하고 조용한 기운은 누가 뭐라 해도 기도를 통해 자기수양을 일궈낸 노력이었음을 부정할 수는 없을 듯하다. 스스로 자신의 명命을 아는 것이다. 평범하지도 않고 부귀의 삶은 더욱 아니지만 기도의 삶을 통해 타인을 배려하고 올곧이 살아가는 모습은 참으로 배울 점이 많다고 하겠다. 소위 신神을 받고 재물에 눈이 어두워 혹세무민하는 많은 무속인들 과는 분명 다른 삶을 살고 있다. 신을 모시는 것은 재물을 얻으려고 하는 것이 아니라 자신을 수양하는 것이라한다. 참된 기도자의 마음이 아니라 할 수 없다.

乙대운은 乙庚합하여 다시 기신忌神인 귀살로 변화하게 되니 불리하다. 건강에 문제가 발생할 것으로 판단된다. 肝간 계열 및 신경계 질환과 피부에 관련된 질환이다. 丙戌년*과 특히 己丑年은 매우 불리하다. 그러나 이 시기가 지나면 본인의 인생에서는 그래도 가장 좋은 때가 기다리고 있게 된다. 물론 이미 마음을 비워 그 얼굴에 행복함이 엿보이니 이런 사람은 건강 문제로 참을 수 없는 육체적 고통이나 그로 인한 경제적 문제가 아니라면 궁핍함 속에서도 능히 행복을 느끼며 살아갈 수 있는 사람이라 하겠다. 만약 스스로 수신修身의 세월을 통해 자신을 만들어 오지 않았더라면 오늘의 내면적 행복은 얻지 못했을 것이다.

> * 戌未 刑으로 태약한 일간의 근이 손상되기 때문이다. 건강 문제로 나타날 것이며 수술도 가능한 운세이다. 역시 올 초에 수술사가 있었다고 한다.

● 댕기머리 박수무당

壬　壬　乙　癸
子　子　卯　卯

丁未, 戊申, 己酉, 庚戌, 辛亥, 壬子, 癸丑, 甲寅　一大運

이 사주의 주인공 역시 참으로 독특한 경우다. 형제가 다섯인데 맏형이 스님이고 나머지는 4형제가 모두 神신을 받은 무속인 계통이다. 첫인상이 매우 강렬하였는데 귀기貴氣가 아닌 살기殺氣의 상이었다. 눈빛은 귀기貴氣의 빛이 아니면 그윽하게 감춰줘야 좋은 것이다. 어쨌든 사주를 펼쳐 보니 이와 같은데 야자시夜子時를 적용했음을 밝혀둔다.*

어려서 한 동네에 비슷한 시간에 태어난 사람이 있

> * 야자시의 적용문제는 논란의 여지가 있지만 야자시를 적용하여 상담을 하였고 그 결과에 대한 것을 기술하고 있는 것이다. 향후 역법체계와 아울러 이 문제에 대해 깊은 연구를 해 보고자 한다.

다고 하는데 요절을 하였다고 한다.

이 사주는 卯月의 壬水로서 乙木상관이 투간하여 전형적인 水木상 관격인데 일지와 시지에 양인을 좌하고 다시 년상과 시상에 壬癸水가 투 출하였으니 비록 실령을 하였지만 水가 왕한 것이다. 약변위강弱變爲强이 된 사주로서 매우 강강하고 강폭한 기운을 가진 사주이다. 궁통보감에 이르길, 卯月의 壬水는 한기가 제거되고 물이 많고 깊은 때이니 戊土를 취한 후 비록 물은 많아도 기세氣勢는 허한 것이니 辛金으로 수원水源을 발해야 한다고 하였지만 이 역시 국세에 따라 달라지는 것이다. 궁통보 감(난강망, 조화원약)에서는 살인상생殺印相生의 격국으로 고격高格을 취하 는 설명인데 이 사주에도 적용되는 이치이다. 그러나 약弱이 변하여 왕해 졌으니 壬水가 범람하는 수세水勢를 가진 것이다. 이런 경우에는 戊土 칠 살로 제방하고 재성 丙火의 조력이 필요하게 된다. 비록 卯月이 양기가 점진하는 시기라 할지라도 국세가 습중濕重하기 때문이며 제방하는 戊土 를 튼튼히 하고 넓은 바다나 호수에 태양이 비추는 아름다운 상이 되기 때문이다. 왕수旺水는 댐Dam처럼 가두어야 그 쓰임을 얻는 이치로서 제방 하는 戊土가 필요한 것이다. 거기에 丙火 태양이 투출하였다면 그 풍경 이 얼마나 아름답겠는가(재자약살격財滋弱殺格을 말함이다). 그러나 이 사 주는 왕수旺水 임에도 불구하고 戊丙 재관財官이 없어 그 쓰임을 얻지 못 한 상이라 하겠다.

신왕한 상관격으로서 왕한 일간의 기운을 설기하는 상관을 용신으 로 취하는 1차 범주체계의 내격으로 분류한다.

양인이 중첩한데 제복할 칠살이 없는 것이니 흉폭함을 제지할 수 없게 된다. 지지에 자형自刑을 이루고 상관의 성질 또한 양인에 못지않은 것이니 법의 통제를 받지 않을 수 없는 명이 된다.

壬子대운 중 교도소를 출입했고 몸에 문신文身이 있다. 양인羊刃이 중한데 다시 운에서 양인을 만나면 죽음에 이르거나 대흉하게 된다. 양인 운에 다시 子卯가 刑을 지으니 결과는 자명한 것이다.

운의 흐름이 서북 金水향으로 흘러 발복發福을 기대하기 어려운 녕운命運이다. 辛亥대운에 접어들어 결국 산山 기도 생활을 시작 했다. 본인 스스로도 신神을 받지 않았다면 죽었든지 교도소나 들락거리고 살았을 것이라고 한다. 당연한 것 아니겠는가. 대운의 흐름 또한 음습하니 어두침침한 교도소 생활이나 산속의 어둠을 벗 삼을 수밖에 없는 환경이라 하겠다. 쏟아지듯 흐르는 물을 가두지 못하니 그저 흘려 내보내야 하는 것인데 용신이 무력하여 여자妻와 경제적 능력은 내 것이 될 수가 없는 상이며 떠돌아다니는 팔자가 된다.

많은 무당들을 상담해 보았지만 그래도 무척이나 대견스러워 보였다. 그 강한 기질을 억제하고 스스로 수양의 길을 택했으니 비록 부귀빈천이 이미 팔자에 정해진 것이기는 하지만 자신의 의지에 따라 교도소 대신 신神을 모시는 무속인의 길을 통해 마음을 수양하며 살아가는 모습에서 상당한 노력을 기울였음이 역력했다.

한번 입산하면 수개월에서 3년 정도씩도 기도를 한다고 하니 그 또한 교도소와는 비교할 수 없겠지만 그래도 험난한 세월임에는 틀림없다. 정해진 가정이 없고 산山기도를 하러 다닌다. 비록 자신의 크고 작은 능력 神氣(신神의 능력을 통해 귀신을 보거나 악귀를 제거, 천도한다고 하는 힘)이나마 그 힘을 필요로 하는 사람들이 있으면 그들을 위해 도움을 주기도 하며 정처 없이 떠돌아다닌다고 한다. 팔에는 문신文身을 지우려 애쓴 흉터가 남아 있다. 하지만 그의 눈을 보았을 때 아직도 그 어떤 미련이나 원망이 남은 듯 살기殺氣어린 눈빛을 잊을 수가 없다. 대운의 흐름 또한 좋지 않으니 庚戌대운 용신이 모두 합거 되어 년운의 흐름에 따라 크고 작은 흉凶을 면할 수는 없을 것이다. 매우 불리한 시기이다. 스스로 운명을 알고 있을 텐데 마지막까지 수신修身하는 마음으로 살길 바랄 뿐이다.

돈 복은 따로 있다네!

● 나름대로 타고난 팔자

癸 丁 己 壬
卯 卯 酉 寅

丙辰, 乙卯, 甲寅, 癸丑, 壬子, 辛亥, 庚戌　　四 大運

酉月의 丁火가 관살이 투출하여 혼잡한데 己土가 거관去官하여 시상 칠살을 남겼다. 탁중청濁中淸이 되어 사주가 맑아졌다. 酉月의 壬水가 진기進氣를 맞았지만 아직 생기生氣의 세력에 불과한 약한 통근처를 맞아 힘이 미약한 중에 寅木 설기처에 앉아 己土 식신 역시 일주의 생에 의지한 미력한 기운으로 壬水를 완전히 제극하지 못하는 탁수濁水의 기운을 남기고 있다 하겠다. 이자불충二字不冲(예를 들어 卯卯 二字와 한 자字의 酉금은 충을 하지 않는다는 이론) 이론에 부합되는 경우이다.*

월지 편재격에 己土는 무근하고 시상의 癸水는 木氣에 설되어 무력하다. 다행이 월지 편재에 생기를 얻어 편관이 보존되고 있으니 부친의 조력을 받는 사주가 된

* 일반적으로는 무조건 이자불충을 주장하기도 하고, 이자(二字)도 한 개를 충(沖)할 수 있다는 상반된 견해가 있으나, 이 책에서는 두 이론을 나누어 적용하기 참고하기 바란다. 장생지 寅申巳亥는 그 진취적 기상에 기인하여 이자(二字)라도 충을 일으키나 사정방인 子午卯酉는 스스로 내부에서 형(刑)을 일으키니 외부를 신경쓸 겨를이 없는 것과 같고, 辰戌丑未는 붕우(朋友)의 관계로서 위와 같은 경우에 있어서 충을 논하지 않는다.

다. 재자약살격財滋弱殺格으로서 1차 범주체계의 내격이 되며 부귀격富貴格
이다. 월지 재성으로 재왕생살로 판단할 수 있겠지만 거관류살去官留殺에
년지 寅木에 丙火를 얻고 인수가 중중하여 재성을 취해 인수를 제하고
살을 생조해야 하는 격이다.

　　월지 편재성에 의지하니 부친의 재산이 대략 수백 억에서 천 억대
이상에 이른다고 한다. 사주의 격은 최상등의 명은 아니지만 재기통문을
이룬 사주로서 다시 시상의 독살獨殺을 취하니 부귀를 누림은 당연한 것
이다. 현재 수도권의 모 시市에서 손꼽을 정도의 갑부로 알려져 있는 사
람이다. 생기生氣에 해당하는 통근처에 편관이 매달려 있는 것이니 이도
공명異途功名을 얻게 되는 팔자로서 현재 국가의 녹을 먹고 있다. 대운의
흐름 또한 길하였으니 초년부터 금수지기金水之氣로 행하였고, 태어날 때
부터 모든 것을 갖고 태어났다고 부인婆이 말할 정도로 유복한 생활을 누
려왔다. 부부가 모두 상담을 받았지만 처婆의 사주가 상당히 좋았다. 그
러나 사주에서 말하는 좋고 나쁨은 대게가 부귀빈천을 두고 하는 것이니
가슴앓이나 마음고생은 또 별개이다. 그러나 누구나 가슴을 열어보면 한
두 가지씩 고민과 애환이 없을 수는 없다. 이 사주의 부인 역시 그러한 애
환을 털어 놓으며 눈물을 글썽이던 모습이 선하다. 하지만 앞서 설명한
산으로 가야만 하는 사람들에 비하면 그 무엇조차 비교할 수 없을 만큼
풍요를 누리고 있는 사람인데... 마음아파 눈물을 짓는 것은 가진 자나
못 가진 자나 매한가지인가보다. 그렇지만 가지지 못한 자의 눈물은 설
움이더라. 지치고 지쳐 마치 당장이라도 주저앉고 싶어 함이 그 눈물과
흐느낌의 소리에 묻어 나오는 것을... 그들에 비하면 그래도 행복하고 적
어도 행복할 수 있는 조건들을 상당히 많이 갖고 있는 것인데...

　　사주의 당사자는 근기가 약한 시상 칠살을 취하기에 사회적 명예

에 대한 욕구가 강할 수밖에 없다. 하지만 이제 상승세의 운기가 꺾이기 시작했다. 시장출마를 앞두고 상담을 했었는데 안타깝지만 출마이전에 명예의 손상을 당할 운세라 일러주고 "낙落"이라는 글자를 써주면서 다음을 준비하라고 일러 주었다. 결국 공천을 받지 못하여 출마조차 하지 못했다고 한다. 후일 운명의 길흉에 대해 실감한 듯이 낙담한 표정으로 찾아 왔었다. 욕심은 언제나 누구에게나 예외가 없다. 일어나지 않은 결과에 대해 흥분된 상상의 나래를 펼친다면 마치 불나방이 자신을 태워버릴 불꽃임을 모르고 그저 화려함을 쫓아 달려가듯이, 냉철하게 자신을 직시하지 못하면 그렇게 눈을 멀게 하고 마음을 다치게 하는 것이 욕심이다. 때가 아니라고 했거늘... 향후 건강이 걱정되는 사주이다. 甲寅대운으로 접어들었으니 己土를 합거하여 관살혼잡이 살아나는 운세이다. 비록 칠살을 취하여도 혼잡 됨은 꺼리는 것이다. 혈압을 조심하라고 일렀는데 당시에도 혈압으로 인해 치료를 받는 중이라고 했다.

그러나 참으로 검소한 사람들이다. 지역사회에서 나름의 존경도 받으며 사회봉사활동에도 참여하는 등 건강한 가정임에는 분명한데 그래도 마음을 울리는 애환이 있음은 사람이기에 누구나 가질 수밖에 없는 그림자 같은 굴레로 생각이 든다. 어찌 마음心을 명리학에서 논하지 않을 수 있겠는가! 그것이 사람의 지극한 본성을 되찾는 문門이니 미래예측에 대한 적중은 명리학의 기본일 뿐이다. 운명과 미래예측을 통해 궁극적으로 도달해야 할 선善의 경지야 말로 우리 사람들이 끊임없이 추구해야할 마음이라 할 것이다.

●내게도 돈버는 때가...

　　甲　辛　丁　癸
　　午　亥　巳　卯

庚戌, 辛亥, 壬子, 癸丑, 甲寅, 乙卯, 丙辰　　一 大運

　　유약柔弱한 辛金이 巳月에 생하여 지지가 무근하고 천간에 재관식 財官食이 투간하였다. 입하 후 7일 이전에 출생하였으니 戊土가 사령한 때 인데 다시 월령 巳中 庚金, 午中 己土에 통기와 생기를 이루고 있다.

　　辛金은 본시 그 속성이 유약柔弱하여 火의 극제를 꺼리는데 천간에 丁火가 투출하고 亥卯에 통근한 甲木 재성이 투출하여 木火 재살이 왕한 사주가 되었다. 다행인 것은 좌하에 亥水에 통근한 癸水가 투간하여 丁 火 칠살을 제살하니 흉이 변하여 길이 된 사주로서 병病이 있는데 약藥을 얻은 명이 된다.* 辛金은 주옥珠玉 金으로 土가 중하여 매 몰됨을 꺼리니 후중한 戊土가 천간에 투출되는 것보다 암장된 것이 좋으며 己土를 좋아한다. 그러나 火土가 조 열하여 金을 생할 수 없는 것인데 壬癸水의 조후를 얻고 壬癸水는 월령 庚金으로부터 생의 조력을 받는 국을 이루었으니 참으로 묘妙한 사주가 아니라 할 수 없다. 재살이 태왕하고 관살혼잡한데 거살유관去殺留官하여 성격된 명이다. 제살하는 癸水를 용신으로 취하며 1차 범주체계로 분류 된다.

* 『명리정종』의 저자 장남은 병(病)이 중(重)하고 약(藥)을 얻어야만 부귀명이 된다고 하 였다.

　　巳亥 冲은 午亥가 암합하여 충을 해소하고 있으나 운의 영향에 따 라 언제나 흔들릴 수 있는 불안한 위치의 배우자 궁이라 하겠다.

　　20대까지 운세가 열악하여 가정환경이 여유롭지 못했고 공업고등

학교를 졸업했다. 癸丑대운 화염火炎을 해소하는 용신 운에 서울강남에서 여행사를 운영하였고 30대 중반 이후 IMF시기부터 부동산 투자를 시작하여 40초반에 이르러 500억대의 재산가로 성장한 사람이다. 庚金 비견이 희신이니 동문회의 도움으로 투자금을 마련하였고 그렇게 지원받은 몇 십 억원이 500억대의 재산가로 성장하게 되었으니 사주의 묘妙함도 있지만 운세의 영향이 컸던 사주이다. 丑운과 같은 상황은 巳辛丑 삼합회국이 아닌 회집력이 강해지는 시기로서 희신인 비견의 金氣가 강해져 재성을 제하고 다시 식상을 도와 제살制殺을 돕는 시기이니 주변의 도움을 얻어 부귀를 얻게 되는 시기임은 당연한 것이다. 역시 명리의 이치는 앉아서 천리千里요 서서 만리萬里를 내다보는 이법理法이라 하지 않을 수 없다.

● 나도 BMW 타는 날이 오겠지

戊 庚 丙 甲

寅 戌 寅 辰

甲戌, 癸酉, 壬申, 辛未, 庚午, 己巳, 戊辰, 丁卯　　一 大運

庚金이 寅月에 생하고 천간에 甲木 편재와 살인殺印이 모두 투출하였다. 재인財印이 상쟁相爭을 하지 않고 재관인財官印 삼기三奇가 투출한 부명富命이다. 재왕생살財旺生殺하여 살인상생의 인수를 취하는 사주로서 1차 범주체계의 내격으로 분류된다. 편재격이나 칠살과 인수가 투출하여 살인상생을 이루고 지지에 모두 통근처를 얻어 천복지재를 이룬 형상이라 하겠다. 사주가 다소 조열한 것이 흠인데 辰土를 얻었으니 역시 무방하다. 괴강魁罡일주에 양팔통陽八通이니 그 성정이 매우 강강하고 굽힘이 없는 사람이다. 살인상생격에 총명이 뛰어난 사주로서 다재다능하나 일주에 첩신貼身한 인수印綬가 조열하여 화살化殺에 다소 막힘이 있다. 습토인 辰土를 얻지 못했다면 흉명凶命이 되었을 것이다.

寅月의 庚金으로 한기寒氣가 남아 있는 때이니 丙火가 존신인데 土多하여 金이 묻힘을 꺼리게 되는 것이니 甲木 재성의 소토도 필요한 것이다. 이 사주는 재관인 모두가 길신에 해당한다. 지지로 습운濕運도 길하나 己丑년은 처재妻財의 흠을 면하기 어렵고 관송사나 건강에 관련한 흉이 일어날 것이다. 재성이 합거되고 명세운命歲運에서 일지日支 三刑이 일어나니 인수의 통근처가 손상되며 칠살의 공격을 받기 때문이다.

午運인 30중반 이후 재물을 얻게 되는 사주라 하였으니 빠듯한 생활에서 불과 5~6여년 만에 자수성가하여 그때 벌어들인 돈이 약 100억에 근사하는 부자 반열의 재산가가 되었다. 월급쟁이 소주 먹던 시절에서 BMW 승용차를 몰며 골프와 등산 등이 취미가 된 중견 사업가의 부명富命이다. 재성이 역마에 해당하는 편재격이니 길운을 맞아 달리는 말처럼 재산이 불어나게 되는 명이다. 호방함도 좋지만 겸손함이 요구되는 사주이다. 비록 남자다운 팔자이지만 사주가 조열하여 까다롭고 변덕이 있는 성격으로 흐르기 쉽다.

인명(人命)은 재천(在天)

● 하늘도 무심하시지...

乙 甲 乙 癸

丑 子 丑 卯

庚申, 辛酉, 壬戌, 癸亥, 甲子 　三 大運

　　　　육군사관학교를 졸업하고 군장교로서 중령진급을 앞두고 교통사
고로 사망한 사람이다.

　　　　소한小寒절 엄동설한 중에 태어난 甲木이 년지 양인羊刃에 통근하고
천간으로 癸水 인수와 비겁 乙木이 투출하였다. 사주 국세가 따스한 생
의 기운이 부족한 경우이다. 비록 丑月에 이양二陽이 진기進氣를 하지만
소한小寒 후 10일 경에 출생하여 金水가 사령하였으니 한기가 극심하다.
水木土가 응결凝結한 중에 水木이 왕하니 월령 丑中 辛金 관성을 용신으
로 취한다.

　　　　초년부터 금수지기金水之氣로 운행하여 조후調候가 부족하고 기신이
득지得地하여 재성이 합거되니 부친이 사망하고 홀어머니 슬하에서 가난
한 생활을 해왔다. 일점 태양의 생기가 없는 엄동설한 언 땅에 나무가 뿌
리를 내리려니 그 고생은 가히 알고도 남음이 있는 것이다. 용신 관성이
월령을 얻어 귀貴를 취할 수는 있어도 부富를 누리기에는 부족한 사주이
다. 행운 또한 불미不美하여 吉中의 흉凶이니 酉대운 끝 무렵인 癸未년에
왕신旺神인 양인羊刃과 용신 辛金의 집인 묘고지墓庫地 丑土가 모두 충을
당하여 타고 있던 승용차를 버스가 격돌하여 즉사한 명命이다.

년지 양인에 통근하고 子丑사이에 亥水가 공협하여 신왕한 인수용 관격印綬用官格으로 귀명이다. 그러나 왕한 양인을 충거하면 녹귀祿貴를 성취할 때 반드시 죽을 것이라는 선학들의 옛 말이 가슴을 짓누르며 참으로 하늘이 무심하다는 생각이 들었던 사주이다. 만약 녹귀祿貴를 성취하지 않고 진급에서 누락되었다면 혹 살 수는 없었을까? 어찌 하겠는가 이미 정해진 대운이 진급운세로 달리고 있고, 본인은 몰랐겠지만 명命의 위태로움이 정해져 있었던 것을... 그 흉을 면할 수 있었다면 군인으로서 명예를 드높일 팔자임은 의심할 여지가 없는 팔자이다. 명리학을 공부하며 무척이나 안타깝고 마음 아픈 순간들 중에 하나이다. 조용히 책을 덮어 버리고 싶어지는 순간이기도 하고... 망자亡者의 누나와 친구가 상담을 요청해 왔던 경우이다. 인명人命은 재천在天이니...

2. 직업추론의 실례

인생에서 직업의 의미는 매우 중요하다. 직업은 또 하나의 소속을 의미하기도하고 근원적으로는 삶을 윤택하게 하고 생명을 유지시키며 끊임없이 생존을 위해 요구되는 돈을 벌어들이는 생존의 터전이기 때문이다. 경제학자 "매슬로우"의 학설인 "인간의 욕구 5단계(생리적 욕구→애정의 욕구→소속에 대한 욕구→존경에 대한 욕구→자아실현의 욕구)"를 실현하기 위해서도 직업이 차지하는 비중은 거의 절대적이다. 특히 동물적 욕구의 저차원적 욕구실현 외에 고차원적 욕구실현의 가능성은 직업 그 자체나 또는 그 직업을 기반으로 하여 실현되거나 실현하고자 하는 것이 거의 절대적이기 때문이다. 따라서 직업은 궁극적으로 실현하고픈 자아실현의 단계에 이르렀을 때나 자신의 현재 직업생활을 돌이켜 생각해 보았을 때 도덕적, 사회적으로 지탄을 받거나 또는 그러한 대상이 되어 활동, 영위해서는 안 되는 것이다. 그만큼 자기 자신은 물론 가정적, 사회적으로도 소중한 삶의 연속성이 있기 때문이다.

그렇다면 이러한 직업이 사주팔자에 이미 타고나는 것일까? 오행으로 분류하는 범주체계적 접근에서는 거의 그렇다고 할 수 있다. 언젠가(2천년대 초반) 노동부 통계자료로 나타난 우리나라 직종분류는 대략 15,000여 종이나 되었다. 선진국일수록 직종이 세분화되기 때문에 20,000여종에 달하는 국가도 있는 것으로 알고 있다. 여타의 국가는 차지하고서라도 우리나라에 국한시켜 볼 때, 오행학적 측면에서 분류되는 직종(직업)은 각 오행별 단순 평균치로 계산하여 대략 3,000여종에 달한다고 할 수 있겠다. 예컨대 木火土金水 각 오행에 배속된 직종(직업)이 약 3,000여 종이니 각 오행의 연관체계 또한 상당히 복잡하게 나타난다. 물론 오행학적 측면이라는 것이 단순히 특정 오행 한가지만을 의미하는 것은 아니며 또한 그것에만 의지하여 사주팔자에 나타난 직업을 추론해 내는 것은 아니다.

격국과 용신에 따라 직업을 추론하기도 하고, 사주의 왕신旺神을 참고로 하기도 하며, 재성과 관성 및 출생한 날의 일진日辰과 사주에는 없지만 일간我身의 정情이 이끌리는 오행에 관련하여 직업을 갖기도 한다. 게다가 직종이나 직업이 몇 차례 바뀌는 경우가 허다하기도 하고 바뀌지 않는 사람도 있으며, 직업을 가져보지 못한 사람도 있으니 일률적으로 논하기가 어려운 부분인데 사실 오랜 경험에서 비롯된 감각적 느낌에서 던진 단 한마디에 직종(직업)을 적중시키는 경우가 많다. 하지만 어차피 경험과 감각이라는 것은 시간이 필요한 것인만큼 이 책에서는 범주적 차원에서 언급을 하는 것이니 특별한 예외가 아니라면 격국과 용신을 분류한 1차 범주체계와 더불어 몇 가지 측정요소의 관계를 대비한다면 거의 오행의 범주체계를 벗어나지 않고 직업을 추론할 수 있게 된다.

하지만 오행의 연관체계에 대한 분류가 정확해야 하는 전제조건이 있다. 또한 중요한 것은 유무형의 기氣에 대한 판별을 체용體用의 측면에서 명확히 할 필요가 있는데 통상은 체용體用의 관계를 어떻게 해석하느냐에 따른 자의적 접목 또는 그러한 기반 위에서 추론을 하기에 오행의 연관체계가 다소 불완전하기도 하다. 하지만 격국 및 격국의 고저高低와 용신에 해당하는 오행과 관성에 대한 유기적 조합을 통해 추론한다면 역시 직업 자체도 사주팔자 안에서 움직여지는 운명의 범주에 불과한 것이다.

구분	오행 연관체계에 따른 직종의 범주
木	목재, 식물, 인화성, 분출성(spring) 및 도화(導火)관련의 직종이나 직업 ◐ 목재, 가구, 합판, 건재, 원예, 화초, 분재, 죽공예, 차(茶), 문구, 서점, 출판, 문화사업, 섬유, 의류, 종이, 작가, 교사, 향료, 정치, 경찰, 한약(재)관련 등
火	불, 화력, 열, 빛, 동력, 화려한 성질, 발산, 폭발성의 직종이나 직업 ◐ 언변(언어), 항공, 연예, 금융, 영업, 소방서, 영화, 예술, 화장품, 반도체, IT업, 컴퓨터, 전기, 전자, 발전기, 원자력, 핵, 석유관련, 주류(酒類) 등
土	땅(토지), 토산(土産), 중개 관련의 직종이나 직업 ◐ 부동산, 토건업, 농작물, 중개소, 소개업, 기관의 고문, 비서, 대리업(상), 방수업, 피혁업, 미용피부관련업, 음식업, 채석업, 제분, 제당, 피부과, 성형외과 등
金	금속, 기계, 수렴성(收斂性), 예리하고 살벌한 성질의 직종이나 직업 ◐ 공구, 금은보석, 세공, 총칼, 운수, 과학기술, 무술, 운동, 군인, 감정평가, 기계선반, 철강제철, 치과, 치아관련, 뼈, 정형외과 등
水	물(얼음, 액체, 기체), 유동, 변화성, 침잠(沈潛)성, 균형, 인내 관련의 직종, 직업 ◐ 법조계, 해운, 여행사, 수산업, 냉동냉장, 악기음향관련, 대중전파, 기자, 외교, 사우나, 과즙음료, 수도세탁, 빙과류, 주류업, 연예사업, 산부인과 등

중복된 속성을 가진 것도 있지만 직업을 추론하는 다른 요소들을 접목한다면 문제 될 것은 없다. 하지만 오행속성 자체에 대한 연관체계의 분류가 다소 불완전하여 일률적으로 논하기가 어려운 부분이 있는 것

도 사실이다. 예를 들어, 대만의 『전론기업가 팔자학』(진백유 저) 등에서는 돌(石)에 관련된 성분을 土의 성질로 분류를 하며, 금융, 보험, 신탁, 증권, 재무, 은행 등에 관련하여서는 모두 金에 해당하는 오행으로 분류를 하고 있다. 우리나라의 경우에 있어서는 금융에 관련한 직업을 火 오행으로 보는 경향이 많고 주식株式은 木으로 보는 경우가 있거나 통틀어 火로 판단하기도하며 돈을 동전의 금속성에 연관지어 金오행으로 무조건 주장하는 사람도 있다. 음식업의 경우에 있어서도 음식재료를 중심으로 판단하는 사람도 있고 음식은 불을 필요로 한다는 이유에서 火로 판단하는 경우가 있으니 이 모두가 어느 한 부분의 편협한 시각의 관점에서 사주를 해석하기 때문에 발생하는 것이라 하겠다. 이현령비현령耳懸鈴鼻懸鈴은 바로 이러한 이유에서 나오게 되는 것이다.

사실 주희朱熹가 분류한 오행에 대한 연관들 이후 근 900여 년 동안 물질과 비물질적 영역에서 그 얼마나 많은 변화와 더불어 세분되어 왔는가. 주희의 오행에 대한 연관들이 다소 불완전하거나 현대 역술인들의 분류와 비교하여 다소 차이가 나는 부분도 있는데 역시 체용體用의 관점에 따라서 또는 하나의 사물이나 비물질적 대상에 대해서 그 다양한 속성 가운에 어느 한 속성만으로 연관체계를 구별하려다보니 상호 차이가 발생하거나 불완전한 이론으로 지속되는 듯하다. 혹자들은 오행의 연관성을 단순히 물질적 체성만으로 분류하거나 아예 분류기준 이론조차 갖지 못한 무지한 상태에서 경험을 해보니까 그렇다고 주장만 하는 경우도 있다. 지식체계가 없는 가운데 무슨 경험적 결과를 얻어 낼 수 있으며, 그 결과물이 얼마나 신뢰를 줄 것인지 스스로 반성을 해 보아야 할 일들이다.

"체계體系"라고 하는 것은 일정한 원리에 의해 조직된 지식의 통일적 전제를 말하는 것이다. 체계가 없거나 부족한 상황에서 주장만하는 것은 금물이 아닐까 생각한다. 배우는 자세로서 늘 연구하고 토론하고 검증하고 그렇게 하나씩 쌓아 나가야 한다. 목소리 높여 주장만하면 대화가 안 되는 것이니 주장에 앞서 받아주고 검토하고 다시 논의하며 학술적 검증의 토대를 마련해야 할 것이다.

어쨌든 직업을 추론하는 것은 다양한 요소들과 연관되어 있으니 어느 하나도 중요하지 않은 것이 없다 하겠다. 직업과 직종 또한 시대적 흐름에 따라 다양하게 변화되는 것이니 범주적 체계로 접근만 하면 될 것이다. 경험적으로 일반적인 직업들을 적중시키는 것은 어려운 일이 아니지만 그 자체가 중요한 것은 아니다. 운명과 미래를 추론하는 기법의 체계가 갖추어져 있는지 그리고 오행의 연관체계에 대한 체용體用학습 등이 우선되었지 등을 먼저 점검해야 할 것이다.

좀 싱거울지는 몰라도 우스운 얘기가 생각나서 적어본다.

한 역술인이 산 속에서 10년을 공부하고 "이제는 됐다!"하고 하산을 하였다고 한다. 하산을 하여 철학원 간판을 걸고 상담을 시작했는데 한 젊은이가 들어와 말하기를 "선생님, 제가 웹 디자이너를 하면 좋겠습니까 아니면 웹 마스터를 하면 좋겠습니까?"라고 물었다고 한다. 10년 전 산속으로 들어갈 때 까지만 해도 웹 어쩌구~ 등의 직업을 들어본 적이 없었던 터라 그 역술인 아무 대답도 하지 못하고 "아! 내가 공부가 부족하구나. 더 공부를 해야겠구나."하고 다시 보따리를 싸서 산으로 들어갔다는 우스갯소리가 있다.

기본적인 오행연관의 범주들과 격국과 용신에 해당하는 육신을 토대로 직업을 추론하는 방법을 학습하는 의미에서 몇 가지 예를 들어 본다.

① 곡직격 木 용신 : 서점(중형) 영업이사

己 乙 乙 癸

卯 卯 卯 卯

甲申, 乙酉, 丙戌, 丁亥, 壬子, 癸丑, 甲寅　　大運

국세가 木氣로 전왕하니 외격外格 범주의 곡직격曲直格이다. 본시 곡직인수격으로 격이 수려하면 목민관牧民官이라 했으니 木은 만물의 생生을 의미하는 사랑이요 어진 마음으로서 인仁이라 한다. 인仁은 타인을 감싸 안고 사랑을 베푸는 것이니 덕德으로 보살핌을 의미한다 하겠다. 그러나 이 사주는 잡초가 우거져 있는 상象으로서 양기가 점진하는 때에 水氣가 부족하고 태양의 광합성이 부족하여 수기유행이 안 된 사주이다. 또한 치명적으로 시상에 허부虛浮한 己土재성이 쟁재爭財를 당하고 있다.

　　木이 용신이니 木오행의 범주로서 직업을 추론하게 된다. 비록 곡직격이나 상격上格과는 거리가 있고 군비쟁재를 하는 탁명濁命이 되었으니 목민관의 명은 당연히 아니다. 시市에서는 제법 큰 서점으로서 물류직 계통으로 입사하여 외길로서 이사理事까지 오른 사람이다. 주색과 경마 등을 좋아하고 처妻와 경제적 고난을 면치 못하고 있으니 역시 팔자소관이다.

　　木 오행의 체성으로 직업을 분류한 경우이다. 乙卯일주의 특성만으로도 추론이 가능한 부분이다. 水가 희신이니 유동성을 의미하고 火는 아신我身 乙木에게 필요한 오행이니 말을 하며 돌아다니는 영업 맨man이 제격 아니겠는가!

② 조후 편관 水 용신 : 해외영업, 무역회사

　　丁　丁　癸　丙
　　未　亥　巳　午

　　庚子, 己亥, 戊戌, 丁酉, 丙申, 乙未, 甲午　　大運

　　용신이 무력한 사주이다. 무역관련 직장을 10여 차례 이상 옮겨 다닌 경력이 있는 사람이다. 水 관살이 용신으로 역마 충에 巳中 庚金 재성이 희신이니 해외무역 관련 직업을 추론하기에 어렵지 않다. 丁亥일주의 특성으로 보아도 용신인 관성이 일지에 있고 재성 庚金이 역마성이니 해외를 돌아다니는 해외영업이나 무역관련 직업을 갖게 되는 것이다.

　　③ 재투용비격財透用比格, 득비리재得比理財, 조후겸용 木, 火 용신 : (주)BYC 생산관리QC에서 법원공무원으로

　　　　戊　甲　丁　甲
　　　　辰　申　丑　辰

　　甲申, 癸未, 壬午, 辛巳, 庚辰, 己卯, 戊寅　　大運

　　丑月의 甲木으로 재왕한데 좌하 칠살이 임했다. 재살이 태왕하여 신약한데 甲木비견이 투간하여 왕재旺財를 소토하는 용신으로 취한다. 월상의 丁火는 기신忌神 申金을 제살하는 희신이며 조후調候를 겸하여 조후용신으로 삼게 된다.

木火가 모두 용신과 희신의 역할을 하고 있는 경우이다. 또한 년월 간에 木火가 나란히 투간하여 처음은 木에 관련된 직업의 범주로 볼 수 있으며, 이후 제살하는 火에 관련된 직업을 갖게 된다고 판단할 수 있는 명이다. 물론 대운의 흐름을 병행하여 판단해야 한다. 대학을 졸업 후 속 옷 전문브랜드인 BYC에 입사하였으니 섬유, 의류관련 범주인 木오행의 직업을 갖게 된 것인데 이후 상관제살하는 火대운에 접어들어 법원法院 공무원으로 공직생활을 시작하게 되었으니 역시 타고난 팔자라 하겠다 (용신과 격의 고저로 추론한 경우).

이 사주는 한편으로는 다행이지만 한편으로는 아쉬운 사주이다. 제살하는 火가 없었더라면 파격이 되어 칠살의 제극으로 흉명凶命이 되 었을 것이니 다행스러운 반면, 비록 식상은 무근하여도 일주의 생을 받 으니 용신으로 취할 수 있는 것이지만 만약 상관인 丁火가 월령에 통기通 氣만 하였어도 부귀富貴가 더욱 컸을 명이다. 재성이 태왕하여 火氣가 누 설됨이 심하여 제살이 완전하지 않으니 신체적 결함을 면하기는 어려운 사주이다. 그러나 말년까지 대운이 길하고 살생지권殺生之權이 있는 법원 에 몸을 담으니 흉이 감해질 것은 당연한 것이다.

④ 신왕재왕(身旺財旺) 木 용신 : 의류회사, 목조 인테리어 사업

```
己 乙 己 戊
卯 卯 未 戌
```

丁卯, 丙寅, 乙丑, 甲子, 癸亥, 壬戌, 辛酉, 庚申   大運

未月의 乙木이 입추立秋 전에 출생하여 戊己土 재성이 투간하여 재

왕한데 일간역시 세 개의 지지에 통근하여 신왕재왕身旺財旺한 격국이 되었다. 卯未 반합이 유정지합有情之合을 이루는 중에 월령을 득하여 투간한 재성의 세력이 조금 더 강한 것이니 水木향에 발전을 의심할 수 없는 명이다. 비록 귀격貴格의 명을 이루지는 못했지만 소부小富는 능히 누릴 수 있는 명이다. 의류회사에서 인테리어 부서장을 지내고 현재는 인테리어 회사를 운영하는 대표이다. BMW 세븐시리즈를 타고 다니며 처가妻家 역시 부자이다. 아주 오래전에 상담을 했던 사주인데 사업을 하게 될 것이며 주식과 사업으로 돈을 벌게 될 것이라 했던 명이다. 木오행의 범주체계에서 움직여지는 사주이니 의류회사에서도 목조 인테리어를 담당했었으며 주식으로 돈을 제법 벌었고 그것을 바탕으로 목조 인테리어회사를 운영하고 있다. 최근에 상담한 것 역시 새로운 아이템Item으로 사업계획을 구상 중에 있었는데 특용작물 사업이니 역시 木오행의 범주를 벗어나지 않는다. 물론 운의 영향까지 고려해야 한다.

⑤ 신약용인격 金 용신 : 정형외과 의사

　　　　戊　癸　辛　丙　　　坤
　　　　午　酉　卯　辰

甲申, 乙酉, 丙戌, 丁亥, 戊子, 己丑, 庚寅　　大運

卯月 癸水가 신약하여 辛金을 취용하는 경우이다. 쇠갈한 癸水가 木氣에 설되어 印綬가 급선무인 경우다. 충으로 인해 좋아진 경우이다. 卯를 충거하고 수원水源으로서 金을 취하는 것인데 卯月이 癸水는 庚辛金이 관건이라는 것이 이것이니 신약용인격으로 귀격을 이루는 것이라

하겠다. 그러나 지지가 상극관계로 되어 있고 비록 행운行運이 金水향으로 흐르지만 회합의 변화가 많으니 기복이 심할 명이다.

　　金오행의 범주체계로서 격을 이루게 된 명이니 손에 예리한 칼을 잡는 직업이라. 당신은 정형외과 의사가 아니겠소? 격국과 용신 및 일주의 특성과 부합되는 경우였다.

　　⑥ 양인가살격 金 용신 : 의료협동조합, 부품사업

　　　　壬　甲　乙　癸

　　　　申　戌　卯　卯

　　戊申, 己酉, 庚戌, 辛亥, 壬子, 癸丑, 甲寅　　大運

　　의사나 약사는 아니지만 의약업에 관련된 직업이 아니겠습니까? 또한 금속, 부품에 관련된 직업과도 인연이 있겠다고 한 사주이다.

　　의료협동조합에서 근무를 하였으며 辛대운 관성 운에 들어서서 부품사업을 시작했으니 이 또한 사주팔자로 추론한 격국高低과 대운, 오행의 범주체계를 벗어나지 못한다.

　　⑦ 재인불애(財印不碍) 관인상생 木 용신 : 고위공직자

　　　　己　丁　乙　乙

　　　　酉　亥　酉　未

　　丁丑, 戊寅, 己卯, 庚辰, 辛巳, 壬午, 癸未, 甲申　　大運

행정고시를 패스하여 공직생활을 하고 있는 사람이다. 이 사주의 당사자와 상담을 했을 때 재미있게도 "직업이 팔자에 대략 정해져 있습니까?" 하고 물어왔던 기억이 난다. 그래서 대답 대신에 이런 팔자는 옛날로 얘기하면 과갑科甲을 했을 팔자로서 공직생활을 하는 팔자라고 말했던 경우이다. 격국으로 살폈던 경우인데 역시 삼합의 회집력으로 강해진 木오행을 용신으로 취하는 것이니 관련부처를 추론하는 것은 어려운 일이 아닐 것으로 생각한다.

이런 팔자는 해외에서 명성을 높이고 발전할 수 있는 사주이기도 하다. 亥水 관성이 유정지합有情之合하여 길신으로 변한 경우이니 亥水 관성이 역마성이면서 유정한 합으로 관인상생하기 때문이다.

⑧ 인수용재격 金 용신(土 희신) : 스포츠 마사지사

辛　丁　丙　甲
亥　亥　寅　辰

癸酉, 壬申, 辛未, 庚午, 己巳, 戊辰, 丁卯　　大運

고교시절까지 야구 운동을 했고 현재 스포츠 마사지를 한다. 역학을 배우고 싶다고 요청해 온 경우이다. 인수가 태왕하여 재성을 취해야 하는데 용신무력의 사주이다.

土金오행의 범주체계로 직업을 추론할 수 있다. 인수격에 용신무력으로 직업변동도 많은 사주이다. 丁亥일주는 관성인 亥水가 천문天門에 해당하여 소위 활인지업이라고 하는 침술이나 간호사, 의약, 역술인, 공직 등이나 해외관련 직업 등에서 볼 수 있는 경우이다. 격이 낮으니 사회적 지위와는 거리가 있다.

土金상관생재를 취해야 하지만 辛金 재성이 미약한 생기生氣에 의지하고 辰土는 왕한 甲木에 제극되고 있으며 운로 또한 마땅치 않으니 경제적으로 빈곤하거나 정상적 사회생활을 유지하기가 다소 어려운 팔자이다.

3. 성정(性情)추론

"성정性情"이라 함은 성질性質과 심정心情, 타고난 본성 등을 의미한다. 이것은 개인의 특질이나 근본적 특성을 의미하는 성격으로도 표현되기도 하는데 인생을 살아가면서 자신의 특성을 결정지으며 타인과 차별화시키는 고유한 특질이기도 하다.

예컨대 성격에 따라 외부로부터의 동일한 영향에 대해 받아들이는 수용력의 크기가 달라지기도 하며, 가치관의 차이도 발생하고 희노애락喜怒哀樂을 느끼는 정도의 차이 등도 천차만별로 나타나게 된다.

이 모든 것 역시 명리학적 관점에서 볼 때는 한 마디로 "기품氣稟의 차이에서 나타나는 현상"이라고 말할 수 있다.

천인합일天人合一의 사상을 기반으로 출발하는 명리학은 사람의 성품을 하늘로 부여받은 기氣의 품수稟受에 따라 다르게 된다는 것을 설명하고 있는 것이다. 예컨대 하늘로부터 사람(개인)이 부여 받은 것이 성性이라 하였으니 이것이 본성으로서 개인의 성격을 특징짓게 하는 고유한 리理가 되는 것이다.

사주팔자로 말하면 팔자 자체가 하늘로부터 부여받은 명命으로서 역시 성性이라 하는 것이며, 명命을 집행하는 중추기관은 나 자신을 의미하는 일간과 월령을 의미하게 되는 것이다. 크게는 사주팔자 자체가 나의 성격이지만 그것을 주관하는 것은 일간과 월령에 담겨 있는 것이라 하겠다. 이것은 다시 체용體用적인 관점에서 정적靜的으로 미발未發된 체상적 측면의 성질과 동적으로 발현된 운동적 측면의 기氣로 구분함으로서 지지 월령에 장藏된 성향은 체體의 체體로서 내면적 특성을 반영한다면, 그 쓰임을 얻어 발현되는 용신(氣)은 체體의 용用으로서 외부적인 특성을 반영하게 된다. 서로가 불상잡不相雜하고 불상리不相離하는 특성으로서 하나의 성격을 이루는 것이니 관점에 따라 체용體用은 변화될 수 있는 것이다.

이러한 이유에서 앞서 학습했던 각 범주체계의 격格들과 용신用神은 바로 개개인의 성격性格을 나타내는 근간을 이루게 되는 것이다. 기존 명리서에서 언급된 몇 몇 성격을 추론하는 방법을 소개하고자 하는데 사람의 내면과 그 근본을 중시하는 성리性理이론과 함께 연구한다면 보다 흥미로우면서도 명리命理의 오의奧義에 접근하게 될 것이다.

먼저 『적천수』 성정性情 편에 언급된 문장을 살펴보면 다음과 같다.

"五氣不戾 性情中和 濁亂偏枯 性情乖逆(오기불려 성정중화 탁란편고 성정괴역) 오행의 기가 어그러지지 않으면 성정은 중화하고, 탁란편고하면 성정은 어그러지고 거스르게 된다."

이에 대한 임철초任鐵樵(적천수의 최초 해설자)의 원주原注는 다음과 같다.

"五行在天 則爲元亨利貞 賦在人 則仁義禮智信之性 惻隱 羞惡 辭讓 是非 誠實之性 五氣不戾者則其存之而爲性 發之而爲情 莫不中和矣 反此者乖戾(오행재천 즉위원형리정 부재인 즉인의예지신지성 측은 수오 사양 시비 성실지성 오기불려자즉기존지이위성 발지이위정 막부중화의 반차자괴려)"

『적천수 천미』에 소개되는 임씨(임철초)의 설명은 대체로 이러하다.

"오기(五氣)는 선천낙서(先天洛書)의 기를 말하는 것으로 양(陽)은 사정(四正)에 거(居)하고 음(陰)은 사우(四隅)에 거하고 간곤(艮坤)은 土의 거지(居地)로 하여 후천기(後天氣)도 이에 응하는 즉, 동방은 목에 속하고 계절은 춘(春)이며 성정(性情)은 인(仁)이 된다. 남방은 화에 속하고 계절은 하(夏)이며 성정은 예(禮)이다. 서방은 금에 속하고 계절은 추(秋)이며 성정은 의(義)이다. 북방은 수에 속하고 계절은 동이며 성정은 지(智)이다. 간곤(艮坤)은 토인데 곤(坤)토는 서남간에 거하여 화는 생토(生土)하고 토는 생금(生金)하며, 간(艮)토는 동북간에 거하여 만물의 생육을 토가 주사하니 겨울이 가고 봄이 오면, 토로서만 지수(止水)할 수 있고, 식목(植木)할 수 있는 것이니, 이와 같이 인의예지(仁義禮智) 사성(四性)은 신(信)이 아니면 이룰 수 없는 것이기 때문에 간곤(艮坤)토성을 신(信)이라 한다."

즉, 사주에서 오행의 어그러짐(冲剋刑 및 한쪽으로 치우침偏 등의 해害)이 없고 중화되면 성정에 인의예지신仁義禮智信을 갖출 것이지만, 태과불급太過不及하여 오행이 편고하고 혼탁하면 성정이 교만하고 방자하게 되며 어그러지게 된다는 것이다.

甲 丙 乙 丙

午 子 未 戌

辛丑, 庚子, 己亥, 戊戌, 丁酉, 丙申   大運

원수산의 『적천수천미』에 소개된 명이다. 未月에 생한 丙火가 木
火의 기운이 태다하여 화염토조火焰土燥한 명이다. 천간의 甲乙壬은 메말
라 뜨거운 火를 돕고, 子水智는 염렬炎烈한 午火와 충격하여 편고혼란지
상偏枯混亂之象이 되었다. 따라서 성정이 어그러져 매우 교만하고 오만하
며, 바람과 불꽃처럼 급하다. 자신의 성정에 맞으면 천금을 아까워하지
않지만 그 성정을 거스르면 눈꼽만큼도 양보가 없었다. 사주가 편고하여
기세에 순해야 하는 것인데 티끌만한 한 잔의 물로 왕세를 거스르니 가
업을 파패破敗하고 남은 것이 아무것도 없었다(家業破敗無存)는 명이다.

국내 모 번역서에는 "악랄한 인간의 표본이 되는 사주"로서 그 주
안점을 내세운 사주인데 사람의 성정은 표면적인 하나로 보아서는 안 될
것이며, 상대나 타인에 대한 성정, 성격에 대한 수용과 판단은 지극히 상
대적인 측면으로 나타나기 쉽기 때문이다. 위 사주가 편고한 기운의 특
성으로 『적천수』의 설명과는 다를 바 없겠지만, 그렇다고 "악랄한 인간
의 표본"이라는 표현을 사용할 만큼 극도로 흉악한 인물로 단정 지을 수
는 없는 것이며, 또한 이렇게 성정이 어그러져 결국 가업을 파패하고 남
은 것이 아무것도 없게 된 것은 더 더욱 아니다. 저마다 타고난 기품에 따
라 오덕五德에 대한 가치관의 차이가 존재할 뿐 그 역시 운세의 흐름에 따
라 또다시 순역의 이치로 나타나게 되는 것이며, 교육적 환경과 자신의

노력 등에 따라 사람의 본성을 회복할 수 있는 것이니, 비록 부귀빈천은 정해진 것이라 하지만 인간의 본성에 내재되어 있는 선한 마음을 간과한 채 "악랄한 인간" 그것도 "표본"이라는 결정타를 내림으로서 변화나 개선이라는 인간의 작은 노력과 희망마저도 허용치 않는 듯한 표현은 성현께서 만든 역易의 목적과 하늘의 이치와도 역행하는 언사가 아니라 할 수 없다.

위 사람이 비록 『적천수』에서 언급한 그러한 특성은 있는 것이지만 운세의 막힘으로 그 영향이 더욱 어그러지게 나타나게 되는 것이며, 편고한 국세 및 상관의 기운으로 융화보다는 부딪히는 면이 많은 것이다.

사주로 판단하는 성정은 오행의 기운을 살펴 그 태과불급의 이치를 말할 뿐 그것으로 단정지어 말할 수는 없는 것이다. 그렇다면 인간은 모든 교육과 정서를 위한 노력 등이 모두 소용없는 행위에 불과할 것이며, 이러한 모든 노력들은 결국 인간 스스로의 자기모순 논리에 빠지게 되는 것이다. 일부 역술인들은 인간의 모든 의식적, 무의식적 행위나 노력, 생각마저도 이미 타고난 것이라고 하지만 그런 논리라면 추길피흉이라는 논리는 어불성설이며 완벽한 자기모순에 갇히게 되는 것은 물론, 명리학이라는 학술은 하루 속히 이 세상에서 사라져야만 할 것이다.

위의 사주에서처럼 그러한 성정으로 인하여 가업을 파패하고 아무것도 남은 것이 없었다는 논리 역시 적절한 설명은 아닌 것이다. 결국 부귀한 자가 성정 또한 바르고 성정이 바른 자는 부귀하게 된다는 것과 다를 바 없기 때문이다. 따라서 성정은 오행의 태과불급으로만 논해서는 안 될 것이며 격국과 용신에 따른 표면적 성향과 내면적 성향 및 그 노력하고 회복해야 할 사람의 본성이나 도리로서 논해야 할 것이지 사회적 부귀의 성패와 비례되는 상관관계로 설명되어져서 안 될 것이다.

『적천수』에서 언급하는 오행에 따른 성정을 정리하면 대략 다음과 같다.

木	⊙木奔南而軟性(목분남이연겁)
	목이 남방 화기로 달리면 연약해지고 두려워한다는 의미인데 甲乙木일간이 丙丁巳午未 등의 火氣로 구성되면 木生火로 설기태과하여 목분(木焚)됨을 두려워하는 것이다. 예컨 대 목은 화를 생하니 인자(仁慈)한 것인데 태왕한 火를 생하면 도리어 어진 성향은 부족한 것으로 나타나게 된다. 그러나 중화를 얻은 자는 측은지심과 사양지심이 있게 되고 편고 하면 인정이나 예절이 있어도 극히 형식적인 것에 불과하게 된다.
	이런 경우에는 辰丑土로서 목근(木根)을 보호하며 열기를 회화(晦火)하고 金水가 있어야 열기를 제하고 윤토생목하여 중화를 이룸으로서 인과 예를 갖추게 된다.
火	⊙火烈而性燥者 遇金水之激(화렬이성조자 우금수지격)
	화가 치열하여 그 성질이 메마른 것은 금수(金水)를 만나면 격발(激發)하게 된다는 의미이다.
	예컨대 丙丁火 일간이 火가 치열하면 그 성질에 순세하여야 밝고 예의가 바르게 되는데 금수지기(金水之氣)로서 왕한 火氣를 충격하면 그 세력을 거스르게 되기 때문에 도리어 예의를 모르고 나서기를 좋아하게 되니 불가하다는 것이다.
金	⊙金見水以流通(금견수이류통)
	금은 수를 만남으로서 유통된다는 의미이다. 예컨대 금의 성질은 예리하고 강하여 끊고 맺는 성질이 있어 수를 만나면 의(義)가 지(智)로 흘러서 지(智)의 원신이 막히지 않기 때문 에 유통이 되어 기뻐한다. 따라서 중화되면 의리가 있고 외유내강하고 지혜롭게 처신하 며 중용을 지켜 나가지만 편고하면 잔꾀를 많이 부리고 말과 마음이 같지 않으며 자기의 이익이 있으면 의리 따위는 쉽게 버린다.
水	⊙水奔而性柔者 全金木之神(수분이성유자 전금목지신)
	水가 광분하는데 그 성질을 유하게 하는 것은 온전한 金과 木神뿐이다.
	예컨대 수가 성(盛)하여 광분(狂奔)하면 그 성질이 지극히 강하고 급하게 되는데 이때는 금으로 생하고-종강격-목으로 납수(納水)하게 되면 그 세력을 거스르지 않고 순세하여 유(柔)해지게 된다는 것이다. 만약 火나 土로서 충격할 때는 대화(大禍)가 발생하게 되는 것이다.

사람간의 만남과 관계가 모두 이 성격을 기반으로 이루어지고 있다 해도 과언은 아닐 것이다. 또한 어떤 일에 대한 의사결정의 강단剛斷과 세상을 바라보는 시각이나 물질과 비물질적 관계에 대한 가치관 등 대부분 성격性格에 의해 결정되어지는 경향이 뚜렷하다 할 것이다. 따라서 성정에 대한 추론은 운명과 미래의 길흉 못지않게 중요한 위치를 차지한다

고 할 수 있다.

　　실제로 신경이 매우 예민하고 소극적인 성향을 다분히 소유하고 있는 사람에게 미래의 흉을 말해 주었을 경우, 그 사람은 미래에 현실화될 사건에 대한, 즉 아직 일어나지 않은 일에 대한 준비가 아닌 잠을 이룰 수 없거나 식욕이 떨어질 만큼 일어날 일에 대해 걱정을 하며 살아가는 경우가 있는데 이것은 아는 것이 도리어 병病이 된 것이니 그것은 자신의 그런 성격에서 기인되는 경향이 큰 경우에 속한다. 이런 이유에서 타인의 길흉을 예견할 경우에는 이러한 성정마저도 간파함으로서 "말을 해서도 괜찮을 말과 해서는 안 될 말" 등을 가릴 정도로 사주 속에서 다양한 성질들을 추론할 수 있어야 한다.

　　가치관에 따라 인간관계의 범위나 관심사 및 세상을 바라보는 시각 또한 차이가 있는 것이니 이 모두가 타고난 기품에 따른 차이에서 발생하는 것이다. 이와 같은 기품의 차이를 추론해 내는 방법으로서 위에 설명한 오행의 중화中和와 편고성 외에 격국과 용신 및 일주日柱와 일간오행의 특성에 따른 성향들이 있게 된다. 앞서 학습했던 격국과 용신을 통해 그 성정을 추론할 수 있는 것이니 사주의 격국과 성패, 용신의 유력무력과 일간의 특성을 전체적으로 고려해야 한다. 일부에서는 공망과 신살까지 접목하는 경우도 있는데 검증되지 않은 바이니 이 책에서는 약하도록 하겠다.

　　다음의 표를 통해 오행의 물질적, 비물질적 특성에 대해 알아보도록 하자.

구분	木	火	土	金	水
오상(五常)	인(仁) 어짐	예(禮) 예의	신(信) 믿음	의(義) 정의	지(智) 지혜
오태(五態)	유(柔) 부드러움	기(氣) 기체	연(軟) 연함,부드러움	고(固) 고체	액(液) 액체
오정(五情)	희(喜) 기쁨	낙(樂) 즐거움	욕(慾) 욕심	노(怒) 화, 분노	애(哀) 슬픔
오지(五志)	우(憂) 근심, 걱정	희(喜) 희망	사(思) 사색	비(悲) 비관, 염세	공(恐) 공포,두려움
오상(五想)	인(仁)	애(愛) 사랑	후(厚) 후덕,포용	숙(肅) 엄숙, 차가움	음(淫) 음란

　　예컨대 오행의 체성과 인간의 마음에서 비롯되는 사단칠정四端七情
에 연관되는 항목들로서 일간은 물론 격국의 성패와 용신에 접목하여 추
론하는 방법이다.

　　실전추론으로서 예를 들어 설명하면 다음과 같다.

　　　甲 癸 己 丁　　　坤命

　　　寅 卯 酉 未

　　乙卯, 甲寅, 癸丑, 壬子, 辛亥, 庚戌　　一 大運

　　酉月의 癸水로서 월지 인수에 재관과 상관이 투출하였다. 쇠갈한
癸水가 극설이 교차하여 극설교가의 격국을 이룬 경우이다. 비록 월지
인수격이라 하나 충이 되어 목왕한 상관격 성향으로 2차적 변화를 이루
게 된다.

　　신약한 상관패인 파격, 극설교가의 격으로 규정할 수 있다.

① 일주 및 일간의 특성으로 판단하는 성향

일간 癸水의 체성은 시냇물, 샘물, 감로수, 안개, 이슬 등으로 대변된다. 상당히 맑고 깨끗한 느낌으로 와 닿는 느낌이지만 이것은 중화를 이루었을 경우에만 해당한다. 극설이 교차하며 쇠갈한 癸水가 메마르고 탁해짐을 면하기 어려운 형국이다. 비록 水가 지혜를 의미하나 얕고 흐려진 물에 불과하니 잔꾀, 잔머리에 불과하고 월지 인수를 놓아 학문에 관심은 있어도 학문적인 두뇌가 총명하지 않으니 기예나 기술적 측면으로서 그 성향이 발달하게 된다.

癸卯일주로서 앉은 자리가 식신이다. 수기유행이 되어 두뇌가 총명한 특성이 있다하겠지만 역시 신왕한 경우에 해당한다 하겠다.

② 월지로 판단하는 성향

월령은 하늘로부터 품수받은 명命을 집행하는 중추기관이며 품격을 결정짓는 곳으로서 월지 酉金은 그 내면적 성품을 결정짓는 근간이 되는 것이다.

예컨대 그 성품의 내면적 특성으로서 정의, 엄숙(차가움), 분노, 비관이나 염세, 강건함, 변화 등의 성질을 내포하고 있는 것이라 하겠다. 그러나 충으로 파격이 되어 정의가 정의로움으로 나타나지 않게 되며, 흉한 특성들은 더욱 가중 될 가능성이 많게 된다. 참고로 장간藏干의 특성은 고유한 성질로 부여된 것이기에 특히 천간에 투출한 오행의 기질氣質은 내외적인 가치판단의 기준으로 작용하는 성향이 강한 것으로 판단한다. 단, 충형이 없어야 한다.

③ 격국과 용신으로 판단하는 성향

편인 파격으로 판단해도 무방하겠지만 위 사주는 극설교가 및 왕한 상관격의 성향으로 판단하여 상담한 경우에 해당한다. 물론 용신은 편인에 있는 것이니 편인의 성향 또한 나타나는 것이지만 내외적인 차이가 발생한다.

즉 격은 하늘로부터 부여받은 성性으로서 체성적인 리理라 한다면 그 성을 바탕으로 외부로 발현되어 쓰임으로 나타나는 기氣의 차원은 용신用神에 해당하기 때문이다. 체용이 동일하다면 내외가 같은 것이니 그 사람의 내면적 가치관이 외부적으로 합일되어 나타나는 것이며, 겉과 속이 동일한 기질을 갖는 것으로 판단한다. 하지만 이 역시 성격成格이 된 경우로서 파격은 달리 판단한다.

따라서 타고난 성향은 2차적 성향의 상관성이 두드러져 직선적이고 잔꾀가 빠르며 기예나 언변, 쟁론 등에서 강한 성향을 나타나게 된다. 구덕口德의 흠이 있다하여 말로써 사람을 아프게 하니 요설과 독설을 주의해야 한다.

용신은 편인으로서, 정인을 도장印의 의미로 올곧은 절차의 것으로 비유한다면 편인은 "사인Sign(서명)"과 같은 신속한 특성* 이 있는 것이니 임기응변과 창조, 독창성 등의 특성을 갖게 된다하겠다. 학문성으로서 배움에 뜻은 있지만 충冲이 되어 온전한 학문을 이룰 수는 없으며 운의 영향을 함께 고려해야 한다. 참고로 이와 같은 사주는 癸水가 월지 酉金의 생기에 의지하고 있는 태약한 경우로서 시력장애나 질환 피할 수는 없게 된다. 태약한 癸水의 특성이다.

> * 편(偏)의 특성으로서 편법이나 우회적인 방법 등의 성향 또는 그러한 특성으로 총명성의 나타냄

자신의 위치에서 스스로의 내면을 깊숙이 들여다보고 성현들의 가

르침을 공부하며 타인의 입장에서 생각해보고 먼저 배려하는 마음으로
자신을 돌아보면 저절로 자신의 부끄러운 과거가 한 둘 정도라도 있게
마련일 것이다. 당시에는 당연하고 정당했다고 믿고 있던 행동이나 행위
가 오히려 부끄러움으로 느껴질 때 우리는 스스로 변화되고 있는 것이
다. 그것이 스스로 명을 알아가는 것이기도 한 것이다.

4. 궁합(宮合)의 실제

남녀가 결혼을 하는 경우에 그 배합의 길흉을 정하는 방법으로서
고전의 명리서에는 합혼合婚이라는 용어가 등장한다.

『명리정종』에서 언급되는 내용으로는 "합혼설合婚說이 원래 여재
呂才의 멸만설滅蠻說에서 나왔다고 하는바 남녀의 년명(띠)만으로서 배
합의 관계를 분석하는 합혼설을 망령되이 세웠다."라고 기록하며 여재
呂才*의 합혼법은 이치가 없는 그릇된 설說임을 보여주고
있다.

이 합혼설은 사실 한인漢人과 외족인外族人(오랑캐)
과의 혼인을 저지하기 위한 정치적 배경에서 나온 것(오
랑캐들과 혼사를 부끄럽게 생각하였기 때문)으로서 오랑캐를 물리친 바에
더 이상 필요가 없는 합혼설이라는 것이다.

아직도 이 삼원구궁법三元九宮法(생기, 천의, 절체, 유혼, 화해, 복덕, 절
명, 귀혼)을 이용하여 합혼을 논하는 사람이 있겠지만 근현대적인 관점에
서는 그 부당한 학설을 버린 지 오래이며, 자평명리의 이론은 대체로 오
행의 희기喜忌에 의한 배합관계를 우선으로 보는 것이 일반적이다.

* 당대唐代의 인물로서 천자의 조명詔命을 받아 음양가의 서적을 책정冊定하였고 음률音律을 좋아하였으며, 벼슬은 태상승太常丞이었다고 함.

그러나 동양의 여러 나라들에서나 국내 많은 역술인들 간에 합혼合婚(이하 궁합宮合이라 함)법에 대한 이론은 모두 제 각각의 주장만이 난무하고 있는 실정이라 그 어느 것도 정확한 판단법이라 확언하기는 어렵다.

예컨대 서로의 생년지(띠)를 보아 삼합이나 육합의 관계에 놓이게 되면 궁합이 좋다고 한다든지 반대로 육충이나 형刑이 되고 원진살이 되면 매우 흉한 것으로 판단하는 것이 그 하나의 예이다. 또한 남자쪽에서 여자의 사주를 판단할 때는 중화의 기를 얻은 것을 좋게 판단한다든지 여자쪽에서 남자의 사주를 판단할 때는 관살과 식상의 건왕함을 중시한다든지가 그러한 주장들 중의 하나이다. 그러나 부성夫星이나 처자를 판단함에 있어서도 적천수나 자평이론에서 언급하는 이론들과 난강망에서 언급하는 용신과 희신으로 부처자夫妻子를 논하는 이론들이 서로 차이가 많고 또한 그 판별하는 방법이 육신六神의 유무有無관계나 태과불급의 희기喜忌에 따라 부성夫星이나 자식성에 대한 육신을 다른 육신으로 대체代替함으로서 그 판단이 달라지는 것이기 때문에 이 또한 적절한 방법 내지는 정확한 판단을 내리기가 부적절한 것이다.

심지어 어떤 경우는 자신의 일지와 충을 하는 오행의 띠를 가진 자가 천생배필이라고 하는 이가 있는데 그 논리는 충沖이란 동動하는 성질로서 섹스Sex의 관계에 놓여있는 띠이기 때문이라는 것이다. 게다가 이런 방법으로 배합관계를 예측하는 것을 수십 년간 역학공부하며 터득한 역술의 비전秘傳이라 하니 어찌 혹세무민惑世誣民이라 하지 않을 수 있겠는가!

궁합을 추론하는 이론으로서 일반적으로 알려진 것은 격국과 오행의 희기에 따른 다음과 같은 방법들이 있다.

예컨대 남자 또는 여자 사주에 金水가 많아 木火를 용희신으로 삼는 경우 여자 또는 남자의 사주에 木火가 많으면 당사자에게 필요한 木 火의 기운을 얻는 것이 되어 상보相補의 관계가 된다는 판단법이다. 물론 대운의 향방을 참고해야 함은 당연한 것이다. 그러나 실제 부부들의 사 주를 보면 이런 배합의 관계만으로 구성되는 것은 아니며, 또한 이런 배 합을 구성하였다고 할지라도 불화不和하여 이혼離婚을 면치 못하는 경우 역시 많은 것이 사실이다.

　　남녀의 사주에 있어서 한 쪽은 내격이고 또 한 쪽은 외격인 경우가 있는데 이런 경우에는 그 희기가 동일해야 한다는 이론도 있다. 예를 들 어 여자가 金水를 용희신으로 하는 외격(金水로 이루어진 종혁이나 윤하 격)의 경우일 때 남자 역시 金水를 용희신으로 하는 내격을 경우를 말하 는데, 이런 경우는 남자쪽은 자신이 필요한 오행의 기운을 여자가 많이 갖고 있으니 도움이 된다고 판단하겠지만(위의 상보관계를 설명한 경우로 볼 때) 외격을 이룬 여자의 입장에서는 상보相補되는 관계를 이루지 못하 니 그 논리에 역시 모순이 발생한다는 것이다. 또한 통상 외격의 전왕격 들은 결국 비겁으로 이루어진 것이니 운의 희기에 따라 성패가 두드러지 게 나타나며, 오행의 희기와는 별도로 사주 자체가 안고 있는 문제점으 로서 배우자와의 인연이 두텁지 못한 것도 한 몫을 거들게 된다.

　　이런 문제점을 오히려 한 쪽이 좋지 않은 운세일 때는 한 쪽이 길운 이기에 보완하고 끌어주는 구제의 관계가 성립되어 좋은 궁합이라고 판 단하기도 하는데, 이 역시 사주의 배합과는 또 다른 운로의 향방으로서 설명되는 논리이다. 그러나 이러한 운로의 향방 역시 서로 구제해주는 관계가 아닌 모두가 기신忌神에 해당하는 운으로 향할 때에는 사주와 운 에서 모두 상보의 효과는 기대할 수 없는 논리가 성립되어 궁합은 나쁜 것으로 판단하게 된다.

이런 오행의 희기喜忌 배합법에 추가하여 년주와 일주의 간지를 대조함으로서 합과 충극沖剋관계를 고려하여 일지는 속궁합이요 이상理想을 의미하니 합과 상생됨은 길함이요 충극은 흉하다고 한다든가, 천간은 표면적인 성향을 나타낸다는 식의 이론으로 궁합을 살피는 경우도 있고, 또다시 원진살, 고진살, 과숙살, 백호대살, 홍염살, 도화살 등의 수많은 신살을 접목하여 상대에게 이런 신살의 관계가 적용되면 흉으로 단정 짓는 등 궁합을 살피는 요소나 그 추론 방법들은 천차만별하게 존재하고 있다. 이 외에도 갑합干合 관계나 납음오행 관계로서 궁합를 설명하는 방법도 있고 격국을 통해 격국별 특성에 따른 성격으로서 그 배합관계를 살피기도 한다.

이 모두를 다 적용하다보면 사실 모든 길한 요소가 적용되는 최적의 배합을 찾기란 거의 불가능하다. 또한 육친六親관계의 길흉이나 덕德의 유무有無 등 그 후박厚薄이 이미 타고난 팔자에 거의 갖추어져 있는 상황에서 궁합이 중요하다고 이구동성으로 목소리를 높이지만 궁합의 요소가 운명에 얼마나 큰, 아니 얼마만큼의 영향력을 끼칠지는 아무도 장담할 수는 없게 된다.

궁합(宮合)

궁합을 완전히 배제할 수는 없는 일이겠지만 오행의 기운을 중시하는 명리학적 관점으로 볼 때는 그 접근 역시 오행의 희기로 논함이 우선 되어야 마땅하다 할 것이다. 예컨대,

1. 상대의 사주에서 당사자가 필요로 하는 오행의 기운을 많이 함유하고 있으면

일단은 좋은 배합의 기운을 지녔다고 판단한다.

2. 년주와 일주를 기준하여 서로의 간지(干支)가 상생 및 비화(比和)의 관계에 놓이면 길한 것으로 판단한다.

3. 위 관계를 고려한 후 대운의 향방으로서 서로의 운에 있어서 순역(順逆)관계를 살펴 판단한다. 이를테면 오행의 배합은 맞아도 운의 흐름에 있어서 한 쪽은 길운으로 펼쳐지는데 다른 한 쪽은 흉운으로 향하게 되는 경우로서 이와 같은 관계에 놓일 경우 서로는 구제해 주는 상보의 관계라기보다는 오히려 불균형적 관계로서 불만이 생겨 불화로 이어지게 되는 경우가 일반적이다.

4. 격국의 비교로서 예를 들면, 정관격인 사람과 상관격인 사람의 경우라면 그 성향과 성격이 상반되는 점이 많아 소위 성격차이가 발생하여 불화하게 되는 것이다.

5. 용신은 외향적인 성향이니 사회적인 가치추구나 심리적 이상추구 등으로 해석할 수 있으므로 그 오행과 육신의 관계로서 배합을 고려한다. 비록 오행은 달라도 육신이 동일하다면 역시 그 이상을 추구하는 면과 성향에 있어서 공통된 부분이 많기 때문에 역시 간과할 수 없는 부분이다.

6. 상대의 사주와 운세의 흐름을 살펴 그 사람의 배우자(나)에 해당하는 오행의 희기와 운세를 살펴보는 것은 매우 중요하다.

여타의 요소는 전체적인 국세의 특징에 따라 고려해야 할 것이며 일률적으로 논하기는 어려움이 있어 이 정도로서 약하도록 하겠다.

어쨌든 현대 명리학적 관점에서(다분히 주관적인 관점이겠지만) 궁합법에 대해서는 보다 차원을 달리한 새로운 인식의 전환이 필요 또는 요구된다고 생각된다. 실제 상담을 통하여 궁합과 이혼의 관계 등을 살펴보면 대체로 부처夫妻에 해당하는 오행의 무력無力관계에 놓인 경우나 기신忌神의 운, 원국이나 대세운의 천극지충, 일지 및 해당 육신의 충冲형刑 및 지장간의 개고에 의한 회합, 간합干合 등의 운세를 거의 벗어나지 못하게 된다.

이것은 궁합의 요건보다는 자신들의 사주팔자에 기인함을 나타내주는 반증이라 하겠다. 대체로 부부불화와 이혼을 한 사람들을 상담하다 보면 궁합이 좋다고 하여 결혼한 경우가 많은 것도 사실이다. 사실 궁합은 좋았을 수도 있다. 오행의 희기적 배합이나 심지어 신살을 적용해도 그리 나쁘지 않을 수 있는 배합의 조건은 갖추었다고 할 수 있을 것이다. 하지만 근본은 역시 자신들의 팔자에 담겨 있는 것이며, 더 중요한 근본은 그들 스스로의 내면적 문제로서 상대를 이해하고 배려하며 사랑(?)하는 마음의 결핍과 물질과 향락이 주류를 이루어 뒤범벅이 된 왜곡된 가치관에 기인하여 발생하는 경우가 거의 대부분의 이유가 된다.

예컨대 타고난 팔자와 그 운세의 작용으로 나타나는 것이라 하지만 이러한 현상은 "반드시"라는 결과와 연계되지는 않는다는 것에 주목해야 한다. 운세의 영향으로 불화가 나타나는 것은 거의 피할 수 없는 것에 해당하지만 극단적인 상황으로 이어지는 것은 스스로의 노력으로 피할 수 있다는 사실이다.

주위에 많은 사람들의 부부관계를 보아도 그 흉凶에 대해 극단적인 결과로 나타날 것이라고 일률적으로 판단할 수는 없다. 하지만 평소와는 달리 부부관계가 냉해지거나 다툼의 소지가 빈번해지는 것은 거의 피할 수 없는 운명적 요소로 여겨진다.

따라서 부분적으로는 궁합을 간과하거나 터부시 할 수는 없겠지만, 그렇다고 이미 자신이 타고난 팔자에서 펼쳐지는 복덕福德의 후박厚薄

을 넘어서서 자신의 잘못은 인정하지 않고 우선은 상대를 비난하거나 탓하는 태도와 마음을 무엇보다 경계해야 할 것이다. "내가 그 인간 안 만났으면 이렇게 살지도 않았을 것이라든가, 나 좋다고 쫓아 다닌 사람이 한 둘이 아니었는데 내가 미쳤지..., 불륜이나 거짓으로 상대를 아프게 했으면서도 그런 자신의 잘못을 먼저 인정하고 반성하는 태도는커녕 그런 사실에 화를 내는 배우자만을 비난하고 탓하는 등..." 의 사람들...

각계각층의 수많은 사람들을 상담하면서 그 하소연을 듣다보면 거의가 한결같이 상대(배우자)를 비난하는 목소리가 일색이다. 자신들은 잘못한 것이 하나도 없다는 얘기다. 그 중에는 이혼을 결심하고 가방을 싸든 채 친정으로 가던 중 상담을 받고 다시 가정으로 돌아갔던 사람들도 있는데 한편으로 생각해보면 자기들 자신도 잘한 것이 없다는 반성을 하며 전화나 방문을 하는 경우에 속한다. 물론 한번의 다툼으로 끝나면 다행이지만 대부분의 경우에 있어서는 이후에 반복적으로 되풀이 되는 다툼으로 나타난다. 하지만 이 역시 슬기롭게 이겨낼 수 있는 부분이며, 운세의 영향은 그 시기만 벗어나면 언제 그랬냐는 듯 폭풍이 지난 후의 고요함을 얻을 수 있게 되는 것이기 때문이다.

부부불화의 원인으로서는 재성財星(경제적 측면, 남자에게는 외도外道)에 기인한 경우와 여자에게 있어서는 관살官殺의 영향(남편의 외도나 자신들의 외도)에 기인하는 것이 대부분이다. 관살은 재성을 원신元神으로 하는 것이니 역시 경제적인 측면과 주색酒色과 관련한 일들이 빠질 수 없는 것이다.

그러나 이 모든 것들은 반드시 사주와 그 운세의 영향만으로 볼 수는 없을 것이다. 사회적인 영향과 이 시대를 구성하고 이끌어가는 우리 자신들의 일부 왜곡된 가치관에서 비롯되는 것이 더 강하다는 생각이다.

"남자가 그럴 수 있는 것 아니냐"는 식의 반박은 사실 남성우월주의라기 보다는 그에 앞서서 극도로 왜곡된 자기만의 이기적 쾌락 욕구에 기인하는 것이다. 여자 역시 "남자들은 괜찮고 왜 여자는 안 되는가"라는 식의 반박과 그것에 명분을 내세워 자신들의 왜곡된 생각과 부적절한 행동에 대해 궤변 같은 정당성을 주장하는 것 역시 바람직하지 않은 것이다. 이러한 쾌락과 물질위주의 개인 이기주의는 자신은 물론 가정과 사회, 국가적인 문제와 혼란으로 나타나게 될 것임은 자명한 일이다. 남녀 모두 그들의 그런 행위나 결과에 대해서는 자신들의 인생만으로 종결되는 것이 아니라 우리 자손에게 직결되는 중차대한 문제가 아니라 할 수 없는 일임을 명심하며 모두가 다시 한번 자성하고 가족을 돌아보며 따스한 인간 본성을 회복하는 시간으로 인생을 만들어 나갔으면 하는 마음 간절하다.

맺음말

역술인들은 물론 명리학에 관심있는 분들을 위한 「명리학개론서」
로서 이 책을 정리하였지만 부족한 부분이 너무 많을 줄 안다. 여타 학술
도 마찬가지지만 명리학 역시 그 범위가 방대하고 심오하여 한 두 권의
책으로는 그 오의奧義에 접근하기가 어려운 것이어서 대략적으로 명리학
의 개념이나 흐름 정도를 이해할 수 있는 기초 이론서 정도로서 전개하
고자 했다.

이 책은 나름대로 나 자신에게는 큰 의미가 있다고 생각한다. 오랫
동안 명리학을 공부해오면서 늘 이 가슴을 짓눌렀던 그 무엇을 깨닫게
해 준 핵심을 다소나마 글로 전하며 마음을 함께 나눌 수 있는 기회가 되
었기 때문이다. 다름 아닌 성리를 통해 명리의 올곧은 길이 무엇인지를
찾았기 때문이다. 성리와 명리는 사실 학문적 발달과정과 역사의 흐름에
서 그 역할을 달리 해온 것은 분명하지만, 난 이들 학술체계에서 적어도
하나 이상의 공통점 내지는 목적이 공존하거나 그 근원이 하나라는 생각
을 하게 되었다.

명리학에 입문하던 당시, 난 명리학 공부를 통해 나 자신의 운명에
대한 궁금증과 그 속에서 나 자신의 내면적 그 무엇을 찾고 싶었으며, 이
역술易術을 통해 바램이 있다면, 진정 단 한 사람만이라도 내가 그의 인생
을 바꿔줄 수 있었으면 좋겠다고 생각했었다.

수많은 세월 속에 나를 찾는다는 것이 불가능한 것 같기도 했고, 어
떤 한 사람의 운명이라는 것은 그 흉을 알고 있다하여도 내가 바꿔줄 수
있는 성질의 것이 아니라는 생각이 깊어지며 숱한 나날 밤잠을 설치기도
했었다.

그렇다. 대체로 사람들이 갈망하는 부귀의 성취와 벗어나고픈 빈곤의 생활, 가정의 불화 등은 내가 바꿔줄 수 있는 것이 아니다. 아니 그 누구도 바꿔줄 수는 없는 것이다. 그것 때문에 난 스스로 너무 마음을 지치게 했었다.

그 모두가 타고난 팔자에 담겨있고 그 이치대로 현실을 살아갈 뿐인데 말이다. 성리性理와 명리命理학은 결국 나에게 스스로 그 답을 구할 수 있도록 해 주었다. 성리性理와 명리命理를 통해 스스로 자신의 운명과 그 길흉을 알고 내면을 다스릴 수 있다면, 그 자체로서 운명의 변화를 이끌 수 있다는 확신이 생기게 되었다. 이것은 명리를 공부하는 진정한 목적을 깨닫게 해 준 것으로서 역술을 통해 다분히 세속적 가치인 부귀를 꾀하고 빈곤함을 벗어나는 변화를 추구하는 것을 의미하거나 말하려는 것은 아니다. 물론 세속적 가치가 중요하지 않다는 것은 결코 아니다. 매우 중요하다. 그러나 어차피 세속적 부귀와 빈貧함은 운명의 틀 속에 정해지고 바꿀 수 없는 것이기 때문에 굳이 도덕과 윤리, 규범 등을 벗어나서 상대를 아프고 고통스럽게 하며 스스로의 인생을 동물의 왕국 같은 일면으로 만들어서는 안 되는 것이다. 모두가 결국은 타고난 "운명運命"이라는 범위 안으로 귀결되기 때문이다. 건강하고 건전한 욕구실현을 위해 긍정적인 사고로서 부단한 노력을 행할 때 자연 타고난 부귀富貴의 범주 안에서 행복으로 살아가는 자신을 발견하게 된다.

수많은 사람들을 상담하며 그들 인생의 행로나 부침현상이 질서정연한 이치의 결과로 나타나는 것을 실감하고 난 가치기준에 대한 내면적 조절이 매우 중요하다는 생각을 하게 되었다.

세속적 부귀와 가난함* 등에 대해 혁신적으로 바꿀 수는 없다할지라도 자신으로부터 기인한 길흉吉凶과

* 객관적 부귀빈천을 의미하나 이것들은 매우 주관적인 느낌으로 결정되기도 한다는 것에 주목할 필요도 있다.

불안정한 마음의 혼란스러움은 바꿀 수 있기 때문이다.

사실 운명의 부귀와 빈貧함을 예측하는 것이 중요한 것은 아닐지 모른다. 어차피 부귀빈천에 대한 정해진 팔자와 그 성패의 시기인 운의 향방은 태어나면서부터 결정되어진 것이기 때문에 안다고 하여 그 무엇이 바뀌거나 바꿀 수 있는 것은 아니기 때문이다. 누구나 인생을 살아가면서 다양한 성패를 겪으며 곡절曲折을 갖게 마련이다. 아는 것이 힘이기도 하지만 알아서 병病이 되는 경우도 많고, 때로는 모르는 것이 약藥이 되는 것이니 대개의 인명人命은 모르는 것이 약藥인 경우가 많다.

중요한 것은 스스로가 합당한 이치를 쫓아 의사결정을 하고 상황에 최선을 다한다면 그것으로 족한 것이며 순리를 쫓으면 흉凶함은 없어지는 것이다. 진인사대천명盡人事待天命이라 하지 않던가!

대체로 운세가 기울어지는 시기에는 그만한 일들이 벌어지게 되어 있다. 외부적인 상황으로 인하여 나쁜 결과를 초래하기도하지만 스스로의 망동으로 운명을 거역하지 못하게 되는 경우가 대부분이다. 역시 내면의 문제가 아니라 할 수 없다. 이 또한 운기運氣의 영향으로 내면의 동요가 일어나는 것이기 때문에 어쩔 수 없는 것이라 할 수도 있겠지만, 반드시 어쩔 수 없는 것만은 아닌 것이다. 어쩔 수 없는 것이라면 성현들의 말씀을 비롯해 교육 등을 통한 생각이나 자성自省의 노력, 가치관 및 마음이라는 내면의 변화노력은 결국 인간들 스스로가 만들어낸 자기모순의 논리에 빠지고 마는 것이다. 어쨌든 부귀빈천 길흉요수는 정해졌다고 보는 것이 운명예측의 기능적 측면에서의 명리학 관점이다. 팔자의 형상격국과 용신의 청탁 등 그 기품의 차이에 따라 다양한 생각과 가치관이 존재하기 때문에 모두가 생각하기 나름이기도 할 것이다. 다양성이 공존하는 것이 우리의 인생이니까.

소위 팔자를 바꾼다는 개념은 부귀와 가난함 등 세속적 가치기준의 변화를 이끌어 낸다는 것은 아니다. 다만 내면의 변화노력을 통해서 미래의 길흉吉凶에 대한 일정부분의 변화를 이끌어 낼 수 있는 가능성은 충분히 있다는 것이 나의 견해이다. 이것은 스스로의 노력이 가장 중요하다는 것을 의미하는 것이며, 역인易人들이 바꾸어 줄 수 있는 것은 아니라는 것이다. 미래예측의 기능적 측면에서의 명리는 다만 운명의 길흉과 그 응기應氣을 예측할 뿐 변화를 꾀하는 것은 자신의 몫인 것이다.

운명예측이라는 기능적 측면의 명리命理만 알아서는 안 될 것이다. 명리학이 자본의 논리로 이해되고 사업적, 상업적 수단으로 자리 잡아 가고 있는 현실이지만, 궁극적인 역술易術의 목적은 누가 뭐라 해도 인간의 내면으로 귀결되어야 할 것이기 때문이다. 그것을 가능케 해주는 것이 바로 공맹孔孟의 사상을 계승한 성리性理의 접근과 깨달음이다.

모두가 명리를 알고 성리를 알아 스스로 길흉화복에 대한 동정動靜의 때를 살펴 마음의 행복을 얻었으면 하는 바램이다. 성리를 통해 인의仁義를 실천하고 먼저 배려하고 이해해 준다면 어찌 가정이 불화不和하고 인륜人倫을 저버리는 행위를 저지르겠는가! 명리학의 참 뜻이 여기에 있는 것이니 배우는 자는 마땅히 스스로를 성찰하여 올곧은 뜻을 펼쳐야 할 것이다.

이 책을 통하여 명리학에 대한 이해가 깊어졌으면 하는 바람도 있다. 입문서 내지는 개론서로서 부족한 부분에 대해서는 후일을 기약하며 보다 전문적 명운命運추론서로서 함께 하고자 한다. 끝까지 이 글을 함께 한 것에 대해 깊은 감사의 마음을 전한다.

단기 4339년 丙戌年 寒露 中
충북 청원의 『如一居』에서 理山 誌

【참고문헌】

▶ 1차 문헌

滴天髓闡微(袁樹珊)...무릉출판

滴天髓徵義(徐樂吾)...집문서국

滴天髓輯要, 補註(劉伯溫, 徐樂吾)...서성서국

淵海子平評註(沈孝瞻, 徐樂吾)

子平粹言(徐樂吾)...무릉출판

子平眞詮評註(徐樂吾)...집문서국

命理精華(高景炎)...오주출판

三命通會(萬民英)...무릉출판

命埋探原(袁樹珊)...무릉출판

命學新義(水繞花堤館主)...굉업서국

命理新論 全三券(吳俊民)...

造化元쥑(徐樂吾)...오주출판

子平一得(徐樂吾)...집문서국

命理一得(徐樂吾)...무릉출판

專論企業家八字學(陳柏諭)...益群書店

命學秘解(白惠文)...서성서국

子平女命總論(吳政憶)...무릉출판

八字心理推命學(康正達)...굉업서국

徐氏用神辭淵(梁湘潤)...行印出版

沈氏用神例解(梁湘潤)...行印出版

八字提要(韋千里)...대중서국

▶ 2차 문헌

자평진전평주(박영창)...신지평

포여명의 적천수(동양고전글방)...예예원

포여명의 십간론(동양고전글방)...예예원

앞서가는 중국추명학(동양고전글방)...예예원

명리통해(도담 이덕화)...충대문화사

음양오행의명학(정경대)...성보사

사주비전적천수(김동규)...명문당

삼명통해(박일우)...명문당

연해자평정해(심재열)...명문당

명리정종(심재열)...명문당

조화원약(정지호)...삼한

궁통보감정해(최봉수, 권백철)...명문당

계의신결(최국봉)...북스

사주첩경 全6권(이석영)...한국역학교육원

적천수써머리(이수)...애퓨북스

사주정해(최학림)...가교

명리대전(박평원)...창해

주역원리강설(한규성)...예문지

주역에 대한 46가지 질문과 대답(한규성)...동녘

易의 모든 것(홍몽선)...동양서적

명리진평(조영수)...관음출판

하락이수(김수길, 윤상철 공저)...대유학당

십간사주추명비법(남각연구소)...남각문화출판사

음양오행통변보감(김성호, 박기성)...남산당

적천수보주(이무학)...삼하

사주정설(백령관)...명문당

해운(태호영)...박문각

명리요강, 명리실관(박재완)...역문관

명리사전(박재완)...신지평

사주감정비결집(신육천)...갑을당

아부태산전집(정민현)...삼원문화사

▶ 3차 문헌

四書三經(유정기)...학력개발사

주역본의(주희)...여강

논어(홍승직)..고려원

유학사상(성균관대학교 출판부)

유교사상연구 제1집...유교학회

중국의 과학과 문명 사상적배경(김영식)...까치

주희에서 징 약용으로(한형조)...세계사

회남자(이석명)...사계절

성리학전서(심종철)..대지

주희의 자연철학(김영식)...예문서원

성리자의(박완식)...여강

황제내경소문(최형주)...자유문고

세계사상대전집(주자/근사록)...대양서적

송명이학사(박완식)...이론과 실천

중국철학사(북경대)...간디서원

한국의 유교사상(이상은)...삼성출판

한국의 성리학과 실학(윤사순)...열음사

주자학과 양명학(시마다 겐지, 김석근, 이근우)...까치

송학의 형성과 전개(고지마 쓰요시, 신현승)...논형

대숲에 앉아 천명도를 그리네(백승종)...돌베개

우주변화의 원리(한동석)..대원출판

노자도덕경(박일봉)...육문사

음부경(유정수)...여강

장자(노재욱)...자유문고

범주론(아리스토텔레스, 김진성)...EJB

카오스(제임스글리크, 박배식, 성하운)...동문사

융심리학과 동양종교(카알 구스타브 융, 김성관)...일조각

현대물리학과 동양사상(프리초프 카프라, 이성범, 김용정)...범양사출판

음양이 뭐지(어운형, 전창선)...세기

오행은 뭘까(어운형, 전창선)...세기

음양오행으로 가는길(어운형, 전창선)...세기

십팔사략

천체기상(조경철)

엣센스국어사전(민중서림)

대한한자사전(교학사)